2017

数字荷塘

SHU ZI HE TANG

◎ 地区生产总值	213.61 亿元
◎ 社会消费品零售总额	71.36 亿元
◎ 财政总收入	11.36 亿元
◎ 固定资产投资	211.93 亿元
◎ 农林牧渔业总产值	7.12 亿元
◎ 规模工业增加值	49.81 亿元
◎ 高新技术增加值	42.37 亿元
◎ 旅游总收入	91.86 亿元
◎ 城镇居民人均收入	42013 元
◎ 农村居民人均收入	27663 元

领导关怀
LING DAO GUAN HUAI

◆ 2月3日，省委副书记、省长许达哲一行到株硬集团子公司株洲钻石切削刀具股份有限公司调研

◆ 6月9日，省委组织部常务副部长胡伯俊考察嘉德工业园

◆ 2月14日，省科技厅副厅长朱皖一行到金山科技工业园调研科技成果转移转化示范县建设工作开展情况

◆ 11月24日，省妇联副主席王绍刚深入芙蓉社区调研并宣讲中共十九大精神

◆ 2月15日，市委书记毛腾飞到区政务中心调研“一门式”政务服务改革工作

◆ 4月19日，市委副书记、市长阳卫国到区调研小街小巷改造项目

◆ 4月8日，市委副书记雷绍业出席金山新城日月湖及配套路网PPP项目开工典礼

◆ 10月24日，市人大常委会党组书记、常务副主任刘光跃一行到区调研幸福荷塘系列民生行动

◆ 8月18日，市委常委、市纪委书记赖馨正到市规划展览馆参观“清风荷塘”廉政书画展

◆ 11月9日，市委常委、政法委书记杨玉芳考察区公益服务中心

◆ 9月27日，副市长顾峰出席区公益服务中心开放服务启动仪式

◆ 6月15日，市政协副主席余明刚率市政协监督小组到区项目办调研

◆ 8月4日，区委书记邬凌云到金山街道看望老兵

◆ 5月24日，区委副书记、区长王利波深入嘉德工业园调研入驻企业生产经营状况

◆ 11月21日，区委副书记赖晓智深入茶陵县严塘镇严溪村走访慰问帮扶对象

◆ 9月27日，区人大常委会主任陈友元到湘江风光带地产芙蓉花园项目施工现场督查安全生产工作

◆ 8月2日，区政协主席何恒仁一行调研区科技成果转移转化平台建设工作

实力荷塘

SHI LI HE TANG

◆ 6月13日，飞鹿股份成功上市

◆ 6月30日，株洲飞鹿高新材料技术股份有限公司新基地项目开工

◆ 11月21日，宏达电子成功上市

◆ 12月5日，置信风情商业街、商务酒店项目开工

◆ 12月26日，汉德车桥汽车驱动桥、齿轮生产基地项目入驻金山新城

◆ 12月27日，远大住工PC装配式建筑生产基地项目、环保型路面新材料生产基地项目签约入园

◆ 8月13日，举行湖南省第五工程有限公司装配式建筑产业中心项目入驻金山新城签约仪式

◆ 10月18日，瑞美包装生产基地开工

◆ 3月30日，株洲火车站改建工程开工

◆ 9月14日，雪宝家装建材智能制造项目在金山工业园开工

◆ 2月6日，株洲中美医院建设项目开工

◆ 3月9日，区首个以PPP模式投资建设的项目——金山新城日月湖及配套路网PPP项目开工

◆ 金山工业园

◆ 华亿标厂一期

◆ 改建后的石宋路

◆ 新塘路三期

◆ 国投金汇三期

活力荷塘

HUO LI HE TANG

◆ 12月29日，召开区委五届四次全体(扩大)会议暨区委经济工作会议

◆ 2月27日—3月1日，召开荷塘区第五届人民代表大会第二次会议第一次全体会议

◆ 2月22日，召开荷塘区五届人民政府第一次全体(扩大)会议

◆ 2月28日，召开政协荷塘区第五届委员会第二次会议第二次全体会议

◆ 8月11日，召开荷塘区结对帮扶茶陵脱贫工作推进会

◆ 9月20日，区召开“一个主官的自我修养”第五期夜谈会

◆ 6月16日，区作家协会、音乐家协会、舞蹈家协会、摄影家协会成立

◆ 6月16日，株洲市轨道交通产业沙龙活动在荷塘区举行

◆ 5月16日，区委领导与青年干部交流沟通，畅谈读书与人生心得感悟

◆ 9月15日，桂花街道在嘉德工业园开展“群主联盟”系列活动

◆ 6月27日，茨菇塘街道向征收户解读征收政策

◆ 8月3日，桂花街道金科5号地块项目开展放点放线工作

◆ 6月5日，茨菇塘街道在钻石广场举行“一门式”政务服务宣传

◆ 6月23日，卫计首席代表进行“最多跑一次”政务服务工作宣传

◆ 6月26日，香港关爱生命协会会长陈仲琼一行参观芙蓉社区便民服务中心

◆ 12月27日，在株洲市两型十年系列颁奖典礼上，荷塘区“一门式”政务服务改革获两型十大改革案例

◆ 6月26日晚上八点，“荷塘区首届足球球迷联赛”在株洲市第十九中学开赛

◆ 8月11日，在湖南省第十六届“三湘蒲公英”奖评选活动舞蹈类总决赛上，荷塘区选送的“梦绘瓷娃”获原创金奖

◆ 11月30日，在第一届株洲市“清风株洲”廉洁文化创作活动中，荷塘区选送的原创舞台表演类作品“清风荷塘”获一等奖

宜居荷塘

YI JU HE TANG

◆ 东部美的城

◆ 天鹅湖1号

◆ 仙女湖

◆ 石子湖公园

◆ 世贸广场

◆ 金山新城逸都花园片区

◆ 建工 · 新桂广场

◆ 明照安置房

◆ 十里莲花撞满怀

◆ 徐家塘千亩油菜花海

◆ 游客徜徉于油菜花海

◆ 仙庚书院

幸福荷塘

XING FU HE TANG

◆ 2月11日，举办“幸福荷塘”第一届“置信中国年·元宵喜乐会”暨株洲市荷塘区2017年新春文化艺术节

◆ 5月21日，开展“幸福荷塘到人民中去”文艺志愿惠民活动

◆ 荷塘月色美食节

◆ 8月2日，“一路荷香”——2017年“欢乐潇湘 幸福荷塘”文艺汇演

◆ 荷塘月色乡村音乐节

◆ 5月24日，召开区“三社联动”项目服务和教师志愿者对接工作会

◆ 5月5日，金山街道复转军人之家成立

◆ 7月28日，区居家养老服务信息平台投入使用

◆ 11月3日，举办区中小学第21届阳光运动会

◆ 1月7日，区志愿者扶残助孤

◆ “疯狂”义工唐先华老师教学生画画

荷塘区行政区划图

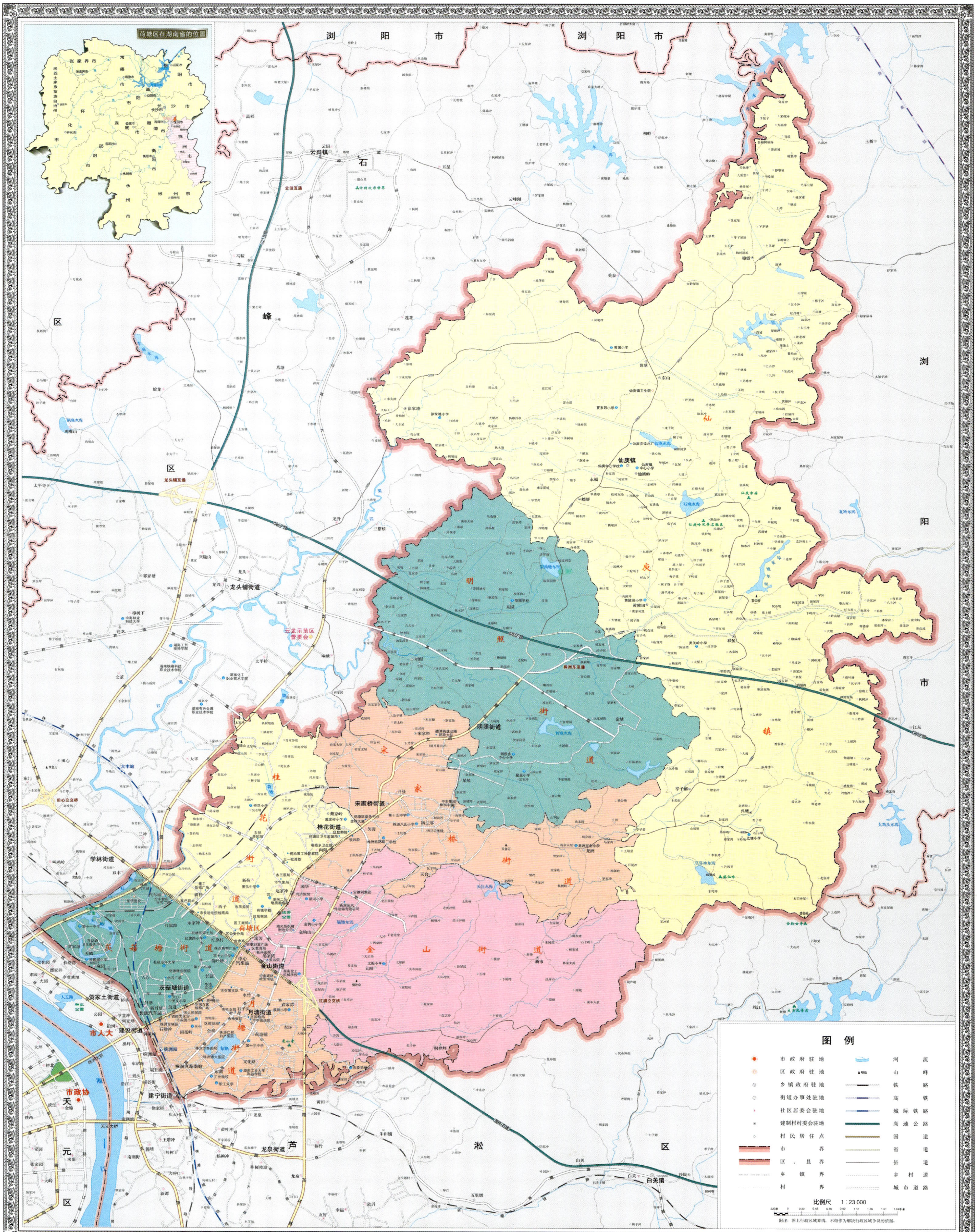

荷塘区人民政府编制　湖南省民政厅监制　湖南地图出版社出版发行　湖南省行政区划系列图编号：　审图号：湘S（2016）　号　统一书号：1280552・　2016年12月印刷

荷塘年鉴

He Tang Nian Jian

2018

荷 塘 区 人 民 政 府　主 办
荷塘年鉴编辑委员会　承 编

方志出版社
Publishing House of Local Records

图书在版编目（CIP）数据

荷塘年鉴 .2018/ 荷塘年鉴编辑委员会编 .-- 北京：方志出版社，2018.8

ISBN 978—7—5144—3185—8

I. ①荷… II. ①荷… III. ①区（城市）—株洲—2018—年鉴 IV. ① Z526. 44

中国版本图书馆 CIP 数据核字（2018）第 185230 号

荷塘年鉴（2018）

编　　者：荷塘年鉴编辑委员会

责任编辑：高孟君

出 版 人：冀祥德

出 版 者：方志出版社

地址 北京市朝阳区潘家园东里 9 号（国家方志馆 4 层）

邮编 100021

网址 http://www.fzph.org

发　　行：方志出版社图书经销中心

电话（010）67110500

经　　销：各地新华书店

印　　刷：株洲美彩印务中心

开　　本：889 × 1194　　1/16

印　　张：21.25

字　　数：508 千字

版　　次：2018 年 8 月第 1 版　2018 年 8 月第 1 次印刷

印　　数：001 ~ 800 册

ISBN 978-7-5144-3185-8　　定价：268.00 元

《荷塘年鉴》编辑委员会

《荷塘年鉴》编辑部

编 辑 说 明

一、《荷塘年鉴》坚持以马克思列宁主义、毛泽东思想、邓小平理论、“三个代表”重要思想、科学发展观、习近平新时代中国特色社会主义思想为指导，坚持辩证唯物主义和历史唯物主义的立场观点和方法，全面、系统、真实地记载2017年荷塘区政治、经济、军事、文化和社会生活的基本情况和重大事件。

二、本年鉴采用条目式记事，分类编纂，基本结构为类目、分目、条目3个层次。设特载、大事记、综述、中共荷塘区委员会、荷塘区人大常委会、荷塘区人民政府、政协荷塘区委员会、群团·工商联、法治、国防、经济社会管理、农业、工业和信息化、商贸·金融、财政税务审计、城市建设与环境保护、园区建设、社会事业、镇·街道、人物、荣誉谱、重要文件选登、统计资料23个部类，50余万字。

三、本年鉴记述内容为2017年1月1日至2017年12月31日，个别内容记述时间有所突破。

四、本年鉴文稿均由各部门、各单位指定专人撰写，领导审核、签字，单位盖章，年鉴编辑部编辑人员加工整理和编辑。领导简介、荷塘区党政及各部门、各单位负责人名单由区委组织部提供，“双管”单位、军事、金融等部门负责人名单由各单位提供，所收录领导简介以2017年12月31日在职为准。统计资料由区统计部门提供。

五、本年鉴照片多数为区委宣传部提供，其余为各有关单位提供。为防疏漏错误，照片一律不署作者姓名。

目录

特载

大事记

综述

中共荷塘区委员会

荷塘区人大常委会

荷塘区人民政府

政协荷塘区委员会

群团·工商联

法 治

国　防

经济社会管理

农 业

工业和信息化

商贸·金融

财政税务审计

城市建设与环境保护

园区建设

社会事业

镇·街道

人　物

荣誉谱

重要文件选登

统计资料

索 引

Catalogue

Rule of Law

National Defense

Economic and Social Management

Agriculture

Industry

Trade and Business & Attract investment & Finance

Finance and Taxation Audit

Urban Construction and Environmental Protection

Garden Area Construction

Social Undertakings

Town and Street Office

Character

Honor List

Selected Lmportant Documents

Statistical Information

Index

特　载

拥抱新时代　踏上新征程　续写新篇章
努力建设实力、活力、宜居的幸福新荷塘

在区委五届四次全体（扩大）会议暨区委经济工作会议上的讲话

中共荷塘区委书记　邬凌云

2017年12月29日

同志们：

经区委常委会研究，这次会议的主要任务是：深入贯彻党的十九大精神和习近平新时代中国特色社会主义思想，全面落实中央、省委、市委决策部署，总结2017年主要工作，安排部署2018年及今后一段时期的主要任务，动员全区上下不忘初心，牢记使命，务实担当，激情实干，为建设实力、活力、宜居的幸福新荷塘而努力奋斗。我受区委常委会委托，先作工作报告，等会，利波同志将对2018年全区经济工作作具体部署安排，请大家抓好落实。

一、新班子展现新作为，各项工作实现良好开局

2017年，是落实区第五次党代会精神的首战之年，也是新班子的开局之年。一年来，区委紧扣党代会确立的奋斗目标，坚决落实中央、省委、市委各项决策部署，深入学习贯彻党的十九大精神，积极践行发展新理念，主动引领经济新常态，准确把握工作新要求，实现了各项工作良好开局。

*注重总揽全局，担当务实的干事氛围日趋浓厚。*区委始终坚持总揽不包揽，准确把握区委的领导核心定位，集中精力把方向、谋大局、定政策、促改革，为经济社会持续健康发展营造良好的氛围，总揽协调坚强有力。区委牵头抓总，人大、政府、政协等各套班子各司其责，分工协作，在区委领导下步调一致地开展工作，全区上下撸起袖子一齐上阵，干成干好了一批大事。无论是改革创新、项目攻坚、征地拆迁等中心工作，还是治违行动、抗洪抢险、矛盾化解等急难任务，区领导都能靠前指挥、各单位主要负责人都能挺身而出，干部的担当意识更足，精神面貌更加昂扬，团结干事、激情干事成为全区共同的追求，正能量不断积累，整体氛围和谐团结、干净纯粹、积极向上、正气充盈。

*突出推动发展，稳中有进的良好态势更加巩固。*结合市情、区情综合施策，在项目攻坚、企业帮扶、产业招商等方面精准发力，经济社会发展呈现稳中有进、进中有优的良好态势。主要经济指标实

现中高速增长。地区生产总值增幅保持全市前列，固定资产投资、社会消费品零售总额增幅始终稳居全市第一，税收增长创近年新高，财税结构得到优化。实体经济加速振兴。新注册登记企业、公司千余家，骨干企业效益稳步提升，飞鹿股份、宏达电子先后上市。产业招商取得历史性突破。无论是签约数量，还是投资强度、新引进的企业实力，都达到了一个新高度，一批中国或民企500强企业项目落户我区。园区发展呈现新格局。全市装配式建筑产业园落户金山新城，三一、远大、省建工集团、杭萧钢构等装配式建筑项目先后入驻，装配式建筑新材料产业集群初步成形，荷塘大道、金龙路沿线项目建设全面铺开，雪宝建材、农副产品交易中心等产业项目加速实施。基础设施建设有力推进。路网建设全面提速，开工建设道路18条，金桥路、石宋路拓宽及21条小街小巷全部建成通车，农村公路建设超额完成，推进棚户区改造项目26个、涉及5153户，为历年之最。

*着力深化改革，创新驱动的澎湃动力竞相迸发。*始终把改革作为推进发展的关键一招，坚持向改革要动力，向创新要活力。服务群众的行动更加自觉。“一门式”政务服务改革深入推进，荣获全省首届十大管理创新奖，党员干部的服务理念、群众观念明显增强，老百姓办事更方便、更舒心。服务发展的能力显著提升。项目办工作机制攻克了项目前期滞后的“硬骨头”，得到市委充分肯定和大力推介；创新企业服务，改善中小企业发展环境，有力助推了全区实体经济的加速振兴。党员干部创新意识不断增强。从“公卫”巡诊、“三社联动”、医养结合，到每一项“幸福荷塘”民生行动中，无不体现着基层党员干部改革锐气和创新作为；从复转军人“家”的建设、创新群众工作的微信群主联盟，到征地拆迁新条例实施细则的率先落地，无不彰显着基层党员干部的担当精神和蓬勃活力。

*恪守为民情怀，全面小康的幸福荷塘更有质感。*顺利通过省委、省政府全面建成小康社会达标认定，并被评为小康推进工作“十快进县”，全面建成小康社会进入巩固提升阶段，基本现代化的征程全面开启。文明城市建设不断深化，袁家湾社区获评全国文明单位。我们在抓好教育就业、社会保障、食品安全、环境保护、小街小巷改造等民生实事工作的基础上，扎实推进“幸福荷塘”系列民生行动，民生事业工作打开了新局面，群众获得感、幸福感、安全感不断提升。创新建立了公益服务中心，社区、社会组织、社会工作者协调联动的作用初步彰显，特殊群体、困难个体得到“立体帮扶”，互助互爱的氛围逐渐形成，社会治理呈现新格局。组建全科医生团队每天上街免费巡诊，家庭医生签约和医联体建设稳步推进，基本公共卫生服务“破冰”前行，老百姓对社区卫生服务中心的信任度、满意度逐步提升。社区养老服务中心试点广受好评，老年人不出小区就能享受温馨服务；政府购买养老服务取得初步成效，解决了部分老年群体的一些基本问题；医养结合新模式探索推进，多层次的养老服务体系日渐清晰。借助微信渠道，创新群众工作方法，开展线上线下互动，拓展了党管意识形态工作的新领域；平安荷塘建设有力有效，夯实了幸福荷塘的基础；无物业管理小区自治激发了居民自我管理与服务的热情，老旧小区群众的幸福感明显增强；“复转军人之家”创新了退役军人服务保障工作，重新唤起了老兵的荣誉感和使命感……这些不是上级考核和数据指标的自选动作，得到了群众热烈回应和社会强烈反响，这些涓涓细流的“微感受”，已经汇聚成幸福荷塘的“大洪流”，让我们的发展更有温度，幸福更有质感。

*坚持从严治党，山清水秀的政治生态更加彰显。*政治站位全面提升。始终把维护习近平总书记的核心地位作为最大的政治，坚决维护党中央权

威和集中统一领导，从政治高度观察、思考和处理问题的能力显著提高。自身建设不断加强。大力弘扬正气，倡导正派做人，坚持公正做事，“学习型、实干型、健康型”领导班子建设稳步推进，区委理论中心组学习品牌建设成效凸显，党员干部的理论武装更加自觉；更加准确地认识、贯彻民主集中制，更好地凝聚了发展合力；城市民族工作经验在全省推广，统一战线的“同心圆”越来越大。圆满完成村（居）“两委”换届，村（社区）的战斗堡垒更加坚强有力；积极探索创新党建工作机制，聚焦能力建设，大力夯实基层党建工作。在选人用人上更加注重基层、注重实绩，注重年轻干部培养，用人导向更加鲜明；定期开展干部夜谈会、青年干部座谈会，干部个人的思维层次、思维格局和思维系统性有了明显提升；新引进一批高学历、高素质的人才，为荷塘发展注入了蓬勃的新生力量。持续加强正风肃纪，推进“互联网＋监督”平台建设，实现派驻监督工作全覆盖，推动了全面从严治党向基层延伸、向纵深发展。

一年来，我们将迎接、学习、宣传、贯彻党的十九大作为最大政治和贯穿始终的工作主线，面对繁重紧迫的改革和发展任务，我们坚持不忘初心、实事求是，聚精会神抓党建、审时度势谋发展、矢志不渝惠民生，注重从根本上解决制约发展的一系列问题，以舍我其谁的责任担当和踏石留印的真抓实干，采取了一系列务实举措，进行了一系列创新探索，取得了一系列明显成效。这些工作的推进和成绩的取得，是市委、市政府坚强领导的结果，是全区人民共同奋斗的结果，是全区各级党组织和广大党员干部勤奋工作的结果。在此，我代表区委，向同志们表示衷心的感谢！

二、新时代催生新使命，奋力谱写建设实力、活力、宜居的幸福新荷塘时代篇章

中国特色社会主义进入新时代，这是我国发展新的历史方位，是事关全局的历史性变化。必须深刻理解与把握新思想新征程新目标，在发展战略、发展重点乃至发展方式上，迅速适应社会主要矛盾转化提出的新要求，更好地肩负起新时代的历史使命。

必须坚定以习近平新时代中国特色社会主义思想为指引，自觉把荷塘发展和各项工作融入“五位一体”总体布局和“四个全面”战略布局，坚持以人民为中心，把解决不平衡不充分的发展作为根本任务和工作重点，紧扣“八个明确”的基本内容和“十四个坚持”的基本方略，致力于打造具有荷塘特色的现代化经济体系，致力于社会事业和社会治理创新，致力于加强党的建设，奋力谱写新时代荷塘发展新篇章。

2018 年是贯彻落实党的十九大精神的开局之年，是改革开放 40 周年，是实施“十三五”规划承上启下的关键一年，按照中央、省委、市委要求，区委明确 2018 年及今后一段时期的主要任务是：全面贯彻党的十九大精神，以习近平新时代中国特色社会主义思想为指导，坚持稳中求进工作总基调，牢固树立新发展理念，坚定不移把发展作为第一要务，全力聚焦产业发展，努力探索现代化经济体系建设的荷塘实践；落实以人民为中心的发展思想，提高保障和改善民生水平，加强和创新社会治理；坚定不移推进全面从严治党，不断提高区委领导水平，努力建设实力、活力、宜居的幸福新荷塘。

“建设实力荷塘、活力荷塘、宜居荷塘，努力让人民群众过上幸福生活”，是区第五次党代会对全区人民作出的庄重承诺。这次在奋斗目标中明确了幸福这一方向，是因为，幸福是人们的普遍追求与向往，是经济社会发展的终极目的。为中国人民谋幸福，为中华民族谋复兴，更是中国共产党的初心和使命。建设实力、活力、宜居的幸福新荷塘，是贯彻党的十九大以人民为中心发展思想的具体体现，与省委提出的加快建设富饶美丽幸福新湖南、

市委提出的加快建成城乡统筹发展幸福区，达到了高度契合，在今年系列民生行动的探索实践中，群众的热烈回应和各方的积极反馈，更坚定了我们建设幸福荷塘的信心。新时代，我们应该也必须继承和发扬历届区委坚持的奋斗目标，让这一脉相承又与时俱进的幸福期许，成为我们共同努力的方向。

明年经济增长预期目标为8.5%左右，规模工业增加值增长7.8%，一般公共预算收入增长7%左右，万元GDP能耗下降3.5%，城乡居民收入增长高于经济增长，完成市下达的节能减排等约束性指标。

三、坚定不移把发展作为第一要务，着力聚焦产业发展，努力探索现代化经济体系建设的荷塘实践

中国特色社会主义进入新时代，荷塘区也踏上了基本现代化建设的新征程，我们必须始终坚持发展第一要务不动摇，因为发展是实现各项目标的基础，是解决各类问题的关键。

*新征程要有新追求。*到什么山唱什么歌，在什么发展阶段干什么事。推动高质量发展，是当前和今后一个时期经济发展的根本要求。荷塘区已踏上基本现代化建设的新征程，但我们的发展仍然不平衡不充分，必须以更大的决心、更好的创新，来追求更高质量、更高效益的发展，并在此前提下实现更快的发展。如何贯彻落实新发展理念，把创新、协调、绿色、开放、共享“五大发展理念”转化为荷塘发展的具体路径；怎么样构建实体经济、科技创新、现代金融、人力资源协同发展的现代化经济体系，这些都是我们当前面临的重要使命。这就要求我们，发展的意识决不能淡化，发展的热情更不能降低，发展的干劲决不能松懈，发展的势头更不能减弱，必须坚定不移把发展作为第一要务，引导全区广大干部群众进一步把思想和精力集中到发展上来，让全区发展的动力更强、效率更高、质量更好。

*新部署呼唤新担当。*一代人有一代人的使命，一代人有一代人的担当。新的时代，“两个一百年”奋斗目标在这里交汇，习近平总书记对湖南提出了“三个着力”，省委也对株洲提出了更好发挥“四个作用”的要求，全市上下正在奋力打造“一谷三区”，审视荷塘区所处的历史方位和阶段性特征，我们的发展机遇更好、基础更实、动力更强。株洲作为长株潭的核心区域，我们又处于株洲发展的主阵地，是长株潭核心增长极的重要组成部分，尤其要主动承担使命，找准定位，把责任担当刻进时代坐标，增强“核”的意识、体现“核”的担当、实现“核”的作为，为全市经济社会发展做出新的更大贡献。

*新时代要有新作为。*新的时代，社会主要矛盾已经转化为人民日益增长的美好生活需要和不平衡不充分的发展之间的矛盾，老百姓期待获得感、幸福感、安全感更加充实、更有保障、更可持续。但如果没有发展，一切都无从谈起，没有发展奠定的雄厚财力，满足人民日益增长的美好生活需要无异于空中楼阁，将难以为继。有多少次，我们面对群众的期待心有余而力不足？有多少事，是我们想做也做不了？又有多少群众，是我们想帮也难以帮到位？为什么？就是因为我们发展的不够充分，我们的实际财力还不足以支撑群众的新期待。只有坚定不移贯彻新发展理念，落实以人民为中心的发展思想，通过持续发展强化保障和改善民生的物质基础，我们的腰杆子才能更硬，底气才能更足，才能更好地解决人民日益增长的美好生活需要与发展不平衡不充分这一主要矛盾。

*发展离不开产业。*抓发展的关键在于聚焦产业。产业是发展的“牛鼻子”，也是“命根子”，聚焦产业抓发展是党的十九大提出的明确要求，更是荷塘区当前发展的实际需要。从中央到地方，从省委到市委，都树立了聚焦产业抓发展的鲜明导向，我们必须把培育产业、发展产业、壮大产业，作为抓发展的重中之重。

要坚定产业发展的方向。方向决定出路。这几年来，我们围绕医学健康、新材料和轨道交通装备配套三大主导产业，做了大量基础性的工作，产业发展的特色、资源在加速集聚，只有坚持才能形成特色，只要不动摇就会出成果。尤其是新材料产业，作为“株洲·中国动力谷”三大动力产业的基础支撑，无论是火车、汽车，还是飞机，都需要新材料作为支撑。在这个方面，我们不仅有现实的产业基础，更有强大的市场需求，只要我们坚持“三大主导产业”的方向不变，决心不动摇，全面融入“株洲·中国动力谷”建设，把新材料产业作为当前主攻方向，全力推进装配式建筑产业集群发展，引进和培育为“动力谷”和长株潭衡国家级制造业创新中心提供配套的各类新材料，就一定能在荷塘打造“株洲·中国动力谷”建设的新增长极，形成荷塘区的产业特色和实力。

要理清产业发展的路径。发展路径的科学性，决定着产业发展的效率与效果。新时代区域产业发展的竞争更加激烈，我们不能再采取传统的方式抓产业发展，而要有新思维，用新方式来筹划、思考和优化产业发展路径。对我们而言，要始终坚持创新驱动的发展战略，激发企业创新的内生动力，加强与科研机构、大中专院校的产学研合作，牢牢把握产业发展的未来趋势，努力探索传统产业的“互联网+”“智能化+”的升级效应，不断推进产业发展的技术创新、市场创新与制度创新；要执行“积极干预”而不是“放任自流”的策略，从产业发展中的技术结构、产品结构、产业链条、组织结构和区域空间结构等入手，将产业放在全市、全省乃至全国的大格局中进行审视、研究和分析，全面、准确掌握产业的发展现状、行业优势和市场前景，制定产业迈向中高端、集聚发展的路线图，采取各种措施来解决产业发展过程中面临的各种瓶颈，让我们的主导产业，早日实现开花结果。

要筑牢产业发展的平台。园区是产业发展的基础平台，更是培育、壮大产业的主阵地。这些年来，我们园区的基础配套、功能配套，已经有了明显的改观，综合承载能力也有了很大提高。但总体来讲，我们还处于相对落后的状态，需要进一步加快基础设施配套和完善，建设好金融、物流、信息、科技等生产性服务设施，配套好学校、医院、商场、娱乐等生活服务场所，不断提升园区的城市功能、居住功能、商务功能、服务功能。尤其是在当前园区由土地经济走向产业开发、由基础设施建设走向全方位产业培育的节骨眼上，适逢中央对地方政府负债及地方平台公司融资的限制，意味着我们要寻求新的发展之路，必须要探索借助市场力量谋求园区开发和运营的新模式，加快园区平台公司市场化运作的转型，着力破解土地报批、调规和资金方面的制约，助推产业项目尽快落地开工，真正把园区建设成产业发展的制高地。

要协调产业发展的体系。荷塘区以城带乡的现状，加之商贸兴旺的工业老城区的历史格局，决定了荷塘区的产业发展是涵盖三次产业的全面协调发展。要着力发展商业新业态，大力支持互联网+电子商务等新模式，促进产业链、价值链、供应链上下游各方的协作共赢，形成推动经济增长的新动力；要提升现代服务业的水平，重点加快发展现代物流、金融服务、检验检测、中介服务等生产性服务业，实现二、三产业更好的联动；要以城市需求为导向，致力做好特色农业，提升休闲农业发展水平，培育更多的优质绿色产品，加快推进农业农村现代化。

要优化产业发展的环境。我们必须深刻认识到，良好的发展环境，是一个地区产业发展壮大的根本保障。必须进一步牢固树立服务企业发展的理念，着力提升区企业服务中心的服务水平，真正把企业家当“亲人”，在企业需要的时候时时都在，在企业不需要的时候就像“不存在”，主动帮助企业解决发展中的资金、人才和市场需求问题，营造最佳的企业发展环境，拓展产业发展的空间。荷塘区并没有突出的资源禀赋，也没有明显的政策优势，我们最好的选择，就是以服务取胜，在全区上下形成彻底的服务理念，构建完备的服务体系，提供最佳的企业服务，将其作为荷塘区发展的最大优势来打造，让荷塘区真正成为最具产业发展活力的地区之一。无论是我们的“一门式”政务服务改革、“一中心九平台”的企业服务中心，还是“幸福荷塘”系列民生行动，都是在营造良好的发展环境，这些工作，必须毫不动摇，持之以恒地做下去。

四、落实以人民为中心的发展思想，提高保障和改善民生水平，加强和创新社会治理

坚持以人民为中心，是习近平新时代中国特色社会主义思想的重要内容，是新时代坚持和发展中国特色社会主义的基本方略。我们要深刻把握社会主要矛盾的新特点，倾听群众的呼声，了解群众的需求，关注群众的痛点，将“幸福荷塘”系列民生行动，作为贯彻落实党的十九大精神的重要载体，作为改善民生、创新社会治理的主要抓手，坚持小处着眼、实处着手，以钉钉子的精神，竭尽全力为群众解难题，谋幸福，努力满足人民日益增长的美好生活需要，让全区人民在共建共治共享中不断提升获得感、幸福感、安全感。

优先发展教育事业。教育事业涉及千家万户，承载着社会众多的关注和期待，必须把教育事业放在优先位置，努力让每个孩子都能享受到公平而有质量的教育。重点要新建一批、改扩建一批学校，加快公办幼儿园建设，大力扩充学位，破解“大班额”难题。要稳妥探索基础教育集团化办学，全面推进教育信息化，不断扩大优质教育资源覆盖面，缩小城乡、区域、校际之间教育差距，促进教育公平。要加强师德师风建设，培养高素质教师队伍，倡导全社会尊师重教。

切实提升健康服务水平。没有全民健康，就没有全面小康。要加强社区卫生服务中心医卫人才的引进、培训，强化基层医疗卫生服务体系和全科医生队伍建设，做实家庭医生签约服务工作，创新方式，提升基层医疗机构的技术水平和服务水平，落实“社区首诊、双向转诊、分级诊疗”等制度，完善和拓展与医联体单位的合作方式和服务内容，让群众得实惠，让基层医疗机构有发展。

做实做精养老事业。荷塘区已逐渐步入老龄化社会，加快老龄事业和产业发展，是党委政府的职责所在，也是社会的良心工程。要抓住全国第二批居家和社区养老服务改革在株洲试点的契机，构建起以居家养老信息平台为支撑，以养老、医养机构为主体，镇街(社区)养老中心、微型养老中心、嵌入式养老等多种养老模式共同发展的多层次养老服务体系，推进养老工作扩面提质，稳步提升，让真正困难的老年群体，享受政府购买的基本养老服务，营造全社会养老、孝老、敬老的良好氛围。

推进“一门式”政务服务再提升。“一门式”政务服务是深化简政放权、放管结合、优化服务的务实之举，给群众带来了更高效的政务服务。要坚持把方便群众作为矢志不渝的追求，依托技术革新，推进服务升级，推动“一门式”政务服务往深里改，向极致做，努力让纳入“一门式”系统的事项越来越多，让街道、社区级便民服务中心能办的事越来越多，让能在手机上可办的事越来越多，让使用“一次办”的群众越来越多，让便捷的政务服务无处不在。

探索共建共治共享的社会治理新路径。要推进“三社联动”，以社会组织孵化、社工队伍培养为重点，将公益服务中心打造成全省公益组织孵化基地、志愿服务大本营，依托公益资源、帮扶项目、孵化平台、信息媒介等，推进社区、社会组织与社会工作者有机融合、相互促进，创新基层治理体系，提升基层治理能力。要完善"复转军人之家"建设，构建复转军人数据平台，完善服务机制，引导复转军人进行自我管理，鼓励复转军人发挥自身优势，在参与荷塘建设中实现自身价值，让老兵们转业不转志，退伍不褪色。要引导更多无物业管理小区进行自治，坚持因地制宜，分类施策，分批推进，建设居民参与、齐建共享的有温度的小区。要持续推进"平安荷塘"建设，不断完善社会治安防控、社区治理体系，创新预防和化解社会矛盾机制，进一步做好"三实"信息采集、"天网"建设、城乡社区网格化管理、信访矛盾纠纷排查化解等工作，落实安全生产责任，深入排查和有效化解各类安全生产风险，让群众感到平安稳定就在身边。

做好新形势下的群众工作。习近平总书记提出了领导干部"要通过网络走群众路线"的重要论断。移动互联网、信息技术带来了社会形态巨大的变化，群众很大程度上到了网上，到了微信群里，群众在哪里，我们的工作就要做到哪里，微信群是群众工作新阵地。要牢牢掌握意识形态工作领导权，主动做好网络文章，运用微信媒介，贴近基层群众做好工作。要用鲜活的网络语言讲好党的政策、社会核心价值观、荷塘新变化、便民新举措和群众的身边事。要积极回应群众的网上诉求，及时解决群众的实际困难，让群众足不出户就能享受到贴心的"微服务"。要善于引导微信群主，加强线上线下互动，推动形成共建共治共享的良好网络生态，实现政民良性互动。

要坚持把人民群众的小事当作自己的大事，进一步增加"幸福荷塘"系列民生行动的建设内容，从群众关心、让群众满意的事情做起，从一件件、一桩桩小事做起，在幼有所育、学有所教、劳有所得、病有所医、老有所养、住有所居、弱有所扶上不断取得新进展，不唯考核、不图数据，放下追求政绩的功利心，用务实举措满足群众新期盼，推动幸福行动提质扩面增效，让幸福行动惠及更广、效果更实，让幸福之花溢满荷塘大地。

五、坚定不移推进全面从严治党，不断提高区委领导水平

全面从严治党永远在路上，必须把加强和改善党的领导作为战胜一切困难和风险的"定海神针"，全面推进党的政治建设、思想建设、组织建设、作风建设和纪律建设。

把党的政治建设摆在首位。全党有核心，党中央才有权威，党才有力量。要旗帜鲜明讲政治，牢固树立政治意识、大局意识、核心意识、看齐意识，坚决维护以习近平同志为核心的党中央权威和集中统一领导，把维护习近平总书记的核心地位、领袖权威作为最大政治、最大大局，确保以习近平同志为核心的党中央各项决策部署在荷塘政令畅通、落地生根。领导干部要带头尊崇党章，带头讲纪律、守规矩，把维护党中央集中统一领导和遵守各项纪律规定结合起来，防止"七个有之"，做到"五个必须"，自觉抵制商品交换原则对党内生活的侵蚀，主动接受党的纪律和规矩约束，以不懈努力换来海晏河清、朗朗乾坤。

以习近平新时代中国特色社会主义思想武装头脑指导实践。把深入学习宣传贯彻党的十九大精神作为首要政治任务，坚持读原著、学原文、悟原理，深入学习党的十九大报告、新修订的党章和《习近平谈治国理政》，深刻领会新思想的基本内容、基本方略以及贯穿其中的内在逻辑。把学习与加强党的建设相结合，与贯彻落实中央、省委的决策部署相结合，与荷塘实践相结合，真正用新思想武装头脑、引领方向、指导实践、推动工作，让习近平新时代中国特色社会主义思想在荷塘开花结果，形成生动实践。

全面加强党对一切工作的领导。党政军民学，

东西南北中，党是领导一切的，坚持党对一切工作的领导，是习近平新时代中国特色社会主义思想的一个重大原则。要完善体制机制，提高党把方向、谋大局、定政策、促改革的能力和定力。要充分发挥区委总揽全局、协调各方的领导核心作用，健全定期听取工作汇报制度，严格执行党内请示报告制度，不断完善领导方式、提高领导水平，牢牢把握党领导经济社会发展的主动权。要支持和保证人大、政府、政协、法院、检察院等依法依章程独立负责、协调一致地开展工作，调动方方面面的积极性、主动性、创造性，凝聚起贯彻落实党的十九大精神的强大合力。要进一步加强党对群团工作的领导，进一步深化工会、共青团、妇联等群团组织改革，将党的领导体现在对各个地方、各个组织、各个行业、各项事业上，体现在坚定理想信念、执行路线方针、树立鲜明用人导向上，为发展创造良好环境，为事业提供有力保障。

建设高素质专业化干部队伍。进一步加强区委常委会自身建设，大力开展"学习型、实干型、健康型"领导班子建设，弘扬正气、正派做人、公正做事，维护荷塘区"和"与"正"政治生态品牌。引导干部到社会治理、信访维稳、征地拆迁等矛盾突出的一线去提升综合素质，到项目建设、企业帮扶、招商引资、脱贫攻坚等经济建设主战场去提升专业能力，用专业的人做专业的事，在专业的团队里培育更专业的人才。分类分层开展干部教育培训，延续"一个主官的自我修养"夜谈会、青年干部座谈会等系列行之有效的做法，提升干部思维层次。进一步细化年休假制度，关心干部身心健康，为干事创业创造更优环境。

持续加强基层组织建设。坚持抓基层、打基础、夯基石，以提升组织力为重点，推进基层党组织能力建设。要扎实开展"不忘初心、牢记使命"主题教育，切实改进方式，努力增强党员教育管理的针对性和有效性，补齐补足党员精神之钙。要大力推进基层党建工作创新，完善"自治家园"党建工作平台，落实各项激励措施，提升党建骨干队伍综合素质，加强党内关怀帮扶，通过运用能力建设"组合拳"，全方位提升基层党组织凝聚力、战斗力和执行力，提高广大党员的向心力。要继续强化经费、阵地等方面保障，建好基层党组织战斗堡垒，引导党员在项目推进、矛盾化解、服务群众等工作中走前头、做表率、树形象。

持之以恒正风肃纪、反腐倡廉。高标准落实中央八项规定实施细则精神，深入开展"马上就办、真抓实干"活动，大力整治为官不为、环境不优、落实不力等问题，坚决杜绝"四风"问题反弹回潮，特别是要警惕形式主义、官僚主义的新表现。落实管党治党主体责任和监督责任，强化监督执纪问责，不断加大纪律审查力度，加大整治群众身边腐败问题力度，重点查处"三类人"、重点领域和基层"微腐败"。扎实推进派驻巡察工作，发挥"派"的权威和"驻"的优势，高悬巡察利剑，擦亮监督"探头"。持续推进反腐败斗争，深化标本兼治，强化不敢腐的震慑，扎牢不能腐的笼子，增强不想腐的自觉，夺取反腐败斗争压倒性胜利。

迅速落实国家监察体制改革试点工作。这是一项事关全局的重大政治体制改革，全区上下要自觉提高政治站位，将落实国家监察体制改革试点工作，作为检验学习贯彻党的十九大精神成效的试金石，全面把握改革试点的总体要求、时间节点和关键环节，严明纪律，圆满完成改革任务。

同志们，我们满怀豪情走进新时代，要凭担当务实开启新征程。在未来的发展过程中，肯定会遇到各种困难、面临多重挑战，我们要有足够准备，我们有责任、有信心、更要有能力去迎接挑战、克服困难，加速跨越发展。我们的底气来源于市委、市政府的坚强领导，来源于荷塘区"和"与"正"的政治生态，也来源于务实、担当的干部队伍气质和秉性。

为官避事平生耻，重任千钧惟担当。习近平总书记说过，干部就要有担当，有多大担当才能干多大事业，尽多大责任才会有多大成就。干部有理想、有本领、有担当，荷塘就有前途，发展才有希望。区委把对党忠诚、为党分忧、为党尽职、为民造福作为根本政治担当，始终保持“乱云飞渡仍从容”的战略定力，严格执行“三个区分开来”，旗帜鲜明为那些敢于担当、踏实做事、不谋私利的干部撑腰鼓劲。今年在征拆违规违纪个案处理、违规招投标治理、中央环保督查问责过程中，一些干部接受了调查和处理，部分干部因此有过纠结、犹豫，甚至退缩，区委班子不回避矛盾，挺身在前，敢于担当表态，让干部迅速放下了包袱。特别是在征地拆迁、矛盾化解工作中，区领导、镇办主官不当“甩手掌柜”、不玩“太极推手”，一级做给一级看、一级带着一级干，宁可得罪人、讨人嫌，也要为事业、为发展负责，用担当打开了工作新局面。我们也欣喜的发现，每遇重大工作、每逢急难任务，领导身先士卒、靠前指挥，干部豁得出来、顶得上去已是常态，上下一心，以舍我其谁的使命担当和“不到长城非好汉”的进取精神，全力以赴把难干成的事干成，把难突破的工作突破。

实干兴邦，清谈误国。换届以来，不管是区项目办、区招商办、区企业服务中心的设立，还是建设“复转军人之家”、创新群众工作，我们都坚持问题导向、需求导向，在实践中摸索前行，又在实干中创新完善，有效破解了一批长期制约发展、影响和谐的问题矛盾。特别是“幸福荷塘”系列行动开展以来，大家立下愚公移山志，俯首争做孺子牛，不拘于考核指标、不追求表面光鲜、不止步于一时困难，一切从实际出发，从群众期盼的具体事情做起，一步一个脚印去摸索、一锤接着一锤敲，在实践中及时发现问题、创新思路、克服困难，积小胜为大胜，最终把路子走通，把道路走宽。通过这一系列务实的工作，我们不仅在实干中锤炼了干部作风，也用实在的效果赢得各方认可，现在的荷塘区，实干家越来越多，清谈客越来越少，讲话不放空炮、做事不走过场，正日益成为风尚；真抓实干，马上就办，正成为更多人的行为自觉。

我们深刻体会到，唯有担当尽责，才能有所作为；唯有务实求真，方能事成业兴。逢山开道、遇水架桥，立足本职、担当务实，是对党员干部的基本要求，做太平官、享乐官、轻松官，无论过去还是现在，永远没有市场。区委将继续树立敢于担当、崇尚务实的鲜明导向，让真正埋头苦干、真抓实干的干部得到重用、充分施展才华，让那些作风飘浮、哗众取宠的干部无以表功、受到贬责，让务实、担当成为每一个荷塘干部的秉性和特质，成为荷塘区队伍建设的风向标、主旋律，成为干事创业、推动发展最为可靠的保障。

同志们，东风何时至，已绿湖上山。经过历届区委和广大党员干部的努力，新时代的荷塘，发展的共识统一而坚定，发展的道路宽阔而通畅，发展的目标具体而清晰，“五大片区”生机勃勃，社会事业蒸蒸日上，群众幸福感节节攀升，干部服务理念深入人心，荷塘区正走在一条前途光明的康庄大道上。我们有幸生于这个令人振奋的时代，也有幸融入奋斗发展的大潮，理应珍惜这难得的机遇，共同维护激情干事的良好氛围，以担当扛起历史使命，用实干助推荷塘发展，全力以赴做好当下，为荷塘赢得未来。我们都希望荷塘区的实力更强、发展更活、城乡更宜居、群众更幸福、明天更美好，并愿意为之共同奋斗，大家志相同，道相合，让我们在党的十九大精神和习近平新时代中国特色社会主义思想的指引下，把忠诚举过头顶，把担当扛在肩上，把务实融入血液，把为民烙在心里，把名利抛在身后，撸起袖子加油干，为建设实力、活力、宜居的幸福新荷塘而努力奋斗！

株洲市荷塘区人民代表大会常务委员会工作报告

在株洲市荷塘区第五届人民代表大会第三次会议上

株洲市荷塘区人大常委会主任　陈友元

2018年1月11日

各位代表：

我受区人大常委会的委托，向大会报告工作，请予审查，并请列席会议的同志提出意见。

2017年，是党的十九大召开之年，也是决胜全面建成小康社会的重要一年，更是区五届人大及其常委会立足新起点、实现新作为的开局之年。面对新形势、新任务、新要求，区人大常委会在区委的坚强领导下，紧扣建设“三个荷塘”总目标，围绕“五大片区”发展战略，依法履行宪法和法律赋予的职责，全年共召开常委会会议9次，主任会议14次，听取和审议“一府两院”工作报告16项，作出决议、决定15项，较好地完成了年初确定的目标任务，为推进全区经济社会发展、促进民主法治、维护和谐稳定，尤其是在提升老百姓的获得感和幸福感方面作出了积极贡献。

一、立足本职谋全局，与区委同向

*坚决维护区委核心。*牢牢把握正确的政治方向，始终坚持党的领导，自觉把人大工作置于区委的领导之下，在确定年度工作要点、召开人代会等重大事项决定前主动向区委请示报告，以实际行动维护区委“总揽全局、协调各方”的领导核心地位。区委高度重视人大工作，定期听取和研究人大工作。5月9日，区委常委会专题听取人大党组工作情况汇报，充分肯定了区人大常委会服务发展有新突破，依法监督有新成效，建言献策有新贡献，自身建设有新提高。同时，会议认真研究并解决了人大干部的培养使用、机关办公用房紧张、规范镇及街道人大工作等方面问题，为加强和改进人大工作提供了强有力的保障。

*贯彻落实区委意图。*坚持党管干部和人大依法行使任免权相统一的原则，认真审议表决各项人事任免议案，严格依法依程序补选市代表和任免国家机关工作人员，实现了区委意图与人民意愿的有机统一，为推动全区各项工作提供了强有力的组织保障。一年来，共任免和决定任免有关人员及接受辞职57人次。同时，根据法官、检察官员额制度改革要求，审议通过关于区人民法院、区人民检察院入额法官、入额检察官职务报备和任免问题的决定，并对首次遴选入额的23名法官和25名检察官职务予以备案。

*助力“幸福荷塘”建设。*根据区委决策部署，努力找准人大工作的切入点和结合点。多次组织市、区两级代表就“幸福荷塘”系列民生行动进行视

察调研，通过深入区政务服务中心、区企业服务中心、区公益服务中心、金山街道复转军人之家、湘华社区居家养老服务中心等地，让代表们切身感受到了荷塘区努力提升群众获得感、幸福感的信心和决心。创新群众工作方法，建立市、区、镇三级代表微信群，将“在荷塘”微信公众号信息传递到各级代表，同时通过开展“送医下乡”“送戏下乡”等活动，引导全区各级代表主动融入“幸福荷塘”建设中，在把党的主张变成全民行动的过程中当好推动者。

二、服务发展求实效，与政府同力

为发展升级加力。在区域发展方面，及时依法依程序批准设立明照街道办事处，为加快构建产业园区社会化服务管理新模式提供了保障；高度关注政府工作报告的落实，常委会会议认真审议了区人民政府上半年工作情况汇报，提出了要加快推进产业转型、提高经济运行质量、全面完成目标任务的意见。在园区建设方面，多次组织市、区两级代表进行视察调研，督促园区加大项目落实力度、不断优化企业服务、坚守生态红线，确保园区绿色、健康、可持续发展；听取和审议了我区安置房建设与使用情况汇报，及时审议批准《关于提请审议荷塘区棚户区（城中村）改造项目有关事项的议案》，支持政府向市级申请专项统贷款，缓解建设资金紧张压力。

为转型升级建言。常委会会议听取和审议了我区环境保护工作情况汇报，指出了工作中存在的“小散乱污”企业污染问题突出、基础设施建设严重滞后、执法力度有待加强等问题，要求环保部门牢固树立“绿水青山就是金山银山”的意识，强化宣传教育和监督管理，加大环境污染防治力度，为经济社会发展营造优质生态环境。积极组织市、区两级代表围绕美丽乡村建设、商贸物流中心打造、中小企业发展等开展调研，通过学习培训、现场观摩、座谈交流等形式，引导代表为“贯彻发展新理念、转型升级补短版”献计献策，形成了一批高质量的调研报告和合理化建议。其中，关于支持省级风景名胜区仙庾风景区提质升级、支持中车长江公司株洲分公司转型升级等5条建议成为市级巡回集中督办的重点建议，并得以落实。

为小康提速尽责。牢固树立全局观念和大局意识，按照区委的部署和要求，常委会领导主动参与招商引资、征地拆迁、村（社区）换届等中心工作，为全区经济平稳增长、工程项目如期推进作出了积极贡献。同时，严格落实脱贫攻坚责任要求，每月定期赴茶陵县龙江村指导脱贫攻坚，支持和帮助联点村扎实推进精准扶贫各项工作，全力以赴完成脱贫攻坚任务。

三、监督工作强力度，与人民同心

深化民生监督，维护民权民利。针对人口空间结构变化，群众对优质教育资源需求日益增长的状况，常委会组织部分代表先后深入荷塘小学、戴家岭小学等学校就义务教育法在我区贯彻落实情况进行调研，在充分肯定我区教育发展成果的同时，提出了“科学长远规划、落实扩容计划、优化资源配置、加强综合治理”的建议。围绕群众普遍关注的“出行难”问题，主任会议就我区“五纵七横”路网建设情况进行专项视察，会议认为我区路网骨架基本形成，东部城市框架已经拉开，但仍需立足实际，加强项目管理，整合各方资源，确保完成预定目标。

深化财政监督，依法为民理财。面对经济下行压力加大的形势，常委会认真落实预算法和监督法的相关要求，切实加强对政府全口径预算决算的审查和监督。依法审查批准了2016年度区级财政决算，听取和审议了2017年1—8月预算执行及审计报告反映问题的整改情况汇报，提出了“增强依法理财意识，加大征管力度，狠抓财源建设，严格预算和债务管理”等意见和建议,并就政府性投融资工作,从平台公司规范管理、企业自身良性发展、债务风险管控等方面提出要求,为全区财政资金高效、规范、安全运行提供了有力支撑。

深化司法监督,推进司法公正。常委会会议先后听取和审议了区人民法院、区人民检察院上半年工作情况汇报和公安机关办理治安案件情况汇报,组织主任会议成员和部分代表就民事审判工作进行专项视察,深入开展“公正司法行”活动,先后组织49名代表听审评议法院庭审案件11件,督促“两院”及公安机关进一步形成工作合力,不断规范司法行为,推动司法工作与服务全区发展大局的有机融合。同时,认真做好信访接待工作,全年共接待上访群众150余人次,受理、办理各类信访件60余件,积极引导群众“信法不信访”,督促解决了群众关注的一些实际困难和问题,有效地化解了社会矛盾,促进了社会和谐。

四、为民履职夯基础,与代表同行

强化业务培训,提升代表履职能力。始终将业务培训作为提高代表素质、增强履职能力的重要抓手。定期为代表寄送《人民之友》《常委会公报》《人大工作》等刊物,发放法律书籍和资料,并通过人大微信平台通报常委会工作动态、宣传人大法律知识。6月份,根据市人大的统一部署,组织驻区20余名市区代表赴全国人大深圳培训基地进行为期一周的履职培训。积极探索代表活动的有效形式,坚持邀请代表列席常委会会议、主任会议,参加常委会重大活动,全年,共组织代表开展调研活动15次,提出实质性意见、建议50余条。

强化建议办理,激发代表履职热情。坚持把代表建议督办作为回应群众呼声、激发履职活力的重要举措。区五届人大二次会议及闭会期间共收到代表建议、批评和意见96件,全部依照法定程序及时转交政府及有关单位和部门办理。为进一步提高办理实效,常委会采取重点办、巡回办、集中办等多种方式,选择确定了群众关注度高、反响强烈的6条建议,由常委会正副主任跟踪督办,取得了很好的效果。全年,代表所提建议的见面率和满意率均达到100%,实际解决率达到56.2%,同比提高五个百分点,切实保障了代表依法行使管理国家事务的权力。

强化平台建设,创新代表履职途径。按照省、市关于加强县乡人大工作的要求,进一步健全完善了“双联”工作机制和代表小组活动制度,出台了代表(联)组考核和代表积分制考核等各项制度,积极探索代表回原选区向选民述职试点。持续深入开展“代表接待日”活动,并将代表工作室触角延伸到全部社区和部分村,10月11日至17日,在党的十九大即将召开之际,常委会组织市、区两级代表在辖区集中接待选民群众。全年,全区各级代表共接待走访选民850余人次,收集和整理意见和建议290余条,帮助并督促解决了群众普遍关注的有关老旧小区改造、道路修缮、社区亮灯等热点难点问题110余个,筹集扶贫帮困资金87万余元,慰问困难党员、群众300余人次,为全区健康有序发展和人民幸福生活做出了积极贡献。省人大、市人大、广东中山等地市及五县四区人大相关领导多次亲临现场观摩指导,并给予高度肯定。

五、队伍素质有提升,与党建同步

扎实开展学习教育。根据“两学一做”学习教育常态化制度化和区委关于加强班子能力建设的要求,主动将学习融入到日常工作。坚持每月两次集中学习“雷打不动”,探索在每次常委会会议、主任会议中加入学习议程,开展人人讲课竞赛活动,让每一名机关干部均走上讲台授课。按照“规定动作做到位、自选动作有特色”的要求,每月定期开展形式多样的支部主题党日活动,党建基础得到进一步夯实。

同时，积极组织机关干部到浙江大学、厦门国家会计学院学习培训，组织相关委室主任和镇人大主席、街道人大工委主任先后赴成都、宁波、浏阳等地学习考察，人大队伍整体素质得到进一步提升。

加强基层人大建设。始终将基层人大干部配备作为关注重点，积极争取区委的支持，全区各街道人大工委主任均由“兼”到“专”，并配备专职人大联络员，确保了基层人大工作有人抓、有人管、有人干。通过调查研究和经验总结，修订并完善了关于规范镇、街道人大工作和关于加强镇、街道人大代表联系人民群众工作室建设等一系列指导意见，为有效指导镇、街道人大工作开展提供了制度保障。

完善机关规章制度。坚持把党风廉政建设与人大业务工作紧密结合，制定出台《中共株洲市荷塘区人大常委会党组（班子）2017年党风廉政建设责任分工》，并上报区委，形成一级抓一级、层层抓落实的良好局面。根据换届实际，及时调整主任会议成员分工，并就各专门委员会、各工作（办事）机构联系工作部门（单位）予以进一步明确和规范。同时，按照区委的要求，进一步健全和完善了工作作息、会议纪律、财经管理等一系列规章制度，真正做到了用制度管人、管事、管权。

各位代表，过去一年所取得的成绩，是区委正确领导的结果，是全体人大代表、常委会组成人员和人大工作者共同努力的结果，也是全区人民大力支持、“一府两院”及各部门密切配合的结果。在此，我谨代表区人大常委会向重视、关心、支持人大工作的各级领导、全体代表、社会各界和全区人民表示衷心的感谢和崇高的敬意！

同时，我们也清醒地认识到，常委会工作中还存在不少的差距：行使重大事项决定权的方式有待进一步探索；监督工作的实效有待进一步增强；代表主体作用有待进一步发挥；自身建设有待进一步提高等。在今后的工作中，我们将自觉接受人民监督，虚心听取代表意见，不断加强和改进工作，更好地行使宪法和法律赋予的职权。

六、务实进取敢担当，与时代同频

2018年，是贯彻落实党的十九大精神的开局之年，是实施“十三五”规划承上启下的关键一年。区人大常委会工作总的要求是：以习近平新时代中国特色社会主义思想为指导，深入贯彻落实党的十九大精神，坚持党的领导、人民当家作主和依法治国的有机统一，践行“百姓至上、百姓为先、百姓满意”工作理念，切实履行宪法和法律赋予的各项职责，团结和凝聚全区人民的力量，为加快推进全区民主法治和建设实力、活力、宜居的幸福新荷塘作出新的更大贡献！重点将做好以下工作：

筑牢“百姓至上”的制度根基。人民代表大会制度是我国的根本政治制度，国家的一切权力属于人民，人民通过人民代表大会行使国家权力。党的十九大报告指出：要支持和保证人大依法行使立法权、监督权、决定权、任免权，成为全面担负起宪法法律赋予的各项职责的工作机关。要依法行使好重大事项决定权。进一步完善讨论决定重大事项制度，围绕区委决策部署和全区经济社会发展的难点、人民群众关注的热点、深化改革攻坚的重点，聚焦产业发展和现代化经济体系建设的荷塘实践，深入开展调查研究，督促政府将区域内的政治、经济、文化等重大事项提交区人大常委会审议，依法作出决议决定，使区委意图通过法定程序成为30万荷塘人民的共同意愿和行动。要依法行使好监督权。不断探索和创新监督工作的方式方法，充分运用听取和审议工作报告、执法检查、专项工作评议等方式，增强监督工作实效。今年常委会将听取和审议基层医疗卫生服务体系建设、城市管理行政执法、园林绿化等工作情况汇报；并就农民专业合作社法、关于大力发展养老服务业的实施意见等贯彻执行情况进行视察调研。同时，继续加强对计划和预算的审查监督，积极推进预决算公开和绩效审计工作，加大对政府重大专项资金的监管力度。持续深入开展“环保世纪行”“农民健康行”“农产品质量安全行”“公正司法行”等活动。要依法行使好人事任免权。坚持党管干部和人大依法任免的有机统一，严格依法依程序选举任免监察委员会副主任、委员和其他国家机关工作人员，进一步规范任免程序，加强任后监督。

坚持“百姓为先”的工作主线。地方各级人大及其常委会代表人民行使国家权力，“必须坚持同人民在一起”，真正为民代好言，行好权，服好务。十九大报告要求：要更好发挥人大代表作用，让人大成为同人民群众保持密切联系的代表机关。要贯彻落实好《中共株洲市委关于进一步加强和改进代表工作的意见》和4个配套办法文件精神，建立健全常委会组成人员联系代表、代表联系群众的“双联”工作机制，通过完善代表联络机构、强化镇、街道、村、社区代表工作室建设、构建网络信息平台等途径，不断拓宽代表履职渠道。要进一步扩大代表有序政治参与，坚持邀请代表列席常委会会议，参加检查评议、视察调研等活动，实现全体代表与全区发展的零距离。要进一步创新建议督办机制，建立健全代表建议巡回集中办理和面对面督办等制度，严格跟踪落实，切实提高建议所提问题实际解决率。要进一步加强代表履职培训和履职考核，全面推开代表向选民述职活动，不断改进代表小组活动组织方式，在提升针对性和实效性的同时，实现代表履职能力和理论水平的新提升。要进一步发挥代表联系群众工作室作用，巩固“代表接待日”活动成果，推进“双联”工作制度化、经常化，更广泛地引导代表融入全区重点工作当中，让代表真正做到问政于民、问需于民、问计于民、服务于民，打通代表联系群众“最后一公里”。

实现“百姓满意”的价值追求。打铁必须自身硬。党的十九大报告对人大工作提出了更多更新更高的要求，常委会将坚持把深入学习贯彻党的十九大精神作为当前和今后一个时期的首要政治任务和头等大事，尤其是报告中关于加强人民当家作主制度保障部分的要求，始终以“百姓满意”作为人大工作的出发点和落脚点，扎实推进自身建设。要突出政治建设统领地位，把坚持党对人大工作的领导扎根在思想上，落实在行动上，牢固树立“四个意识”，继续以“周五学习日”和常委会会议法律学习为载体，通过丰富支部主题党日活动形式，进一步加强政治理论、法律法规和业务知识的学习，不断提高常委会组成人员和机关干部的综合素质和履职能力。要积极探索新时代人大工作机制，不断提高人大理论研究和工作实践能力，在解决问题中增强工作实效。要加强对基层的联系指导，坚持定期例会制度，协调推进镇、街道人大工作均衡发展。要注重发挥各专门委员会和工作（办事）机构的作用，提升机关服务水平，为常委会依法履职提供坚强保障。要创新群众工作方式，加快人大信息化建设步伐，充分利用网络宣传平台，传播人大声音，讲好人大故事，增添工作凝聚力。

使命需要担当，实干成就未来。各位代表，推进新发展，我们重任在肩，责无旁贷；实现新跨越，我们目标在前，义无反顾。让我们携手并肩，以时不我待的责任意识、勇于担当的为民情怀和奋发有为的工作激情，在区委的坚强领导下，不忘初心，牢记使命，务实担当，苦干实干，为加快建设实力、活力、宜居的幸福新荷塘和实现人民对美好生活的向往继续奋斗！

政　府　工　作　报　告

在株洲市荷塘区第五届人民代表大会第三次会议上的报告

株洲市荷塘区人民政府区长　王利波

2018年1月11日

各位代表：

现在，我代表区人民政府向大会报告工作，请予审查，并请各位政协委员和其他列席人员提出意见。

2017年工作回顾

过去的一年，是本届政府履职的开局之年。面对持续加大的经济下行压力和艰巨繁重的改革发展任务，我们坚持以习近平新时代中国特色社会主义思想为指引，在市委、市政府和区委的坚强领导下，在区人大、区政协的监督支持下，紧紧团结和依靠全区人民，大力践行新发展理念，突出在项目攻坚、产业招商、片区建设、企业帮扶、深化改革和民生改善等方面精准发力，全区经济社会发展呈现稳中有进、进中向好的良好局面，较好地完成了区五届人大二次会议确定的目标任务。

经济运行稳中有进，综合实力得到新提升。主要指标稳步增长。全年预计实现地区生产总值228亿元，增长8%；固定资产投资216亿元，增长15.5%；规模工业增加值74亿元，增长7.5%；社会消费品零售总额71.7亿元，增长11%；城乡居民收入分别达到42100元、27640元，分别增长8.2%、8.4%。财税结构不断优化。全力招商引资、培育企业，多措并举加强财源建设，在压减非税收入9463万元的不利情况下，完成一般公共预算收入11.4亿元，增长1.4%，其中全口径工商税收增加2.7亿元，增长16.5%，创近年来的新高，税收占比由57.1%提升为60.9%。市场主体活力增强。株硬集团、中车长江车辆株洲分公司等骨干企业效益提升、产销两旺，飞鹿高新材料、宏达电子相继上市，填补了我市近七年来企业上市的空白。顺利通过省委、省政府全面建成小康社会达标认定，并被评为全省全面小康推进工作“十快进县”。

要素保障坚强有力，项目攻坚实现新突破。项目建设成效显著。扎实开展“项目攻坚年”活动，全年共实施市、区级重点项目136个，时代电气与车辆厂电气轨道工程机械制造基地等17个项目竣工，株洲农副产品批发交易物流中心等53个项目开工建设，格斯特航空发动机等22个续建项目进展顺利，新文化路等44个项目前期工作推进有序。产业招商务实高效。大力实施全民招商和精准招商，全年接洽三一集团、华夏幸福、杭萧钢构等500强企业28家，引进汉德车桥、省第五工程有限公司装配式产业基地、中天杭萧钢构等5亿元以上项目

7个，三一芙蓉筑工、远大住工等2亿元以上项目6个，涉及投资总额62亿元，装配式建筑新材料产业加速聚集，全市装配式建筑产业园落户金山新城。引进电商企业32家，累计完成销售额6亿元，为园区建设、产业发展注入了新动力。圆满承办硬质合金产业高峰论坛，促成中钨高新材料股份有限公司等29家企业签订产需协议或合作合同。要素保障坚强有力。实施征拆项目64个，签订集体房屋补偿协议693栋，征收国有土地上房屋73188平方米，交地4214亩。全年批回土地2067亩，供地871亩，实现土地收入15.77亿元。积极拓展融资渠道，金科、金城两家平台公司融资43.4亿元，平均融资成本大幅降低。大力开展“企业帮扶年”活动，为辖区重点项目、骨干企业解决各类问题和困难230个，开展惠企培训37次，定期举办硬质合金、轨道交通等产业专题沙龙，积极搭建企业家沟通交流平台。充分发挥科技银行作用，通过银企对接，为辖区内企业提供贷款5997万元，有效缓解制约企业发展的资金难题。

*产业带动成效凸显，片区建设呈现新态势。*金山新城产城示范区建设提速。日月湖及配套路网PPP项目有序推进，香榭路、金精路、悦舍路建成通车，嘉德二期、金城·国投等标厂项目建成运营，夏普新材料等50家企业入驻，铁达能源轨道交通装备制造配套二期等3个项目竣工投产，飞鹿二期等13个项目推进顺利，片区内基础配套设施不断完善，医学健康、新材料、轨道交通装备配套三大主导产业规模持续壮大，金龙路沿线产城一体初见雏形。中央商务区、水竹湖科教新区、太阳商贸集聚区来势喜人。株洲火车站改建工程开工建设，铁东路核心段桥梁和隧道建设加速推进，红旗广场西南角城市综合体项目一期启动征拆，银泰财富广场开门迎客，株洲希尔顿欢朋酒店项目签约入驻，中央商务区更具活力。恒大林溪郡、水木阳光里、东部美的城二期等高端房地产项目开工建设，建宁港路、芙蓉路、迎风路、升龙路等道路建设有序推进，水竹湖科教新区、太阳商贸集聚区日趋繁荣。荷塘月色康养休闲区提质升级。仙庾镇成功列入省级特色小镇，仙庾康养服务业集聚区申报获批，完成樟霞村、蝶屏村市级美丽乡村建设。大力发展观光种植产业，积极创建荷塘月色国家农村产业融合发展示范园，建设农业标准化生产示范基地8个、菜篮子工程440亩，片区内特色更加凸显，休闲康养接待能力进一步增强。

改革创新重点突破，跨越发展注入新活力。“一门式”政务服务改革纵深推进。仙庾镇、荷塘月色示范区管委会便民服务中心建成运行，“一门式”政务服务实现城乡区域全覆盖。区安监局、农村工作局、食药监分局等部门纳入“一门式”体系，可一窗办理的政务服务事项增至295个。推出审批服务结果物免费邮寄服务，上线办事材料“一次提交、反复使用”功能，群众办事更加方便。“一门式”改革荣获全省首届管理创新奖，政务服务中心荣获“第二届全国优秀行政服务大厅”称号。企业服务体制改革成果丰硕。大胆创新系列扶持企业发展、助推项目建设的体制机制，依托项目办、招商办、企业服务中心工作职能，健全和完善了从招商引进到落地建设、从生产运营到发展帮扶的全流程服务体系，有力助推了全区实体经济加速振兴。民生服务体制改革深入人心。在精准了解群众需求的基础上，从公共卫生服务、社区养老、“三社联动”破题，陆续启动了平安荷塘建设、复转军人之家建设、无物业管理小区自治、创新群众工作方法等几个专项工作，形成了扎实具体的“幸福荷塘”系列民生行动整体推进计划，不断提升了群众获得感、幸福感、安全感。

*城乡统筹多措并举，生态宜居焕发新面貌。*基础设施提质升级。全年建设城区道路36条，桂花路、金桥路等10条道路建成通车，升龙路、芙蓉路等26

条道路推进顺利。完成小街小巷提质拓宽21条，农村公路提质改造、窄路加宽27公里。完成袁家湾社区和中南小区提质工程，推进前进小区、地质勘察院416队小区改造，建成红港广场、601厂、千金药业3个林荫停车场，建设十九中、外国语学校等7家园林式单位，全区新增绿地面积1.8万平方米，城镇建成区绿化覆盖率达到43%。城市管理持续发力。重拳整治城区人行道车辆违停和居民小区占道问题，取缔合泰涵洞早市，确保市民出行环境整洁通畅。提质提标环卫水平，市容市貌持续改善，中南蔬菜市场管理经验在全市推介。切实开展南郊垃圾场环保治理整改，加快株洲市餐厨垃圾处理项目建设。强势推进全市“百万大拆违”行动，拆除存量和新增违法建设25万平方米。深入开展“十大文明行动”，顺利通过全国文明城市复查，袁家湾社区荣获“全国文明社区”称号。生态治理取得实效。强力推进湘江保护和治理第二个“三年行动计划”，辖区建宁港、白石港和主要湖泊水库全部实行河长制管理。启动建宁港、天鹅湖、西湖三处黑臭水体整治，完成人民医院医疗废水治理。按照中央环保督查要求，排查整治畜禽养殖场、页砖厂等问题场所35处，关停污染企业23家，污染整治和监管能力建设取得新成效。

民生保障更加有力，精准服务满足新需求。社会保障日益完善。全面完成“民生100”工程8大类55项指标，民生支出12.2亿元，占一般公共预算支出的72.4%，增长29.1%。全年实现新增城镇就业8922人，城镇失业率控制在3.28%以内，低于4.5%的控制目标。完成低保、临时救助、医疗救助8.7万人次，发放金额3401万元。推进棚户区改造项目26个，完成农村危房改造30户，群众住房条件得到有效改善。扎实做好对口茶陵扶贫工作，累计投入资金2000万元，帮扶贫困家庭327户。社会事业协调并进。优先发展教育，戴家岭小学过渡校区投入使用，桂花小学新建、博雅小学改扩建工程推进顺利，新增学位1700个。完成十九中东校区、明照小学、601中英文小学等维修改造项目7个，黄塘小学、龙洲小学等农村学校给水改造项目3个。优化公共医疗卫生服务，加强医联体建设，推动分级诊疗。积极开展全科医生流动巡诊，组建28个全科医生团队，深入辖区193个流动巡诊点服务居民7.2万人次，将巡诊服务送到居民身边。持续抓好国卫提升，顺利通过全国卫生城市复审。深入开展“欢乐潇湘”“清风株洲”“品味·荷塘”等专项主题活动，成功举办荷塘区首届足球球迷联赛，圆满承办株洲市第十三届运动会乒乓球、足球比赛，群众文化体育事业更加繁荣。社会治理全面加强。顺利完成村(居)两委换届选举工作。实施“四个一批”信访维稳机制，不断健全基层网格管理体系，社会大局和谐稳定。深入开展“平安荷塘”三大行动，进一步健全“三巡四防”机制，全面推动“雪亮工程”建设，街面见警率大幅提高，立体化治安防控体系不断完善。全面开展安全生产大检查，加强合泰、富家垅地区“三合一”场所消防隐患排查整治力度，落实重大事故隐患“一单四制”，安全形势平稳向好。有效应对历史罕见洪涝灾害，未垮一库一堤，保障了群众生命财产安全。

行政监察不断增强，自身建设展示新形象。围绕建设法治、创新、诚信、务实和廉洁政府目标，坚持重大问题向区委汇报，全面执行区人大及其常委会决议和决定，自觉在区人大、区政协和社会各界监督下开展工作，充分吸纳各民主党派、工商联、无党派人士和社会各界的意见、建议。全年办理代表建议96件、委员提案99件、社情民意18件，满意率和办结率均为100%。认真处理市长热线、区长信箱交办件2703件，办结率99.1%。积极拓宽政务公开渠道，主动公开政务信息2023条，保障了市民的知情权和监督权。深入推进“两学一做”学习教育常态化、制度化，全面落实从严治党"两个责任"，加强行政监察和审计监督，扎实推进"互联网+监督"，对66项民生资金跟踪监督。深入开展"雁过拔毛"式腐败、中小学校违规征订教辅材料、国家公职人员违规涉矿涉砂等经营性活动、环保领域"为官不为"、"治陋习、树新风"、禁止领导干部利用职权或者职务上的影响在金融活动中谋取利益等六大专项整治行动，成效显著。针对重点项目、专项资金、财政预算情况共进行35次专项审计，营造了风清气正的良好政务环境。

与此同时，国防动员、市场监管、统计监测、人民防空、两型建设、扶残助残、档案区志、民族宗教、机关事务等各项工作都有新进步。

各位代表，一年来，我们坚定不移地朝着建设实力、活力、宜居的幸福新荷塘这一总目标，全力做好了稳定的事、发展的事、改革的事、民生的事，新常态下统筹发展的能力、干事创业的能力、破解难题的能力进一步得到增强，为推动荷塘经济社会跨越发展奠定了坚实的基础。成绩的取得，是区委正确领导的结果，是区人大、区政协监督支持的结果，是全区人民共同奋斗的结果。在此，我代表区人民政府，向各位人大代表、政协委员、广大干部群众和社会各界人士，致以崇高的敬意和衷心的感谢！

在总结成绩的同时，我们也清醒地看到，当前全区经济社会发展仍存在一些亟待解决的困难和问题：一是经济总量仍然偏小。近年来，经过不懈努力，虽然全区综合实力显著提升，但地区生产总值、公共财政预算收入两项核心指标总量仍为城区最少，底子不厚、总量偏小，在较长时间内仍然是我们必须面对的现实。二是主导产业还不够强。当前，我区医学健康、新材料、轨道交通装备配套三大主导产业的规模在逐步壮大，但相较于其他城区，产业特征仍不明晰，支撑和带动发展的装配式建筑产业尚处于起步阶段，发展壮大还有待时日。三是融资难、融资贵制约发展。随着中央对地方政府负债及平台公司融资政策的收紧，融资成本不断攀升，给区级平台公司融资带来巨大挑战，制约了项目推进和产业发展。四是基础设施建设压力较大。荷塘区处于老城区，基础设施和城乡功能配套不够健全，单纯依靠区级政府投入难以满足基础设施建设的需要。五是政府系统能力建设有待加强。少数干部担当精神不够，干事创业的活力未有效激发，破解发展难题的能力有待增强。对此，我们一定高度重视，认真研究，采取有力措施，切实加以解决。

2018年工作部署

2018年是贯彻落实党的十九大精神的开局之年，是改革开放40周年，也是实施"十三五"规划承上启下的关键一年。党的十九大吹响了新时代继续奋斗的号角，开启了全面建成社会主义现代化强国的新征程。结合荷塘实际，做好2018年的政府工作，实现各项既定目标任务，必须用党的十九大精神指导改革发展实践，创造性推动党的十九大精神在荷塘落地生根、开花结果，奋力谱写新时代荷塘发展新篇章。必须坚持新发展理念。牢固树立创新、协调、绿色、开放、共享的发展理念，以供给侧结构性改革为主线，坚定不移的把发展工业经济作为主攻方向，着力改造提升传统产业，培育壮大新兴产业，不断优化存量，做大增量，壮大实体经济，努力探索建设现代化经济体系的荷塘实践。必须践行以人民为中心的发展思想。人民群众对美好生活的向往，就是我们的奋斗目标。要始终坚持以人民为中心，量力而行、尽力而为，在幼有所育、学有所教、劳有所得、病有所医、老有所养、住有所居、弱有所扶上不断取得新进展，让发展更有温度，让幸福更有质感，不断满足人民日益增长的美好生活需要。必须以改革创新增动力、激活力。改革创新是推动发展的第一动力，群众的获得感是评价改革创新成果的第一标准。要强化担当意识，敢于刀刃向内，以政府管理创新和社会治理创新为重点，着力在产业发展、招商引资、项目建设、城乡统筹、政务服务等领域，不断扫除体制机制的“拦路虎”和公平竞争的“绊脚石”，使改革创新更接地气，更具成效。必须深入推进依法行政。实现全面依法治国的目标，依法行政是前提和基础。政府理应带头维护法律的尊严，将依法行政贯穿政府工作全过程，构建以法治为基础的现代政府治理体系，打造职能科学、权责法定、执法严明、公开公正、廉洁高效的法治政府。

2018年政府工作的指导思想是：深入学习贯彻党的十九大精神，以习近平新时代中国特色社会主义思想为指导，坚持稳中求进工作总基调，牢固树立新发展理念，以产业项目建设年活动为抓手，着力壮大医学健康、新材料、轨道交通装备配套三大主导产业，努力探索建设现代化经济体系的荷塘实践，切实提高保障和改善民生水平，加强和创新社会治理，打造最优发展环境，加快建设实力、活力、宜居的幸福新荷塘。

2018年全区经济社会发展的主要预期目标是：地区生产总值增长8.5%左右；公共财政预算收入增长7%左右；全社会固定资产投资增长12.5%；规模工业增加值增长7.8%；社会消费品零售总额增长11%；城乡居民收入高于经济增长；完成市里下达的年度减排任务；各项事业都有新的发展。

围绕上述指导思想和目标要求，今年将重点抓好以下五个方面的工作：

（一）致力片区带动、产城一体，着力壮大实体经济

全力壮大主导产业体量。以金山新城产城示范区为主阵地，大力开展“产业项目建设年”活动，坚定医学健康、新材料、轨道交通装备配套三大主导产业发展方向。深化三大主导产业发展研究，完善主导产业发展规划，紧盯主导产业上下游，举全区之力着力培育一批、引进一批、壮大一批关联企业，全力补链强链延链，壮大主导产业规模。加快推进省第五工程有限公司、中天杭萧钢构、远大住工、三一芙蓉筑工等装配式建筑产业项目建设，加快构建装配式建筑材料产业研发、检测平台和相关支撑体系，做好产业联盟的成立与运营工作，全力打造全省一流的装配式建筑产业示范园。启动国投金汇创新创业服务中心、春华碳酸锂、稀美泰新材、朗润磁电等项目建设，加快推进飞鹿二期、科能二期、金泰、瑞美包装材料生产线等项目建设，提质新材料产业基地。加快推进汉德车桥株洲制造基地、车辆段二期等项目建设，壮大轨道交通装备配套产业基地。加大株洲市公益养老城和中药种植基地招商力度，推动金城华亿健康产业园建设，打造医学健康产业基地。

做大做强现代服务业。加速发展生产性服务业，围绕产业发展需求，大力发展产品研发、创新设计、货物运输、仓储物流、信息服务、金融服务、节能环保、人力资源管理与培训服务等业态，加快置信广场·商业综合体、株洲农副产品批发交易物流中心、现代综合物流中心项目建设，进一步完善金山新城产城示范区产业服务功能。提质升级生活性服务业，依托中央商务区交通区位和商业基础优势，利用株洲火车站改建、铁东路、红旗广场西南角城市综合体建设等契机，优化功能布局，建设区域型交通枢纽中心和商务中心。积极培育文化、餐饮、娱乐等消费性服务业，全面丰富商业形态，带动周边提质发展。有序发展房地产业，稳步推进水竹湖科教新区恒大林溪郡、水木阳光里、东部美的城二期等项目建设，加大太阳商贸集聚区基础设施建设力度，带动优质地产项目落户。

提质升级现代农业。依托现有瓜果、蔬菜、花

木等特色农产品基地，大力推进“三品一标”认证工作，拉伸农业产业链和价值链，培育一批荷塘特色农产品品牌。推进“互联网+”农产品模式，加快电子商务与现代农业融合发展，探索直销配送、网络销售等现代营销模式，完善农业供应链体系。提质升级荷塘月色片区休闲农业，大力培育乡村旅游示范基地，打造知名休闲农庄。利用片区内苗木种植规模优势，引导种植户由输出产品转变为输出技术，发展农田艺术景观等创意农艺，积极探索会展农业、农业众筹等新兴业态。

（二）聚焦产业招商、项目攻坚，着力增强发展后劲

让产业招商更强力。以招商办为抓手，坚持全民招商与专业招商并举、政府招商和机构招商相融，围绕优势产业招商实现补链。瞄准新材料产业，发挥省级复合新材料特色产业园优势，以硬质合金工具产业为重点，依托富兰地工具产业园等项目示范带动，引进一批成长性好、科技含量高的中小新材料企业，完善硬质合金新材料产业链。发挥国投金汇标厂电商企业的聚集效应，引进生产配套、物流配送、仓储、分拣、集散中心等项目，建设株洲东大门电商城。对标省“5个100工程”，加紧对接500强企业和湘商会，力争引进亿元级产业项目10个以上，吸引一批有实力的湘商在我区设立总部。

让项目建设更高效。进一步发挥项目办牵头抓总的作用，统筹推进127个市区重点项目建设。按照项目性质合理制定项目建设进度计划，明确前期项目手续办理时限、续建项目月度建设计划、新建项目开工日期，积极探索前期手续模块化并联办理，加强在建项目动态监管，倒排新建项目开工时间，努力实现项目建设既有快速度，又有高质量。继续推行项目建设月例会和周调度制度，着力解决项目建设难题。继续保持督查督办高压态势，探索建立土地重新收储制度，强化对责任部门和业主单位的工作督促，全力加大项目建设推动力度，力促项目早开工、早建设、早投产、早达效。

让要素保障更全面。大力实施园区升级行动，推进园区一期产业提质、基础设施完善、环境优化等后续建设，完成金城东路、金精路、金塘路建设，建成金山新城“三纵三横”骨干路网体系，全力推进日月湖生态水利综合开发、中美医院、金城学校等生活配套设施建设，不断完善园区基础配套、功能配套，提升综合承载能力。积极探索借助市场力量推动园区开发和运营的新模式，充分依托企业在资金募集、招商引资、片区运营等方面的经验和优势，有序推进园区开发建设。巩固园司、政企分离成果，抓好平台公司市场化、实体化转型，进一步明晰金城集团、金科集团的市场定位、发展方向和主营业务，强化自身造血功能。不断创新融资模式、拓展融资渠道、优化融资结构，切实提高直接融资比例，提升防范风险能力。加大征地拆迁力度，提高交地效率，完成集体土地征拆4500亩、国有土地上房屋征收12万平方米以上。强化土地供应，确保批回用地1800亩以上，为重点项目、园区发展提供用地保障。

（三）加快城市建设、乡村振兴，着力统筹城乡发展

推动城市提质。围绕旧城提质，加快红旗广场西南角片区、芙蓉路片区棚改等重点项目建设，通过“筑巢引凤”完成“腾笼换鸟”，力促一批城市综合体项目尽快落地，营造良好的城市地产发展氛围，进一步提升城市品质。落实“交通畅通三年计划”，启动金荷大道、新文化路、大坪路等7条道路新建，加快推进建宁港路、升龙路、规划32号路等7条道路续建。完成新苗路、金钩山安置小区道路等19条小街小巷提质改造，提升宜居荷塘品牌。

加快乡村振兴。加快推进仙庾都市休闲特色小镇建设，探索组建特色城镇运营专业公司，统筹推进特色小镇建设规划、产业布局、生态保护、文化

发展、招商引资等工作，着力打造产业兴旺、生态宜居、乡风文明、治理有效、生活富裕的特色小城镇。加强乡村基础设施建设，以“美丽乡村”建设为抓手，全面推进治路、治绿、治污工程，提质扩宽农村公路，统筹山水林田湖草系统治理，加强农村突出环境问题综合治理。稳步推进土地确权、土地托管经营服务和集体产权制度改革，进一步巩固和完善农村基本经营制度，发展壮大集体经济和新型农业经营主体。强化农村基层基础，健全自治、法治、德治的乡村治理体系，选好管好用好农村基层组织带头人，培养造就一支懂农业、爱农村、爱农民的“三农”工作队伍。

优化生态环境。大力开展环境污染治理攻坚战，着力提升生态环境质量。严格落实河长制，完成建宁港、天鹅湖、西湖黑臭水体整治和5家医疗卫生服务中心废水治理，启动荷塘工业集中区工业污水处理厂建设，切实改善区内主要河湖水环境。全力做好第二次污染源普查工作，建立健全重点污染源档案，切实加强环境监督管理。大力推进新苗公园、日月湖公园建设，积极建设一批园林式单位和林荫停车场，提升城区绿化水平。积极推进樟霞村省级绿心两型综合示范带创建，完成婆仙岭省级森林公园报批，打造株洲市区最大的城市森林公园。

精细城市管理。深化城管体制改革，构建权责明晰、服务为先、管理优化、执法规范、安全有序的城市管理体制。实施城市环境提质工程，强化市容管理、环卫保洁、园林绿化、市政养护等精细管理，巩固“创文”“创卫”成果。深化“强转树”行动，践行“721”工作法，以“在执法中服务，在服务中执法”为理念，坚持疏堵结合，提升城市管理水平。不断健全治违控违工作机制，强力推进全市“百万大拆违”行动，完成全区拆违25万平方米以上。

（四）突出改革创新、服务优化，着力提升发展环境

打造高效便捷的政务环境。继续深化“一门式”政务服务改革，利用好《行政许可标准化建设》成果，扩容“一门式”政务服务系统的可办事项，拓展贴近群众生活事项的办理权限，让街道、社区便民服务中心可办理的事项越来越多。积极推进政务服务“最多跑一次”改革，在数据采集、材料复用、网上办事上不断革新技术，在“一次办、24小时自助办、全区通办”上为群众提供更加细致、极致、有温度的服务。推进政务服务向网络和云端延伸，使30%的政务服务事项可以在网上进行办理或预受理，实现全区政务服务环境从“好办事”到“易办事”的再一次提质增速。

打造利企惠企的营商环境。继续优化项目建设推进机制，将主动、高效、精准服务贯穿项目引进、落地、建设、投产和企业发展的全过程。实现项目流程交叉、并联、立体化推进，缓解项目前期滞后的难题。加快推进“一中心、九平台、多站点”企业服务平台建设，进一步完善招商引资项目审批“绿色通道”，对重点招商引资项目审批手续实行全程代办、限时办结。深入开展企业帮扶，着力解决一批困难问题，帮扶一批重点企业，培育一批新的经济增长点。大力推进科技成果转化工作，注重知识产权保护，使创新成果在保护的前提下有效运用。积极发挥行业协会和服务平台的作用，建立有效的沟通协调机制，切实维护企业和企业家合法权益。

打造规范有序的法治环境。构建亲清政商关系，保持政策连续性、稳定性。加强普法、公共法律服务，培育法治信仰，倡导契约精神，树立规则意识，弘扬公序良俗。将政府活动全面纳入法治轨道，督促政府工作人员带头学法守法，运用法治思维和法治方式深化改革、推动发展、维护稳定。引导群众依法逐级表达诉求，严厉打击缠访、闹访等非访行为。旗帜鲜明抓正面典型示范引导和反面典型案件查处，态度坚决，一抓到底，形成常态。

（五）抓实民生保障、幸福事业，着力满足群众需求

切实强化社会保障。贯彻十九大提出的“就业是最大的民生”要求，提高就业质量，落实就业创业政策，鼓励创业带动就业，提供全方位公共就业服务。建立健全“五险统征”信息平台，加大社保征缴力度，确保养老金按时足额发放率和社会化发放率达到100%。依法推进“三险”征缴，提高医疗保险参保率，增强医保基金抗风险能力。加强残疾人精准康复服务，规范残疾人社区康复站建设和管理，全面推动残疾人社区康复服务。加快推进机电公司、戴家岭城中村、新塘西路南片区等棚户区改造项目，不断改善群众住房条件。继续推进精准脱贫攻坚战，按照全市统一部署，扎实做好茶陵对口扶贫工作。

大力繁荣社会事业。把教育事业放在优先位置，加快公办幼儿园建设，扩大普惠性民办幼儿园覆盖面。完成桂花小学建设，推进金山新城片区学校新建、博雅小学改建、戴家岭小学还建、红旗路小学扩容、601中英文小学综合楼建设，增加一批学位。启动荷塘小学、晨荷小学、八达小学等7所学校标准化建设。统筹城乡师资配置，启动小学教育集团化办学试点，扩大优质教育资源覆盖面，积极化解“大班额”和“择校热”问题。深入实施文化惠民工程，加快夕阳红、妇女儿童、文体三中心建设，顺利实现国家公共文化服务体系示范区创建工作。切实提升健康服务水平，支持基层医疗机构发展和“基层首诊、分级诊疗、双向转诊”的落实，推进医联体合作模式和全科医生队伍建设，全面铺开家庭医生签约服务，加强疾病控制体系建设，扎实做好重大传染病和慢性病防治工作。做实做精养老事业，改善公立敬老院基础设施，鼓励社会力量参与养老服务事业，加快布局养老服务网点，新建居家养老服务中心3个、“幸福里”微型互助站点4个，新增养老床位200张，为人民群众提供全方位全周期健康服务。

加强和创新社会治理。以“幸福荷塘”系列民生行动为抓手，不断创新基层治理体系，构建共建共治共享的社会治理新格局。扎实推进“三社联动”，大力引进社会工作机构、吸引和培育专业社会工作者，将公益服务中心打造成全省公益组织孵化基地和志愿服务的大本营，实现市场化社会机构和专业社会工作者的有力聚集。不断优化自治家园建设，扩面系统居民数据采集来源，提高数据的精确度和真实度，建成更加全面、准确、安全的民生大数据库。完善复转军人之家建设，引导复转军人自我管理、自我服务，实现对困难复转军人的精准帮扶。继续推进无物业管理小区自治试点，逐渐扩大无物业管理小区自治覆盖面，着力改善老百姓的生活环境。持续推进“平安荷塘”建设，不断完善社会治安防控和社区治理体系，创新预防和化解矛盾机制，进一步做好“天网”建设、城乡社区网格化管理、信访矛盾纠纷排查化解工作。加强安全生产监管，健全工作机制和责任体系，深入开展安全生产隐患排查治理，确保安全生产形势平稳可控。落实“四个最严”要求，构筑食品药品安全防线，确保“舌尖上的安全”。加强国防动员和民兵预备役建设，推动军民共建深入开展。

努力打造新时代服务型政府

新时代提出新要求，新任务呼唤新担当。面对更为高远的目标、更加艰巨的任务，我们必须以更坚定的战略定力、更深刻的思想认识、更实干的从政作为，努力打造适应新时代要求，勇于担当、风清气正的服务型政府。

以高度的自觉，担当发展使命。面对新时代荷塘加快发展的历史使命，政府要有主动作为的责任

担当。我们必须切实增强“四个意识”，自觉在党的领导下开展工作，按照区委确定的发展战略和目标，以深厚的家国情怀，以高度的自觉行动，扛起加快荷塘发展的使命。改革发展的各项事业都需要担当者，必须建立激励机制和容错机制，旗帜鲜明地为那些在改革创新、项目攻坚、矛盾化解等急难险重任务中冲锋在前、敢于担当、不谋私利的干部撑腰鼓劲，为愿干事、能干事、干成事的干部提供更大舞台。坚持开展常态化专题学习，营造上级带下级、班子带队伍的浓厚学习氛围。持续提高抓经济工作专业化水平，学会用专业眼光分析形势，用专业知识研究问题，用专业水平推动发展，不断增强担当的能力和水平。

以严肃的态度，推进依法行政。全面贯彻法治政府建设实施纲要，完善法治政府建设推进机制。健全依法决策机制，严格落实政府重大行政决策法定程序，加强合法性审查，推进决策科学化、民主化、法治化。自觉接受人大法律监督、工作监督，政协民主监督和社会舆论监督，拓宽参政议政渠道，认真办理人大代表建议和政协委员提案，深化政务公开，让权利始终在阳光下运行。正确处理好有效的市场和有为的政府之间的关系，进一步简政放权，减少审批事项，优化办理流程，提高办事效率。

以务实的作风，强化工作落实。幸福都是奋斗出来的。加快建成实力、活力、宜居的幸福新荷塘，必须撸起袖子加油干、俯下身子踏实干。大力弘扬雷厉风行、廉洁高效的工作作风，进一步压缩会议、精简文件、改进督查、减少陪同、简化接待，注重统筹协调，将更多的时间和精力投入到干事创业、为民造福中去。持续抓好工作落实，改进绩效考核办法，完善督促检查制度，积极推行政府工作报告重点工作定期通报制度，强化重点工作“三办两中心”专项督办机制，努力实现政府聚焦在哪里、督查就到哪里，群众关注在哪里、督查就到哪里，问题出现在哪里、督查就到哪里，形成议必决、决必行、行必成的工作落实机制。

以严明的纪律，守牢廉洁底线。切实开展“不忘初心、牢记使命”主题教育，严格落实全面从严治党要求，认真抓好中央八项规定实施细则的执行，持续推动反“四风”向深度和广度延伸。以监察体制改革为契机，保持惩治腐败的高压态势。进一步强化行政监察和审计监督，聚焦重点领域行业、重大项目资金、重要部门岗位，严肃查处侵害群众利益的不正之风和腐败问题。强化督查问责，严厉整治庸政懒政怠政行为，引导广大干部持廉守正，始终保持为民务实清廉本色。

各位代表！志当存高远，成事在实干。让我们紧密团结在以习近平同志为核心的党中央周围，在市委、市政府和区委的坚强领导下，在区人大、区政协的监督支持下，不忘初心，牢记使命，团结拼搏，为加快建设实力、活力、宜居的幸福新荷塘而努力奋斗！

部分名词解释：

1.“5个100工程”：省委经济工作会议明确2018年是全省“产业项目建设年”，将重点实施100个重大产业建设项目、100个科技创新项目、100个重大产品创新、引进100个500强企业、100个科技创新人才。

2.“一中心、九平台、多站点企业服务平台”：为进一步强化企业服务，区委、区政府创新设立企业服务中心，打造了代理、项目申报、人才、融资贷款、咨询、信息、企业孵化、企业协会、科技服务等九类专业服务平台，并在嘉德工业园等专业园区及小微企业较集中的镇办建立企业服务站点。

3.“雪亮工程”：是指以区、镇、村三级综治中心为指挥平台、以综治信息化为支撑、以网格化管理为基础、以公共安全视频监控联网应用为重点的群众性治安防控工程。

4.“一单四制”：是指政府职能部门对发现的重大事故隐患，要迅速形成重大事故隐患清单，并对每项重大事故隐患治理任务实行交办制、台账制、销号制、通报制管理。

5.“三品一标”：即无公害农产品、绿色食品、有机农产品和农产品地理标志。

6.“721”工作法：是指城市管理中，70%的问题用服务手段解决、20%的问题用管理手段解决、10%的问题用执法手段解决，变被动管理为主动服务，变末端执法为源头治理。

7.“四个最严”：即用最严谨的标准、最严格的监管、最严厉的处罚、最严肃的问责，加快建立科学完善的食品药品安全治理体系。

8.“三社联动”：是指通过社区建设、社会组织培育和社会工作现代化体制，形成资源共享、优势互补、相互促进的良好局面，加快形成政府与社会之间互联、互动、互补的社会治理新格局。

追求更高标准，凝聚更大合力，助推更好发展

在政协株洲市荷塘区第五届委员会第二次全体会议上的报告

政协株洲市荷塘区委员会主席　何恒仁

2017年2月27日

各位委员、同志们：

我受政协株洲市荷塘区第五届委员会常务委员会的委托，向大会作工作报告，请予审议，并请列席会议的同志提出意见。

2016年工作回顾

2016年是区政协的换届之年，也是继往开来、奋发有为的一年。区政协坚持以邓小平理论、“三个代表”重要思想、科学发展观为指导，深入学习贯彻习近平总书记系列重要讲话精神，在中共荷塘区委的坚强领导和区人大、区政府的大力支持下，团结带领全体委员，牢牢把握团结民主两大主题，始终坚持“忠诚履职、奉献荷塘”的工作理念，认真履行职能，较好地完成了各项目标任务，为全区经济社会发展做出积极的贡献。

一、助推改革发展，履行职能取得新成果

围绕区委、区政府中心工作，对事关全区发展、改革和稳定的重大问题以及人民群众关心关注的热点难点问题履行政协职能。

*精选议题，多层次政治协商。*精心组织好政协各类会议，利用政协全会、常委会议、主席会议等形式开展政治协商。在区政协四届五次全会上组织全体委员对《政府工作报告》、“十三五”规划纲要（草案）及其他报告进行广泛的协商讨论，收集上报各项合理化建议60余条；区政协常委会议听取协商了荷塘区撤乡并村方案、全区经济社会发展情况通报等；主席会议专题协商了行政区域调整、重大人事任免、财政预决算情况等，对加强相关工作提出了建设性的意见，为全区上下统一思想、步调一致、政令畅通奠定了坚实的基础。不断总结协商工作的成功经验，进行有益的理论探索，由区政协报送的《推进政协界别协商的探索与思考》获市政协年度理论征文一等奖。

*推动落实，全方位民主监督。*运用政协提案、组织委员视察、委派民主监督员等形式，切实履行民主监督职能。2016年共收到各界委员提案94件，经审查立案71件，转社情民意12件，转市政协委员参考11件。由主席会议成员牵头对重点提案进行督办，委员提出的关于促进小微企业快速发展、优化项目建设环境、打造“孝文化”品牌等建议得到了采纳和落实，所有提案办结率、满意率继续保持100%。向区法院、区卫生计生局等4个单位委

派16名民主监督员，采取明查和暗访相结合，听取汇报和亲身体验相结合的监督方法，监督内容更为具体，监督效果更加显著。2016年还组织开展了“一门式”政务服务改革、农村土地承包经营权登记颁证、园区项目建设等视察评议活动，为年度重点工作的顺利开展提出了富有成效的建议。

打造精品，高质量参政议政。在区政协四届五次全会上，有4位政协委员围绕旅游产业发展再升温、加快荷塘区商贸服务业发展升级等问题进行大会发言，传达了社会各界人士的智慧和心声；区政协还结合全区产业发展现状和经济社会热点难点问题，组织开展了“加快我区健康养老产业发展”“做强做大我区房地产业”等两项重点调研和“‘十二五’期间荷塘区国税经济税源状况”“农村公共卫生服务体系建设”等8项专题调研。上述参政成果得到了区委、区政府主要领导的高度重视，部分观点和建议得到采纳，并通过制定强有力的措施，使成果得到了转化。其中“加快我区健康养老产业发展”调研报告获市政协优秀调研报告征评一等奖，“做强做大我区房地产业”调研报告得到了区委领导高度肯定。

二、牢牢把握主题，融入全局展现新作为

始终将团结和民主两大主题贯穿于政协工作的各方面，凝聚各方智慧力量，共同推进“三个荷塘”建设的伟大事业。

主动担当社会责任。区政协领导和机关干部积极投身我区经济社会发展一线，参与株洲市南岳岭、上月塘三期棚改征收，产业招商、北环线建设等重点工作，为项目快速推进积极献计出力；扎实开展“助力扶贫攻坚，全面建成小康社会”活动和政协委员“三个一”扶贫行动，与贫困户结成对子95户，选派机关干部到扶贫点茶陵县严塘镇梅田村驻村办公，组织实施了精准扶贫。开展“为民办实事、解难事、做好事”委员走访活动，累计走访慰问困难户300多户，送去慰问金30多万元，解决各类问题40多个，为着力改善民生精准发力；由区政协发起成立的教育奖励基金会广辟筹资渠道，使基金本金由240万元发展壮大为400多万元，在支持推动教育事业发展方面发挥了积极作用。

充分促进团结合作。坚持“长期共存、互相监督、肝胆相照、荣辱与共”方针，促进各党派、无党派人士的合作共事。就区政协换届和政协委员人事安排等事项进行充分协商，广泛征求意见；在政协会议、调研视察、协商议政、提案办理等工作中，主动为他们表达意见和主张创造条件，不断增进共同政治基础上的团结合作。对区政协第五届委员会界别和界别工作组设置进行了调整，理顺了工作关系，更好地发挥了界别作用。

有效畅通民意渠道。充分发挥社情民意信息在反映民情、疏导民意方面的重要作用，各位委员、各专委会、各界别工作组充分发挥渠道畅通的优势，收集反映了包括关于精准扶贫、建立疾病应急救助基金、推动民营经济战略升级、缓解城市交通拥堵等70余条社情民意信息，其中通过网络提案系统交由相关部门办理答复12件，上报市政协33件。有力地表达了基层群众的愿望和呼声，引起了有关方面的高度重视。

三、注重固本强基，自身建设展示新形象

我们始终把自身建设作为一项重要工作抓牢抓实，不断适应新形势、新任务、新要求，切实发挥委员的主体作用。

圆满完成政协换届。组织编写了《逐梦路上——株洲市荷塘区政协四届委员会履职成果汇编》，提炼总结了四届政协工作的成效和亮点。组织对四届区政协委员进行了履职考核，考核结果作为委员留任的重要依据。成功召开了区政协五届

一次全会，协商产生了新一届区政协委员，选举产生了新一届区政协领导班子，组织了委员履职培训，实现了政协组织的新老交替，为今后政协工作的开展打下了良好的基础。

*加强机关党建工作。*认真组织党员领导干部学习十八届六中全会精神、习近平同志系列重要讲话精神、《中国共产党廉洁自律准则》和《中国共产党纪律处分条例》等，签订党风廉政建设责任书，组织收看纪律警示宣传片，不断提高党员干部廉洁从政的意识，筑牢拒腐防变的思想道德防线。认真开展"两学一做"专题教育，召开了党组民主生活会和支部组织生活会，机关党员党性修养得到进一步增强。

各位委员，过去的一年，区政协各项工作又有了新的进步，是区委正确领导的结果，是区人大、区政府及社会各界大力支持的结果，是广大政协委员、各民主党派、工商联、各人民团体、无党派人士积极参与、共同努力的结果。在此，我谨代表区政协常委会向所有关心、支持政协工作的各级领导和社会各界人士，向所有为政协事业辛勤工作的各位委员、各位同志表示衷心的感谢！

同时，我们也清醒地看到存在的不足：一是在拓展协商内容、丰富协商形式同时，对协商成果转化的力度还有待进一步加大；二是民主监督的深度和广度有待拓展，监督的实效性有待提高；三是委员主体作用的发挥尚显不足，部分委员履职积极性还需要有效调动等，需要在今年的工作中加以改进。

2017年工作意见

2017年区政协工作的指导思想是：高举中国特色社会主义伟大旗帜，深入贯彻党的十八大以来历次会议重要精神和习近平同志系列重要讲话精神，在中共荷塘区委的领导下，围绕区委五次党代会和五届三次全会暨经济工作会议提出的目标和任务，追求更高标准、凝聚更大合力、助推更好发展，为推进实力荷塘、活力荷塘、宜居荷塘建设作出新的更大的贡献。

一、巩固思想共识，进一步增强政治定力

我们要始终坚持党对人民政协工作的坚强领导，认真做好重大决策部署的学习贯彻，进一步增强政治定力，不断提升履职能力。

*要实现把握方向和发挥作用有机统一。*做到对党负责和对人民负责的一致性，自觉把履行职责与维护区委领导、支持区政府工作结合起来，始终与区委在思想上同心同德、目标上同心同向、行动上同心同行。积极引导全体政协委员树立政治意识、大局意识、核心意识、看齐意识，把思想和行动统一到中共中央和省、市、区委重要决策部署上来，努力营造心齐气顺劲足的良好氛围。

*要加强重要理论和重大决策学习贯彻。*按照打造"学习型、实干型、健康型"组织的要求，组织区政协机关干部和广大政协委员深入学习贯彻中共十八大以来历次重要会议和中共十九大精神，学习贯彻习近平同志系列重要讲话精神和治国理政新理念新思想新战略，加强对《政协章程》、新时期人民政协理论、统一战线理论的学习研读，加强区党代会精神和全区重大决策部署的传达学习。同时，组织政协委员通过实地调研和视察，加强对区情的了解认识，做到知情明政。

*要做到提升能力和开拓视野相互促进。*针对换届后新委员多、履职能力参差不齐的现状，要通过举办政协委员专题业务培训班，邀请上级政协领导、专家学者给政协委员授课，就撰写调研报告、提案、社情民意信息，做好民主监督工作等进行交流辅导，发挥好老委员的"传帮带"作用，使新委员尽快进入履职角色，提升履职能力；实施委员培训学习"走出去"计划，以界别工作组为单位开展对外联

谊交流活动，赴外地参观考察，向兄弟县区政协学习好的履职经验，进一步拓展委员视野，增强积极参政履职、激情干事创业的能动性。

二、紧扣中心工作，进一步凝聚发展合力

我们要紧紧围绕建设实力荷塘、活力荷塘、宜居荷塘的奋斗目标，始终不渝地将助推发展、促进和谐作为政协工作的第一要务。

要在谋长远、打基础上下功夫。协商民主建设要起于宏观处，立于细节中。要全面贯彻中共中央关于加强协商民主建设的文件精神，出台加强政协专门委员会与党政部门对口联系协商等制度文件，进一步规范协商内容和协商程序，增强党委、政府部门主动协商的意识，助推“四个全面”战略的落实。牢牢把握区委五次党代会和五届三次全会精神，在“五大片区”开发、全面发展三次产业、着力构建服务体系、加强基层党组织的能力建设、全力提升基本公共服务水平等重点决策部署内容，充分运用专题协商、对口协商、界别协商、提案办理协商等形式，重点围绕“幸福荷塘”三大行动、重点提案办理、城市网格化管理等方面工作开展“季度协商”，为党政科学民主决策提供民意支撑和智力支持。

要在抓落实、见成效上下功夫。完善委派民主监督员监督、视察监督、评议监督、提案监督等民主监督工作体系，建立委派监督单位和民主监督员轮换工作机制，坚持问题导向，提高民主监督工作的精准度。2017年，区政协将向荷塘公安分局、区民政局、企业服务中心等单位选派民主监督小组，围绕受派单位及其工作人员的履职情况，实施民主监督，促进机关工作作风转变、工作效能的提高，克服政协民主监督建议多、批评少，柔性监督多、刚性约束少的不足，充分用好政协“话语权”。围绕区委、区政府重大决策部署和重点工作的贯彻执行、涉及群众切身利益的重要问题，组织委员就科技成果转移转化服务平台建设、优化公共卫生服务、城市提质“四大攻坚”行动、市区重点项目建设等方面开展视察评议活动，促进区委、区政府部署的重点工作得到落实，促进人民群众关注的热点、难点问题得到解决。

要在建诤言、献良策上下功夫。要有效营造工作合力，探索建立区委领导、政府支持、政协承办、部门参与的调研工作机制，实现同力共享互通的调研工作新格局。按照“少而精”的原则，紧扣我区“十三五”发展规划的重大部署和重要工作，重点在高效高质为企业服务、“三社联动”体系建设、现代服务业提质、建设美丽乡村等方面，组织开展深入细致的调查研究，选准角度，找准切入点，切实改进调研方法，努力做到反映问题有分析、提出意见有依据、建议措施可操作。

要在聚人心、汇力量上下功夫。要做好增进共识的工作，切实加强同各方面人士包括新的社会阶层人士的联系沟通，准确反映利益诉求，真情维护群众权益，把党和国家的政策，区委、区政府的决策准确传达下去，把人民群众的呼声及时传递上来，营造同心同德、同向发力的良好局面。要做好团结人心的工作，把统战工作贯穿于政协工作的各个方面、各个环节，为民主党派和无党派人士更好发挥作用创造条件。要做好汇聚力量的工作，充分运用政协协调各方的独特优势，进一步加强与驻区省、市政协委员的联系沟通，进一步加强与在外荷塘籍工商界人士的联系，把各方面的力量引导到招商引资、招才引智的各项工作中来。

三、依托有效载体，进一步提升创新能力

我们要将提高履行职能的科学化水平作为工作的重要抓手，不断探索具有时代特征的政协工作新方法、新载体、新机制。

丰富信息化履职载体。按照省政协部署，探索

建立面向全体政协委员和社会公共互联互通的政协云平台，将政协履职活动搬上互联网，推行远程协商、微信议政等“互联网+”履职新模式，实现线上线下互动交流，以最大限度地提高政协履职的实效性。鼓励委员通过个人微信、微博与群众的联系互动，方便群众通过委员反映情况、表达意愿。对提案网络系统进行优化升级，在提案办理的每个环节实现跟踪反馈，进一步提高提案办理的效率。

*建立开放式工作格局。*通过邀请群众代表旁听政协全会、常委会议、主席会议、专题协商会议，吸收专家学者、基层工作者和群众代表参与调研、监督活动，邀请利益相关方参加界别协商监督活动，让人民群众走进政协，更便捷、更有效地表达诉求，进一步扩大公民有序政治参与渠道。通过向社会征集提案线索，广泛收集社情民意信息，做好文史资料的收集整理工作，充分汇聚人民群众智慧和创造力，为建设“三个荷塘”营造良好社会氛围。借助区政务门户网站、“智慧荷塘”等媒体载体，加大对政协履职工作和优秀政协委员的推介和宣传力度，发挥示范和引领作用，不断提升政协组织的影响力。

*加大履职成果转化力度。*加大政协履职成果转化与跟踪力度，建立规范有效的办理反馈机制，主席会议采取定期不定期视察、督办的方式，对报送的意见建议办理情况加强督查，推进政协履职成果的转化，让调研报告、协商意见、建议案、社情民意信息等履职成果件件有回复、事事有着落。督促党政职能部门定期向社会公布政协建议案、提案、监督意见等办理落实情况，接受群众监督。

四、加强自身建设，进一步激发委员动力

我们必须要坚持不懈抓好自身建设这一项基础工作，努力使政协组织建设更加优化、委员主体作用更加突出、机关服务保障能力更加高效。

*加强组织机构建设。*区政协党组要坚持重大事项、重大问题向区委请示和报告制度，认真履行政治领导责任，发挥好把方向、管大局、保落实的重要作用。建立主席会议成员联系政协专委会、界别工作组、政协联工委、政协委员的工作制度，加强政协领导对专委会、界别、联工委工作的指导力度。健全完善各专门委员会机构，配置若干名兼职副主任和兼职委员，明确专门委员会工作职责，发挥其在政协工作的基础作用。探索基层政协联工委建设的有效工作机制，充分发挥好基层政协组织联系服务基层群众的作用，实现政协履行职能向基层延伸的常态化、实效化。

*支持服务委员履职尽责。*完善委员界别工作组考核激励工作制度，开展委员界别工作组长和委员述职工作，严格执行委员管理的相关文件规定，进一步量化、细化工作内容，使委员界别工作组管理由松散型向紧密型转化，有效克服委员管理中存在的“季常委、年委员”的现象，充分调动委员界别活动的积极性和创造性。继续组织开展好委员履职“五个一”活动和“三个一”扶贫行动，更好促进发展、服务民生。

*提高机关服务保障能力。*按照全面从严治党的要求，提高政协机关党建工作水平，抓好各项规章制度的贯彻落实，努力创建机关党建工作品牌。按照“马上就办、真抓实干”的工作要求，倡导积极向上、阳光健康的工作理念，培养雷厉风行、敢于担当的工作作风，做到不推诿、不敷衍、不拖延，提高机关服务和保障水平。

各位委员、同志们，团结奋进创伟业，继往开来谱华章。让我们在中共荷塘区委的坚强领导下，以更加强烈的责任感，团结一致、不忘初心、继续前行，为全面建成实力荷塘、活力荷塘、宜居荷塘而努力奋斗，以优异履职成效迎接党的十九大胜利召开！

大 事 记

2017年荷塘区大事记

1月

1月10日 中共荷塘区委五届三次全会暨区委经济工作会议召开。会议深入贯彻落实中央、省委经济工作会议和市委十二届二次全会暨市委经济工作会议精神，回顾总结2016年经济工作，安排部署2017年经济工作。

▲ 新华网报道：荷塘区人民政府行政审批制度改革——“把方便带给群众，把复杂交给系统，把高效留给政府”。

1月16日 市委常委、宣传部部长聂方红一行看望慰问荷塘区冯昶、唐先华两位道德模范，并给他们送上慰问金。

1月26日 副市长黄芳到荷塘区调研市场供应保障、食品安全和政务服务中心、嘉德工业园、荷塘月色管委会项目建设情况。

2月

2月11—12日 荷塘区委、区政府主办，区委宣传部、株洲置信投资开发有限公司、区文化体育和旅游局承办，在金山新城·运动公园（荷塘大道旁）举办“幸福荷塘”第一届“置信中国年·元宵喜乐会”暨株洲市荷塘区2017年新春文化艺术节。

2月14日 省科技厅副厅长朱皖率队到荷塘区调研科技成果转移转化示范县建设工作开展情况。

▲ 市委常委、组织部部长彭爱华一行到荷塘区，走访乡镇街道、村和社区，专题调研村（社区）“两委”换届选举工作，并召开座谈会，听取基层代表对村（社区）“两委”换届选举工作的意见和建议。

▲ 区政协主席何恒仁牵头组织区政法委、区教育局、区卫计局、区司法局、区金科公司主要负责人以及扶贫工作人员研究部署茶陵县梯垅村精准扶贫工作。

2月15日 市委书记、市人大常委会主任毛腾飞到荷塘区调研“一门式”政务服务改革工作。

2月16—17日 区委副书记、区长王利波主持召开两次座谈会，向部分区人大代表、政协委员征求对拟提交区第五届人大二次会议审议的《政府工作报告》的意见建议。

2月22日 荷塘区兵役登记工作全面展开。

▲ 荷塘区五届人民政府第一次全体（扩大）会议召开，贯彻落实区委第五次党代会及区委经济工作会议精神，讨论即将提交区第五届人民代表大会第二次会议审议的《政府工作报告》，研究部署2017年工作。

2月23日 荷塘区“幸福荷塘”三大行动宣传报道媒体通气会召开。会议邀请株洲新闻综合频道、《株洲日报》《株洲晚报》、株洲新闻网、株洲发布、株洲网的首席记者和相关负责人参加，向新闻媒体介绍“幸福荷塘”三大行动的实施内容和当前开展的工作以及下一阶段的工作措施，借助媒体力量，讲好荷塘故事，为荷塘经济社会发展做好宣传报道。

2月24日　中共株洲市荷塘区第五届纪委第二次全体会议召开。会议深入学习贯彻中共中央、省、市纪委全会精神，总结2016年全区纪律检查工作，安排部署2017年工作，进一步深入推进荷塘区全面从严治党相关工作。

2月27—28日　政协株洲市荷塘区第五届委员会第二次会议召开。区政协主席何恒仁向大会作《追求更高标准，凝聚更大合力，助推更好发展》的工作报告。

2月28日—3月1日　荷塘区第五届人民代表大会第二次会议召开第二次全体会议。会议听取区人大常委会主任陈友元作区人大常委会工作报告，听取区人民法院院长黄玉丰作区人民法院工作报告，听取区人民检察院检察长黄伟波作区人民检察院工作报告。

3月

3月2日　召开“十大文明行动”工作部署会。在全区开展文明城管行动、文明交通行动、文明旅游行动、文明餐桌行动、文明网络行动、文明校园行动、文明家庭行动、文明乡村行动、文明社区行动、文明单位行动。

▲　国家禁毒委员会办公室副主任向卫东、省公安厅副厅长、省禁毒委副主任、省禁毒办主任李介德一行在市政府副市长、市禁毒委常务副主任李晓葵等陪同下到荷塘区第十九中学调研全区学校青少年禁毒教育工作。

3月3日　市委常委、秘书长毛朝晖，市政府副市长谭可敏一行到荷塘区调研流芳园党史馆选址工作。

3月7日　召开荷塘区村（社区）党组织和村（居）民委员会换届选举动员暨培训会议，对换届工作进行全面部署。

3月15日　荷塘区推行网格化服务管理获好评。

3月17日　荷塘区2017年项目攻坚、招商引资、企业帮扶工作动员部署大会召开，总结全区2016年经济工作和安全生产工作，部署2017年项目攻坚、招商引资、企业帮扶工作。

3月20日　副市长何朝晖到荷塘园区产业项目建设及招商引资等工作走访调研。

3月21日　省委老干部局副巡视员孔寅湘带领相关工作人员到荷塘区石子头、湘华社区党建阵地，居家养老服务中心进行调研。

3月22日　株洲市2017年社会工作宣传周活动暨“三社联动”启动仪式在荷塘区华润万家超市前坪举行。

3月23日　中共中央政治局委员、中央政法委书记孟建柱到荷塘区芙蓉社区调研创新基层社会治理工作。省委副书记、省长许达哲陪同调研。

3月28日　荷塘区委党务工作会议召开。全面回顾总结组织、宣传、统战、政法、党办工作，安排部署2017年各项工作。

3月30日　株洲火车站改建工程开工仪式在荷塘区举行。市委书记、市人大常委会主任毛腾飞出席开工仪式并宣布开工，市委副书记、市长阳卫国致辞。

3月31日　荷塘区被省委省政府评为小康达标十快进县。

4月

4月6日　荷塘区委举行理论中心组（扩大）学习。会议特邀经济学博士、中央社会主义学院马克思主义理论教研部经济学教研室主任、中国民营经济研究会理事郭伦德作题为《新常态下中国经济面临的困惑与对策》的专题讲座。区委副书记、区长王利波主持学习。

4月9日　省委改革办组织召开“湖南省管理创新奖”专家评审会。经过20名专家评审投票，荷塘区代表株洲市选送的《“一门式”政务服务创新与实践》案例在20件案例中成功入围，名列前茅。

4月11日 省人大常委会联工委副主任符乔荫、省人大常委会联工委选举任免处调研员蒋胜兰带领相关工作人员到茨菇塘街道进行人大代表履职管理调研。

4月12日《株洲日报》专版对荷塘区实施“平安荷塘”三大行动进行解读。

4月19日 市委副书记、市长阳卫国到荷塘区调研小街小巷改造项目建设情况。

4月20日 株洲市2017年全市全国文明城市创建工作培训班在荷塘区举行，来自全市各创文专业组成员单位、各县(市)区文明办负责人、各街道社区及企事业单位的200余名创文工作资料员、联络员参加培训。

▲ 副市长顾峰到荷塘区天鹅社区、湘华社区，视察养老服务工作。

4月25日 省军区副司令员郭辑山带工作组一行4人在株洲军分区政委胡鹏飞、荷塘区委书记邬凌云陪同下检查区人武部起步开局工作情况，听取工作汇报并到仙庾镇检查基层建设情况。

4月27日 市委书记、市人大常委会主任毛腾飞率市直相关部门负责人到荷塘区南郊垃圾场实地督查环保工作。

4月28日 由株洲市文联、市美协主办，荷塘区文联、市花鸟研究会承办的“株洲市首届花鸟精品画展”在荷塘区艺术品城隆重开展。

5月

5月3日 市委常委、宣传部部长聂方红一行到荷塘区考察社区书屋建设工作。

5月6日《株洲日报》以整版在2017年全国企业家活动日暨中国企业家年会专题报道中全方位推介荷塘区。

5月10日《株洲日报》整版报道：《建设实力荷塘活力荷塘宜居荷塘——大城向东赢在荷塘》。

5月11日 重庆市开州区政协副主席邓素清一行8人到荷塘区调研智慧城市管理工作开展情况。

5月12日 荷塘区落实中央环保督查突出环境问题整改工作会议召开，研究部署交办问题整改工作。

5月16日 市经信委党组书记、主任刘海宾带队的“企业帮扶年”活动专项督查组采取听汇报、查资料、现场走访的方式，对荷塘区经济发展指标完成情况和“企业帮扶年”活动开展情况进行督查。

5月18日 湖南省科技奖励暨创新奖励大会在长沙召开，荷塘区“一门式”政务服务平台创新荣获湖南省首届管理创新奖。

5月19日 荷塘区结对帮扶茶陵县贫困村工作会议召开，对全区精准扶贫工作进行部署。

5月31日—6月3日 区委书记邬凌云带队赴杭州、西安、德阳等地开展项目招商，先后考察杭萧钢构、陕西汉德、四川迪弗等项目，并出席杭萧钢构与湖南中天建设集团的签约仪式。

6月

6月5日 区委书记邬凌云到区人武部督查复转军人之家建设工作开展情况。

6月10日 中央维稳办副主任马玉生一行到荷塘区调研军队退役人员党建工作情况，并召开座谈会。

6月12日《湖南日报》报道：荷塘区把政务服务的“门”开到群众身边。荷塘区政务服务的改革创新，折射全省乃至全国政务服务的发展历程。

6月13日 株洲飞鹿高新材料技术股份有限公司登陆创业板，股票简称“飞鹿股份”，股票代码：300665。

6月16日 荷塘区作家协会、音乐家协会、舞蹈家协会、摄影家协会成立，并举行授牌仪式。

6月22日 市委常委、常务副市长何剑波，副市长谭可敏率市房产局、市国土局等部门负责人到荷塘区调研征拆征收工作。

6月22日　荷塘区禁毒工作会议召开。

6月26日　市委宣传部副部长、市文明办主任欧阳元初一行到荷塘区调研精神文明建设工作，并为获得2016年度“湖南省文明单位”的月塘街道办事处、株洲市职业病防治中心授牌。

6月27日　市委常委、政法委书记杨玉芳到荷塘区新荷社区，看望慰问基层党员并与党员代表进行座谈，送去党和政府的关怀和温暖。

6月28日　市委副书记雷绍业以驻室党代表的身份到荷塘区茨菇塘街道601社区，看望基层党员群众，听取基层的意见和建议。

6月29日　荷塘区举行庆祝中国共产党成立96周年大会。会议对先进党组织、个人进行表彰，对建设更高水平的文明城市进行动员，并举行村（社区）干部培训班开班仪式。

7月

7月2日　市委副书记雷绍业一行到荷塘区仙庾镇东山村三八水库查看汛情。

7月3日　荷塘区在全省率先启动“复转军人之家”建设工作，已初见成效。

7月4日　2017年株洲市危险化学品安全生产应急救援演练在荷塘区举行。

7月5日　株洲军分区政委胡鹏飞到荷塘区人民武装部宣布中央军委国防动员部命令和株洲军分区任职通知：马永章为荷塘区人民武装部部长，何波为荷塘区人民武装部政治委员。

7月11日《株洲日报》头版头条报道荷塘区招商工作。上半年，荷塘区对接项目60余个，其中已签约11个，签约金额达21亿元，创下该区历史新高。

7月12日　市人大常委会副主任、民革株洲市委主委、市公共资源交易中心主任刘春生到荷塘区，走访联系项目，帮助解决项目实施过程中存在的困难和问题。

7月13日　“中华第一刊”《半月谈》长文报道荷塘区政务服务改革工作。

▲　副市长黄芳率市国卫复审农贸市场专业组到荷塘区督查国卫复审迎检工作。

7月18日　市委常委、秘书长毛朝晖一行到荷塘区合泰管理办公室东湖社区开展党代表驻室活动。

▲　市中级人民法院党组书记、院长周凯军一行到合泰社区开展“在职党员进社区”活动。

7月19日　市人大常委会党组书记、常务副主任刘光跃一行到荷塘区，走访慰问驻区省代表刘献军、叶明强。

7月21日《株洲日报》、株洲新闻综合频道、株洲新闻网、株洲新闻广播电台等多家市级新闻媒体集中采访荷塘区“互联网＋政务服务”改革新成效。

7月25日　市委副书记、市长阳卫国带队到荷塘区金山工业园召开“看学议”活动项目现场会，督查项目，指路支招。

7月31日《湖南日报》报道：老有所养老有所医——荷塘区创新养老服务机制，在全市率先搭建立体化养老体系。

▲　市委副书记、市长阳卫国，市委副书记雷绍业到荷塘区株洲军分区干休所开展“八一”建军节慰问活动。

8月

8月2日　省禁毒办检查组组长邓和平率省禁毒办检查组到荷塘区督导检查禁毒工作。

▲　市人大常委会副主任李智带领市人大常委会部分组成人员到荷塘区金山工业园调研。

8月3日　区委理论学习中心组召开2017年第五次集中学习暨“两学一做”学习教育集中研讨会，学习习近平重要讲话精神、廖俊波先进事迹及中央、省委文件精神。

8月4日　省委组织部副部长、省委“两新”工委书记蔡建和率队到荷塘区调研城市基层党建工作。

8月7日 湖南省军区国防动员局局长欧阳大力带工作组一行7人到荷塘区人民武装部检查征兵工作。

8月9日 市人大常委会副主任、市总工会主席王建之带领财经委、预工委相关负责人到荷塘区举行2017年“企业帮扶年”活动开展情况调研座谈会。

8月10日 新华社点赞荷塘“一门式”政务服务改革。

8月16日 荷塘区第一届廉洁文化创作书法美术摄影作品展在市规划展览馆举行。

8月27日 市人大常委会李智一行到荷塘区督办市人大代表建议，督查推进乡镇人大工作和建设。

8月29日《人民日报》第11版报道：荷塘区“一门式”政务服务改革工作。

9月

9月5日 省委宣传部副部长、省文明办主任刘进能率队到荷塘区考察袁家湾社区创建全国文明社区工作。

▲ 湖南省军区副司令员郭辑山带工作组一行7人，在军分区政委胡鹏飞陪同下检查荷塘区人民武装部安全工作。

9月7日 重庆大渡口区人大常委会副主任常永官一行，到荷塘区考察“一门式”政务服务改革工作。

9月12日 市委组织部副部长、市“两新”党工委书记周琪到景弘中学，考察并指导社会组织党建工作。

9月27日 荷塘区公益服务中心开放服务活动仪式在公益服务中心一楼展示大厅举行。

10月

10月12日“湖南微政务”微信公众号公布9月“湖南政务微信影响力排行榜”榜单：“在荷塘”微信公众号荣获全省9月县级政务微信榜首。

10月13日《株洲日报》发表砥砺奋进的五年——迎接党的十九大特别报道荷塘区专刊：砥砺奋进的五年荷塘区专版·改革篇；砥砺奋进的五年荷塘区专版·经济篇；砥砺奋进的五年荷塘区专版·民生篇。

10月18日 荷塘区首家医联体签约仪式在北大医疗株洲恺德心血管病医院举行。金山街道社区卫生服务中心、仙庾镇卫生院、茨菇塘街道社区卫生服务中心分别与北大医疗株洲恺德心血管病医院签署医联体共建协议。

11月

11月2日 国家卫计委妇幼健康司司长秦耕一行到荷塘区妇幼保健计划生育服务中心调研妇幼健康工作。

11月3日 20余名省市网络大V、知名博主、论坛版主、新媒体及新闻网站代表齐聚荷塘，共话荷塘新发展。

11月7日 荷塘区残疾人联合会第三次代表大会召开。

11月8日 市委常委、市委秘书长毛朝晖一行到东湖社区参加党代表驻室活动暨宣传中共十九大精神座谈会。

▲ 全国行政服务大厅典型案例展示活动总结会在福建召开，荷塘区政务服务中心获得第二届全国优秀行政服务大厅称号，是湖南唯一一个获得“信息化优秀”的单位。

11月12日 荷塘区全面开展消防安全大检查大整治行动，全区县级领导分赴一线各联点片区检查消防安全。

11月13日 全国中小学校责任督学挂牌督导创新区检查组组长沈国才、检查组成员李强、杨虎先一行3人对荷塘区中小学校责任督学挂牌督导创新工作进行实地核查。

11月17日 市委常委、纪委

书记赖馨正一行到仙庾镇检查指导乡镇纪检工作开展情况。

▲ 全国精神文明建设表彰大会17日在北京举行。荷塘区月塘街道袁家湾社区荣获全国文明单位称号。是株洲市第一个获得全国文明社区推荐资格的单位。

11月21日 市人大常委会党组副书记、副主任王建之一行到荷塘区调研园区建设情况。

▲ 株洲宏达电子股份有限公司(股票简称:宏达电子,股票代码:300726)成功上市。

11月22日 新湖南·荷塘频道正式开通。

11月24日 司法部法律援助工作司副司长孙春英、财政部行政政法司政法处干部罗炜斌一行到荷塘区司法局督察公共法律服务工作。

12月

12月4日 驻区市第十五届人大代表到荷塘区考察“幸福荷塘”建设工作。省人大环资委副主任委员姜玉泉莅临指导。

12月6日 株洲中美医院建设项目举行开工仪式。

12月8日 中共荷塘区委召开2018年务虚会,传达贯彻市委十二届五次全会精神,谋划安排2018年工作。

12月20日 由市委宣传部组织的“新时代新气象新作为”大型主题采访活动,对荷塘区政务服务工作进行深入细致地采访。

12月25日 2017年“湖南好人”12月榜单正式揭晓。由区文明办推荐的向延国、李江红2人荣登榜单,分别获评“助人为乐”“敬业奉献”类湖南好人。

12月26日 陕西汉德车桥汽车驱动桥、齿轮生产基地项目签约仪式在招商中心一楼会议室举行。

12月27日 “两型新征程,人居新梦想”株洲市“两型”十年系列颁奖典礼在株洲市传媒大厦演播厅举行。荷塘区“一门式”政务服务改革荣获株洲市两型十大改革案例。

（黄 鹰）

综　述

位置面积人口

【位置面积】荷塘区位于北纬27°49′46″－28°00′55″，东经113°07′49″－113°17′02″，地处株洲市东北部，东与长沙市的浏阳市接壤，南与芦淞区毗邻，西、北与石峰区相连。辖区面积142.7平方千米。其中，陆地135.5平方千米，占94.9%；水域7.2平方千米，占5.1%。拥有耕地2400公顷；林地6600公顷。

【人口】2017年年末，全区常住人口29.92万人。其中，男性15.05万人，女性14.87万人。总户数9.32万户，城镇常住人口28.48万人，农村常住人口1.44万人，城镇化率95.19%。人口以汉族为主，另有土家族、苗族、侗族、瑶族等29个少数民族。（潘丰霓）

沿革区划

【建置沿革】荷塘区境域除仙庾镇外自唐贞观元年(627年)随建宁县并入湘潭县后，一直辖于湘潭县。1951年6月，株洲建市，境域划属株洲市郊区。仙庾境自宋哲宗元符元年(1098年)起属善化县。民国时期并入长沙县。1956年，始立蝶屏乡(仙庾镇前身)，隶属长沙县龙头铺人民公社。1959年1月，龙头铺公社由长沙县划入株洲市郊区。1952年3月，境内设立明照乡。1959年6月，株洲市设荷塘铺区，以境内晏家湾、荷塘铺、宋家桥为辖域。1961年4月，撤明照、蝶屏乡，成立蝶屏、明照2个人民公社，隶属郊区龙头铺区公所。1965年4月，上述两个公社划归株洲县。1969年7月，株洲市合并荷塘铺区、田心区及中心区月塘街道，设立东区，为境内首个县级行政区。1984年4月，蝶屏、明照重新划入株洲市郊区，并恢复乡建制，同时析置荷塘铺乡。1997年5月，株洲市撤东、南、北、郊4个区，以原东区的月塘、茨菇塘、宋家桥3个街道和原郊区的蝶屏、明照、荷塘铺3个乡为主要行政区域，始立荷塘区。是年8月1日，荷塘区正式成立。2001年10月，撤蝶屏乡建仙庾镇。2005年2月，撤荷塘铺乡析置桂花、金山2个街道办事处。2014年年末，辖宋家桥、桂花、金山、茨菇塘、月塘5个街道和仙庾镇、明照乡7个乡级政区，辖有39个居委会、39个村，下设1357个居民小组、476个村民小组。2015年11月，撤明照乡，并入仙庾镇。2016年9月，将仙庾镇的星星、分路口、金塘、明照、龙洲5个建制村划入宋家桥街道，将仙庾镇的新市、桐梓坪2个建制村划入金山街道。2017年5月，将宋家桥街道的星星村、东园村、金塘村、明照村4个建制村划出，成立明照街道。

【行政区划】2017年年末，荷塘区辖仙庾镇1个镇和茨菇塘、月塘、宋家桥、金山、桂花、明照6个街道及合泰管理办公室1个非政区管理机构，下设34个社区、24个建制村。

宋家桥街道：芙蓉社区、

四三〇社区、月桂社区3个社区和宋家桥村、天台村、龙洲村3个村。

金山街道：流芳社区、湘华社区、晏家湾社区3个社区和太阳村、金钩山村、新市村、桐梓坪村4个村。

月塘街道：野鸭冲社区、石塘冲社区、南岳岭社区、袁家湾社区、石子头社区、东环社区、水竹社区、合泰社区、文化路社区、东湖社区10个社区和荷塘铺村1个村。

仙庾镇：永福社区1个社区，联星村、东山村、兴塘村、黄陂田村、徐家塘村、黄塘村、樟霞村、亭子前村、仙庾岭村、蝶屏村10个村。

桂花街道：西子社区、新荷社区、赵家冲社区、向阳社区4个社区和戴家岭村、新桂村2个村。

茨菇塘街道：麻园社区、红旗村社区、前进社区、红旗路社区、上月塘社区、新月塘社区、六〇一社区、长征社区、荷叶塘社区、余家冲社区、天鹅社区、黄家塘社区、汽车城社区13个社区。

明照街道：东园村、金塘村、星星村、明照村4个村。（潘丰霓）

地形地貌气候

【地形地貌】 荷塘区地势东北高、西南低，由东北部向西南部倾斜。地形以丘陵为主，城区处于湘江冲积堆积形成的Ⅰ、Ⅱ台阶地上，地形较平坦，地面高程39～42米。农村地区为构造侵蚀和构造溶蚀低丘地貌，切割深度60～160米。

最高峰婆仙岭，位于境内东南部，海拔313.3米，最低点白石港，位于境内西南角，海拔31.4米。境内有白石港和建宁港两条河道，均属湘江一级支流。已探明地下矿藏主要有石灰岩、砖瓦用页岩等。

【气候】 荷塘区属亚热带季风气候，气候温暖、四季分明，热量充足、雨水集中，春温多变、夏秋多旱，严寒期短、暑热期长。平均气温17.7℃，极端最低气温-11.5℃，极端最高气温40.5℃。年平均日照时数1524.9小时。年平均降雨日数155.7天。（何爱辉）

国民经济和社会发展

【概况】 2017年，荷塘区突出在项目攻坚、产业招商、片区建设、企业帮扶、深化改革和民生改善等方面精准发力，扎实推进实力、活力、宜居的幸福新荷塘建设，全区经济社会发展呈现稳中有进、活力增强的良好态势。

全年地区生产总值（GDP）213.61亿元，同比增长8.1%。其中，第一产业增加值4.41亿元，第二产业增加值92.27亿元，第三产业增加值117.64亿元，分别增长3.8%、6.9%和9.7%。全区三次产业结构比由上年同期的1.93:52.95:45.12调整为2.0:43.1:54.9。

【农业】 2017年，全区实现农林牧渔业总产值7.12亿元，增加值4.46亿元，同比增长3.9%。2017年，全区粮食播种面积4960公顷，粮食产量3.54万吨，同比增长2.29%，粮食单产为478.3公斤/亩。油菜籽播种面积420公倾，收获油菜籽0.08万吨。蔬菜种植面积2860公顷，收获产量13.13万吨，瓜果种植面积0.190公顷，收获0.14万吨。全区出栏生猪8.45万头，出栏羊2.06万只，出笼家禽36.17万羽。肉类总产量0.72万吨，禽蛋产量为0.08万吨，水产品产量完成3806吨。

【工业和建筑业】 2017年，全区规模以上工业增加值49.8亿元，同比增长7.7%，其中园区规模工业占全部规模工业比重为91.1%。从注册登记类型来看，国有企业、股份制企业、外商及港澳台商投资企业和其他类型企业完成增加值分别增长13.3%、6.3%、11%。新增规模工业企业18家。新增高新技术企业1家，打造科技创新平台1个，全区实现高新技术产品产值42.37亿元，增长9.0%。

资质以上建筑业完成总产值42.47亿元，同比增长15.1%；增加值10.4亿元，同比增长12.4%。建筑企业房屋施工面积209.3万平方米，其中本年新开工面积74.5万平方米，房屋竣工面积81.35万平方米。

【固定资产投资】2017年，全区固定资产投资211.93亿元，同比增长14.8%。其中，工业固定资产投资完成60.1亿元，增长2.4%；基础建设投资完成78.4亿元，增长3.5%；房地产开发投资完成48.2亿元，增长66.1%。

【国内贸易】2017年，全区完成外贸进出口额1.6亿美元，同比增长-4.2%。全年社会消费品零售总额71.35亿元，同比增长10.9%。批发业和零售业分别实现商品零售额38.39亿元和71.93亿元，同比增长7.2%和13.8%；住宿业和餐饮业零售额分别为2.2亿元和12.19亿元，同比增长5.5 %和12.7%。

【对外经济】2017年，全区利用外资到位1.42亿美元，同比增长13.46%，完成进度为105.26%。引进内资到位53.2亿元，同比增长16.9%，完成进度为104.37%。13个履约项目，项目资金到位11个、注册13个、立项11个、土地报批10个、履约率76.92%，项目开工9个，开工率69.23%。

【旅游】2017年，全区接待旅游总人数765.96万人次，同比增长17.91%；完成旅游总收入91.86亿元，同比增长36.95 %。其中，国内游客765.21万人次，入境游客0.75万人次；国内旅游收入91.73亿元，旅游外汇收入205.44万美元。完成仙庾庙相关历史资料收集和整理，《仙庾岭》正式出版发行；流芳园公园扩园建馆项目已完成建设；继续跟进龙山寺佛教文化园AAA级旅游景区创建工作；按年度计划完成旅游厕所建设，新增旅游厕所5个，厕位32个；完成旅馆业普查，申请创建五星级乡村旅游示范点1个——霞山庄园，指导星级旅游示范点提质改造，如杨家寨、王家冲山庄等打造自身特色；积极为仙庾岭景区等三家旅游企业争取专项灾情损补，为杨家寨等4家企业的旅游项目争取旅游发展专项资金和全方位进行推介；契合企业宣传，借力聚力开展旅游节会活动。

【财政】2017年12月，全区一般公共预算当月收入完成12122万元，累计完成113607万元，为年计划的94.79%，比上年同期增长1.42%；地方收入当月收入完成8754万元，累计完成78474万元，为年计划的89.68%，比上年同期下降4.01%；耕地占用税当月退税221万元，累计完成3485万元，为年计划的69.70%，比上年同期下降54.7%；上划中央收入当月收入完成2605万元，累计完成27799万元，为年计划的108.17%，比上年同期增长15.03%;上划省级收入当月收入完成763万元，累计完成7334万元，为年计划的110.47%，比上年同期增长20.39%。各税务部门完成情况：国税当月完成4622万元，累计完成44201万元，为年计划的106.12%，比上年同期增长29.70%；地税当月完成2059万元，累计完成24954万元，为年计划的104.16%，比上年同期下降16，51%；非税完成5441万元，累计完成44452万元，为年计划的81.95%，比上年同期下降7.48%。一般公共预算支出执行情况。2017年1-12月，全区一般公共预算支出168731万元，较上年同期增长24.59%。

【教育和科学技术】2017年，全区区域教育均衡发展。有8所公办幼儿园，总共能提供1200个园位，有普惠性幼儿园43所，总共能提供5330个普惠性园位，108所幼儿园中，市示范普惠性民办幼儿园2所，市示范性幼儿园4所，省骨干幼儿园2所。小学招生人数4261人，同比增长2.23%，小学在校学生23867人，同比增长4.73%；普通初中招生人数3429人，同比增长2.82%，普通初中在校学生9404人，同比增长7.03%。适龄儿童小学入学率100%，小学升学率100%，普通初中生升学率99.51%。

【高新技术】2017年，全区高新技术企业新认定9家，全区高新技术企业达27家，高新技术产品企业12家，国家级研发机构6家，省级研发机构15家。全区申请专利581件(新统计口径)，查处涉嫌假冒专利案件30件。截至年末，共争取省级以上项目9项，争取资金1161万元；争取市级项目若干个，经费过300万元。全年荷塘区完成高新技术增加值42.37亿元，同比增长9%。

【文化】2017年，全区完成农村公益电影放映任务516场。结合荷塘区的实际情况，专门组织一批思想性、艺术性、观赏性较强、深受人民群众喜爱的国产优秀影片投放到荷塘区的3个固定放映点以及42个流动放映点进行放映，开展送电影进学校、敬老院等活动，更好的保证荷塘区内的观众都能方便、及时地观看到国产优秀影片。在办好第五届“欢乐潇湘”的同时，着重打造“清风株洲”与“品味•荷塘”系列活动。其中，“欢乐潇湘”两个原创节目获得省级评选的一金一银奖项。“清风株洲”打造的《荷塘咏莲》选作为市级欢乐潇湘演出的开场舞；微电影获得市三等奖；公益广告入围十大宣传片。举办“我们的中国梦·湖湘文化进万家”主题文化活动。

【卫生】2017年，全区组建28个全科医生团队，深入辖区内193个流动巡诊点，将巡诊服务送到居民身边，同时深入社区开展“健康巡讲”“义诊集市”“慢病俱乐部”“孕妈服务中心”“医养融合”等活动，共服务居民73671人次，上门服务重点人群1767人次。全区出生2307人，其中政策内出生2289人，符合政策生育率为99.22%，出生人口性别比为106.72，自然增长率为4.29‰。享受计生特别扶助对象345人，农村奖励扶助对象680人，城镇独生子女父母奖励对象21617人，奖励资金按省、市要求发放到位。全年完成农村适龄妇女“两癌”免费筛查3449人，完成孕产妇免费产前筛查2100人。全区每千常住人口医疗机构床位数为10.01张，每千常住人口执业(助理)医师数为5.07人，5岁以下儿童死亡率3.92‰，均达到指标要求。出生缺陷综合防控成效明显，发生率逐年下降，年内为61.66/万。年内医生注册44人，护士注册130人。共体检从业人员10350人、托幼机构从业人员1100人，共计发放健康证明11450人。

【体育】2017年，全区全民健身专项经费列入财政预算，全民健身事业纳入国民经济和社会发展规划。承办荷塘区首届足球球迷联赛、“足球宝贝”啦啦队选拔赛和2017年株洲市第十三届运动会乒乓球、足球项目比赛，其中足球项目比赛荷塘区代表队赢得冠军。辖区内现有体育舞蹈、武术、乒乓球、羽毛球、健身广场舞、校园足球等10余个门类，共有社团、队伍、小组130余个，启动“足球进校园”系列培训及比赛，荷塘区已获得技术等级证书等社会指导员300余人。

【人民生活和社会保障】2017年，全区城乡居民可支配收入41377元，增幅8.6%，其中城镇居民可支配收入42013元，增幅8%，农村居民可支配收入27663元，增幅8.3%。

实现新增城镇就业8941人，失业人员再就业3611人，就业困难对象再就业806人，新增农村劳动力转移就业275人，带动城乡就业4545人，带动城镇就业2342人，扶持高校毕业生微创业40人，零就业家庭动态援助100%；创业培训452人，离校未就业高校毕业生实名登记率100%；离校未就业高校毕业生就业及就业准备率100%；城镇登记失业率3.23%，低于4.5%的控制目标。新增参保人数目标任务2400人，实际完成2880人。

【资源、环境和安全生产】 2017年，全区原煤消费量为27.8万吨，折合标准煤为21.25万吨，同比2016年增长1.0%，占全区的比重达74.1%；电力消费量为5.45亿千瓦时，折合标准煤为6.7万吨，同比2016年增长5.0%，占全区的比重达23.3%；煤电共计比重为97.4%。

荷塘区空气质量优良天数为270天，优良率74%；大气PM2.5、PM10浓度分别为50μg/m3、92μg/m3，空气污染综合指数为5.05。饮用水源水质达标率100%。全区核发排污许可证70本，其中工业企业57家，三产企业13家。对辖区内10家含源单位开展放射源安全专项检查，未发生放射源失控、被盗等辐射事故。

全区发生安全生产事故24起，死亡2人，受伤15人，直接经济损失11.3万元，没有发生较大及以上安全生产事故。

说 明：

1.地区生产总值、三大产业增加值、工农业总产值和人均生产总值绝对数按现行价计算，增长速度按不变价格和可比价格两种方法计算。

2.部分数据因四舍五入的原因，存在与各分项合计不等的情况。 （潘丰霓）

中共荷塘区委员会

【概况】2017年，中共荷塘区委贯彻落实上级的各项决策和部署，将迎接中共十九大召开和学习、宣传、贯彻中共十九大精神作为工作主线，围绕更好发挥“四个作用”，全面融入“一谷三区”建设，紧扣建设实力、活力、宜居的幸福新荷塘的总目标，聚精会神抓党建、真抓实干促发展、矢志不渝惠民生，实现经济社会发展稳中有进、进中有优，顺利通过省委、省政府全面建成小康社会达标认定，并被评为全面小康推进工作“十快进县”“一门式”政务服务改革荣获全省首届“十大管理创新奖”。

注重总揽全局，担当务实的干事氛围日趋浓厚。

政治站位全面提升。始终把讲政治摆在第一位，牢固树立“四个意识”，注重从政治高度观察、思考和处理问题，自觉维护党中央权威，在思想上政治上行动上同以习近平为核心的党中央保持高度一致。及时学习传达中共十九大以及省市重大会议精神和中央、省委、市委的决策部署，制定具体措施，不折不扣贯彻落实，保持政令畅通。强化理论武装，打造区委理论中心组学习品牌，精心谋划中心组学习和干部培训的每一个主题，邀请中央和省市讲课的名师到荷塘区讲课，让党员干部开眼界、见世面，享受精神文化大餐，领导干部学习自觉性、主动性显著增强。年内，先后开展中心组(扩大)学习13次，精心组织中共十九大精神宣讲，集中研讨5次，区委常委领导班子成员带头作讨论发言，加强党性锤炼，真正触动思想灵魂。

班子运行规范高效。区委总揽协调坚强有力，始终坚持总揽不包揽，准确把握区委的领导核心定位，集中精力把方向、谋大局、定政策、促改革。几套班子各司其职，分工协作，在区委领导下步调一致地开展工作。区人大班子主动作为、高效履职，工作制度化、规范化和法制化水平不断提升。区政协班子围绕中心、服务大局，为发展建真言、献良策，自身建设的力度和成效不断增强。在征地拆迁、项目攻坚、信访维稳、企业帮扶、深化改革等中心工作中，所有区领导始终一条心、拧成一股绳，撸起袖子一齐上阵，沉下身子一抓到底，个个都有联系点，人人肩上挑重担。严格执行民主集中制，坚决贯彻落实《中国共产党地方委员会工作条例》，坚持集体领导和个人分工负责相结合，完善区委常委分工；坚持“三重一大”事项集体决策制度和区委常委会议议事规则，涉及重大决策事项、重要人事任免、重大项目安排和大额度资金使用等，坚持做到集体讨论决定。强化制度监督约束。健全请示报告、请销假等制度，常委定期向常委会报告工作，常委会向区委全会报告工作，常委会定期听取五大党组(区人大常委会党组、区人民政府党组、区政协党组、区人民法院党组、区人民检察院党组)工作情况汇报，并在一定范围内通报有关工作和决策执行情况。

队伍建设坚强有力。重视干

部队伍建设，干部教育监督管理抓在经常、严在日常，着力打造一支忠诚干净担当的过硬干部队伍。用心倾听每位干部的声音。先后一对一谈心谈话200余人次，全面了解干部状态。加强年轻干部的培养。分阶段、有步骤地举办7次“一个主官的自我修养”系列夜谈会、4次新进人员见面会、2次青年干部座谈会，区领导结合自身情况，与青年干部谈思维的力量、讲实干的精神、聊语言的艺术等，激起强烈反响和积极回应。牢固树立鲜明的用人导向。对照信念坚定、为民服务、勤政务实、敢于担当、清正廉洁20字好干部标准，贯彻市委“六重六用”（重忠诚、有信念；重本领、有能力；重责任、有担当；重奉献、有激情；重实干、有业绩；重清廉、有品行）用人导向，注重基层、注重实绩，注重年轻干部培养，严格选拔任用程序。全年调整干部204人次，其中提拔48名，重用25人，选人用人的公信度不断提升，不仅全面完成消超任务，更让务实担当成为荷塘事业薪火相传的“导向标”。创新人才选用机制。推行政府雇员制，吸引高层次专业人才安家荷塘，一批高级经营管理、专业技术人才成为政府雇员，引进一批高学历事业单位人员，充实各层次人才队伍，优化队伍年龄、学历结构，为荷塘发展注入蓬勃的新生力量。

突出推动发展，稳中有进的良好态势更加巩固。

经济运行稳中有进、进中见好。面对复杂多变的宏观环境，结合市情、区情综合施策，在项目攻坚、产业招商、企业帮扶等方面精准发力，全力实现稳增长。全年实现地区生产总值214.32亿元，增长8.1%；固定资产投资211.9亿元，增长15.5%；社会消费品零售总额71.7亿元，增长11%；规模工业增加值达到74亿元，增长7.7%；完成一般公共预算收入11.4亿元，其中税收创新高；城乡居民收入分别达到42100元、27640元，分别增长8.2%、8.4%。

产业发展取得历史性突破。以大开放大招商促进大发展，产业招商成绩斐然。新设立区招商办，实施全民招商和精准招商，全年接洽三一集团、华夏幸福、杭萧钢构等500强企业28家，引进三一芙蓉筑工、远大住工等2亿元以上项目13个，其中，引进汉德车桥、省第五工程有限公司装配式产业基地、中天杭萧钢构等5亿元以上项目7个，投资总额62亿元。装配式建筑新材料产业加速聚集，全市装配式建筑产业园落户金山新城。引进电商企业32家，累计完成销售额6亿元，为园区建设、产业发展注入新动力。圆满承办硬质合金产业高峰论坛，促成中钨高新材料股份有限公司等29家企业签订产需协议或合作合同。聚焦产业项目和基础配套，持续推进园区大开发大建设。日月湖及配套路网PPP项目有序推进，香榭路、金精路、悦舍路建成通车，嘉德二期、金城·国投等标厂项目建成运营，夏普新材料等50家企业入驻，铁达能源轨道交通装备制造配套二期等3个项目竣工投产，飞鹿二期等13个项目推进顺利，片区内基础配套设施不断完善，医学健康、新材料、轨道交通装备配套三大主导产业规模持续壮大，金龙路沿线产城一体初见雏形。

实体经济加速振兴。开展“企业帮扶年”活动，成立荷塘区企业服务中心，建立“一中心九平台”的服务体系，为辖区重点项目、骨干企业解决各类问题和困难230个，开展惠企培训37次，定期举办硬质合金、轨道交通等产业专题沙龙，积极搭建企业家沟通交流平台。充分发挥科技银行作用，通过银企对接，为辖区内企业提供贷款近6000万元，有效缓解制约企业发展的资金难题。中小企业发展环境不断改善，实体经济加速振兴，新注册登记企业、公司1000余家，全口径工商税收增加2.7亿元，增长16.5%。中车长江车辆株洲分公司、千金湘江药业等骨干企业效益提升、产销两旺。

株硬集团获评湖南唯一的国家第二批制造业单项冠军示范企业。飞鹿高新材料、宏达电子相继上市，填补荷塘区企业上市的空白。建立大质量工作机制，将质量工作纳入绩效考核体系，组织实施产品、工程、服务、环境质量提升活动，株洲橡胶院气象气球获评国家第二批制造业单项冠军产品（湖南仅2家）。全年共受理质量投诉举报1119起，办结1084起，办结率97%，为消费者挽回经济损失125万元。

项目攻坚深入推进。坚持项目带动，突出抓好用地和资金保障，全力推进项目落地。全年共实施市、区级重点项目136个，时代电气与车辆厂电气轨道工程机械制造基地等17个项目竣工，株洲农副产品批发交易物流中心等53个项目开工建设，格斯特航空发动机等22个续建项目进展顺利，新文化路等44个项目前期工作推进有序。重点项目的投资带动作用日趋凸显，固定资产投资增幅始终位居全市前列。创设项目办工作机制，攻克项目前期滞后的"硬骨头"，得到市委充分肯定和大力推介。实施征拆项目64个，征收国有土地上房屋73188平方米，交地281.08公顷。全年批回土地137.87公顷，供地58.1公顷，实现土地收入15.77亿元。

着力深化改革，创新驱动的澎湃动力竞相迸发。

始终把改革当作最大的工作、最好的抓手、最大的推动力，坚持问题导向和需求导向，向改革要动力，向创新要活力。是年，区委沉下去调研，"立"起来思考，狠下心抓推进，坚持理论自信和道路自信，不图一时之名，不贪一时之功，一步一个脚印，一个问题一个问题去解决，确保每项改革事项方向不偏、脚步不乱、力度不减，有效激发经济社会的澎湃动力。这些改革中，站位最高的是"一门式"政务服务改革。区委尝试按照现代服务型政府的追求，探索进入新时代新模式再次分散，再次分散是两个走向：一个是向下，将政务服务下到街道、社区，下到群众的身边；一个是向上，上网、上线、上云端，上到群众的手中。这项改革不仅荣获全省大奖，也得到人民日报、新华社、半月谈等中央、省市媒体的推介，更得到老百姓高度赞扬。触动利益最大的是部门审批首席代表制度，把各部门的审批权从领导人手里，集中到两名业务能力强的首席代表身上，首席代表在审批过程中不与办事群众接触，实现"认流程不认面孔，认标准不认关系"的无差别审批，审批的权力只剩下服务的功能，减少权力寻租的空间，提高办事效率。人民日报在"砥砺奋进的五年——迎接党的十九大特别报道"湖南篇中，以"首席代表，用权不能任性"为题，与"中车时代·高铁永磁牵引""中联重科·56米泵车"，列为湖南三大改革创新案例进行专题报道。解决问题最成功的是项目办工作机制。缓解项目前期滞后的难题，市委书记、市人大常委会主任毛腾飞批示在全市推广。回应群众期盼最好的有"幸福荷塘"系列民生行动中的公共卫生服务改革、社会组织建设以及养老服务模式的探索等。在株洲市委全面深化改革领导小组第16次会议上，荷塘区作为县市区唯一代表进行"一把手"抓改革工作汇报。

恪守为民情怀，全面小康的幸福荷塘更有质感。

社会大局和谐稳定。注重矛盾排查化解，强化源头治理和积案化解，及时妥善处置突发性事件。年内，妥处各类不稳定事件21起，一批历史性遗留矛盾问题得到有效化解，党的十九大、"一带一路"峰会等特护期间，实现进京非访"零登记"，全年进京非访人数城区最少，在省市"两会"、村（社区）"两委"换届、防汛抗灾等期间，社会大局都保持和谐稳定。始终紧绷安全生产这根弦。按照市委、市政府的安排部署，落实"党政同责、一岗双责、失职追责"

的要求，积极开展“大排查、大管控、大整治”专项行动，安全形势平稳向好。有效应对历史罕见洪涝灾害，未垮一库一堤，保障了群众生命财产安全。全面落实“法治株洲”建设各项任务，努力促进司法公正，深化政务公开，扎实推进村(居)民自治，大力开展法治进机关、进校园、进乡村、进社区、进企业，依法行政水平明显提高，干群法制观念显著增强。

民生保障更加有力。全面完成“民生100”工程8大类55项指标，民生支出12.2亿元，占一般公共预算支出的72.4%，增长29.1%。全年实现新增城镇就业8922人，城镇失业率控制在3.28%以内，低于4.5%的控制目标。全力扩大养老、失业、医疗、生育、工伤五大类社会保障范围，实现区域全覆盖。城乡低保标准逐步提高，社会救助体系进一步完善。完成低保、临时救助、医疗救助8.7万人次，发放金额3401万元。完成农村危房改造30户，群众住房条件得到有效改善。坚持把脱贫帮扶工作当作第一政治任务来推进，荷塘区8个帮扶工作队、40个后盾单位，定期到贫困户家中开展“五个一”的帮扶，为每户制定可行性脱贫方案，累计投入资金2000万元，帮扶贫困家庭327户。

社会事业全面发展。坚持教育优先，戴家岭小学过渡校区建成并投入使用，桂花小学新建、博雅小学改扩建工程推进顺利，新增学位1700个；完成十九中东校区、明照小学、六〇一中英文小学等维修改造项目7个，完成黄塘小学、龙洲小学等农村学校给水改造项目3个。持续抓好国卫创建提升工作，顺利通过全国卫生城市复审。开展“欢乐潇湘”“清风株洲”“品味·荷塘”等专项主题活动，获得省级评选的一金一银奖项。成功举办荷塘区首届足球球迷联赛，圆满承办株洲市第十三届运动会乒乓球、足球比赛，群众文化体育事业更加繁荣。

生态治理取得实效。强力推进湘江保护和治理第二个“三年行动计划”，辖区建宁港、白石港和主要湖泊水库全部实行河长制管理。启动建宁港、天鹅湖、西湖三处黑臭水体整治，完成人民医院医疗废水治理。坚决落实中央环保督查要求，排查整治畜禽养殖场、页砖厂等问题场所35处，关停污染企业23家，污染整治和监管能力建设取得新成效。扎实推进“两型”社会与生态文明建设，新增绿地面积1.8万平方米，城镇建成区绿化覆盖率达到43%。坚持最严格的耕地保护制度，严格控制建设项目占用耕地，顺利完成市下达的耕地保有量和基本农田保护面积任务。

城乡面貌持续改善。全年建设城区道路36条，桂花路、金桥路等10条道路建成通车，升龙路、芙蓉路等26条道路推进顺利。提质拓宽小街小巷21条，农村公路提质改造、窄路加宽27千米。完成袁家湾社区和中南小区提质工程。重拳整治城区人行道车辆违停和居民小区占道问题，取缔合泰涵洞早市，确保市民出行环境整洁通畅。提质提标环卫水平，市容市貌持续改善，中南蔬菜市场管理经验在全市推介。切实开展南郊垃圾场环保治理整改，加快株洲市餐厨垃圾处理项目建设。强势推进全市“百万大拆违”行动，拆除存量和新增违法建设25万平方米。深入开展“十大文明行动”，顺利通过全国文明城市复查，袁家湾社区荣获全市首个“全国文明社区”称号。

扎实推进“幸福荷塘”系列民生行动，民生事业工作打开新局面，群众获得感、幸福感、安全感不断提升。创建公益服务中心，社区、社会组织、社会工作者协调联动的作用初步彰显，特殊群体、困难个体得到“立体帮扶”，互助互爱的氛围逐渐形成，社会治理呈现新格局。组建全科医生团队每天上街免费巡诊，家庭医生签约和医联体建设稳步推进，基本公共卫生服务“破冰”前行，老百姓对社区卫生服务中心的信任度、满意度逐步提升。社区养老服务中心试点广受好评，老年人不出小区就能享受温馨服务；政府购买养老服务取得初步成效，解决部分老年群体的基本问题；医养结合新模式边探索边推进，多层次养老服务体系日渐清晰。借助微信渠道，创新群众工作方法，开展线上线下互动，拓展党管意识形态工作的新领域；平安荷塘建设有力有效，夯实幸福荷塘的基础；无物业管理小区自治激发居民自我管理与服务的热情，老旧小区群众的幸福感明显增强；"复转军人之家"创新退役军人服务保障工作，重新唤起老兵的荣誉感和使命感，"幸福荷塘"的系列民生行动，得到群众热烈回应和社会强烈反响。

坚持从严治党，山清水秀的政治生态更加彰显。

聚焦能力建设，基层基础更加夯实。圆满完成58个村（社区）"两委"换届工作，基层党建力量得到加强；新建非公有制经济组织党组织45家，社会组织党组织17家，基层党组织覆盖面不断扩大；在可用财力相对有限的情况下，增加基层经费投入1200余万元，村、社区年均运转经费增长30%以上，村、社区干部待遇保障良好；研究出台《荷塘区关于全面加强基层党组织能力建设的实施意见》，增强基层党组织凝聚力、战斗力和广大党员向心力，依托政务服务系统，科学搭建"互联网+党建"的"自治家园"平台，建立全方位党建信息大数据库，网上可共享基层党组织、党员基础信息，可调阅基层党建活动记录，可部署党建工作任务。

着力正风肃纪，党风廉政建设持续加强。坚持挺纪在前，压紧压实"两个责任"，大力推进"互联网+监督"平台建设，推动全面从严治党向基层延伸、向纵深发展。积极稳妥推进监察体制改革，落实人员转隶、班子配备、人大选举、后勤保障等相关工作，圆满完成监察体制改革工作。全面推进派驻改革，实行单独派驻和综合派驻相结合，实现派驻全覆盖。围绕"六大纪律"，重点查处"三类人"和发生在群众身边的"雁过拔毛"式腐败，全年立案102件，结案97件，处分97人。充分发挥巡查利剑作用，严查快办问题线索，推动被巡查单位整改问题11个。

始终营造好的工作氛围和条件。大力开展"学习型、实干型、健康型"领导班子建设，弘扬正气、正派做人、公正做事，干部的担当意识更足，精神面貌更加昂扬，团结干事、激情干事成为全区共同的追求，正能量不断积累，整体氛围和谐团结、干净纯粹、积极向上、正气充盈。制定《荷塘区区委常委包片联系镇（街道、管委会）实施方案》，每位县级领导都定期到联点的村和社区指导开展工作。严格落实"三个区分开来"，旗帜鲜明地为"敢于担当者担当、敢于负责者负责"。准确运用"四种形态"，对核实的问题作出恰当处理，处理的574人次中，第一种形态占83.1%，有力贯彻"惩前毖后、治病救人"的方针，真正体现对党员干部的严格要求和关心爱护有机统一。区委鼓励干部按规定休假，提标干部职工的体检，把两年一次的体检改为一年一次，把过去的300元/人提高到至少1000元/人的标准。丰富干部职工的文体活动，充实干部职工的精神生活，增强干部队伍的凝聚力。（石 丹）

【领导班子专题民主生活会】 1月20日，荷塘区委常委会领导班子召开专题民主生活会，市委指导组到会指导。会议学习《县以上党和国家机关党员领导干部民主生活会若干规定》，通报区委常委班子2016年度民主生活会有关准备工作情况和2015年"三严三实"专题民主生活会整改落实情况。区委常委领导班子及成员从政治、执行纪律、品行、发挥作用、改进作风等方面深入查找突出问题，进行深刻的党性分析，提出明确的整改措施。

【荷塘区获评“十快进县”】 3月31日，省委、省政府召开全省全面建成小康社会推进工作电视电话会议，通报2016年度全省全面建成小康社会推进工作考评结果，荷塘区顺利通过省委、省政府全面建成小康社会达标认定，被评为2016年度全省全面建成小康社会推进工作“十快进县”。

【“两学一做”学习教育常态化制度化工作会议】 5月12日，荷塘区召开推进“两学一做”学习教育常态化制度化工作会议，学习习近平系列重要讲话精神和中共中央、省委、市委的决策部署，简要回顾总结全区“两学一做”学习教育开展情况，对推进学习教育常态化制度化作出安排部署。

【政务服务获全省首届管理创新奖】 5月18日，在长沙召开湖南省科技奖励暨创新奖励大会上，荷塘区“一门式”服务平台创新荣获湖南省首届管理创新奖。省委书记、省人大常委会主任杜家毫，省委副书记、省长许达哲，省政协主席李微微出席大会并为获奖代表颁奖，区委书记邬凌云参加会议并接受表彰。荷塘区作为湖南省首个试点“一门式”政务服务改革创新的县市区，在全省率先实行“一门式”政务服务改革，将所有自然人服务事项审批时限和流程压缩到最短、最简。创设首席代表制，对公务人员办理群众事项的全流程实时监督，实行“无差别审批”。把多个实体大厅向一厅整合，专项窗口向综合窗口合并。在不改变各部门原有审批系统的前提下，建成“一门式”综合信息平台、“自治家园”大数据库、“智慧荷塘”手机APP三大互联互通系统，打破信息壁垒，实现数据共享。群众在家门口就能办成事，进任意一个办事大厅、在任意一个综合窗口，能办所有事。群众仅凭一张身份证便可办事，无需反复提交相同材料，老百姓的获得感和幸福感实实在在。

【《人民日报》、新华社点赞荷塘区政务服务改革】 8月7日，新华社以《湖南株洲荷塘区：一个窗口可办277项事》为题，报道荷塘区在全省率先探索“一门式”政务服务改革。8月29日，《人民日报》以“审批服务标准化首席代表用权不能任性”为题，报道推介荷塘区“一门式”政务改革工作。报道称，2016年，荷塘区对法律明确规定之外，全区277项散落在各个部门的自然人审批业务，全部集中到42个区、街道、社区三级政务(便民)服务中心办理，实行“一窗式”受理；创新实施审批首席代表制，实现“认流程不认面孔，认标准不认关系”的无差别审批；通过社区采集区域范围内居民姓名、居住地址等18项基本信息，为政务服务系统办事服务提供信息比对和调用。同时通过数据沉淀，将居民在“一门式”政务服务系统中提交过的材料，在系统中留存电子版，方便居民下次办事，实现数据“一次采集、反复使用”，让老百姓进任何一个办事大厅的门，就能实现“一窗受理”和“全区通办”。

【区委务虚会】 12月8日，区委召开务虚会，传达贯彻市委十二届五次全会精神，研讨聚焦产业发展、振兴实体经济等重点工作，客观总结2017年工作成绩，科学研判并谋划安排2018年工作。区委书记邬凌云从思维要有高度、工作要有档次、研究要有深度三个方面对2018年全区工作提出新要求。区委副书记、区长王利波从着力抓好产业发展、加快平台公司转型、打造让老百姓满意的服务型政府等方面部署2018年工作。

【全市装配式建筑产业发展现场会在区召开】 12月12日，市委常委、常务副市长何剑波在荷塘区主持召开全市装配式建筑产业发展现场办公会议，研究如何加快全市装配式建筑产业发展，促进荷塘区已签约的远大住工等5个装配式建筑产业项目早日落地，并部署工作重点。何剑波强调，市直相关部门要进一步完善推进全市装配式建筑产业发展的相关政策和管理办法，加快体制机制创新，确保政府性投资项目尽量使用、国有企业项目逐年提高使用、民营企业鼓励使用装配式建筑材料，确保全市2018年装配式建筑材料占比率达到25%以上，让装配式建筑产业迅速成为全市新的经济增长点。

【庆“七一”表彰暨深化文明城市建设动员大会暨村(社区)干部培训开班式】6月29日，荷塘区召开庆“七一”表彰暨深化文明城市建设动员大会暨村(社区)干部培训开班式，表彰先进党组织和先进个人，动员建设更高水平的文明城市，举行村(社区)干部培训班开班式。区委书记邬凌云发表讲话回顾中国共产党走过的96年历程，寄语广大党员干部，要坚持中国共产党的思想路线，一切从实际出发，理论联系实际，实事求是，在实践中检验和发展真理。要坚持和人民群众紧密地联系在一起的作风，情为民所系，权为民所用，利为民所谋，要时刻装着老百姓，凡事要从群众的角度想问题。同时，必须更加重视村(社区)，珍重、珍惜、珍爱村(社区)干部，把村(社区)的服务工作做好。

【“幸福荷塘”·基本公共卫生服务阶段性表彰暨巡诊现场推进会】8月21日晚，荷塘区举行“幸福荷塘”·基本公共卫生服务阶段性表彰暨巡诊现场推进会，数千名群众到现场观看。区委书记邬凌云在表彰会上赞扬广大基层医卫工作者不讲价钱、不讲条件，不忘初心，坚定地走入群众中，真诚地服务群众，展现了良好的执行能力和以人为本的工作作风，勉励全区医卫工作者进一步提高义务巡诊、公共卫生宣讲服务水平，把为民服务做得更细致、更扎实。活动现场组织开展巡诊工作，颁发“优质服务社区”奖、“群众满意的全科医生团队”奖、“群众满意的社区卫生服务中心”奖。

【“一个主官的自我修养”夜谈会】2017年，区委共举办六期“一个主官的自我修养”夜谈会。区领导和各镇(街道、管委)党政和部分单位负责人、青年干部畅所欲言，共同探讨关于学习语言的艺术、思维的方法、实干的精神、综合讨论、如何当好一名领导者。

【公益服务中心开放服务】9月27日，荷塘区公益服务中心开放服务活动正式启动。荷塘区公益服务中心致力于打造全省社会组织孵化培育的大本营、社工培训的集聚地，是服务公益事业的非营利性平台，主要组织孵化、培育增能、志愿者培训、公益创投、公益众筹、风采展示、交流合作、爱心银行等八大职能。中心共有四层，建筑面积达900平方米，可同时容纳30余家社会组织入驻。

【“湖南知名大V看幸福荷塘”活动】11月3日，荷塘区举行“湖南知名大V看幸福荷塘”活动，20余名省市网络大V、知名博主、论坛版主、新媒体及新闻网站代表详细走访、了解荷塘区“幸福荷塘”系列民生行动的开展情况。在座谈中，知名大V纷纷认为，荷塘区放下功利心，心装百姓，对民生的关注、对弱势群体的关怀非常人性化、具体化。与会者围绕“幸福荷塘”系列民生行动积极建言献策，其中网络大V在新浪微博设置的总话题“新时代幸福荷塘”，超过500万的网友点击浏览，引起社会广泛关注。

【毛腾飞到荷塘区调研】2月15日，市委书记、市人大常委会主任毛腾飞一行到荷塘区调研“一门式”政务服务改革工作。毛腾飞指出，“互联网+政务服务”是深化简政放权、放管结合、优化服务改革的需要，是方便老百姓办事的需要，对于提高党政部门的管理和服务水平有着重要支撑作用。全市上下要高度重视，统一思想，借鉴、推广荷塘区“互联网+政务服务”改革经验，整合资源，打破部门利益藩篱、信息壁垒，运用好互联网、大数据，提升服务能力和工作水平。

【阳卫国到荷塘区调研】4月19日，市委副书记、市长阳卫国到荷塘区调研小街小巷改造项目建设情况。阳卫国一行实地查看湘运路改造项目，现场听取项目建设最新动态，并就有关重点、难点问题提出明确要求。强调小街小巷改造是一项惠及民众的民生工程，要高度重视、抢抓时间，一鼓作气、大干快上，科学规划，加快项目建设，争取早见成效。

【区委五届四次全体(扩大)会议暨区委经济工作会议】12月29日，荷塘区召开区委五届四次全体(扩大)会议暨区委经济工作会议，贯彻中共十九大精神和习近平新时代中国特色社会主义思想，全面落实中央、省委、市委决策部署，表决通过《中共株洲市荷塘区委关于深入学习贯彻党的十九大精神加快建设实力、活力、宜居的幸福新荷塘的意见》。区委书记邬凌云代表区委常委会作报告，客观总结2017年工作成效，提出奋力谱写建设实力、活力、宜居的幸福新荷塘时代篇章；坚定不移把发展作为第一要务，着力聚焦产业发展，努力探索现代化经济体系建设的荷塘实践；落实以人民为中心的发展思想，提高保障和改善民生水平，加强和创新社会治理；坚定不移推进全面从严治党，不断提高区委领导水平。会议旗帜鲜明地提出，要将优良的发展环境作为荷塘最大的优势来打造；要将务实担当作为荷塘干部队伍秉性和特质来培树。区委副书记、区长王利波从产业发展、招商引资、园区建设、平台公司转型、征地拆迁、财税建设、发展环境、民生保障、编制管理、政府能力建设等十个方面对2018年全区经济社会发展作出具体部署。

【区委常委会会议】2017年，中共荷塘区委召开区委常委会会议18次。1月9日，研究区委五届三次全体(扩大)会议暨区委经济工作会议方案、讲话材料等筹备工作；研究五届人大二次会议、五届政协二次会议方案、议程和日程安排等筹备工作；研究审议给予1名干部违纪处分的处理意见；研究财政部挂职干部任命工作；研究区委老干部相关工作；研究“党建帮扶”联系点调整方案；研究区委专职副书记的分工调整；研究孝文化园建设工作。

1月20日，研究干部人事任免工作；研究2017年财政收支预算(草案)编制工作；通报冷水江市部分党员违纪处理情况；研究反恐怖主义有关工作；研究审议《荷塘区国家工作人员因私出国(境)审批管理暂行办法》；研究制定政法综治信访维稳等事项奖励办法相关工作。

2月17日，传达省委统战工作会议精神；传达省委组织工作会议精神；传达十八届中央纪委七次全会精神；听取审议五届纪委二次全体会议《工作报告》(审议稿)；研究幸福荷塘三大行动工作；研究成立荷塘区招商引资工作领导小组工作；研究企业申请奖励工作。

2月24日，研究区第五届人民代表大会第二次会议筹备工作。

3月3日，研究村(居)“两委”换届选举工作；研究干部有关工作。

3月16日，传达中央、省委文件精神；研究2017年经济目标考核表彰大会筹备工作；审议2017年“项目攻坚年”“企业帮扶年”、招商引资活动实施方案；审议《荷塘区鼓励产业发展优惠政策实施细则》；研究全区村(居)“两委”换届选举工作；

3月27日，传达《关于转发[中共中央组织部关于印发<党委(党组)讨论决定干部任免事项守则>的通知]的通知》文件精神；传达省委政法工作会议精神；传达全省市县纪检监察领导干部培训班会议精神；研究区委巡察工作；研究中央开展环境保护督察工作；研究全区党务工作会议筹备工作；研究有关干部人事任免工作；研究"五老机构"领导成员调整工作；研究增派驻村帮扶工作队相关工作。

5月9日，研究区人大常委会党组工作；传达市委人大工作会议精神；研究区政府党组工作；研究区政协党组工作；传达市委政协工作会议精神；研究区人民法院党组工作；传达市委对台工作会议精神；通报"5·7"攸县黄丰桥镇吉林桥煤矿中毒事故、中央环保督察、中国企业家年会、复退军人安置和权益保障有关情况。研究荷塘区促进区域经济发展奖励办法工作；研究2016年度计划生育工作考核评估结果和2017年度计划生育工作目标责任状指标工作；研究2017年区政府投资项目计划工作；研究审议《关于加快预算支出进度和盘活财政存量资金的通知》《关于进一步规范荷塘区财政性资金审批程序的通知》；研究企业债务工作；研究干部人事有关工作。

6月8日，研究成立明照街道办事处有关工作；研究干部人事任免工作。

6月28日，研究"两学一做"学习教育"五个先锋"评选表彰工作；研究审议《关于进一步健全区委常委与党外代表人士联谊交友制度的意见》；研究审议《荷塘区"三合一"场所大排查大整治工作方案》《荷塘区安全生产大排查大管控大整治百日行动方案》；研究禁毒工作；研究区政府智能停车楼项目建设工作；研究区政府2号楼电梯改造工作；研究"复转军人之家"建设工作，审议《荷塘区成立区、镇(街道)二级复转军人之家实施方案》《做好荷塘区复转军人服务和保障有关工作的宣传提纲》。

7月31日，传达《中共中央办公厅、国务院办公厅关于甘肃祁连山国家级自然保护区生态环境问题督查处理情况及其教训的通报》精神；研究2016年度全区绩效考核工作；研究2016年度率先全面建成小康社会推进工作；研究全面深化改革表彰事项；研究2017年度市对区绩效考核指标任务分解的有关工作；研究干部破格提拔合规性审查和干部人事任免工作；传达全市基层党建工作流动现场会暨组织工作推进会议精神；研究全面加强基层党组织能力建设工作；研究株洲湘江电焊条有限公司党委党组织隶属关系调整工作；研究城乡社区网格化管理工作，审议《2017年荷塘区公开招聘网格服务管理员实施方案》；传达全市信访联席会议精神。

8月30日，传达《中共湖南省委办公厅关于宁乡县防汛救灾责任追究情况及其教训的通报》精神；研究干部人事工作；研究派驻监督全覆盖改革工作；研究设立党委巡察组有关工作；研究审议《荷塘区党政领导干部生态环境损害责任追究实施细则(试行)》；研究机关事业单位工作人员养老保险制度改革有关工作；研究组团参加株洲市第十三届运动会筹备工作；传达区重点矛盾纠纷排查化解工作推进会精神。

10月24日，研究机关单位公务员津贴补贴和事业单位绩效工资提标工作；研究设立2家合资平台公司的有关工作；研究干部人事工作；研究审议2016年党费收缴工作专项检查补缴党费及使用情况。

11月10日，传达中央、省委、市委关于学习宣传贯彻中共十九大精神的会议精神；传达市委"传达学习中央政治局两个文件精神"会议主要精神；研究审议《中共株洲市荷塘区委关于认真学习宣传贯彻党的十九大精神通知》；研究审议《关于成立区委理论宣讲团在全区开展党的十九大精神集中宣讲方案》；研究安全生产工作；研究关于省委、市委清理收缴党费安排使用建议方案的有关工作。

12月5日，传达全市国有企业党的建设工作推进会议及城市基层党建工作推进会议精神；研究全区城市基层党建工作；研究对口帮扶茶陵县脱贫攻坚驻村帮扶工作；研究荷塘区深化国家监察体制改革工作，审议《关于成立荷塘区深化监察体制改革试点工作小组及办公室组成人员、职责分工的通知》《关于明确荷塘区深化国家监察体制改革试点工作有关单位责任分工的通知》《株洲市荷塘区深化国家监察体制改革试点工作实施细则》；研究区五届人大第三次会议筹备工作；研究区政协五届第三次会议；研究区五届人大第三次会议主席团成员的有关工作；研究政协“微建议”工作；研究干部人事有关工作；研究审议《荷塘区政法综治考评奖励工作方案》；研究审议《2017年绩效考核实施方案》《2016年市对区绩效考核奖金发放方案》；研究审议《关于整体合作开发建设经营湖南省株洲市荷塘区约定区域的合作框架协议》；研究给予个别干部党纪处分的意见。

12月19日，传达市委常委会（扩大）会议、市深化监察体制改革试点工作小组第三次会议精神；研究区监察委领导班子成员拟提名人选名单；传达中共中央办公厅和中共湖南省委办公厅加强作风建设的文件精神。（石　丹）

2017年中共荷塘区委发文目录

表1

序号	文号	文件标题
1	株荷发〔2017〕1号	关于进一步加强和改进离退休干部工作的实施意见
2	株荷发〔2017〕2号	关于同意成立中共株洲市荷塘区委离退休干部工作委员会的批复
3	株荷发〔2017〕3号	关于表彰2016年度征地拆迁和房屋征收先进单位及先进个人的决定
4	株荷发〔2017〕4号	关于转发《中共株洲市纪委关于严明会议纪律的通知》
5	株荷发〔2017〕5号	关于增加赖晓智同志工作分工的通知
6	株荷发〔2017〕6号	关于开展“幸福荷塘”三大行动的实施意见
7	株荷发〔2017〕7号	关于表彰2016年度经济目标考核暨安全生产先进单位和个人的决定
8	株荷发〔2017〕8号	关于设立中共株洲市荷塘区委巡察工作领导小组办公室的通知
9	株荷发〔2017〕9号	关于设立中共荷塘区委巡察工作领导小组及其办事机构的通知
10	株荷发〔2017〕10号	印发《中共株洲市荷塘区委常委会落实“两学一做”学习教育常态化制度化的十条措施》的通知
11	株荷发〔2017〕11号	关于表彰“项目攻坚先锋”“企业帮扶先锋”“改革创新先锋”“扶贫帮困先锋”“服务群众先锋”的决定
12	株荷发〔2017〕12号	荷塘区2017年上半年工作总结和下半年工作打算
13	株荷发〔2017〕13号	关于表彰全面深化改革先进单位和先进个人的通报
14	株荷发〔2017〕14号	关于全面加强基层党组织能力建设的意见
15	株荷发〔2017〕15号	关于同意召开荷塘区残疾人联合会第三次代表大会的批复
16	株荷发〔2017〕16号	关于认真学习宣传贯彻党的十九大精神的通知
17	株荷发〔2017〕17号	关于成立荷塘区深化监察体制改革试点工作小组及办公室组成人员、职责分工的通知

纪检·监察

【概况】2017年，中国共产党荷塘区纪律检查委员会(荷塘区监察局)编制19人，内设办公室、党风政风监督室、信访室、纪检监察室、案件审理室。设基层纪检监察组织11个，其中镇纪委1个，街道纪工委6个，派驻纪检组4个。年内，荷塘区纪检监察机关及各基层纪检组织以推动全面从严治党向纵深发展为目标，聚焦主责，挺纪在前，加大监督执纪问责力度，党风廉政建设和反腐败工作呈现出良好的发展态势。

【层层压实责任】2017年，区委带头履行管党治党主体责任，先后8次召开区委常委会会议，研究党风廉政建设工作，以列清单的形式对常委会及班子成员的具体责任予以明确，区委书记切实履行"第一责任人"责任，8次就纪检监察工作作出签批。全面推行"签字背书"、履责约谈、考核问责等措施，形成一级抓一级，层层抓落实的良好局面。坚持失责必问，问责必严，对2名落实"两个责任"不力的相关负责人予以党纪处分，9名主体责任落实不力、2名监督责任落实不力的单位"一把手"和基层纪检组织负责人进行约谈。党员干部主动上交区廉政账户资金26笔13.94万元。

【严肃换届纪律】2017年，区纪委出台严明换届纪律"十不准"，成立6个换届风气监督检查组，开通电话、微信、网络、信访等举报途径，进行全程全方位监督，取消候选人资格21人；受理信访举报12件，查实7件，处理7人，立案查处2人，确保全区58个村(居)换届的风清气正。

【严把选人用人关口】2017年，区纪委(监察局)将干部廉政审查工作规范化、程序化。区纪委共对78批次1870名领导干部、党代表、人大代表、政协委员、村(居)干部等进行廉政审查，建议暂缓使用12人，有效预防"带病提拔""带病上岗"等问题。

【严查腐败案件】2017年，区纪委(监察局)坚持有腐必反，有贪必肃。共立案102件，结案97件，处分97人，同比分别增长229.03%、66.67%、212.90%。其中，涉及科级干部10人。坚持快查快审快结，集中精力查清主要违纪事实，提高纪律审查质效。始终绷紧纪律审查安全这根弦，全年没有发生任何纪律审查安全事故。

【拓宽线索来源】2017年，区纪委(监察局)坚持群众举报"无障碍"，举报处理"零搁置"，举报转办"零暂存"。共收到群众来信、来访、电话举报、网络举报等举报件58件，通过信访举报共发现问题线索19件，党纪政纪立案12件。充分发挥反腐败协调小组的作用，建立案件线索相互通报、移送机制，通过公安机关移送52件，检察机关移送16件，法院移送2件，形成反腐合力。

【用好"四种形态"】2017年，区纪委(监察局)准确把握常态、大多数、少数和极极少数的辩证关系，将党纪的威慑力和政策的感召力有机结合，惩前毖后、治病救人。全区运用"四种形态"共处理574人次，其中第一种形态477人次，第二种形态66人次，第三种形态27人次，第四种形态4人次，分别占比83.1%、11.5%、4.7%、0.7%，真正体现对党员干部严管和厚爱的有机统一。

【创新监督方式】2017年，区纪委(监察局)针对公车私用、公款吃喝、公款旅游、打牌赌博、酒驾醉驾、会风会纪、上班纪律等"四风"突出问题，抓住重要节点，采取现场督查、交叉检查、随机抽查、明察暗访等多种形式，组织开展各类监督检查48次，干部作风纪律暗访7次，因作风问题被通报批评85人次，约谈25人，通报批评单位10家。对23次全区性的大型会议进行现场监督，通报批评57人，约谈7人，党纪政纪处分8人。

【专项整治】2017年，区纪委(监察局)以提升群众获得感为重点，突出抓好6个专项整治：一是开展招投标领域清理整治，党纪政纪处分3人。二是"雁过拔毛"式腐败专项整治，立案查处11人，收缴资金597.75万元，清退群众资金120.1万元。三是中小学校违规征订教辅材料专项整治，提醒谈话4人，立案查处4人，党纪政纪处分4人，清退违纪资金23.47万元。四是开展国家公职人员违规涉矿涉砂等问题专项整治，全区2800余名干部分别进行自查，一名干部主动退出参股20万元。五是开展违规公款购买高档白酒问题专项整治，对辖区内近100家酒店、餐馆进行排查。六是开展环保领域"为官不为"专项整治，对16名党员干部在环境保护领域的不作为、乱作为等问题予以追责，党纪处分1人，诫勉谈话3人，约谈10人，批评教育2人，得到省环保督察组的高度肯定。

【强化宣传教育】2017年，区纪委(监察局)组织开展第一届"清风荷塘"书法美术摄影文学作品大赛，选出108件优秀作品在株洲市规划馆展出7天，参观者达12000余人次。选送的节目或作品88个(件)参加株洲市第一届"清风株洲"廉洁文化创作比赛，共有15个作品获奖。注重"以案明纪、以案说规"，点名道姓通报15起典型案件，用"身边事"警示"身边人"。借助新媒体技术传播"廉政"好声音，弘扬"廉洁"正能量，在全区营造崇廉尚洁的良好氛围。编发廉政提醒短信17条次，发送13600余人次，及时转发上级典型案例通报4期。对"荷塘清风"微信平台进行改版升级，共推220余期700多条信息，点击量超过30万人次。

【持续深化镇街"三转"】2017年，镇(街道)纪(工)委认真贯彻落实进一步深化"三转"(转职能、转方式、转作风)的要求，聚焦主责主业，加强学习培训，监督执纪能力不断提高，全区镇(街道)纪(工)委共立案52件，结案49件，党纪政纪处分49人。

【推行网上高效监督】2017年，区纪委(监察局)开展网上电子监察，对全区43个便民服务中心、307项政务服务事项进行全程监督，实现对政务服务、行政审批事项的动态适时监督，对超时办结的3个单位、3名首席代表、3名窗口工作人员予以通报批评；对涉及民生资金项目的24个单位开展跟踪督查，对4个单位、1名分管负责人予以通报批评，对4名分管负责人进行约谈，进一步提高权力运行的透明度，有效压缩权力寻租空间、遏制权力寻租行为。

【提升教育能力】2017年，区纪委(监察局)深入推进"两学一做"常态化制度化工作，把学习党章党纪、中共十九大精神、习近平系列讲话精神和上级纪委全会精神作为重点，组织培训8次，随机抽查考试3次，促使纪检监察干部知规明纪，守住纪律底线。

【纯洁监管队伍】2017年，区纪委(监察局)按照"打铁必须自身硬"的要求，完善委局《落实党风廉政建设监督责任操作手册》，严格内控管理，举办"清风荷塘·走进纪委"主题开放日活动，遴选10名政治过硬、品质优秀、能力突出、敢于担当的特约监督员来监督纪委，强化社会监督，增强工作透明度，赢得社会各界的认同和支持。

【区级巡察】2017年，荷塘区内设3个巡察组，共完成1轮常规巡察，2轮、3轮交叉巡察。三轮巡察共发现问题线索127条，向区纪委移送线索55条。通过巡察党纪立案3件3人，约谈15人，批评教育3人，整改问题11个。9月4日，王岐山、赵乐际等中央领导到株洲市调研巡察工作，区第二巡察组组长作为典型代表参加调研座谈。（欧阳好）

巡察工作

【概况】2017年3月，荷塘区委根据中央、省委、市委关于开展巡察工作的有关要求，决定设立中共株洲市荷塘区委巡察工作领导小组及其办事机构。区委巡察工作领导小组由区纪委书记担任组长、区委组织部长担任副组长。区委巡察工作领导小组下设办公室(简称区委巡察办)和3个巡察组。区委巡察办与区委巡视工作联络办公室合署办公，列入区委工作机构序列，机构规格为正科级，归口区纪委统一管理。区委巡察办设主任1名，副主任1名，每个巡察组设组长1名，副组长1名。区委巡察办具体负责区委巡察工作的组织领导、综合协调、制度建设、监督管理和服务保障等工作。区委巡察工作领导小组授权区委巡察组对区属各单位(部门)党组织进行巡察监督，向区委和区委巡察工作领导小组报告巡察情况。

【巡察工作启动】4月10日，区委综合各方情况，确定第一轮被巡察党组织为区民政局党组、农村工作局党组、宋家桥街道办事处党工委。按照株洲市委巡察办实施全市“一盘棋”、县市区开展“交叉巡察”的工作部署，荷塘区委第二轮巡察由醴陵市委第一巡察组、第三巡察组和天元区委第二巡察组分别对仙庾镇、城乡建设局、商务和粮食局三个党组织展开；荷塘区的三个巡察组分别对株洲县商务和粮食局、醴陵市住建局、攸县酒埠江镇三个党组织开展异地常规巡察；第三轮巡察由市委巡察办统一安排，荷塘区的三个巡察组赴炎陵县，分别对鹿原镇、水口镇、中村瑶族乡三个党组织开展扶贫专项巡察。年内，完成3轮9家单位党组织巡察任务。按株洲市委巡察办统一安排部署，荷塘区委开展1轮常规巡察和2轮交叉巡察，在对6家单位开展集中巡察中，巡察组累计开展问卷调查260余人次、民主测评200余人次、个别谈话303人次、核查各类档案资料、票据账簿等740余份(件、册)、接待群众来访23批31人次，按规定转交相关部门办理3件，收到和发现问题线索63条，向相关被巡察党组织移交整改问题9件。区纪委核查巡察移送线索后，党纪立案查处3件3人，约谈15人，批评教育3人，责令整改11件，巡察工作的反腐利剑和震慑、遏制作用初步显现。9月3日，荷塘区委巡察组组长谢爱武因工作表现突出受到中纪委书记王岐山的亲切接见。

【巡察工作动员部署会议】4月13日和7月14日，区委分别召开区委第一轮、第二轮巡察工作动员部署会，区委常委、纪委书记、区委巡察工作领导小组组长郑志富作动员部署，区委常委、组织部部长、区委巡察工作领导小组副组长刘政凯主持会议。巡察工作动员会召开后，荷塘区委巡察工作全面铺开，更加畅通民主渠道，体察民情、汇集民智、化解民忧，弘扬廉洁文化，在全区营造出风清气正的“荷塘政治生态品牌”。

【书记专题会议】6月28日，区委“书记专题会议”分别听取区委3个巡察组对荷塘区民政局、宋家桥街道和农村工作局等单位党组织巡察工作情况汇报；9月8日，区委“书记专题会议”分别听取醴陵市委第一巡察组、第三巡察组和天元区委第二巡察组对仙庾镇、城乡建设局、商务和粮食局等3家单位党组织巡察工作情况汇报。各巡察组聚焦政治巡察，紧扣“三大问题”和“六项纪律”，把扶贫、惠农、优抚等资金的使用问题作为巡察工作的重中之重，发现一批问题线索。荷塘区委书记邹凌云在听取汇报后对巡察工作表示肯定，并就如何抓好巡察成果运用，深入推进下一步工作，做重要讲话。

【被巡察党组织专题反馈会】6月30日和9月19日，区委3个巡察组和醴陵市委第一巡察组、第三巡察组以及天元区委第二巡察组分别在被巡察单位召开巡察情况专题反馈会。各巡察组客观评价被巡察单位党组织在全面加强党的建设、加快推进经济社会发展中取得的成绩，中肯地指出巡察中发现的问题和不足，有针对性地提出整改意见和要求。（宋炬红）

区委办公室工作

【概况】 2017年，中共荷塘区委办公室以“单项工作争一流、整体工作上台阶”为目标，着眼区委工作大局，以高度的政治责任感，深入开展“三满意”主题活动，认真履行岗位职责，在统筹协调、当好参谋、督查落实、信息调研等职能上谋求新跨越，保障区委的高效运转和各项工作的有效落实。督查工作、党委信息工作荣获全省先进，综合调研、绩效考核、公文处理等7项工作获得全市先进，区委办被评为全市办公室系统先进单位。

【文稿水平提高】 2017年，区委办高质量、高标准起草领导讲话稿、区委重要汇报、典型经验等材料150余篇，拟定、审核文件160多件。有《株洲荷塘区设工作站为复转军人提供服务》《一个窗口可办277项事》《弘扬正气 正派做人 公正做事》《坚持民生导向 做实“幸福荷塘”》《实干创新担当 共筑幸福荷塘》等多篇经验材料在人民日报、新华社内参、半月谈、湖南日报等媒体上刊登推介。

【综合调研】 2017年，区委办加大综合调研工作力度，紧紧抓住牵动全局的关键点、社会矛盾的突出点、群众意见的集中点，全面、深入、多角度地开展调查研究，围绕“项目攻坚年”“企业帮扶年”、园区建设、征地拆迁、招商引资、“幸福荷塘”系列民生行动等重点工作，深入基层调查研究，掌握第一手资料，牵头起草一批有份量的调研报告，为区委决策提供可靠依据。其中，《抓实项目前强化后期管理 全力助推项目攻坚加速推进》得到市委书记、市人大常委会主任毛腾飞的批示和肯定。

【党委信息工作】 2017年，区委办制定《荷塘区党委信息工作考核奖励办法》，完善信息队伍建设，先后选派信息工作人员2人次到省委、市委跟班学习。围绕中共十九大召开，积极报送基层、群众反映动态信息。2017年共编印《荷塘工作》48期，向市委办报送信息469篇，向省委办报送信息367篇。其中，中办采用3条，省委办采用69条，市委办采用190条，“一门式”政务服务改革等信息均被省委办和市委办单篇采用。年内，信息工作在全市排列第一。

【督促检查】 2017年，区委办严格按照“阶段工作按时督查、临时工作随时催办、重点工作跟踪督办”的要求，构建大督查工作格局，以问题为导向，严督严查，确保上级及区委各项决策落到实处。紧紧围绕中共十九大精神宣讲、党的建设、“幸福荷塘”系列民生行动、“项目攻坚年”“企业帮扶年”等重点工作开展督查督办，抓好领导同志批示、交办事项的办理落实，完成专项查办和信访接待件处理30多件，做到“事事有回音，件件有落实”。

【“马上就办”和改革工作】 2017年，区委办回复并解决网友提出的各类民生问题130余条。系统推进“一门式”政务服务、项目办、区企业服务中心、区招商办、复转军人之家、无物业管理小区业主自治等改革工作。其中，荷塘区“一门式”改革案例荣获湖南省首届管理创新奖，“复转军人之家”建设得到中央政法委的认可，并在全省做好军队退役人员工作交流会上发言。

【办文办会】2017年，区委办印发《关于认真学习宣传贯彻党的十九大精神的通知》等各类文件184件、收各类电子公文815件、上报备规范性文件10件。做好会务工作，坚持提前准备、分工负责、层层把关，做到会场布置整洁庄严，会场服务细致周到，会议材料齐备无差错，圆满完成区“两会”、企业家年会、区委经济工作会等重大会议的会务工作。

【机要工作】2017年，召开全区保密工作会议暨保密培训班1次，邀请市保密局领导授课，先后2次对全区涉密计算机、社会性打字复印店等进行专项保密检查，规范涉密载体的管理，接收各类涉密文件804件，做到密级文件无一泄露丢失，实现“零问题”运转。

【《中国共产党株洲市荷塘区历史(1969—2016)》出版】2017年，完成《中国共产党株洲市荷塘区历史(1969—2016)》编纂工作，顺利通过省委党史研究室的评审，并成功出版。

【队伍建设】2017年，区委办外派干部培训学习10人次，选送2名文秘人员到省委办公厅、市委办跟班学习，促进办公室人员的业务素质和综合能力大提升。开展2次全区办公室系统集中培训，先后抽调5名基层年轻干部到区委办跟班学习，有力促进基层办公室系统干部队伍建设。全年，分阶段、有步骤地组织开展6次“一个主官的自我修养”夜谈会，与青年干部谈思维的力量、讲实干的精神、聊语言的艺术等，激起干部队伍强烈反响和积极回应。注重树立群众观念，结合每月8、9日群众工作日，组织办公室干部到联点村(社区)、企业走访，收集社情民意，为群众、企业排忧解难。积极倡导“三多三少”，做“三种人”，即多读一点经典，多干点实事，多提升能力素质；少一些浮躁，少一些功利，少一些市侩流俗；做简单人，做纯粹人，做有理想情怀的人，锻造一支政治可靠、作风优良、业务精湛、乐于奉献的干部队伍。（石　丹）

2017年中共荷塘区委办公室发文目录

表2

序号	文号	文件标题
1	株荷办发〔2017〕1号	关于印发《荷塘区城乡社区网格化管理实施方案》的通知
2	株荷办发〔2017〕2号	关于印发《荷塘区信访维稳“百日攻坚”活动方案》的通知
3	株荷办发〔2017〕3号	关于调整“基层党建帮扶”联系点的通知
4	株荷办发〔2017〕4号	关于建立和完善区政协各专门委员会对联系和协商制度的通知
5	株荷办发〔2017〕5号	关于成立《荷塘年鉴》编辑委员会和编辑部的通知
6	株荷办发〔2017〕6号	关于认真做好《荷塘年鉴》2017年卷工作的通知
7	株荷办发〔2017〕7号	关于印发《关于认真做好全区村(社区)党组织和村(居)民委员会换届选举工作的实施方案》的通知
8	株荷办发〔2017〕8号	关于成立荷塘区招商引资工作领导小组的通知
9	株荷办发〔2017〕9号	关于召开荷塘区2017年“项目攻坚、招商引资、企业帮扶”工作动员部署大会的通知

续表2

序号	文号	文件标题
10	株荷办发〔2017〕10号	关于印发《株洲市荷塘区2017年“项目攻坚年”活动考核办法》的通知
11	株荷办发〔2017〕11号	关于印发《株洲市荷塘区2017年“项目攻坚年”活动实施方案》的通知
12	株荷办发〔2017〕12号	关于印发《株洲市荷塘区2017年“企业帮扶年”活动实施方案》的通知
13	株荷办发〔2017〕13号	关于印发《株洲市荷塘区迎接中央环保督察工作实施方案》的通知
14	株荷办发〔2017〕14号	关于印发《荷塘区2017年招商引资行动方案》的通知
15	株荷办发〔2017〕15号	关于进一步办好荷塘政府门户网、荷塘新闻网、“在荷塘”微信公众号的通知
16	株荷办发〔2017〕16号	关于区委第五次党代表大会代表到党代表工作室接待党员群众的通知
17	株荷办发〔2017〕17号	关于印发《中共株洲市荷塘区委办公室2017年工作要点》的通知
18	株荷办发〔2017〕18号	关于组建荷塘区妇幼健康计划生育服务联合体的指导意见
19	株荷办发〔2017〕19号	关于印发《荷塘区河长制实施方案》的通知
20	株荷办发〔2017〕20号	关于明确荷塘区征地拆迁工作县级领导联片办点的通知
21	株荷办发〔2017〕21号	关于成立荷塘区突出环境问题整改工作领导小组的通知
22	株荷办发〔2017〕22号	区委常委会落实“两学一做”学习教育常态化制度化的实施方案
23	株荷办发〔2017〕23号	关于2016年度计划生育工作考核评估与奖惩情况的通报
24	株荷办发〔2017〕24号	关于废止《荷塘区重点企业挂牌保护制度》等文件的通知
25	株荷办发〔2017〕25号	关于印发《荷塘区促进区域经济发展奖励办法(试行)》的通知
26	株荷办发〔2017〕26号	关于印发《荷塘区信访维稳“百日攻坚”活动考核结果的通报》的通知
27	株荷办发〔2017〕27号	关于对区政协五届二次会议第2052005提案的答复
28	株荷办发〔2017〕28号	关于进一步健全区委常委与党外代表人士联谊交友制度的意见
29	株荷办发〔2017〕29号	关于转发《中共株洲市委办公室、株洲市人民政府办公室转发<中共湖南省委办公厅、湖南省人民政府办公厅关于加强防汛救灾和恢复生产生活工作的紧急通知>的通知》的通知
30	株荷办发〔2017〕30号	关于印发《荷塘区县级领导及区直部门国卫复审工作责任分片方案》的通知
31	株荷办发〔2017〕31号	关于印发《荷塘区仙庾镇主要职责、内设机构和人员编制规定》的通知
32	株荷办发〔2017〕32号	关于印发《荷塘区明照街道办事处主要职责、内设机构和人员编制规定》的通知
33	株荷办发〔2017〕33号	关于调整株洲市荷塘区国有资产管理委员会成员的通知
34	株荷办发〔2017〕34号	关于印发《荷塘区主要领导带头开展脱贫攻坚“三走访三签字”工作实施方案》的通知
35	株荷办发〔2017〕35号	关于2016年度全区绩效考核结果的通报
36	株荷办发〔2017〕36号	关于印发《荷塘区推进“互联网+监督”工作实施方案》的通知
37	株荷办发〔2017〕37号	关于印发《2017年市对区绩效考核指标任务分解表》的通知
38	株荷办发〔2017〕38号	关于印发《荷塘区信访维稳“百日攻坚再行动”竞赛活动实施方案》的通知

续表2

序号	文号	文件标题
39	株荷办发〔2017〕39号	关于印发《荷塘区开展清理国家公职人员违规参与涉矿等经营性活动专项整治工作实施方案》的通知
40	株荷办发〔2017〕40号	关于填报地方政府性债务专项审计调查报表的通知
41	株荷办发〔2017〕41号	关于印发《中共株洲市荷塘区委理论学习中心组学习制度》的通知
42	株荷办发〔2017〕42号	关于《株洲市荷塘区政协提案办理工作办法》的通知
43	株荷办发〔2017〕43号	关于印发《荷塘区2017年度镇(街道、管委会)计划生育工作考核评估方案》的通知
44	株荷办发〔2017〕44号	关于印发《荷塘区2017年度村(社区)计划生育工作考核评估方案》的通知
45	株荷办发〔2017〕45号	关于印发《荷塘区党政领导干部生态环境损害责任追究实施细则(试行)》的通知
46	株荷办发〔2017〕46号	关于表彰创新群众工作先进单位的通报
47	株荷办发〔2017〕47号	关于调整株洲市湘江电焊条有限公司党委组织隶属关系的通知
48	株荷办发〔2017〕48号	关于开展领导干部带队督查安全生产工作的通知
49	株荷办发〔2017〕49号	关于印发《迎接党的十九大信访维稳安保工作总方案》的通知
50	株荷办发〔2017〕50号	关于印发《荷塘区纪律检查委员会派驻纪检机构改革工作方案》的通知
51	株荷办发〔2017〕51号	关于做好2018年度党报党刊发行工作的通知
52	株荷办发〔2017〕52号	关于印发《荷塘区政府计算机网络管理制度》的通知
53	株荷办发〔2017〕53号	关于在全区开展“贯彻发展新理念转型升级补短板”讨论活动的通知
54	株荷办发〔2017〕54号	关于进一步规范党政机关公文处理工作的通知
55	株荷办发〔2017〕55号	印发《关于加强和改进党(工)委(党组)理论学习中心组学习的实施办法》的通知
56	株荷办发〔2017〕56号	关于印发《荷塘区企业公共服务平台运行管理办法》的通知
57	株荷办发〔2017〕57号	关于印发《株洲市荷塘区政协微建议工作办法(试行)》的通知
58	株荷办发〔2017〕58号	关于成立荷塘区装配式建筑产业发展工作领导小组的通知
59	株荷办发〔2017〕59号	关于明确荷塘区深化监察体制改革试点工作有关单位责任分工的通知
60	株荷办发〔2017〕60号	关于转发《中共湖南省委办公厅关于认真组织学习<习近平谈治国理政>第二卷的通知》的通知
61	株荷办发〔2017〕61号	关于调整荷塘区河长制工作委员会组成人员的通知
62	株荷办发〔2017〕62号	关于2016年机关事业单位工作人员年度考核先进个人的通报
63	株荷办发〔2017〕63号	关于印发《荷塘区2017年绩效考核实施方案》的通知
64	株荷办发〔2017〕64号	关于成立《株洲市荷塘区乡镇简志》编辑委员会和编辑部的通知
65	株荷办发〔2017〕65号	关于成立荷塘区基础教育集团化办学项目实施领导小组的通知
66	株荷办发〔2017〕66号	关于印发《关于检察机关依法开展公益诉讼工作的意见》的通知

组织工作

【概况】 2017年，中共株洲市荷塘区委组织部紧紧围绕区委中心工作和全区发展大局，在改革创新上求突破，在服务群众上求实效，构建组织工作新格局。抓好基层党组织和党员队伍建设，开展“两学一做”学习教育常态化制度化工作，建立党代表驻室和联系困难党员制度，充分发挥基层党组织的战斗堡垒作用和党员先锋模范作用，夯实党的基层基础。加强领导班子和干部队伍建设，按照“信念坚定、为民服务、勤政务实、敢于担当、清正廉洁”好干部标准，大力选拔在急难险重工作表现突出的干部，注重优秀年轻干部的培养使用，领导班子和干部队伍战斗力明显增强。强化干部监督管理，将全面从严治党、从严管理干部寓于干部培养选拔和管理监督之中，领导干部规矩意识、纪律意识明显增强。完善领导联系专家制度，精准发力服务企业人才。注重管理规范、氛围和谐、特色突出，加强自身建设，为打造实力、活力、宜居的幸福新荷塘提供坚强的组织保证。

【基层党组织能力建设】 2017年，出台《荷塘区关于全面加强基层党组织能力建设的实施意见》，并附带7个子方案，包括推行党员服务项目建设激励制度，推行城市社区党委联系服务群众“1+2”工作法，推行党员“中心户”管理，建立党内关怀基金，刚性保障社区运转经费逐年递增等，成为区委、镇(街道、管委会)党(工)委抓党建工作的有力“武器”和有效“手段”。

【村(社区)换届选举完成】 2017年，区委组织部严把“四个关口”，严格审查取消候选人资格64名，选优配强村(社区)党组织书记，实现村(社区)换届选举“四个好”目标，程序规范、秩序平稳，为历届最好，受到省委、市委的高度肯定。开展村(社区)干部集体宣誓、矛盾隐患排查处置等换届后续工作，新老班子平稳交替，工作无缝对接。完成213个村(社区)二级支部换届选举工作。

【夯实基层党建基础】 2017年，区委组织部每月定期下发支部主题党日活动工作提示，结合“三会一课”、党员积分管理等制度和重点工作要求，固定时间、明确主题、规定要求、定期通报，推动组织生活规范化。推进“三定”工作法，每月定期召开党建工作推进会、调阅“三会一课”记录和开展党建工作督导。区委召开党建工作调度会10次，调阅基层党组织“三会一课”记录237次，组织督查10次，发出通报10次。全区基层党组织的组织生活正常化率达97%，“红星云”平台注册学习党员达5300人，占全区党员的45.1%。

【推动“两新”组织“两个覆盖”】 2017年，依托区民政局和工商荷塘分局分别成立区社会组织综合党委和非公有制经济组织综合党委，完善“两新”党建工作架构。全年新建非公有制经济党组织40家，社会组织党组织15家，全区“两新”组织党的组织覆盖率已达80%以上。从各级党组织中选派63名素质高、业务精的党务骨干担任“两新”党建指导员，实现业务指导全覆盖。对所有“两新”党组织推行“六有”标准规范建设，按照“十有”标准打造10个“两新”党组织示范点。

【“两学一做”学习教育常态化制度化】 2017年，建立党员县级领导联点包片制度，做到区直属党(工)委、机关党组织、村(社区)党组织督导全覆盖。制定下发“两学一做”学习教育常态化制度化分类任务清单，为各级党组织、各类党员提供“时间表”“路线图”“任务书”。注重典型引领，结合庆“七一”活动，开展“五个先锋”表彰，共表彰20个党组织和50名党员。

【基层干部队伍培训】2017年，区委组织部以“一个主官的自我修养”为主题举办6期座谈会，全面提升各镇(街道、管委会)及区直部门(单位)主要负责人的领导能力和执行能力。组织开展新一届村(社区)干部、基层党组织书记等骨干队伍培训班和党员发展等专题业务培训班共9次，培训1200余人次。制定下发《荷塘区基层党建工作指南手册》《荷塘区基层党建督导工作手册》，为基层党组织开展党建工作提供理论依据和操作指南。

【党代表“六定”机制】2017年，通过定室接访、定期走访、定题服务、定向调研、定时办结、定责述职，切实打通党代表服务群众“最后一公里”。下发《关于区第五次党代表大会代表到党代表工作室接待党员群众的通知》，确定每月8日、9日为党代表接待日。明确党代表工作室、驻室党代表、党代表工作室联络员职责，要求每名党代表每年开展驻室活动不少于2次，走访不少于10户。每半年对驻室党代表开展驻室活动情况进行公示，接受党员群众监督。将党代表工作室建设情况作为基层党建调查核实的必查内容，直接与区直属党(工)委书记年底抓基层党建述职评议挂钩。

【党代表双向联系机制】2017年，定期提醒党代表所在单位党组织下发提示，要求各党组织督促所辖党代表按要求开展驻室活动。每个党代表工作室主动邀请驻室党代表开展接待群众等活动。举办基层一线区党代表培训班，80余名基层一线党代表听市委讲师团教授及市委组织部党代表联络工作专家讲课。组织各区直属党(工)委党代表工作分管负责人赴浙江大学、北师大珠海分校开展能力素质提升培训。

【党代表工作保障】2017年，全区按照“有场地、有标识、有制度、有计划、有记录”的标准，全区9个镇(街道、管委会)、58个村(社区)全部建立党代表工作室。区、镇(街道、管委会)均明确党代表联络负责人，每个党代表工作室均明确1名联络员。将党代表工作经费纳入区财政预算，按照每年500元/人的标准，分组下拨区党代表工作经费。

【干部任免】2017年，区委组织部认真贯彻全面从严治党要求，落实中共十九大精神，严格执行《党政领导干部选拔任用工作条例》和有关规定，强化规范意识，坚持标准，严密程序，深化改革，严肃纪律，提高干部选拔任用工作的科学化、民主化、制度化水平。不断提升选人用人公信度。一批政治坚定、实绩突出，作风过硬、群众信任的优秀干部走上领导岗位，为建设“实力、活力、宜居的幸福新荷塘”提供强有力的组织保障。年内，荷塘区委调整干部211人次，其中提拔48名，重用37人。

【干部教育】2017年，区委组织部开展“学习型”干部建设，落实干部培训计划，组织全区领导干部参加“学习贯彻中共十九大精神集中轮训班”“学习贯彻省委十一届三次全会精神专题培训班”等进行专题培训。拓展干部教育培训渠道，组织100余名镇(街道)科级干部到北师大珠海分校培训班参加轮训。选派1名年轻干部到市信访局挂职，选送3名年轻干部到财政部、市委组织部、市扶贫办跟班学习，抽调年轻后备干部参与市委巡察。有针对性选派8名年轻干部参与区“招商办”“项目办”工作。

【干部监督】2017年，区委组织部突出干部日常监督，“三超两乱”治理成效明显。严格贯彻落实中央《关于严禁超职数配备干部的通知》精神，清理“三超两乱”，认真整改超职数配备干部问题，有序消化超职数配备的干部，严格执行“三不”要求，不新超职数，不高配干部，不违规使用干部，超职数配备干部由2014年的92人，至2017年7月底已全部消超完毕，消超率达100%。完善《荷塘区科级非领导职务干部管理办法(试行)》等文件，严格国家工作人员出国(境)管理，加强干部日常管理。探索干部选拔任用全程记实工作办法，对干部选拔任用工作进行全程监督。着力建设信件、电话、网络、短信“四位一体”的“12380”综合举报受理平台，全年受理办结市、区级信访举报件7件，办结率100%。坚持执行领导干部谈话制度，每次干部调整时，区委主要领导都要与调整的干部进行谈话；同时有针对性地进行提醒谈话和廉政谈话。完善领导干部经济责任审计制度。年内，对5名领导干部开展经济责任审计工作，有效规范干部管理。

【干部管理】2017年，区委组织部坚持正确的干部使用导向，突出政治标准、突出专业能力、基层锻炼、责任担当、规矩意识。让能干事、能干成事的干部有机会、有舞台、有地位。把年轻干部队伍建设摆在干部工作的重要位置，精心培养、严格管理、搭建锻炼平台，推动年轻干部培养成长，为干部队伍建设注入新的生机和活力。严格执行干部工作政策法规、标准和程序，做到坚持原则不动摇、执行标准不走样、履行程序不变通、遵守纪律不放松。强化对镇(街道、管委会)、区直部门党政一把手、执法执纪，管人管钱管物等关键岗位的干部管理，实行重点配备，重点教育、重点考核、重点监督。严格执行干部交流有关制度规定，做好调研分析，统筹安排，适时进行交流轮岗，达到激发干部队伍活力、合理配置干部资源的效果。完善和规范干部选拔任用程序，推进干部人事制度改革，立足解决实际问题，在沟通意向、推荐提名，组织考察、酝酿协商，讨论决定、任前公示、组织谈话、任免行文、干部到职，试用期等方面作出明确规范，突出重点环节，细化运行规则，防止程序变通或简化，有效地解决程序“空转”的问题。强化任前审核，落实“四凡四必”，做到凡提必审、凡提必核、凡提必听、凡提必查，打造高素质的干部队伍。

【人才制度】2017年，区委注重党管人才，健全人才工作管理体系。成立由区委书记任组长的人才工作领导小组，区委常委会、区委理论学习中心组多次研究和学习人才工作专题。围绕推进人才队伍建设、激发人才活力、人才服务中心工作等，先后出台《荷塘区领导干部联系专家制度》等政策文件10个，初步建成人才政策框架体系。

【人才引进】2017年，区委组织部注重人才引进，吸引各方人才汇聚荷塘。入库“株洲万名人才”高层次人才25人，其中核心专家2人，引进高层次人才13人，领军人才4人。是年，株洲籍在外优秀人才库收录高层次人才85名，新引进高层次人才6人，拨付高层次人才补贴累计28.26万元，已有符合株洲市领军人才申报条件者1人，为基层单位、新兴企业注入新鲜血液。

【人才培养】2017年，区委组织部实施人才培养工程，以“社会组织孵化培育基地”为依托，对口社区工作重点，孵化成立株洲市虹雨社会工作服务中心等15家以老年人、残疾人等为重点服务对象的民办社会工作服务机构。采取资格补贴、社区工作人员持证上岗、组合式培训等政策措施，吸引、培育40余名社工骨干人才。对接新时代党政领导干部的素质要求，创新开展“一个主官的自我修养”座谈会，区委主要领导对各单位“一把手”围绕“说话的艺术”“思维的方法”“实干的精神”等主职领导必修课进行专题培训。

【人才服务】2017年，区委组织部注重人才服务，切实提升人才服务水平。投入近500万元建设企业服务中心，整合政府、园区、平台公司及社会第三方服务机构资源，梳理出75项服务产品，为全区各类企业提供全方位、系统化的“一站式”精准服务。全年，完成企业问题交办125件，为企业、人才解决各类问题和困难230余个。制定《荷塘区促进科技成果转移转化后补助方案(试行)》，对区内注册的企业引进符合条件的高级人才或科技人才，按照一定条件给予后补助奖励，促进科技成果转移转化。是年，全区申报创新项目40余项，其中批准立项15个。嘉德工业园获批省双创基地，年度新增国家高新技术企业9家，创历史新高。对口园区企业人才公寓需求量和期待值，积极筹备人才公寓建设。年内，已完成155套人才公寓的装修和入住协议，惠及50家企业的重要管理人才和技术骨干120余人。

【人才活动】2017年，区委组织部积极开展人才主题活动，搭建青年人才交流平台，加强人才之间的联系和交流。年内举办3场高规格、高质量青年干部座谈会、“双一流”大学生夏令营暨新进事业单位人员走进荷塘等系列人才交流互动活动，开展银企对接会、企业家座谈会、产业沙龙等企业家人才提升培训6次，制定“蓝领培训工程”“白领培训工程”方案，开展企业紧缺人才“惠企培训”39期。组建16个“荷塘区创客发展工作室”，研创高质量课程，建立全区教师人才培训资源库。（张思思）

宣传工作

【概况】2017年，中共株洲市荷塘区委宣传部主管全区意识形态工作，组织开展理论学习指导、新闻宣传、精神文明建设、思想政治、文化文艺等工作。现有人员编制10个。其中，行政编4个，事业编5个，工勤编1个。内设文明办、网宣办、办公室3个职能室(办)；归口管理区文联。

【学习宣讲十九大精神】中共十九大召开后，区委成立宣讲团，到全区460个党支部万余名党员干部中开展集中宣讲活动。全区43名县级领导带队到各联点单位，开展60余场讲堂宣讲中共十九大精神，实现宣讲全覆盖，让中共十九大精神及时进村入户、入脑入心。

【新闻宣传】2017年，区委宣传部围绕中央、省、市重大决策部署和区委区政府中心工作，积极协调中央、省、市主流媒体对全区亮点工作进行专题采访，着力讲好荷塘故事，展示荷塘好形象。全年在中央、省、市级主流媒体发稿近1000篇，创历史新高。其中在《人民日报》、新华社、《半月谈》上稿实现零的突破。《株洲日报》在5月对“幸福荷塘”三大行动进行挂栏报道，先后发表60余篇相关活动报道。7月13日，《半月谈》专题报道:《进一家门，办万种事——近观株洲市荷塘区无差别审批》；8月7日，新华社客户端发布通稿报道荷塘区一门式政务服务工作，题为《湖南株洲荷塘区：一个窗口可办277项事》；8月29日，《人民日报》“砥砺奋进的五年”专版——《迎接党的十九大特别报道·湖南篇》中，以《审批服务标准化首席代表，用权不能任性》为题重点报道推介荷塘区“一门式”政务服务改革工作。11月6日，新华社客户端发布通稿报道幸福荷塘系列民生工作，题为“株洲荷塘区的民生画卷”。新华社内刊《湖南领导专供》先后四次报道荷塘区工作，并刊发长篇稿件《株洲荷塘区“一门式”政务改革探索》，同时在新华网、新华社APP上进行宣传发布。年内在《株洲日报》刊发头版头条6篇，各类综合、专版报道20余篇。

【“在荷塘”微信公众号蝉联县级政务微信榜首】2017年，区委宣传部组建工作专门班子进行创作和策划，紧密围绕区委区政府中心工作和群众关注的热点问题，采用图片、视频、H5等多种形式，运用清新鲜活的网络语言，按照三分之二是原创，三分之一为转发的原则进行内容推送，做到主题鲜明，制作精美，受众广泛。每条推送内容平均阅读点击量达3万人次以上，最高达10万人次。9月12月，“在荷塘”微信公众号连续4个月在全省县级政务微信排名中列第一。

【创新群众工作】 2017年，区委宣传部通过引导关注公众号、分享朋友圈等方法引导机关干部、辖区居民进群，共建群组1890余个、群员13.9万余人，占全区总人口的48.4%。充分发挥微信联系群众更快捷，更直接，更广泛的优势，打通了联系群众新渠道，实现党委政府和人民群众的“零距离”沟通。通过微信群线上与线下的有效联动，广泛宣传政策、了解民意，吸纳建设性意见，化解怨气怨言，抵制负面舆情，也让热心公益的群众有了更广阔的平台，使更多的老百姓增强了归属感，特别是为群众解决具体问题和困难，真正体现以人民为中心的思想，走好新时代网上群众路线。

【舆情管控】 2017年，区委出台《荷塘区网络舆情管理工作实施意见》，全面加强社会舆情、网络舆情的分析研判和应对处置，不断提升负面舆情管控能力。完成省、市30余次舆情引导任务，处置回复涉荷舆情22个，100%回复市网宣办交办舆情，编辑《网络舆情简报》10期，正面引导信息超过400条，累计报送违法违规信息千余条，实现重大舆情发生为零的预期目标。

【引导网络名人】 7月和11月，区委宣传部分别召开一次市级和省级网络大V线下主题活动及座谈会，邀请20余位省、市知名网络大V走进荷塘区参观，宣传推介全区重点工作，有效凝聚共识，扩大影响。由此产生的“新时代幸福荷塘”微博话题点击数量达570万人次，社会反响热烈。

【网站建设】 2017年，区委出台专门文件，对荷塘政府门户网、荷塘新闻网发稿工作进行规范，细化奖惩措施，充分调动通讯员积极性，加大通讯员的培训力度，实现新闻信息报送制度化、规范化、及时化，全年共发布政务新闻信息2900余篇。

【文明城市建设】 2017年，区委宣传部以建设更高水平文明城市为目标，以“十大文明行动”为抓手，从改善民生切入，着力解决群众反响强烈的难症顽疾，全力攻克市容秩序、环境卫生等重点难点，构建文明和谐的交通环境，整治旅游陋习，努力补齐硬件上的缺失和工作上的短板弱项，进一步提高城市管理水平，提升城市文明程度，在国家文明城市复查测评中，没有出现明显失误，为株洲市蝉联全国文明城市做出贡献。

【培育和践行社会主义核心价值观】 2017年，区委宣传部广泛开展习近平系列重要讲话精神，特别是中国梦、核心价值观、“四个全面”等系列宣传教育活动，将核心价值观融入群众生活。成功举办“好声音讲坛——讲话精神进基层”百姓微宣讲比赛；组织全区12个省级文明单位广泛开展“道德讲堂”活动，全年开展活动50余场次；组织开展“我们的节日”系列主题文化活动；在春节、元宵节期间，开展形式多样的送春联、春节慰问等主题活动；在清明、端午等节庆期间，积极开展祭奠革命先烈活动，全区近5万名企事业单位工作人员、中小学生积极参与，在全社会凝聚起向上向善的蓬勃力量。

【精神文明创建】 2017年，区委宣传部组织开展“美德少年”评选活动，共评选“美德少年”44名；着力发挥典型示范引领作用，积极做好身边好人推荐工作，共推荐好人线索万余条，2人获评湖南省12月“湖南好人”。

【袁家湾社区获评全国文明社区】 11月17日，全国精神文明建设表彰大会在京举行，荷塘区月塘街道袁家湾社区荣获全国文明单位称号，成为株洲市第一个也是唯一一个全国文明社区。

【宣传思想队伍建设】 2017年，区委宣传部以学习型机关建设活动为载体，以“两学一做”学习教育常态化制度化为契机，结合主题党日活动，每周五下午坚持开展集中学习活动，组织宣传部全体干部职工认真学习贯彻习近平系列重要讲话精神和治国理政新理念新思想新战略，增强“四个意识”，坚定“四个自信”。把讲政治落实到宣传思想文化工作中，始终做政治上的“明白人”。从全区各部门选拔政治信念坚定、责任心强，善于运用网络语言，知识面广、有较强文字功底的年轻干部加入到通讯员、舆情员、网评员队伍中。举办全区新闻宣传骨干培训班，进行新闻策划与写作、突发公共事件新闻媒体应急处置等专题培训，各单位的应对媒体能力、舆论引导能力和正面宣传能力显著增强。

【区委理论学习中心组学习】 2017年，区委理论学习中心组学习坚持把中共十九大精神、习近平新时代中国特色社会主义思想和党中央治国理政新理念新思想新战略作为中心组学习的主要内容。制定下发《关于加强和改进党(工)委(党委)理论学习中心组学习的实施办法》《中共株洲市荷塘区委理论学习中心组学习制度》等文件，中心组理论学习进一步规范。有针对性的邀请全国知名教授授课，有效提升领导干部参学的主动性和自觉性，积极打造中心组学习品牌。年内先后组织区委理论中心组(扩大)学习8次，集中研讨学习5次，干部年度参学率达98%以上。（秦 蓁）

统战工作

【概况】 2017年，区委统战部有行政编制4名，实有工作人员6名，其中部长1名(区委常委)、副部长2名，办公室3名(借调2名)。区委始终将统战工作置于全区工作大局统筹谋划，区委常委会6次听取统战工作汇报，在人、财、物上大力支持统战工作。区委统战部学习贯彻中共中央、省委、市委和区委关于统一战线的系列重大决策部署，以凝心聚力“十三五”规划行动为总抓手，紧紧围绕“落实”“创新”主题，以“跳出统战抓统战，围绕中心为大局”为工作思路，为统战工作注入活力，赢得主动权，统战工作有为、有味、有位。

【“三建五进”】 2017年，荷塘区城市民族工作(三建：建立组织协调网络、建立联络联谊网络、建立宣传引导网络；五进：民族文化进社区、民族团结进企业、民族帮扶进农户、民族教育进校园、民族关怀进家庭)得到国家民委肯定，在省委统战部专刊和“三湘统战”公微上同步推介，被评为全省统战实践创新成果，是9个县市区唯一获此殊荣的单位；西子社区被评为全省民族团结进步示范社区，获评2017年全省统战实践创新成果。“四同创建”(四同：同心项目、同心园区、同心社区、同心乡村)工作、统战调研工作获全市先进，区委常委、统战部长王顺安在全市统战部部长会议上介绍典型经验。

【党外代表人士队伍建设】 2017年，区委统战部围绕“盘活党外代表人士这盘棋”，统战部积极为党外代表人士安排、党外干部成长鼓与呼，取得明显成效。一是做好党外代表、委员的政治安排。推荐2名省人大代表(袁秀菊、帅清民)，1名党外省政协委员(蔡滔)，增补2名党外区政协委员。举办全区政协委员履职能力提升培训班。党外代表人士综合评价、教育培训、分级分类管理等各项工作均按要求落实到位。二是优化提升党外干部队伍。与组织部衔接，提拔5名党外干部，其中党外正职2名(龚新胜、豁波)，交流1名党外干部(廖山)。政府部门、人大、政协、法检两院的党外干部实现应配尽配。加强与党外干部的走访联系、工作引导，增强他们服务区委中心工作的政治意识、大局意识。

【统战智库建设】2017年，区委统战部牵头在全区选用庄启宁等12名讲政治、有能力、有影响的党外代表人士，组建统战智库。智库组建后，始终坚持"重大决策民主协商，重大事项征求意见、重大活动邀请参与"，召开主题视察调研3次，座谈会5次，广泛动员他们为区域发展建言献策，收到调研报告16篇，"发展立体停车场解决我区停车难问题"等4条意见被区委采纳。在区委组织的精准扶贫大型募捐活动中，统一战线捐资捐物220万元。

【党派联谊活动】2017年，荷塘区完善区委常委与党派成员联谊交友制度；开展党派基层组织集中走访活动；先后组织开展区政府工作报告听取党外人士意见会议、全区党派工作会议暨政情通报会、全区党外代表人士座谈会等多次大规模、有影响、见成效的活动。在全区民主党派基层组织中掀起学习贯彻中共十九大精神的热潮，涌现出致公党荷塘一支部、民建荷塘总支等先进典型。继续组织开展"同心同行"大调研活动，收到调研文章20余篇，收集社情民意30多篇；党外人大代表和党外政协委员在"两会"期间提交提案、议案，一批优秀意见和建议得到区主要领导的表彰、批示和落实，促进参政议政成果转化。

【经济统战工作】2017年，区委统战部以构建"亲""清"政商关系为抓手，充分发挥统战部长负责新型工业化、主抓企业服务工作的优势，广泛凝心聚力，指导区企业服务中心建立完善"一中心、八平台"服务体系(即以中小企业服务中心为依托，完善咨询、融资、代理、申报、孵化、信息化、人才、企业家协会八大服务平台)；完善问题交办制度，服务成效与干部的票子、位子直接挂钩，为全区非公企业解决实际问题90个，满意率达80%；签约招商引资项目11个，签约金额22亿元，创历史新高。华夏幸福公司与荷塘区合作的产城一体建设项目已通过政府常务会议，即将落地实施；新华社、《株洲日报》多次专题报道区内企业帮扶工作。积极鼓励非公人士创新创业，邀请刘友梅院士等顶级专家到荷授课；建立工商联主席(会长)轮值交流长效机制；举办"巴菲特晚宴之荷塘有约""硬质合金高峰论坛"等20余次高规格、有影响的企业沙龙活动，区委书记、区长3次出席座谈会；组织40余名非公企业家到湘潭市开展"走进标杆企业游学考察"现场交流活动，既增强全区非公人士创新创业的活力，提升全区经济统战工作影响力，在全区企业界引起强烈反响，也得到区委主要领导的高度赞扬。

【"四同创建"工作】2017年，区委统战部将"四同创建"作为基层统战工作重要抓手深入推进，选点更加合理，指导更加务实，成效更加明显。新授牌前进社区、蓝马车业、亿都房产3个单位为区级"四同创建"点，重点引导前进社区创建市级"同心社区"示范点，全区市级"四同创建"示范点达到7个。前进社区以"你我同心，社区同行，幸福共享"为主题，探索一条在老旧小区集中、特殊人群集中的"老旧社区"开展同心创建工作的新路径，得到社区群众对"同心社区"创建工作的普遍认可。

【民族宗教工作】2017年，荷塘区推动建立民族宗教工作的区、乡镇(街道)、村(社区)三级网络和乡镇(街道)、村(社区)两级责任制，所有民族宗教领域工作都按照三级网络两级责任制的要求开展。积极促成区民族宗教机构恢复执法主体地位，与区政府办做好工作交接。开展民族宗教业务工作，为10余名少数民族同胞解决就学、就医、就业等实际问题，散杂居地区城市民族工作经验得到国家民委肯定，在省委统战部专刊和“三湘统战”公微上同步推介，被评为全省统战实践创新成果；西子社区被评为全省民族团结进步示范社区。对全区宗教场所进行安全隐患大检查，重点对文殊禅寺债务、迦南养老项目进行引导、跟进和协调。

【港澳台侨工作】2017年，荷塘区以香港回归20周年为契机，在全区统战工作QQ群、微信群转播《20年，香港正青春》系列纪录片，引导统战对象跟帖热议，反响良好。积极与台资企业沟通对接，在打造特色小镇上做实文章。推荐庄启宁、赵艳萍、朱冉、李南4名优秀企业家加入市侨商会。成立区侨联机构，启动区侨联换届的前期准备工作。

【宣传信息工作】2017年，区委统战部以迎接、贯彻中共十九大为契机，通过会议、培训等平台，以宣传册、板报、横幅、宣传栏等形式，对爱国统一战线的文件、政策和精神进行一次大宣传、大贯彻。积极向省统战内网、三湘统战网、株洲统战微信公众号、株洲统战网等网络媒介报送信息、调研文章50余篇，大力宣传统战故事、同心人物，被市委统战部评为2017年全市统战调研工作先进单位。

【服务征拆】2017年，荷塘区作为老城区，重点项目多，征收工作是全区工作的重中之重。区委统战部举部门之全力协助对口联系的金山街道开展征收工作，“白加黑”“5加2”成为工作常态。同时，利用统战工作联系广泛的优势，实干加巧干，借用外力推进征收，统战部多次得到区委的高度赞许。

【获全省统战实践创新成果奖】2017年，荷塘区结合实际，创新一套“三建五进”的城市民族工作新方法，始终坚持对外来少数民族群众在政治上平等相待，习俗上充分尊重，就业上真情照顾，通过“三建五进”和系列主题创建活动，与少数民族同胞的情感交流逐渐加深，情感认同更加亲近，积极引导外来少数民族群众主动适应城市管理，促进各民族像石榴籽一样紧紧团结在一起，很好的凝聚民族向心力，被省委统战部授予2017年全省统战实践创新成果奖。（陈春花）

社会管理

【概况】2017年，荷塘区社会管理工作办公室（简称“区社管办”）全面完善“自治家园”平台建设，完成农村人口数据采集，修复系统缺陷，进一步提升系统服务功能；大力推动三社联动（社区、社会组织、社会工作专业人才），打造公益服务中心，实施政府购买服务项目，让老弱病残幼等特殊群体得到“立体帮扶”；认真抓实“马上就办”，建立督查督办机制，践行“五问工作法”，解决群众反映的热点、难点问题。

荷塘区政府被市政府评为“2017年度三社联动工作先进单位”“2017年度‘马上就办、真抓实干’活动先进单位”；在湖南省第二届青年社会组织公益创投大赛中，三社联动政府购买服务项目“慈灯之光”关爱失独家庭、“彩虹伞”守护小雨人服务项目荣获一等奖；“老兵之家”服务项目荣获三等奖。

【全面深化“自治家园”】2017年，区社管办结合第三方软件测评公司和各街道、社区及相关业务单位操作反馈，从系统性能、功能等指标和实际应用上进行一期系统验收测试，完善自定义查询、预警等新功能。完成1.6万户农村人口数据的采集，建立卫计、人社、民政等相关业务职能部门的决策分析系统，为部门工作提供广泛的数据支撑。出台《荷塘区自治家园业务首席代表考评细则》，纳入“一门式”总体考评内容，开展定期督查考评，及时通报考评结果，实行奖惩兑现。

【实施“三社联动”】2017年，区社管办坚持“政府主导、机构承接、项目运作、整体联动”工作思路，搭建大平台。政府无偿提供位于新华西路64号国有资产房屋900平方米，投入150万元装修改造成荷塘区公益服务中心(社会组织孵化基地)，强化公益理念倡导、公益组织集散、公益创投发布、公益组织培训、社会组织党建、社会人才实践等八大职能，着力打造全省公益组织孵化基地和志愿服务的大本营。9月27日，中心正式开放服务，入驻社会组织18家，入孵社会组织6家。同时，建立社工实习机制，分层次、分批次对社区工作人员进行专业培训，先后组织社工培训8期700余人次，社区工作人员专业化服务能力得到提升。实施大帮扶。建立健全社会性公益项目申报、决策、评审和经费保障机制，先后投入200余万元，链接各类资金近500万元，实施“银龄互助”社工支持空巢老人等13个政府购买服务项目，制定出台《政府购买社工服务项目评估考核实施办法》，对所有服务项目进行严格的督查考评，实行奖优罚劣，提升服务水平。组织开展各类活动150余场，直接服务个案1000余人次，累计服务5000多个小时。积极实施公益众筹活动，发动7家爱心企业、42名人大代表，捐赠45.14万元爱心资金，对农村特困学生、城市留守儿童、独居孤寡老人等83名特殊群体进行“一对多、多对一”“点对点”精准帮扶。形成大联动。充分发挥残联、司法、民政、教育、卫计、计生协会等部门优势，对接项目，链接资源，形成整体合力。整合区残联、安监、人社、慈善等职能部门的力量，建设残疾人就业创业基地；组织全区56名教师、30名人大代表受聘成为服务项目的志愿者；组建20人的老管家服务团队，建立自助、互助的志愿服务体系。

【抓实“马上就办”】2017年，区社管办积极贯彻落实市委“马上就办”工作要求，建立重点问题督办机制，明确责任部门，对12个焦点难点问题发出督办函，跟踪督促办理，确保群众满意。扎实做好网络问政，全年回复并解决网友提出的各类民生问题160余条，办结率达100%、满意率达95%以上。在铁东路核心段新建工程中，督办责任单位成功拆除“N76”房屋，业主单位深表感谢，市级媒体也予以报道。（王理蓉 刘婷）

机构编制

【概况】2017年，荷塘区机构编制委员会办公室(简称“区编办”)完善机构编制信息管理工作，提升荷塘区“互联网+机构编制”信息管理水平。区编办采取多种措施，不断加强机构编制队伍建设，努力提高全体干部的政治业务素质。完善制度，提升执行能力。修改完善日常管理、业务规范等规章制度，建立以制度约权、用制度理事、靠制度管人的工作机制，使各项工作有章可循，推动各项工作任务有效落实；强化学习，提升业务水平。学习党章党规及习近平总书记系列重要讲话，提高全体党员党性修养。加强政策法规及业务知识的学习，提升业务水平，达到“以学固本、以学立德、以学增智、以学兴业”的目的；严守纪律，提升自身形象。学习并严格遵守机构编制各项工作纪律，做到不突防线、不碰红线、不越底线。

【机构编制管理】2017年，区编办严格以2012年年末机构编制数为基数，严守底线，严控编制，按照

"控制总量、只减不增""合理分配、突出重点"的原则，严把人员入口、畅通人员出口、合理调剂余缺，调整全区行政编制及事业编制，完成7个绝对超编单位消化超编任务，消化党政群行政编制超编10名。

加强事业单位登记管理。区编办采取"网络在线指导"方法，跟踪指导前移，主动做好指导服务。采用事业单位二维码进行2017年度法人年度报告公示，提升事业单位年度报告服务水平。年内，荷塘区所辖符合登记事业单位共有84个，已有84个事业单位登记年检，实现年检率100%。新成立事业单位2个，有20个事业单位进行有关事项的变更。

【统一社会信用代码赋码工作】 2017年，区编办根据中央、省、市文件要求，配备专门工作人员做好宣传指导和信息公开，较好完成全区党政机关、人大机关、政协机关、行政机关、审判机关、检察机关、各民主党派机关和机构编制部门直接管理机构编制的群众团体统一社会信用代码赋码和发放证书工作，并建立详细档案。

【推进改革工作】 2017年，区编办牵头组织全区各单位开展行政许可标准化建设、公共服务事项梳理及减证便民摸底工作，征求部门意见修改完善，对照株洲市市县区两级行政许可事项清理表，荷塘区行政许可事项减少36项，增加1项，最终形成区级行政许可标准化事项通用目录，行政许可事项45项；形成区级公共服务事项目录，公共服务事项115项，有效提高政务服务效能和社会公共服务的精准水平。区编办根据市编办相关要求，对荷塘区城管局机构设立、编制变动、内设机构增减等情况进行详细摸底，建立机构基本情况和人员基本情况台账，制定《关于荷塘区城市管理和综合执法职能调整和机构设置、职数及编制核定方案》，为下一步正式改革打下扎实的基础。根据纪委派驻纪检体制改革及监察体制改革精神和实际工作需要，设立区巡察办，下设巡察工作组2个，不定期对各单位相关工作进行巡察；纪检派驻组4个，实现对全区机关事业单位全覆盖派驻；区监察委员会与纪委合署办公，实行一套工作机构，两个机关名称。（冯晓倩）

老干部工作

【概况】 2017年，荷塘区老干局有编制6名，实有工作人员6名。内设办公室、老干部活动中心，归口管理荷塘区关心下一代工作委员会、荷塘区老年大学、荷塘区老年保健协会。管理离退休干部99人，其中区本级56人(机关离休干部7人，退休干部49人)，国企离休干部43人。荷塘区老干部工作坚持围绕中心、服务大局，着力加强离退休干部思想政治引领和党组织建设，推进正能量活动向纵深发展，全面落实离退休干部的各项政策待遇，完善创新服务管理机制。

【落实老干部政治待遇】 2017年，区老干局认真落实老干部政治待遇。一是坚持定期学习。结合"两学一做"学习教育活动，多形式开展离退休干部经常性学习教育工作。以"三会一课"为基本制度，组织离退休干部在集中学习日和主题党日，通过辅导报告、座谈交流和播放纪录片等形式进行"集中学"；通过线上离退休干部微信群、红星云公众号等方式，进行"网上学"；利用老干部活动中心宣传栏、板报、标语牌等载体进行"展学"；对异地居住的老干部邮寄材料进行"寄学"；对年老体弱、行动不便的老干部上门"送学"；低龄党员老干部和高龄党员老干部"结对学"。二是坚持订阅学习资料。为每位离退休老干部订阅《株洲日报》《株洲晚报》《老年人》等报纸杂志，供其日常学习。三是坚持召开政情通报会。召开全区政情通报会2次，区委、区人大、区政府、区政协主要领导出席会议，继承尊重老领导的优良传统，满足老干部参政议政的需求。

【保障老干部生活待遇】2017年，区老干局做好保障老干部生活待遇工作。一是坚持“五必访”(生病住院必访，特殊困难必访，整生寿庆必访，重大节日必访，邻里纠纷必访)制度。端午、酷夏、中秋、重阳、春节进行五次大规模、全覆盖的走访慰问，全局全年日常走访慰问离休干部235人次、困难党员65人次，发放物资20万元。重阳节时，区委、区人大、区政府、区政协主要领导对离退休老干部、困难党员、百岁老人进行慰问探望。二是确保“三个机制”正常运转。区财政将老干部活动经费，体检经费等列入财政预算，给予充分保障。全区离休干部离休费按时足额发放，老干部医疗统筹金按需拨付，医药费按规定实报实销，护理费按时调标，离休干部无固定收入的配偶和遗孀按规定及时发放生活补助。足额保障老干部活动中心、老年大学所需经费。三是力求帮扶措施落到实处。积极争取区财政支持，建立离退休干部特殊困难帮扶专项资金，制定《荷塘区困难离休干部帮扶资金管理使用办法》。老年保健协会重阳节看望慰问11名特困、病困退休老党员、老干部，为每人送上1000元健康卡。“七一”前夕，全局组织走访慰问局机关和国企离退休困难党员17人，送去5100元慰问金。区直单位、街道(镇)、社区(村)结合平时三级联访情况，在“七一”、重阳、春节时对家庭收入低、身患重病、生活不能自理的老干部有针对性地开展各种形式的送温暖活动。

【开展正能量系列活动】2017年，区老干局开展正能量系列活动。一是组织离退休干部参政议政。围绕“点赞新变化、助力新荷塘、喜迎十九大”和“增强‘四个意识’，坚守纪律规矩”学习教育活动，在离退休干部中积极推进“我为荷塘点赞我为发展建言”活动和中共十九大征文活动，收到征文20余篇，点赞15条，意见建议40余条，涉及荷塘区交通、规划、教育等民生项目。离退休干部自主创建“荷塘区退休老党员群”“区级离退休老党员、干部群”等微信群，开辟舆论宣传新阵地。二是组织离退休干部参加老年大学。组织荷塘区老年合唱团参加株洲市离退休干部“喜迎十九大放歌新株洲”合唱比赛，荣获一等奖；荷塘区机关退休干部组成银发歌唱舞蹈队，在退休老干部黎日军带领下，每逢春节、中秋等传统节假日到社区养老机构慰问演出，全年演出30多场，为弱势群体捐款2300多元；退休老干部汪再德为西子社区老年人教授微信使用课，结合十九大精神的微信宣讲，边学习边实践；退休老干部陈福生、彭朝生的书法作品参加市老年书法展览；钓鱼兴趣班的老干部参加株洲市委老干部局组织的春季中老年人垂钓竞技交流赛。

【关心下一代工作】2017年，荷塘区关工委积极抓好青少年主题教育。组建五老人员(老干部、老战士、老专家、老教师、老模范)为主体的“青少年思想道德教育宣讲团”，向青少年进行思想道德教育。区关心下一代工作委员会(区关工委)积极组织全国青少年五好小公民主题教育读书活动，共征订4370本《阳光校园我们是好伙伴》读本，收到500多篇优秀征文。加大网吧治理力度，160余名离退休老干部长期担任网吧义务监督员，制止未成年上网300起。清明节，荷塘区12所学校，3万余名中小学生参与“网上祭英烈”活动。区关工委联合区教育局举办“关爱明天·普法先行”青少年普法教育演讲比赛和“关爱明天与法同行阳光少年”评选表彰活动。全区全年制作法制宣传横幅600条，发放反非法集资、反假币和反“反宣品”等宣传资料1.7万余份；积极为青少年办实事解难事。“六一”儿童节期间开展“关爱明天牵手同行”慰问五失青少年、关怀留守儿童活动，帮扶慰问38名五失青少年，对全区20名留守儿童捐赠6000多元书籍和学习用品。区关工委积极参加润苗助学和“金秋助学”等活动，为8名贫困学子捐助8000元。区级离退休干部共募集资金5000元，捐助贫困高中应届毕业生。抗战老兵张庆功向株洲晚报捐助爱心助学金1000元。多次开展“阳光助残”慰问残疾青少年活动，先后在仙庾镇、桂花街道走访慰问残疾学生。年内，区关工委及成员单位用于扶贫帮困及助学奖学方面的资金共计10多万元；提升帮扶关爱实效。长征社区关心下一代协会(关协)成立“彩虹伞”公益项目；石子头社区关协通过“雨润新芽·花季护航　关爱青少年儿童成长”平台，组建“春蕾爱心屋”；合泰管委会关协在东湖社区建立“未成年人关爱中心”，在合泰社区成立“三社联动·法律援助服务”工作站；市十九中关工委率先成立心理咨询志愿服务队；月塘街道袁家湾社区关协开办市图书馆分馆；茨菇塘红旗村社区关协成立“韵动书屋”；荷塘区志愿者联合会、宋家桥街道关协举办“美乐爱党”青少年成长陪伴项目；桂花街道关协举办“小树苗”亲子国学春蕾陪伴项目。

【成立区委离退休干部工作委员会】1月11日，经荷塘区委常委会研究，决定成立中共株洲市荷塘区委离退休干部工作委员会(区委离退休干部工委)。区委离退休干部工委设委员11名，其中书记1名，由区委组织部副部长、区委老干部局局长陈乐红兼任；专职副书记1名，由区委老干部局副职丁宗喜担任；兼职副书记2名，分别由区直机关工委和区人社局相关负责人兼任；其他委员7名，分别由区委宣传部、区发改局、区教育局、区财政局、区民政局、区文化体育和旅游局、区卫计局等区直部门相关负责同志兼任。区委离退休干部工委日常管理由区委老干部局负责，对全区离退休干部党建工作进行指导和督促检查；协调基层党(工)委加强离退休干部党支部建设；重点抓好离退休干部的思想政治工作，组织和引导全区离退休干部党组织和广大离退休干部在全区经济建设、政治建设、文化建设、社会建设和生态文明建设中发挥作用；加强调查研究，总结推广离退休干部党建工作经验；完成区委安排的其他工作。

【离退休干部党建工作加强】2017年，区委离退休干部工委召开3次工作调度推进会议，将离退休干部党组织建设纳入全区党建工作总体布局、基层党建考核范围、党(工)委书记抓基层党建述职内容，做到同部署、同考核、同表彰。所有离退休干部编入党支部，坚持执行组织生活会、党费收缴等制度。按照中共湖南省委办公厅印发《关于加强离退休干部经常性学习教育工作的意见》的通知，全区所有离退休干部党员工作经费按照人均1000元，党组织工作经费按照600元～800元的预算标准下拨，按100%的比例下拨离退休干部党组织收缴的党费。

【离退休干部养老新模式】2017年，湘华、袁家湾、晏家湾、流芳、六〇一、西子社区作为荷塘区第一批居家养老服务中心建设试点单位，采取政府承建、专业养老机构运营的方式，建立温馨舒适、功能齐全、运营规范的社区居家养老(日间照料)中心。借助全区居家养老服务信息平台，给老年人提供送餐、康复按摩、专职护理、维修、管道疏通等家政服务和精神慰藉、法律咨询等个性化、多元化需求服务，构建全区“安全、便捷、周到、温馨”的居家养老服务便民体系。年内，新增3所医养结合养老院，分别是瑞康护养院、康乐养护中心、金山夕乐苑养护院，全年新增医养结合养老床位达300张。天鹅社区长者照顾之家为嵌入式小型养老机构的试点社区。通过“三社联动”确定“银龄互助”社工支持空巢老人、“花季护航”关爱留守儿童、“断翼天使”残疾人融入服务等区级服务项目，为老弱病残等特殊群体提供精准服务。（齐　媛）

机关党建

【概况】2017年，区直机关工委深入贯彻中共十八大以及历次全会精神和习近平系列重要讲话精神，以迎接中共十九大和学习贯彻中共十九大精神为主线，坚决落实市委、区委决策部署，围绕中心、服务大局，聚焦主业抓党建，聚焦重点抓基层，聚焦导向抓示范引领，全面提升机关党建工作水平，为建设实力荷塘、活力荷塘、宜居荷塘提供坚强组织保证。

【强化责任】2017年，区直机关工委坚持依靠机制抓党建、依靠机制促党建，不断强化党建主业责任。一是注重抓“四化”，强规范。按照区委《加强基层党组织建设的决定》，大力推行“组织生活正常化、支部作用核心化、党员作用常态化、服务群众实效化”的党建“四化”标准建设，认真抓好各级党组织“三会一课”、支部主题党日活动、党员积分管理等制度落实，全面规范组织生活记录台账。举办3期基层支部书记、组织委员的业务培训和考试，1期党内统计培训班。高质量完成党组织和党员信息采集工作。组织区直36个支部开展学习讨论、建立问题整改清单，通过贯彻落实党建“四化”标准，推动全区党建工作水平全面提升。二是坚持“书记抓、抓书记”。全面落实党建工作责任制，工委书记坚持主动抓党建、带头抓党建、自觉抓党建，认真履行“第一责任人”职责，将党建和中心工作同部署、同督促、同落实，全面推行党建述职评议、谈心谈话和工作提醒制度。每年由工委书记对各单位支部书记抓党建工作进行“年终盘点”，将书记抓党建工作压力传导到“组织末梢”，以用好党建考核这个“指挥棒”，督促基层党组织书记守好主业，精耕“责任田”，形成党建工作逐级负责、责任共担的格局。三是坚持“平时抓、抓平时”。推进和落实七项基层党建工作重点任务，每月对各级党组织的组织生活、支部主题党日、在职党员进社区等落实情况进行专项督查，通过采取“定期调度、定期督查、定期通报”等方式，实行任务挂牌制、点名通报制、随机督查制，对各级党组织党建工作进行督促检查，对执行制度走过场、不规范的党组织责令整改，督查10余次，对推进不力、效果不好的3个党组织予以点名通报，限期整改。

【强化队伍管理】2017年，区直机关工委坚持把健全各级党组织、提高党员素质作为党建工作的重要任务来抓，不断夯实党建工作的基层基础。一是强化组织建设。按照党章、党内相关制度和《实施意见》要求，区直机关工委在强化专职班子建设的基础上，由区纪委副书记、监察局局长、区委组织部常务副部长、区政府办主任出任兼职工委委员，配齐配强工委班子。完成区直机关28个党支部的改选，选举出新的支部委员会，增设纪检委员，机关实现组织全覆盖。加强党建活动场所软硬件建设。创建5个区直机关党建示范点，30个机关支部有条件全面完成建设目标。二是强化党员管理。落实省委党员发展“四制”，严格责任、规范程序、完善档案，提高党员发展质量。严格党员积分制管理，出台不合格党员处置办法。“七一”期间表彰8个先进基层党组织，9名优秀党务工作者，49名优秀共产党员。举办“青年党员、入党积极分子”座谈会，送培3名入党积极分子，发展党员1名；始终坚持挺纪在前，准确把握“四种形态”，立足于抓早抓小，按照干部管理权限，进行谈话提醒、教育诫勉，把问题消除在违纪之前，“纠四风、治陋习”专项整治回头看取得阶段性成果。三是强化学习教育。落实“两学一做”学习教育常态化制度化。深入学习习近平系列重要讲话精神、《准则》和《条例》,牢固树立“四个意识”,注重党务干部综合素质和能力提升。广泛开展交心谈心和党内关怀激励活动,营造愉悦和谐的工作生活氛围。坚持“一把手”讲党课制度,区四大家县级领导、区直机关部门负责人撰写教案、到本单位和(村)社区联系点授课300余次,受教育人数达1.5万余人,实现党员学习教育全覆盖。深入学习贯彻中共十九大精神,工委组织区直机关57个单位、900余名干部开展6个场次的理论宣讲活动,由工委书记进行宣讲,并选派10名优秀的机关党务工作者到其他党委,(村)社区进行宣讲。完善廉政谈话制度,对区直机关部门负责人进行廉政谈话37人次,强化廉洁从政意识。

【服务大局】2017年,区直机关工委在政治上紧跟,树地位;工作上紧贴,求作为,较好地发挥区委联系机关各支部的桥梁纽带作用和助手作用。一是抓好区委五届三次全会精神贯彻落实。紧紧围绕区委确定的全区工作指导思想和经济社会发展主要目标开展党建工作,积极组织引导机关党员干部开展服务“两年”(项目攻坚年、企业帮扶年)和“幸福荷塘三大行动”创先争优活动,以“马上就办、真抓实干”的精神,扎实做好各项工作。全年区直机关有5名党员荣获荷塘区“五个先锋”党员荣誉称号。二是抓好文明城市创建。荷塘区创文、创卫迎复检工作中宣传发动,督促检查,交通文明出行劝导的组织工作由区工委负总责。工委将文明创建和综治民调工作相结合,组织机关干部1000多人成立机关党员干部志愿者服务队,深入单位、社区、门店宣传弘扬社会主义核心价值观,清理城市卫生死角,进行道路交通文明出行劝导,为全市创卫、创文迎复检成功做出应有的贡献。三是进一步活跃机关文化。抓好模范职工之家建设。对照模范职工之家创建标准,继续完善机关文体活动中心的软、硬件建设。加强各类兴趣活动小组服务和管理。开展丰富多彩的文化体育活动。3月,机关工委组织举办“庆三八”文艺汇演、乒乓球、气排球、羽毛球、“庆国庆、喜迎十九大”劳动技能竞赛等活动,丰富干部职工的业余文化生活,增强单位的凝聚力和向心力,营造机关文化建设的浓厚氛围,提高机关文化建设品味。狠抓“服务型”机关建设。推选区政务服务中心机关被评为国家级优质服务窗口。(易继锋)

信访工作

【概况】2017年,荷塘区信访工作以“事要解决”为核心,以“四抓四强”为引领,抓源头控增量,化积案减存量。全区信访总量1876件(人)次,进京访8批8人次,同比下降60%;赴省上访38批90人次,同比上升6.8%;到市上访36批311人次,同比下降8.9%;到区上访189批788人次,同比下降12.5%;网上信访679件次,占比36.2%,同比上升102.7%。上级交办信访案(信)5件,办结率为100%。先后圆满完成全国、省、市“两会”“一带一路”“党的十九大”等重大节日和重大活动特护期间的接访劝返工作,成功实现进京“零非访”“零登记”。在2017年市对区综治考评中,荷塘区信访工作名列全市第2名,城区第1名;在株洲市两次信访维稳“百日攻坚”专项活动中均名列第2名。其间,荷塘区信访工作经验受到市联席办全市推介。

【网格管理】2017年,区信访局继续按照网格化原则,将全区机关单位、乡镇街道、村(社区)有效结合,以村、社区为基本单位,形成九大块437个独立责任网格,把全体机关干部、“两代表一委员”都分配到网格，使得信访工作责任落实到基层，真正做到每一寸土地都有人管，每一分钟都有人管。村、社区每个网格走访团队以1名机关干部、1名街道机关干部、1名社区(村)“两委”成员为核心，强化工作职责，形成“网中有格、格中定人、人负其责、无缝覆盖”的工作格局。同时，每月8、9日各网点上的责任干部都必须到网点坐班，任务是带案下访、入户走访、网格巡访。对一些群众最关心、最需要解决的问题，采取定人、定责、定时限、挂号的方式进行落实，逾期不能办结的单位或个人，直接与政绩考核挂钩；交办完结的问题在公示榜销号存档。

【领导接访】 2017年，区信访局按照区委、区政府县级领导年度值班、接访安排表，每天有一名县级领导值班接访，区直部门党政一把手每半个月接访一次，部门其他领导干部日常接访。年内有33名县级领导参与公开接访238人次，收集问题83个，转办、交办73个，督办10个，完成率为95%；现场处置突发群体性上访事件17起，牵头化解信访问题26件。

【源头治理】 2017年，区信访局按照区委书记邬凌云“四个一批”指示要求，加大化解稳控力度，做好安抚疏导，发现苗头性问题40个，化解36个，化解率为90%。

【信访积案清零】 5月，区信访局通过抓源头控增量、化积案减存量，区信访局印发《关于做好信访积案清零工作的通知》，实行县级分管领导包案制，按照“五包一”，即一名对象(案子)、一名领导、一套班子、一个方案、一抓到底的要求，化解信访疑难积案。

【“百日攻坚”专项行动】 2017年，区信访局通过两个“百日攻坚”专项行动，化解重点群体29个，重点人员30个；化解进京上访人员39人，途中劝返26人，在京劝返13人；化解重大矛盾纠纷59个。共向责任单位交办、督办未按期办理的党政一把手来信件8件，督办完成率100%。

【信访干部队伍建设】 2017年，区信访局开展“网上信访亮剑行动”，共28名信访业务骨干参加培训。并且从新进人员中选拔24人充实到区信访局跟班学习，增强年轻干部工作的责任感和主动性，培养提高做好基层群众工作的经验能力。

【信访改革】 2017年，区信访局按照省、市信访局统一部署，积极推进信访改革，安装视频系统，并启动远程视频接访，特护期间县级领导视频接访20批80人次。9月，区信访局对区直机关、乡镇(街道)及村(社区)200余名干部职工进行信访知识培训。（杜　钰）

荷塘区人大常委会

【概况】荷塘区人大常委会领导班子成员6人，其中：主任1人、副主任5人(其中兼职1名)；区人大设法制委员会、财政经济委员会、城乡建设环境资源保护委员会三个专门委员会，区人大常委会下设办公室、教科文卫工委、农业农村工委、选举任免联络工委四个工作(办事)机构。常委会机关共有工作人员26人。荷塘区辖1镇6办1管理办公室，镇配备专职人大主席(正科)、副主席，街道办事处均设立人大工作委员会，为常委会派出机构，配备主任(正科)，人大联络员1～2名。

2017年，是中共十九大召开之年，是决胜全面建成小康社会的重要一年，也是区五届人大及其常委会立足新起点、实现新作为的开局之年。面对新形势、新任务、新要求，区人大常委会紧扣建设“三个荷塘”总目标，围绕“五大片区”发展战略，依法履行宪法和法律赋予的职责，召开常委会会议9次，主任会议14次，听取和审议“一府两院”工作报告16项，作出决议、决定15项，为推进全区经济社会发展、促进民主法治、维护和谐稳定，尤其是在提升老百姓的获得感和幸福感方面作出了积极贡献。

【区五届人大二次会议】2月27日—3月1日，区第五届人民代表大会第二次会议召开。会议应到代表160人，实到代表160人，邀请列席人员131人，共举行三次全体会议，三次主席团会议。会议认真听取和审查政府工作报告、区人民代表大会常务委员会工作报告、区人民法院工作报告、区人民检察院工作报告；审查和批准荷塘区2016年国民经济和社会发展计划执行情况与2017年国民经济和社会发展计划草案的报告，批准荷塘区2017年国民经济和社会发展计划；审查和批准荷塘区2016年财政预算执行情况和2017年区级财政预算草案的报告，批准荷塘区2017年区级财政预算；选举刘若辉、郭运明为区五届人大常委会委员；审议通过有关决议、决定。会议期间收集代表建议98件，全部予以受理。

【区五届人大常委会第二次会议】1月23日，区五届人大常委会召开第二次会议。会议主要议程有：有关人事任免事项；审议通过代表资格审查委员会成员名单；审议决定区五届人大二次会议有关事项；审议通过常委会2017年工作要点；审议其他事项。

【区五届人大常委会第三次会议】2月21日，区五届人大常委会召开第三次会议。会议主要议程有：有关人事任免事项；初审区人大常委会、“一府两院”工作报告以及财政预算、计划草案编制情况汇报；讨论区五届人大二次会议有关事项；审议其他事项。

【区五届人大常委会第四次会议】3月29日，区五届人大常委会召开第四次会议。会议主要议程有：交办区五届人大二次会议期间代表建议、批评和意见；听取和审议关于荷塘区安置房建设与使用情况汇报；审议其他事项。

【区五届人大常委会第五次会议】5月24日，区五届人大常委会召开第五次会议。会议主要议程有：审议区人民法院、区人民检察院关于首批入额法官、检察官职务报备的议案；听取和审议贯彻实施义务教育法工作情况汇报；传达市委人大工作会议精神；审议其他事项。

【区五届人大常委会第六次会议】7月28日，区五届人大常委会召开第六次会议。会议主要议程有：审议区人民政府提交的关于增设明照街道办事处的议案；有关人事任免事项；听取和审议2016年度区级财政决算情况汇报，听取和审议审计工作报告，审查和批准2016年度区级财政决算；书面审查区人民政府、区人民法院、区人民检察院上半年工作情况报告；审议其他事项。

【区五届人大常委会第七次会议】9月26日，区五届人大常委会召开第七次会议。会议主要议程有：听取和审议1—8月预算执行情况汇报和审计工作报告反映问题的整改落实情况汇报；审议区人民政府关于荷塘区棚户区(城中村)改造项目有关事项的议案；有关人事任免事项；四、听取和审议环境保护工作情况汇报；学习传达张德江委员长在湖南检查时的讲话精神，学习传达全省加强县乡人大工作和建设推进会精神以及区委关于创新群众工作推进会精神；审议其他事项。

【区五届人大常委会第八次会议】11月29日，区五届人大常委会召开第八次会议。会议主要议程有：听取和审议公安机关办理治安案件情况汇报；听取和审议"一府两院"办理代表建议工作情况汇报；有关人事任免事项；传达学习中共十九大会议精神；审议其他事项。

【区五届人大常委会第九次会议】12月25日，区五届人大常委会召开第九次会议。会议主要议程有：审查和批准2017年区级财政预算调整方案(草案)；审议决定荷塘区第五届人民代表大会第三次会议有关事项；初审区人大常委会、区人民政府及计划、财政、区人民法院、区人民检察院工作报告；听取和审议关于荷塘区深化国家监察体制改革试点工作有关情况通报；有关人事任免及表彰事项；审议其他事项。

【人事任免】2017年，区人大常委会坚持党管干部和人大依法行使任免权相统一的原则，认真审议表决各项人事任免议案，严格依法依程序补选市人大代表和任免国家机关工作人员，全年共任免和决定任免有关人员及接受辞职57人次。根据法官、检察官员额制度改革要求，5月24日，对首次遴选入额的23名法官和25名检察官职务予以备案，实现区委意图与人民意愿的有机统一。

【专项工作监督】7月28日，区人大常委会依程序批准设立明照街道办事处，为加快构建产业园区社会化服务管理新模式提供保障；听取和审议区安置房建设与使用情况汇报；9月26日，审议批准《关于提请审议荷塘区棚户区(城中村)改造项目有关事项的议案》，支持政府向市级申请专项统贷款，缓解建设资金紧张压力；高度关注政府工作报告的落实。

【财政经济工作监督】7月28日，区人大常委会听取和审议区人民政府上半年工作情况汇报，提出目标任务。面对经济下行压力加大的形势，切实加强对政府全口径预算决算的审查和监督，12月25日，依法审查批准了2016年度区级财政决算，听取和审议2017年1—8月预算执行及审计报告反映问题的整改情况汇报，提出意见和建议，并就政府性投融资工作，从平台公司规范管理、企业自身良性发展、债务风险管控等方面提出要求，督促全区财政资金高效、规范、安全运行。

【民生工作监督】2017年，区人大常委会针对人口空间结构变化，群众对优质教育资源需求日益增长的状况，5月24日，组织部分代表先后深入荷塘小学、戴家岭小学等就义务教育法贯彻落实情况进行调研。8月30日，围绕群众普遍关注的"出行难"问题，主任会议就"五纵七横"路网建设情况进行专项视察，在坚持发展中不断推动民生不断改善。9月26日，听取和审议区环境保护工作情况汇报，指出问题，并提出整改要求，为经济社会发展和民生改善营造优质生态环境。

【司法工作监督】 7月28日，区人大常委会听取和审议区人民法院、区人民检察院上半年工作情况汇报。10月26日，组织主任会议成员和部分代表就民事审判工作进行专项视察。11月29日，听取和审议公安机关办理治安案件情况汇报。深入开展"公正司法行"活动，先后组织49名代表听审评议法院庭审案件11件，推动司法工作与服务全区发展大局的有机融合。认真做好信访接待工作，全年共接待上访群众150余人次，受理、办理各类信访件60余件。

【视察调研】 12月4日，区人大常委会组织市、区两级代表深入区政务服务中心、区企业服务中心、区公益服务中心、金山街道复转军人之家、湘华社区居家养老服务中心等地就"幸福荷塘"系列民生行动进行视察，并通过并开展"送医下乡""送戏下乡"等活动，引导全区各级代表主动融入"幸福荷塘"建设中。先后组织市、区两级代表围绕美丽乡村建设、商贸物流中心打造、中小企业发展等开展调研20余次，引导代表为"贯彻发展新理念、转型升级补短版"献计献策，形成一批高质量的调研报告和合理化建议。其中5条建议成为市级巡回集中督办的重点建议，部分得以落实。

【履职学习培训】 6月21—26日，根据市人大的统一部署，区人大常委会组织驻区20余名市、区两级代表赴全国人大深圳培训基地开展为期一周的履职培训。先后组织人大工作人员及人大代表先后到浙江大学、厦门国家会计学院进行学习培训，到成都、宁波、浏阳等地开展考察交流。

【代表建议办理】 区人大常委会区五届人大二次会议及闭会期间收到代表建议、批评和意见96件。3月29日，全部依照法定程序及时转交政府及有关单位和部门办理，并选取群众关注度高、反响强烈的6条建议，由常委会正副主任跟踪督办，确保建议落到实处。全年代表所提建议的见面率和满意率均达100%，实际解决率达56.2%，同比提高五个百分点。

【"双联"工作】 2017年，区人大常委会按照省、市关于加强县乡人大工作的要求，进一步健全完善"双联"工作机制和代表小组活动制度，出台代表(联)组考核和代表积分制考核等各项制度，积极探索代表回原选区向选民述职试点。修订完善关于规范镇、街道人大工作和关于加强镇、街道人大代表联系人民群众工作室建设等指导意见，并将代表工作室触角延伸到全部社区和部分村。每月14–15日定期开展"代表接待日"活动，接待来访群众，收集建议意见。全年，全区各级代表共接待走访选民850余人次，收集整理意见和建议290余条，帮助并督促解决老旧小区改造、道路修缮、社区亮灯等热点难点问题110余个，筹集扶贫帮困资金87万余元，慰问困难党员、群众300余人次。

【自身建设】 2017年，区人大常委会坚持每月两次集中学习，开展人人讲课竞赛活动，每一名机关干部均走上讲台授课。每月定期开展形式多样的支部主题党日活动。制定出台《中共株洲市荷塘区人大常委会党组(班子)2017年党风廉政建设责任分工》。调整主任会议成员分工，并就各专门委员会、各工作(办事)机构联系工作部门(单位)予以进一步明确和规范。进一步健全和完善工作作息、会议纪律、财经管理等一系列规章制度。（侯德昌）

荷塘区人民政府

【概况】2017年，荷塘区人民政府大力践行新发展理念，突出在项目攻坚、产业招商、片区建设、企业帮扶、深化改革和民生改善等方面精准发力，全区经济社会发展呈现稳中有进、进中向好的良好局面，较好地完成区五届人大二次会议确定的目标任务。

荷塘区实现地区生产总值214.3亿元，增长8.1%；固定资产投资211.9亿元，增长14.8%；规模工业增加值74亿元，增长7.7%；社会消费品零售总额71.4亿元，增长10.9%；城乡居民收入分别达到42013元、27663元，分别增长8.0%、8.3%。全力招商引资、培育企业，多措并举加强财源建设，在压减非税收入9463万元的不利情况下，完成一般公共预算收入11.4亿元，增长1.4%，其中全口径工商税收增加2.7亿元，增长16.5%，税收占比由57.1%提升为60.9%。株硬集团、中车长江车辆株洲分公司等骨干企业效益提升，产销两旺。飞鹿高新材料、宏达电子相继上市，填补市、区近七年来企业上市的空白。顺利通过省委、省政府全面建成小康社会达标认定，并被评为全省全面小康推进工作“十快进县”。

【项目攻坚】2017年，荷塘区扎实开展“项目攻坚年”活动，实施市、区级重点项目136个，时代电气与车辆厂电气轨道工程机械制造基地等17个项目竣工，株洲农副产品批发交易物流中心等53个项目开工建设，格斯特航空发动机等22个续建项目进展顺利，新文化路等44个项目前期工作推进有序。大力实施全民招商和精准招商。接洽三一集团、华夏幸福、杭萧钢构等500强企业28家，引进汉德车桥、省第五工程有限公司装配式产业基地、中天杭萧钢构等5亿元以上项目7个，三一芙蓉筑工、远大住工等2亿元以上项目6个，涉及投资总额62亿元。装配式建筑新材料产业加速聚集，全市装配式建筑产业园落户金山新城。引进电商企业32家，累计完成销售额6亿元。圆满承办硬质合金产业高峰论坛，促成中钨高新材料股份有限公司等29家企业签订产需协议或合作合同。实施征拆项目64个，签订集体房屋补偿协议693栋，征收国有土地上房屋73188平方米，交地281.07公顷。批回土地137.87公顷，供地58.10公顷，实现土地收入15.77亿元。积极拓展融资渠道，金科、金城两家平台公司融资43.4亿元，平均融资成本大幅降低。大力开展“企业帮扶年”活动，为辖区重点项目、骨干企业解决各类问题和困难230个，开展惠企培训37次，定期举办硬质合金、轨道交通等产业专题沙龙，积极搭建企业家沟通交流平台。充分发挥科技银行作用，通过银企对接，为辖区内企业提供贷款5997万元，有效缓解制约企业发展的资金难题。

【片区建设】2017年，日月湖及配套路网PPP项目有序推进，香榭路、金精路、悦舍路建成通车，嘉德二期、金城·国投等标厂项目建成运营，夏普新材料等50家企业入驻，铁达能源轨道交通装备制造配套二期等3个项目竣工投产，飞鹿二期等13个项目推进顺利，基础配套设施不断完善，医学健康、新材料、轨道交通装备配套三大主导产业规模持续壮大，金山新城产城示范区建设提速。株洲火车站改建工程开工建设，铁东路核心段桥梁和隧道建设加速推进，红旗广场西南角城市综合体项目一期启动征拆，银泰财富广场开门迎客，株洲希尔顿欢朋酒店项目签约入驻，中央商务区更具活力。恒大林溪郡、水木阳光里、东部美的城二期等高端房地产项目开工建设，建宁港路、芙蓉路、迎风路、升龙路等道路建设有序推进，水竹湖科教新区、太阳商贸集聚区日趋繁荣。仙庾镇成功列入省级特色小镇，仙庾康养服务业集聚区申报获批，完成樟霞村、蝶屏村市级美丽乡村建设，大力发展观光种植产业，积极创建荷塘月色国家农村产业融合发展示范园，建设农业标准化生产示范基地8个、菜篮子工程30公顷，荷塘月色康养休闲区提质升级。

【改革创新】2017年，荷塘区积极推进“一门式”政务服务改革，仙庾镇、荷塘月色示范区管委会便民服务中心建成运行，“一门式”政务服务实现城乡区域全覆盖。区安监局、农村工作局、食药监分局等部门纳入“一门式”体系，一窗办理的政务服务事项增至295个。推出审批服务结果物免费邮寄服务，上线办事材料“一次提交、反复使用”功能，群众办事更加方便。“一门式”改革荣获全省首届管理创新奖，政务服务中心荣获“第二届全国优秀行政服务大厅”称号。大胆创新系列扶持企业发展、助推项目建设的体制机制，依托项目办、招商办、企业服务中心工作职能，健全和完善从招商引进到落地建设、从生产运营到发展帮扶的全流程服务体系，有力助推全区实体经济加速振兴。稳步推进民生服务体制改革，在精准了解群众需求的基础上，从公共卫生服务、社区养老、“三社联动”破题，陆续启动平安荷塘建设、复转军人之家建设、无物业管理小区自治、创新群众工作方法等几个专项工作，形成扎实具体的“幸福荷塘”系列民生行动整体推进计划，不断提升群众获得感、幸福感、安全感。

【城乡统筹】2017年，荷塘区建设城区道路36条。桂花路、金桥路等10条道路建成通车，升龙路、芙蓉路等26条道路推进顺利。完成小街小巷提质拓宽21条，农村公路提质改造、窄路加宽27千米。完成袁家湾社区和中南小区提质工程，推进前进小区、地质勘察院416队小区改造，建成红港广场、六〇一厂、千金药业3个林荫停车场，建设十九中、外国语学校等7家园林式单位。全区新增绿地面积1.8万平方米，城镇建成区绿化覆盖率达到43%。重拳整治城区人行道车辆违停和居民小区占道问题，取缔合泰涵洞早市，保障市民出行环境整洁通畅。提质提标环卫水平，市容市貌持续改善，中南蔬菜市场管理经验在全市推介。切实开展南郊垃圾场环保治理整改，加快株洲市餐厨垃圾处理项目建设。强势推进全市“百万大拆违”行动，拆除存量和新增违法建设25万平方米。深入开展“十大文明行动”，顺利通过全国文明城市复查，袁家湾社区荣获“全国文明社区”称号。强力推进湘江保护和治理第二个“三年行动计划”建宁港、白石港和主要湖泊水库全部实行河长制管理。启动建宁港、天鹅湖、西湖三处黑臭水体整治，完成人民医院医疗废水治理。按照中央环保督查要求，排查整治畜禽养殖场、页砖厂等问题场所35处，关停污染企业23家，污染整治和监管能力建设取得新成效。

【民生事业】2017年，荷塘区全面完成“民生100”工程8大类55项指标，民生支出12.2亿元，占一般公共预算支出的72.4%，增长

29.1%。全年实现新增城镇就业8922人，城镇失业率控制在3.28%以内，低于4.5%的控制目标。完成低保、临时救助、医疗救助8.7万人次，发放金额3401万元。推进棚户区改造项目26个，完成农村危房改造30户，群众住房条件得到有效改善。扎实做好对口茶陵扶贫工作，累计投入资金2000万元，帮扶贫困家庭327户。优先发展教育，戴家岭小学过渡校区投入使用，桂花小学新建、博雅小学改扩建工程推进顺利，新增学位1700个。完成十九中东校区、明照小学、六〇一中英文小学等维修改造项目7个，黄塘小学、龙洲小学等农村学校给水改造项目3个。优化公共医疗卫生服务，加强医联体建设，推动分级诊疗。积极开展全科医生流动巡诊，组建28个全科医生团队，到辖区193个流动巡诊点服务居民7.2万人次，将巡诊服务送到居民身边。持续抓好国卫提升，顺利通过全国卫生城市复审。深入开展"欢乐潇湘""清风株洲""品味·荷塘"等专项主题活动，成功举办荷塘区首届足球球迷联赛，圆满承办株洲市第十三届运动会乒乓球、足球比赛，群众文化体育事业更加繁荣。顺利完成村(居)两委换届选举工作。实施"四个一批"信访维稳机制，不断健全基层网格管理体系，社会大局和谐稳定。深入开展"平安荷塘"三大行动，健全"三巡四防"机制，全面推动"雪亮工程"建设，街面见警率大幅提高，立体化治安防控体系不断完善。全面开展安全生产大检查，加强合泰、富家垅地区"三合一"场所消防隐患排查整治力度，落实重大事故隐患"一单四制"，安全形势平稳向好。有效应对历史罕见洪涝灾害，未垮一库一堤，保障群众生命财产安全。

2017年荷塘区"民生100"工程考核指标进度

表3

事 项	序 号	项目名称	目标任务	累计完成	完成年度目标100%
一、就业增收工程	1	▲新增城镇就业	8900人	8941人	100.46%
	2	实现"零就业家庭"动态援助	100%	100%	100%
	3	新增农村劳动力转移就业	250人	275人	110%
	4	创业培训	360人	452人	125.56%
	5	支持高校毕业生微创业	30名	40名	133%
	6	创业扶持城乡残疾人	10名	10名	100%
	7	扶持农机专业合作组织	1家	1家	100%
	8	新建、维修、改造农村机耕道	100千米	100千米	100%
二、社会保障工程	9	新增企业养老保险参保人数	2400人	2880人	120%
	10	▲新增养老床位	71张	71张	100%
	11	推进居家养老服务示范点	1个	1个	100%

续表3

事　项	序　号	项目名称	目标任务	累计完成	完成年度目标100%
二、社会保障工程	12	确保城区城镇人均最低生活保障线标准	470元/月	470元/月	100%
	13	确保全市农村最低生活保障线标准	470元/月	470元/月	100%
	14	确保农村五保户年分散供养标准	5000元/年	7500元/年	150%
三、素质提升工程	15	向民办幼儿园购买普惠服务工程	购买普惠性民办幼儿园园位5330个	5330元	100%
	16	消除义务教育大班额	大班额比例从40.09%下降到26.23%；超大班额率从2.42%下降到1.96%		100%
	17	义务教育学位扩容计划	1所学校1个项目，完成总投资10511万元	10511元	100%
	18	农村免费放映公益电影	516场	526场	102%
	19	建设职工之家示范基地	1个	1个	100%
四、全民健康工程	20	▲孕产妇产前免费筛查	2100人	2100人	100%
	21	▲农村适龄妇女(35～64岁)“两癌”免费检查	2980人	3449人	116%
	22	推进分级诊疗工作	政策体系逐步完善，医疗卫生机构分工协作机制基本形成，基层医疗卫生机构诊疗量占总诊疗量比例明显提升	全区共累计签约100254人；重点人群签约43990人，2017年上转医联体医院签约居民1412人次，下转16人次，优惠费用362345元	100%
五、安居宜居工程	23	▲农村危房改造	30户	30户	100%
	24	▲城市棚户区改造	5153户(荷塘区负责2577户，其余2576户为市级平台公司)	5153户	100%
	25	发放城镇低收入住房困难家庭住房租赁补贴	200户	911户	455.50%
	26	推进老旧小区改造	3个	3个	
	27	开展居民小区餐饮油烟、违法违规搭建、占道经营和夜间噪声污染综合治理，规范居民小区管理秩序	开展居民小区餐饮油烟、违法违规搭建、占道经营和夜间噪声污染综合治理，规范居民小区管理秩序	共处理餐饮污染投诉176起；组织13次专项行动，处理占道、出店经营2700次；清理生活、建筑垃圾34车。	100%

续表3

事 项	序 号	项目名称	目标任务	累计完成	完成年度目标100%
五、安居宜居工程	28	新增住房公积金建制人数	2300人	2320人	100%
	29	实施5处城市黑臭水体综合治理，促进城市水环境持续改善	推进建宁港、天鹅湖项目治理工程，改造完成西湖项	建宁港项目已完成初步设计及专家、部门审查；天鹅湖项目正在施工中；西湖项改造年底完成。	100%
	30	启动南郊垃圾填埋场封场和新建固体废物填埋场建设	配合做好相关工作		经市政府同意延期到2018年启动开展
	31	美丽乡村示范村建设	1个		112.00%
	32	▲解决农村人口安全饮水问题	0.13万人	0.13万人	100%
	33	▲农村宽带网络升级改造	9个	11个	122%
六、畅通出行工程	34	改造城区58条支路和小街小巷，打通群众出行“最后一百米”	18条	开工21条 竣工18条	开工116.7% 竣工率100%
	35	规范中小学周边交通秩序管理	完善学校周边道路交通安全设施，落实护学岗护学制度，大力整治学校周边道路交通秩序，优化交通环境	对辖区所有学校周边交通安全设施不全的予以设置；定点定人，定时定岗，改善校园周边道路交通环境	100%
	36	▲农村公路窄路加宽	2.892千米	2.96千米	102.40%
	37	▲农村公路安保设施建设	10.203千米	10.203千米	100%
	38	建成农村客运招呼站	8个	8个	100%
七、安全管理工程	39	菜篮子工程建设	26.6公顷	29.7公顷	113.00%
	40	标准化生产示范基地建设	8个	8个	100%
	41	建设农产品追溯系统追溯点	1个	1个	100%
	42	年抽检农产品总数	4000批次	4902批次	123%
	43	蔬菜等主要农产品检测合格率	97%以上		100%
	44	“三品一标”新认证数	5个	5个	100%

续表3

事项	序号	项目名称	目标任务	累计完成	完成年度目标100%
七、安全管理工程	45	推进27个农贸市场改造升级，完成建设改造5个农贸市场样板工程	推进5个，完成1个		100%
	46	新增放心粮油网点	1个	1个	100%
	47	全面铺开食品药品网格化监管，在市区建立40个监管网格，提升食品药品安全监督水平	9个	20个	222%
	48	加强农贸市场、大型超市食品安全的检测和监管，确保市区各大型超市、农贸市场快速检测全覆盖	4个	12个	300%
八、扶贫解困工程	49	资助家庭经济困难学生	500人	1575人	315%
	50	为困难群众实施法律援助	185件	224件	121%
	51	帮扶救助困难职工	300人	378人	126%
	52	职工医疗互助	6000人	9122人	152%
	53	城区范围内政府购买残疾人居家托养服务	150名	150名	100%
	54	智力、精神及重度肢体残疾人托养	40名	40名	100%
	55	贫困残疾人家庭无障碍设施改造	10户	10户	100%

说明：1.带▲为省重点民生实事项目；

2.完成指标共计55项，其中超额完成20项

（潘丰霓）

【自身建设】2017年，区政府围绕建设法治、创新、诚信、务实和廉洁政府目标，坚持重大问题向区委汇报，全面执行区人大及其常委会决议和决定，自觉在区人大、区政协和社会各界监督下开展工作，充分吸纳各民主党派、工商联、无党派人士和社会各界的意见、建议。全年办理代表建议96件、委员提案99件、社情民意18件，满意率和办结率均为100%。认真处理市长热线、区长信箱交办件2703件，办结率99.1%。积极拓宽政务公开渠道，主动公开政务信息2023条，保障市民的知情权和监督权。深入推进“两学一做”学习教育常态化、制度化，全面落实从严治党“两个责任”，加强行政监察和审计监督，扎实推进“互联网+监督”，对66项民生资金跟踪监督。深入开展“雁过拔毛”式腐败、中小学校违规征订教辅材料、国家公职人员违规涉矿涉砂等经营性活动、环保领域“为官不为”“治陋习、树新风”、禁止领导干部利用职权或者职务上的影响在金融活动中谋取利益等六大专项整治行动，成效显著。针对重点项目、专项资金、财政预算情况共进行35次专项审计，营造风清气正的良好政务环境。

（黄宇晖）

2017年荷塘区人民政府发文目录

表4

序号	文号	文件标题
1	株荷政发〔2017〕1号	关于加强和改进我区涉农户口管理工作的实施意见
2	株荷政发〔2017〕2号	关于同意将株洲市八达小学等15家单位列为全区治安保卫重点单位的批复
3	株荷政发〔2017〕3号	关于同意金山街道办事处晏家湾社区建设社区居家养老服务中心的批复
4	株荷政发〔2017〕4号	关于同意株洲市荷塘区亿客隆食品商店“7·20”高处坠落事故的调查组的批复
5	株荷政发〔2017〕5号	关于株洲市荷塘区国家税务局发放收入任务奖励的批复
6	株荷政发〔2017〕6号	关于荷塘铺城中村项目(地块一)的批复
7	株荷政发〔2017〕7号	关于荷塘铺城中村项目(地块三)的批复
8	株荷政发〔2017〕8号	关于《申请由政府派遣办税服务人员和导税服务人员的请示》的批复
9	株荷政发〔2017〕9号	关于同意《荷塘区农村饮水安全巩固提升工程“十三五”实施方案》的批复
10	株荷政发〔2017〕10号	关于同意中国新金融集团有限公司作为主发起人设立小额贷款公司的批复
11	株荷政发〔2017〕11号	关于同意金山街道办事处在招商银行株洲分行开设专户的批复
12	株荷政发〔2017〕12号	关于建设湖南省硬质合金电子交易服务平台的批复
13	株荷政发〔2017〕13号	关于同意《株洲市亿客隆食品商店门店招牌安装“7·20”高处坠落事故调查报告》的批复
14	株荷政发〔2017〕14号	关于印发《株洲市荷塘区财税收入任务目标考核办法》的通知
15	株荷政发〔2017〕15号	关于调整财税收入任务的通知
16	株荷政发〔2017〕16号	关于责成相关单位按期偿还株洲金城投资控股集团有限公司应收款项的说明
17	株荷政发〔2017〕17号	关于株洲金城投资控股集团有限公司提前偿还中国农发重点建设基金有关事项的批复
18	株荷政发〔2017〕18号	关于同意株洲金城投资控股集团有限公司引入中国PPP基金的批复

（黄宇晖）

区人民政府办公室

【概况】 2017年，荷塘区人民政府办公室(简称“区政府办”)围绕区人民政府的工作重点，开展各项工作。全年，完成各类会议材料1000余份，编发公文400余份，处理建议和投诉2703件，组织大型应急演练12次，审结行政复议申请15件，受理非法集资案3起，涉案资金3023万元。

【综合调研】 2017年，区政府办围绕荷塘经济社会发展的重大方略、重大课题，领导关注的重大问题，群众关心的热点难点问题开展调查研究，为领导科学决策提供详实、前瞻的基础材料和客观依据。精心组稿，严格把关，按时、高效完成《政府工作报告》、区委经济工作会议、区政府全体会、区政府常务会等各类会议材料1000余份；加强信息体系建设，坚持把政务信息作为上情下达、下情上报的主渠道，展示政府工作风貌和成效的重要窗口，建立健全荷塘区政务信息工作考核办法，成立专门的信息员队伍，多渠道多角度搜集、捕捉、提炼、挖掘信息，及时上报高质量政务信息，全年累计上报各类政务信息200余条，展示荷塘发展成果。

【办文办会】2017年，区政府办编发各类公文400余份，接收上级公文1000余件，无一疏漏、误时、误事现象。会务接待，周全细致，不出差错。牢固树立“办公室工作无小事”的思想，按照“百密而无一疏”的要求，先后承办全区项目攻坚、招商引资、企业帮扶、征地拆迁等重大会议10余次，协办2017全国企业家活动日暨中国企业家年“硬质合金产业高峰论坛暨产需合作对接会”，接待各类外地考察团到荷塘交流学习10余次。

【政务督查】2017年，区政府办围绕全区中心工作开展决策督查，多次对重点项目建设进度、政府常务会议、政府办公会议明确的工作任务及时进行督查，保障各项工作顺利推进。共督办各类文件、会议分解任务，按期办结领导批示件100余件，处理市长热线、区长信箱中的群众咨询、建议和投诉2703件，办结率99.1%，解决一批难点问题，受到群众的好评。审核把关、受理市区两级人大建议96件，政协提案99件，社情民意18件，分类梳理后，召开交办会议，全部办结，见面率、满意率、办结率均为100%。

【应急管理】2017年，区政府办全面开展应急管理规范化建设，提高全区应急管理工作的科学化水平。构建以预防为主的应急管理工作体系，成立以常务副区长任组长的应急领导机构；完善应急值班制度，区政府值班室每天24小时专人值守；建立健全应急预警信息发布制度，利用互联网平台建立全区微信群网络，基本实现居民小区、村民小组实时信息发布渠道的全覆盖。深化源头治理，全区先后开展安全生产大排查大管控大整治百日行动、重大事故安全隐患“一单四制”等工作。致力提升公共突发事件应急处置水平，继续修订和完善各类专项应急预案，新编制白石港区域防汛疏散专项应急预案。常态化开展应急演练，组织大型演练12次，开展安全生产演练227次，开展防震、消防演练50余次，不断锻炼和提高应对公共突发事件的能力。有效应对6月的强降雨、“11·8”火灾等各类突发性灾害的严峻考验，最大程度地保障公众的生命和财产安全，保障全区经济发展和社会稳定。

【依法行政】2017年，荷塘区全面推进依法行政，建设法治政府，完善并严格执行《荷塘区政府合同管理规定》，审查区政府、平台公司、各类银行、信托公司以及各类合作协议等合同73份，审查部门报送备案的重大合同15份。加大行政调解力度，将调解机制贯穿行政案件全过程，讲事实、阐法理、辨是非，原告多撤诉，撤诉率达20%。积极做好应诉工作，收诉讼案件24件，审结行政复议申请15件。加强规范性文件管理，根据《湖南省规范性文件管理办法》规定的合法性审查和“三统一”要求，清理全区“放管服”改革涉及的规范性文件(2012.8—2017.7)。全面实施区政府重大行政决策合法性审查，为领导科学合法决策提供法律服务，全年审查区政府房屋征收补偿决定、事故调查报告批复24份，审查区委区政府重大决策、政府性投资项目计划、金山新城日月湖及配套路网PPP项目合作合同等19份。

【优化环境】2017年，区政府办以深入开展“企业帮扶年”“项目攻坚年”为抓手，进一步完善区企业服务中心硬件和软件建设，强化“一站式”行政审批代理、融资贷款、问题交办三大服务要素，全力促进落户园区的重点产业项目快速、健康发展。为科盟、格斯特动力、金泰等10余家企业提供从项目立项到竣工验收的“一站式”行政审批代理服务。充分利用网上政务服务和电子监察系统，督促部门高效服务，上半年网上政务服务共收16872件，累计办结16828件。严厉打击危害企业生产经营及项目建设的欺行霸市、寻衅滋事、敲诈勒索、强装强卸、恶意阻工等违法行为，及时回复和办结市优化办交办的合泰“虾霸”强买强卖问题、一个军人的呼声——请救救株洲牛市场等督查和交办事项8件。积极开展行业商会与行政机关脱钩工作，企业发展环境不断优化。有序开展“双随机，一公开”工作，积极完善全区行政执法人员名录库，及时更新“四上”企业和规模以下企业信息库。积极开展防范和打击非法集资工作，印发《处置非法集资突发事件应急预案》，开展多种形式动员宣传，深入94家机构开展风险排查，全年共受理非法集资案3起，涉案金额达3023万元，查封、扣押、冻结涉案财物价值300余万元，有效促进区域金融环境健康发展，维护正常的金融秩序和广大人民群众的财产安全，确保社会和谐稳定。（黄宇晖）

2017年荷塘区人民政府办公室发文目录

表5

序号	文号	文件标题
1	株荷政办发〔2017〕1号	关于治理拖欠农民工工资相关工作的通知
2	株荷政办发〔2017〕2号	关于区政府领导成员分工的通知
3	株荷政办发〔2017〕3号	关于成立荷塘区环境保护委员会的通知
4	株荷政办发〔2017〕4号	关于印发《株洲市荷塘区环境保护问题整改方案》的通知
5	株荷政办发〔2017〕5号	关于印发《荷塘区困难群众基本生活保障工作协调机制》的通知
6	株荷政办发〔2017〕6号	关于开展社区居家养老服务中心试点工作的通知
7	株荷政办发〔2017〕7号	关于调整区防汛抗旱指挥部成员的通知
8	株荷政办发〔2017〕8号	关于成立荷塘区国有土地上房屋征收补偿方案论证委员会的通知
9	株荷政办发〔2017〕9号	关于印发《市长热线(信箱)办理工作制度》的通知
10	株荷政办发〔2017〕10号	关于印发《荷塘区政府门户网站信息工作制度》的通知
11	株荷政办发〔2017〕11号	关于调整荷塘区中小学幼儿园校车安全管理工作领导小组成员的通知
12	株荷政办发〔2017〕12号	关于印发《荷塘区残疾人精准康复服务行动实施方案》的通知
13	株荷政办发〔2017〕13号	关于印发2017年《政府工作报告》重点工作任务分解表的通知

续表5

序号	文号	文件标题
14	株荷政办发〔2017〕14号	关于表彰2016年度治违工作先进单位(个人)的决定
15	株荷政办发〔2017〕15号	关于印发《株洲市荷塘区2017年度地质灾害防治方案》的通知
16	株荷政办发〔2017〕16号	关于调整区打击和处置非法集资工作领导小组的通知
17	株荷政办发〔2017〕17号	关于转发《株洲市殡葬管理办法》的通知
18	株荷政办发〔2017〕18号	关于废止《荷塘区政府性投资项目管理办法(修订试行)》的通知
19	株荷政办发〔2017〕19号	关于成立荷塘区特设城镇建设工作协调领导小组的通知
20	株荷政办发〔2017〕19号(A)类	对区五届人大二次会议第26号建议的答复
21	株荷政办发〔2017〕20号	关于进一步规范荷塘区财政性资金审批程序的通知
22	株荷政办发〔2017〕21号	关于加快预算支出进度和盘活财政存量资金的通知
23	株荷政办发〔2017〕22号(A)类	对市十五届人大一次会议第1209号建议的答复
24	株荷政办发〔2017〕23号	关于印发《荷塘区农村公路建设实施方案》的通知
25	株荷政办发〔2017〕24号	株洲市荷塘区环境保护网格化监管实施方案
26	株荷政办发〔2017〕25号	关于印发《株洲市荷塘区"三合一"场所大排查大整治工作方案》的通知
27	株荷政办发〔2017〕26号	关于印发《株洲市荷塘区安全生产大排查大管控大整治百日行动方案》的通知
28	株荷政办发〔2017〕27号	关于印发《荷塘区2017年"民生100"工程实施方案》的通知
29	株荷政办发〔2017〕28号(B)类	对市十五届人大一次会议第1048号建议的答复
30	株荷政办发〔2017〕29号(B)类	对市十五届人大一次会议第1188号建议的答复
31	株荷政办发〔2017〕30号(A)类	对市十五届人大一次会议第1069号建议的答复
32	株荷政办发〔2017〕31号(A)类	对市十五届人大一次会议第1122号建议的答复
33	株荷政办发〔2017〕32号(B)类	对市十五届人大一次会议第1202号建议的答复
34	株荷政办发〔2017〕33号	关于印发《荷塘区购买居家养老服务实施方案》的通知
35	株荷政办发〔2017〕34号	关于印发《荷塘区老年人日间照料(居家养老服务)中心建设及运营实施方案(试行)》的通知
36	株荷政办发〔2017〕35号(B)类	关于市政协九届一次会议第2091064号提案的答复

续表5

序号	文号	文件标题
37	株荷政办发〔2017〕36号(B)类	关于区政协五届二次会议第S2052006号提案的答复
38	株荷政办发〔2017〕37号	关于明确征地拆迁和房屋征收工作各部门职责的通知
39	株荷政办发〔2017〕38号	关于印发《株洲市荷塘区2017年大气污染防治行动方案》的通知
40	株荷政办发〔2017〕39号	关于印发《2017年政府购买社工服务项目评估考核实施办法(试行)》的通知
41	株荷政办发〔2017〕40号	关于将明照街道分路口村更名为东园村的通知
42	株荷政办发〔2017〕41号	关于成立荷塘区金融工作领导小组的通知
43	株荷政办发〔2017〕42号	关于印发《荷塘区机关企事业单位开展工间操活动实施方案》的通知
44	株荷政办发〔2017〕43号	关于印发《荷塘区进一步培植有效财源、促进财政增收的推进方案(草案)》的通知
45	株荷政办发〔2017〕44号	关于成立荷塘区红旗广场城市综合体项目服务领导小组的通知
46	株荷政办发〔2017〕45号	关于成立荷塘区行政审批制度改革工作领导小组的通知
47	株荷政办发〔2017〕46号	关于明确优化工作的通知
48	株荷政办发〔2017〕47号	关于开展2017年度行政执法案卷评查工作的通知
49	株荷政办发〔2017〕48号	关于印发《荷塘区清理违法违规举债融资实施方案》的通知
50	株荷政办发〔2017〕49号	关于清理整改违法违规举债融资问题的通知
51	株荷政办发〔2017〕50号	关于印发《株洲市荷塘区全民参保登记工作实施方案》的通知
52	株荷政办发〔2017〕51号	关于成立荷塘区治理车辆超限超载工作领导小组的通知
53	株荷政办发〔2017〕52号	关于转发《湖南省人民政府办公厅关于开展基层应急管理规范化建设的通知》的通知
54	株荷政办发〔2017〕53号	关于转发《湖南省应急管理办公室关于组织开展基层应急管理规范化建设初步评估工作的通知》的通知
55	株荷政办发〔2017〕54号	关于成立荷塘区基层应急管理规范化建设初步评估小组的通知
56	株荷政办发〔2017〕55号	关于调整区政府部分领导成员分工的通知
57	株荷政办发〔2017〕56号	关于成立红旗广场西南片区棚户区改造项目征地拆迁和房屋征收指挥部的通知
58	株荷政办发〔2017〕57号	关于成立铁东路(规划26路-新华西路)项目正拆征收指挥部的通知
59	株荷政办发〔2017〕58号	关于印发《株洲市荷塘区加快推进黄标车淘汰工作实施方案》的通知
60	株荷政办发〔2017〕59号	关于印发《荷塘区政府性债务风险应急处置预案》的通知

续表5

序号	文号	文件标题
61	株荷政办发〔2017〕60号	关于印发《株洲市荷塘区房屋合法性认定暂行办法》的通知
62	株荷政办发〔2017〕61号	关于印发《荷塘区碧水蓝天三年行动实施方案》的通知
63	株荷政办发〔2017〕62号	关于成立西园电商创业中心项目协调领导小组的通知
64	株荷政办发〔2017〕63号	关于成立荷塘区芙蓉路(新华东路－新塘路)新建工程项目征拆征收工作指挥部的通知
65	株荷政办发〔2017〕64号	关于成立荷塘区对接华夏幸福基业股份有限公司“产业新城”项目前期工作小组的通知
66	株荷政办发〔2017〕65号	关于成立荷塘区综合减灾委员会的通知
67	株荷政办发〔2017〕66号	关于申报2018年度荷塘区投资重点项目库计划的通知
68	株荷政办发〔2017〕67号	关于开展基层应急管理规范化建设初步评估工作的通知
69	株荷政办发〔2017〕68号(B)类	关于市政协九届一次会议第2091248号提案的答复
70	株荷政办发〔2017〕69号	关于印发《株洲市荷塘区小额贷款公司监管意见和风险处置预案》的通知
71	株荷政办发〔2017〕70号	关于做好城乡住户调查工作的通知
72	株荷政办发〔2017〕71号	关于印发《荷塘区2018年度城乡居民基本医疗保险参保缴费工作方案》的通知
73	株荷政办发〔2017〕72号	关于转发《<株洲市取消的村(社区)及基层单位证明事项清单>和<株洲市保留的村(社区)级基层单位证明事项清单>的通知>》的通知
74	株荷政办发〔2017〕73号	关于印发《荷塘区创建湖南省慢性非传染性疾病综合防控示范区工作方案》的通知
75	株荷政办发〔2017〕74号	关于印发《荷塘区2017年土地督察整改工作方案》的通知
76	株荷政办发〔2017〕75号	关于转发《湖南省人民政府办公厅<关于规范村务公开栏工作的通知>》的通知
77	株荷政办发〔2017〕76号	关于印发《2017年省对区政府食品安全工作考核细则分解表》的通知
78	株荷政办发〔2017〕77号	关于加强突发事件信息报送工作的通知
79	株荷政办发〔2017〕78号	关于调整荷塘区森林防火指挥部成员的通知
80	株荷政办发〔2017〕79号	关于修订完善行政处罚权基准制度的通知
81	株荷政办发〔2017〕80号	关于公布荷塘区本级取消、保留和新增的行政许可事项目录的通知
82	株荷政办发〔2017〕81号	关于公布《株洲市荷塘区人民政府部门(单位)公共服务事项(2017)》的通知
83	株荷政办发〔2017〕82号	关于印发《荷塘区规范村务公开栏工作实施方案》的通知

续表5

序号	文号	文件标题
84	株荷政办发〔2017〕83号	关于转发《株洲市取消的村(社区)及基层单位证明事项清单》和《株洲市保留的村(社区)及基层单位证明事项清单》的通知
85	株荷政办发〔2017〕84号	印发《关于在市场体系建设中建立公平竞争审查制度的实施方案》的通知
86	株荷政办发〔2017〕85号	关于印发《荷塘区"园丁奖"表彰奖励工资实施方案》的通知
87	株荷政办发〔2017〕86号	关于印发《株洲市荷塘区集中治理拖欠农民工工资工作方案》的通知
88	株荷政办发〔2017〕87号	关于为聘用人员办理住房公积金账户并缴纳公积金的通知
89	株荷政办发〔2017〕88号	关于印发《荷塘区肇事肇祸等严重精神障碍患者监护奖励暂行办法》
90	株荷政办发〔2017〕89号	关于印发《株洲市荷塘区土壤污染防治工作方案》的通知
91	株荷政办发〔2017〕90号	关于印发《荷塘区基础智能优化办公系统》的通知
92	株荷政办发〔2017〕91号	关于印发《株洲市荷塘区国资委监管企业专职国有产权代表工作职责和履职管理规定(试行)》的通知
93	株荷政办发〔2017〕92号	关于印发《株洲市荷塘区国资委监管企业重大事项管理规则(试行)》的通知
94	株荷政办发〔2017〕93号	关于印发《株洲市荷塘区国有资产管理委员会工作规则(试行)》的通知
95	株荷政办发〔2017〕94号	关于印发《荷塘区肇事肇祸等严重精神障碍患者监护奖励暂行办法》的通知
96	株荷政办发〔2017〕95号	关于《印发株洲荷塘区建立解决拖欠农民工工资问题协调机制的通知》

（黄宇晖）

民　政

【概况】2017年，荷塘区民政工作坚持"以民为本、为民解困、为民服务"的工作宗旨，共创建6个"全国综合减灾示范社区"，5个"全省综合减灾示范社区"，14个"全市综合减灾示范社区"。被市民政局评为"市民政工作先进单位""绩效考核一类单位"。

救助工作。2017年，荷塘区有城市低保对象3325人、2243户，城市低保人均补差达到370元/月；农村低保对象1253人、661户；农村低保人均补差达到180元/月，城乡累计发放低保金1921万元；特困人员供养230人，其中农村分散供养五保110人、集中供养五保60人、城市"三无"人员63人，供养标准达到625元/月，累计发放173万元。住院救助765人次，220万元；资助参保1060人，19万元；"一站式"服务救助103人次，18万元；临时生活困难共计救助276人次，31万元。

补贴发放。严格按照《株洲市困难残疾人生活补贴和重度残疾人护理补贴实施方案的通知》规定和区民政局审定的工作程序，积极开展审核工作。全区共有1687名残疾人享受重度护理补贴，1696名残疾人享受困难生活补贴待遇。区民政局全年发放重度护理补贴98.67万元，发放残疾人困难生活补贴121.374万元，"两项补贴"合计发放220.044万元。

2017年株洲市荷塘区残疾人“两项补贴”统计表

表6

单 位	2017年度		
	困难补贴(人)	重度补贴(人)	总发放金额(万元)
茨菇塘街道	384	347	47.292
桂花街道	226	297	33.717
合泰管理办公室	36	29	4.139
荷塘月色示范区管委会	118	90	13.81
金山街道	191	181	24.326
宋家桥街道	146	191	21.433
仙庾镇	389	329	47.739
月塘街道	206	223	27.588
合计	1696	1687	220.044

经费保障。荷塘区大力加强基层组织经费保障。年内,投入社区工作经费2386万元(其中每个社区12万元专项惠民项目建设资金),农村工作经费546万元。

阵地建设。按照《株洲市社区服务场所提质改造三年行动计划(2016—2018)的通知》(株办发〔2015〕17号)规定的建设标准,荷塘区政府积极履职。是年,进行提质改造的社区有宋家桥街道芙蓉社区、四三〇社区,茨菇塘街道天鹅社区。

推进村务公开栏工作。贯彻落实《湖南省人民政府办公厅关于规范村务公开栏工作的通知》等省、市文件精神,经过前期半个多月的调查摸底与多方调研,制定《荷塘区规范村务公开栏实施方案》,成立村务公开栏工作协调领导小组,按照“标准统一、样式统一、内容统一、要求统一”的原则,对公开内容、公开时限、公开地点、公开形式进行规范。建立责任追究制度,落实组织、民政、财政、农村工作局等部门主要负责人责任和镇(街道、管委会)主任、村委会主任、村务监督委员会主任的具体实施与监督责任。

婚姻登记。婚姻登记窗口进入政务服务中心,推行婚姻登记标准化建设。年内,办理结婚登记1552对,离婚登记721对,补发结婚登记524对,补办离婚登记84对,合格率达100%。

党建工作。贯彻落实市局党组、区纪委党风廉政建设工作部署,切实履行领导责任制,积极开展“两学一做”“纠四风”、整治“雁过拔毛”等学习教育活动,党员干部手操党章、撰写学习心得体会文章等,使民政局组织堡垒、干部作风、制度建设等得到加强。

【防灾减灾救灾】 4月—6月,荷塘区遭遇风雹灾害,暴雨洪涝灾害，全区共有13360人受灾，紧急转移人口908人，安置受灾群众309人(集中安置200人，分散安置109人)，无人员伤亡。倒塌民房9户33间，严重损坏房屋5户13间，一般损坏房屋387户，1033间；农作物受灾面积632.8161公顷，成灾面积61.5333公顷，绝收面积22.1333；山体滑坡(含城区小区护坡)217处；出现内涝259处，道路中断35处，造成直接经济损失2715.0798万元，其中农业损失1214.6万元。为保障受灾群众的基本生活，民政局与华润万家、东都步步高签订供货协议，主要提供粮食、食用油、饮用水、干粮、帐篷等生活物资。调拨救灾物资，共发放防灾救灾资金305.4万元。其中发放棉被229床、折叠床158床、大米11000斤、食用油440桶、方便面706箱等物资，折合人民币64万元。倒房重建户13户，损房修复户337户，全部完成重建或修复工作，竣工率100%。开展综合防灾减灾示范区创建工作，茨菇塘街道601社区成功创建国家级综合减灾示范社区，茨菇塘街道新月塘社区、仙庾镇兴塘村成功创建省级综合减灾示范社区。

【慈善工作】1月，区慈善会出资5.8万元慰问全区困难职工；出资2万元慰问大病、困难民警10人；6月，出资3万元慰问特困教职工；通过区内31个爱心超市发放米、油、面等爱心物资共计10万元，慰问困难群众2600余人；出资3万余元，救助大病困难群众。将企业定向捐赠的5万余元帮扶资金发放至农村特困学生、残疾人、困境老人、失独家庭、留守儿童手中。

【村(居)委会换届选举】4月，按照市委、市政府的总体部署和区委、区政府的统筹安排，荷塘区开始第十次村委会、第九次社区居委会换届选举工作。至5月21日止，全区24个村、34个社区全面完成换届选举工作，基层民主参选率达100%。24个村推选主任24名，委员52名，34个社区推选主任34名，委员122名。新一届村、社区主任和委员平均年龄为41岁和45岁，当选的村(居)委会成员中有大专以上学历的193人，占83.2%。采取集中授课、自学、知识测试等方式，由区委副书记、分管副区长以及组织、民政、财政部门的领导对当选干部进行岗前任职培训。

【养老服务】荷塘区湘华、袁家湾、晏家湾、流芳、601、西子社区等第一批居家养老服务中心建设试点单位，采取政府承建、专业养老机构运营的方式，按照规范化、标准化、适老化、专业化的建设要求，统一标志、统一色系，打造温馨舒适、功能齐全、运营规范的社区居家养老(日间照料)中心。对“三无”、独居、孤寡、特困等老人，以政府购买A、B、C三类服务的形式进行兜底保障。第一批试点社区惠及68位老人。荷塘区居家养老服务信息平台采用民办公助的模式，依托社区，以“22222099”服务热线为纽带，整合社会各类行业资源为支撑，在老年人和服务商之间搭建一个快捷的公益桥梁。给老年人提供助浴、送餐、康复按摩、专职护理、理发、水电维修、上门开锁、管道疏通、精神慰藉、法律咨询等个性化、多元化需求服务，构建荷塘区“安全、便捷、周到、温馨”的居家养老服务便民体系。7月28日，该平台正式运行。使用率稳步上升，成功派单量总计16950次，用户反馈好评率达95%。

【成立明照街道】5月，明照街道成立，办事处驻明照村。下辖明照、金塘、东园、星星4个行政村。位于荷塘区中西部，东、东北与仙庾镇为邻，南与宋家桥街道接壤，西、西北与石峰区龙头铺街道相连，面积21.9平方千米，人口5.6万人。

【地名普查】根据《湖南省第二次全国地名普查实施方案》和《株洲市第二次全国地名普查实施方

案》的要求，荷塘区因地制宜、科学谋划、周密部署、努力克服困难，采取政府组织实施与技术外包、基层与部门、传统方法与应用现代信息技术等三个结合的办法，圆满完成地名普查工作任务，并通过省市两级检查验收。

【优抚安置】 2017年，区民政局认真落实抚恤优待各项政策，及时发放751名重点优抚对象(包括伤残退役军人，烈士遗属，因公牺牲军人遗属，病故军人遗属，年满60周岁农村或城镇无工作单位烈士子女，在乡老复员军人，参战涉核退役人员，带病回乡退役军人，既带病回乡又属参战退役人员，满60周岁以上农村籍退役士兵，军队无军籍退职职工)的抚恤资金，切实落实优抚对象抚恤补助标准自然增长机制。大力推进城镇退役士兵自谋职业，全区68名自主就业的退役士兵发放一次性经济补助66.9万元，落实重点安置政策，16名转业士官全部安置到位。落实重点优抚对象"五位一体"的医疗保障制度，力争达到全覆盖。全区有社会组织182家，年内新成立15家，办理注销5家，年检合格率达100%。建设复转军人之家，开展集中活动，营造氛围，凝聚人心。按照精准、节俭、安全、平衡及多样化的原则，复转军人之家积极组织复转军人开展各项活动28次。全区建设复转军人之家10个，其中区级复转军人之家1个，9个镇(办)各建设复转军人之家1个，让复转军人有"家"可归。为复转军人做好服务和保障工作，获得中央、省、市领导的肯定。　（戴欧霖）

"两型"工作

【概况】 2017年，荷塘区"两型"办成功培育3个省级两型示范和2个市级两型示范创建单位；完成对樟霞村绿心村庄重新规划编制工作；接受省、市资金绩效考核，考核结果良好；开展绿心生态保护工作，效果显著，被市"两型"办评为"2017年度绿心地区生态基础评估优秀单位"；继续牵头开展"碧水蓝天三年行动"，通过各项考核，促使各相关单位在全区范围内治水、治气、治垃圾。和区政务服务中心一起承接"全省两型改革现场观摩活动"，荷塘区政务服务中心("一门式服务"行政管理体制改革)在"株洲市两型10周年庆典"中获评"两型改革案例"。

【资金绩效考核】 3月—6月，省"两型"委组织的项目资金绩效考核，分自查、现场评估、整改三个阶段进行。区内考核的项目有"荷塘区绿心及周边地区两型标准化建设项目""绿心立体循环生态农业产业化项目""绿心地区自然资源的保护与综合利用工程"等，项目资金达248万元，考核结果良好。4月、10月，又先后接受市"两型"办发展规划科和市财政局及市直部门组织的"绿心生态保护补偿资金"绩效考核，涉及金额33.98万元，主体单位是荷塘区樟霞村，考核结果为优秀。

【"两型"示范创建】 2014年，全区建立"两型项目库"，收纳入库项目12个。继续推行已有项目工作，开展新项目申报工作，成功培育3个省级两型示范(仙庾岭村、樟霞村、水仙合作社)和2个市级两型示范创建单位(杨家寨、仙庾大院)。

【绿心生态保护】 2017年，签订区、镇、村三级生态绿心保护目标责任状，区"两型"办与仙庾镇、区农工局(水利局)、区城建局、区财政局等相关部门对接联系，明确职责，落实绿心地区三级保护目标责任制。继续推进"株洲市生态绿心地区樟霞村两型示范带创建项目"等已有项目工作，不断创建新的项目，樟霞村为"省级两型示范村庄"。利用原有项目资金，推广农民合作社等生态农业经营模式。开通"掌上农业"等网络营销模式；对全村650多户家庭进行“四改一整治”工作，安装太阳能热水器、液化气以及太阳能路灯，改造饮用安全卫生水，到位率达95%。实现土地流转33.3公顷，建立优质蔬菜基地2个。硬化及拓宽村组道路及新建村级公路，实现村级道路通畅率100%。完成樟霞村的村庄规划编制工作。以“中央环保督查”为契机，以《绿心保护条例》为依据，积极开展绿心生态保护工作。关、停绿心禁开区的恒盛电子、金桥页岩砖厂。利用卫星定位系统，联同省市两型委(办)，长期即时监控绿心地区生态环境的变化。在绿心地区真正做到违法行为“零容忍”“零发生”。绿心工作在市“两型”办的年终考核中获得“2017年度绿心地区生态基础评估优秀单位”称号。

【碧水蓝天行动】“碧水蓝天三年行动实施方案”由“两型”办牵头，环保分局、城建局、城管局、经信局等17家单位共同参与的联合行动，分水体整治和大气净化两块工作。两型办采取“年初计划，每月一报，半年总结，年终考核”的管理模式，对17家单位进行跟踪管理，成功完成年初既定目标，各相关单位考核优秀。区经信局配合区环保分局，按照《株洲市人民政府办公室关于划定市区禁止使用高污染燃料范围的通知》要求，对辖区内14家煤店全部实施补偿资金并关停到位，进行成65蒸吨以下、10蒸吨以上燃煤锅炉达标整治。区城建局对辖区内所有施工项目开展的扬尘治理督查专项行动，发现问题18处，下达整改函11份，渣土密闭运输率100%。

【“两型”大型活动】6月26日，由省“两型”管委会主办，省两型委副主任刘怀德带队、市两型办主任刘湘元陪同，全省“3+5+1”城市群两型改革工作领导干部参与，共计67人的大型观摩团到荷塘区政务服务中心，考察“一门式”政务服务改革。12月27日，株洲广播电视台举办“株洲市两型10周年庆典”活动，荷塘区政务服务中心(“一门式服务”行政管理体制改革)获评“两型十大改革案例”。（龙香兰）

政务服务

【概况】2017年，荷塘区政务服务中心下设综合办公室、政务服务办公室、协调督办室3个内设机构。有在编人员10人，政府雇员14人。

创新政务公开模式。拓展手机便民服务大厅渠道。运营“智慧荷塘”APP，设立“问事、办事、工具、我的”4个版块，除了提供网上政务服务预约办理、查询等功能，还整合城市新闻资讯、市民生活信息、政府公共服务等多项服务内容，把更多政务服务和信息汇集到离群众最近的地方，提供更便捷的问事、办事渠道；创新政策解读形式。用图文并茂的方式，群众听得懂的语言，深入浅出解读群众关心的政策法规，受到群众热烈欢迎。

优化人才队伍结构。政务服务中心工作人员平均年龄30岁，人才呈现年轻化特点，95%为本科及以上学历，素质高、综合能力强。健全考核机制。对“一门式”窗口工作人员实行每周一考、逢进必考的考试制度。实行“一季度一评一奖”的考评机制，通过自评、同事互评、领导小组考评相结合的方式每季度对其进行考核评分。丰富主题活动。延续创新每月一评“争当岗位明星”评优活动；开展“一门式”政务服务的业务解说比赛；进行以“微笑于心，礼仪于身”为主题的政务服务改革宣讲活动、“一门式”改革宣传板报比赛、“一门式”政务服务趣味运动会等。

规范事务管理。出台《荷塘区三级政务(便民)服务中心管理办法》《“一门式”政务服务问责方法》《首席代表管理办法》《荷塘区政务服务印章(专线账号)使用管理办法》《政府行政雇员管理办法》，保障“一门式”政务服务规范高效运行。实行有效监管。运用信息化网络技术，线上线下双管齐下，实现政务服务全方位监督管理。线上应用“一门式”电子监察系统，对事项办理全流程进行动态监管；线下在全区所有便民服务中心铺设视频监控网络，对窗口人员服务的全过程进行实时监控。

实现技术全面升级。优化系统功能，解决法人事项进入一门式系统和网上预约、网上办事、跨区办事的技术障碍；实现材料无条件复用功能，提交材料实现“一次提交，反复使用”，群众办事更加方便；完成物料签入签出功能升级和电子扫描枪的配备，实现各级物料流转系统全程留痕和跟踪，全面提升精准追责标准；完成所有便民服务中心评价器软件升级，实现与“一门式”后台统计分析平台对接；完成短信平台建设，新增后台审核人员短信提醒的服务功能，确保所有事项即到即审、按时办结。

提供丰富的便民服务。完成仙庾镇、荷塘月色示范区便民服务中心场地改造建设、网络配置建设、事项梳理、人员培训等方面工作，实现区域全覆盖。扩大事项覆盖率，将73个农村事项纳入镇街一级便民服务中心受理，新增60余个事项纳入一门式服务范畴，区内纳入“一门式”系统的自然人审批服务事项由2016年的9个部门177项增至12个部门295项。市房产局相关事项权限下放至区政务大厅，区政务服务中心成为全省第一家承接房产业务的区级政务服务大厅。开通EMS“荷塘区政务服务专递”，免费将结果物寄送给全国各地的办事人，实现政务服务“一次办”。开设绿色窗口，为复退军人、孕妇、残疾人等特殊群体免取号优先办理业务，体现人文关怀。开设填表区，配备专人负责指导填表，细化服务分工，提升大厅效能。组织全区窗口、后台审批人员和首席代表服务礼仪、大厅解说、系统操作、新增业务等培训，提升服务质量，拓展业务范围。

【“智慧荷塘”APP进一步便民利民】2017年，区政务服务中心“智慧荷塘”APP更加便民利民。一是学生报名系统正式上线使用，音频视频功能完成开发，微信公众号和APP与H5程序适配工作已完成。二是开展调研，设计“智慧荷塘”手机APP需求问卷调查表，收集意见105条。三是针对智慧荷塘二期与中国移动、思创、农夫帮、网易株洲等公司就APP开发进行前期洽谈，并形成开发方案。四是撰写“智慧荷塘手机APP”建设需求方案。

【孟建柱到区调研“互联网+政务服务”改革】3月23日，中共中央政治局委员、中央政法委书记孟建柱到芙蓉社区调研创新基层社会治理工作。借助现代信息网络和大数据技术，详细了解“互联网+政务服务”在社区工作中的运用。指出，新形势下基层社会治理的理念要先进，方式要与时俱进，效果要好。要研究社会治理规律，善于运用法治思维和法治方式，加强具体管用的制度建设。充分运用现代科技，以更加开放心态推进政法综治数据资源共享共用，加强地区部门联动，深化拓展服务管理，让群众感到办事更方便、服务更贴心，确保社会既充满活力又安定有序。

【强化新任首席代表管理】9月，区政务服务中心修改《荷塘区“一门式”政务服务首席代表考评细则》，使其更细化、更具操作性。加强业务训练。从11月开始，每月第一个工作日晚间组织全体首席代表进行业务考试，促进首席代表比学赶超，全面提升首席代表业务水平。

【“一门式”政务服务改革】2017年，区政务服务中心遵循“把方便带给群众、把复杂交给系统、把高效留给政府”的服务理念，推进“一门式”政务服务改革，实现技术能力和服务水平双线提升，提高政务服务效能和社会公共服务的精准化水平，接待群众12万余人次，受理业务97573件，事项的实时即办率接近70%，群众满意率超过99.99%。5月，“一门式”政务服务平台获得湖南省首届管理创新奖。11月，获评第二届全国优秀行政服务大厅称号，是湖南唯一一家荣获“信息化优秀”单位荣誉称号。12月，获评全国职工职业道德建设先进单位。（阳　程）

机关事务服务

【概况】 2017年，荷塘区机关事务服务中心编制9名，领导职数4名，主任1名，副主任3名，科员4名。现有正式干部职工9名，一名抽调到区巡查办。退休干部职工13名。区机关大院一号楼、二号楼、老干综合楼(含食堂)分别于1997年、2002年、2012年建成投入使用，大院占地面积10566平方米，三栋楼建筑面积29000平方米。除区教育局、政务中心、人社局、卫计局、民政局、残联、征管办、疾控中心等部门外，其他均在本院内集中办公。区机关宿舍有10栋居民楼，共244户，其中院内有9栋于2015年完成棚改。

机关事务服务工作顺利进行。机关食堂开展“赛场相马”遴选机关干部中意的经营者；公务用车实现零违纪零事故；重要会务零差错；高低压配电房、水泵房、电梯、消防系统、中央空调、电子监控等主要设备的运行维护实行政府购买社会化服务；更新升级两台电梯，改造一号楼四楼大会议室，更新完善消防器材和监控设备；党支部阵地建设得到完善和规范，“三会一课”制度得到落实落地，“两学一做”日趋常态化制度化，支部主题党日活动丰富规范。作为茶陵扶贫的后盾单位，走访帮扶8户困难家庭。

会务及秩序管理得到加强。3个公用会议室召开会议285场次，重要会务实现“零”差错。区政府智能停车楼项目前期建设正在有序推进。租用社会停车位45个，重要会议期间实行停车临时管制措施，缓解院内停车难问题。

设备运行维护纳入物业管理。院内高低压配电房等设备的维护管理工作实行政府购买服务，成立设备维修班，开通院内物业维修服务热线“28420456”。

重点维修改造达到预期效果。更新升级2台高档电梯，解决一号楼四楼大会议室隔音效果不佳问题，更换完善一批消防器材和监控设备。完成一、二号楼的屋面防水改造工程。

【机关食堂开展“赛场相马”】 2017年，区机关事务服务中心圆满解决先前机关食堂承包商带资投入350余万元的历史遗留问题。组织4家餐饮单位开展新一轮食堂试菜经营，机关干部评价遴选出经营者，开设小超市和食堂微信公众号。（彭超群）

档案地方志

【概况】 2017年，荷塘区档案区志局全面贯彻实施《关于加强和改进新形势下档案工作实施意见》，继续深入推进“两学一做”学习教育常态化；每月定期开展党的主题日学习教育活动；每月到茶陵严塘镇兴塘村开展扶贫帮困送微心愿一次，12月送慰问金1万元；在“6·9”国际档案日开展“档案——我们共同的记忆”宣传活动，组织辖区专干在11楼综合展厅开展爱国主义教育活动；积极推行“一门式”服务，为查阅档案的群众提供便利快捷的服务。全年接受档案查阅利用580人次，查阅档案近1万卷；指导金山街道开展市示范档案室的创建；聘请专人对馆内所有档案目录进行信息化录入；完成区委办、政府办及部分婚姻档案扫描20余万页，接收民生档案5161件，专业档案7200件，会计档案8652件，实物档案

12件。馆内共馆藏档案档案17.2万件。完成《乡镇简志株洲卷》资料收集补充及《株洲市荷塘区乡镇简志》编纂出版工作。2017年9月,第一部《荷塘年鉴(2017)》在方志出版社公开出版发行。

【示范档案室创建】2017年,按照株洲市档案局统一安排,荷塘区确定金山街道档案室作为全市档案工作示范街道创建单位,为帮助其顺利完成验收,区档案区志局安排专人指导金山街道办事处开展创建工作,协助解决创建过程中遇到的问题与困难。10月19日,金山街道办事处在全市以98分最高成绩通过株洲市档案局测评验收。

【档案利用】2017年,区档案区志局接待各单位、个人查阅利用者580人次,查阅档案资料近万卷,复印资料7300余份,为荷塘区经济建设、和谐社会建设提供翔实的第一手资料,为群众解决婚姻、住房、财产等民生问题提供依据。

【《乡镇简志》编纂】2017年,为更好的体现荷塘的历史文化特色,在《乡镇简志株洲卷》稿件的基础上,安排专人收集荷塘的历史、文化、风土人情、地情地貌、邮政、金融、水电等资料。聘请专人编纂、审稿,于年底送印刷厂印刷出版《株洲市荷塘区乡镇简志》单行本300本。全书6.5万字,图片161张。

【《荷塘年鉴(2017)》编纂】2017年年初,成立荷塘年鉴编纂委员会,由区委办、区政府办联合发文《关于认真做好<荷塘年鉴(2017)>编辑工作的通知》。3月9日,组织各撰稿单位的负责人及撰稿人召开动员及培训会议,聘请原市志办退休专家刘建军作技术指导;审稿采取一审、二审、三审的流程,由单位撰稿人及主要领导签字盖章,彩页由政府办、区委办审核把关。9月,《荷塘年鉴(2017)》由方志出版社正式公开出版发行。《荷塘年鉴(2017)》共计收录彩版40个,文字50余万字,发行600本。首部《荷塘年鉴(2017)》的出版,为荷塘区经济社会发展提供科学决策依据。 (何爱辉)

政协荷塘区委员会

【概况】2017年，政协株洲市荷塘区第五届委员会(简称“区政协”)有委员155名，机关工作人员19名。区政协机关内设办公室和经济科技委员会、提案法制委员会、文教卫体委员会和学联群团委员会，委员按界别构成分为经济、科技、文体艺术、医卫、教育、城建、法制、农村、群团、联络联谊等10个界别小组，在全区各镇、街道安排联络工作负责人1名(正科级)。

区政协围绕中心，服务大局，主动担当，有效作为。全年召开全体委员会议1次，常务委员会议6次，主席会议10次，听取全区经济社会发展等情况通报，开展2项重点调研和中小企业发展、平安社区建设等12个专题调研，举办常委会议协商、主席会议协商、提案办理协商活动5次，收集基层干部、群众反映的意见建议100余条，征集提案127件，立案99件，反映社情民意信息76条，微建议33条，较好地发挥人民政协汇聚力量、建言献策、服务大局的协商民主重要渠道作用。

【调研工作】2017年，区政协组织开展推进区公共文化服务体系建设及打造优质高效的企业服务工作体系等2项重点调研和中小企业发展、平安社区建设、发展休闲产业等12项专题调研。其中《关于加强推进“三社联动”工作的思考与建议》《荷塘区中小企业发展之意见》《关于基础教育集团化办学的调研与思考》等3件调研报告被评为区政协调研报告一等奖。

【视察评议】2017年，区政协组织开展科技成果转移转化平台建设、市区重点项目建设、义务教育均衡化发展等视察评议活动，向中共荷塘区委、荷塘区人民政府递交40多条针对性意见建议。

【提案工作】2017年，区政协收到各类提案127件，立案99件。出台《株洲市荷塘区政协提案办理工作办法》，对提案办理方式、程序和保障措施等进行规范。区政协主席会议遴选《关于促进我区医学健康产业发展的建议》《关于建设道路中央隔离带，增设交通“电子警察”的提案》《关于加快荷塘区现代服务业发展的建议》等8件提案作为重点提案，加大督办力度，由区领导牵头对8个重点提案承办单位开展督办。所有立案提案办复率100%，委员提案所提问题已经解决或部分解决的提案共79件，占全部立案提案总数的79.8%。其中《关于发挥新社会组织在“真抓实干马上就办”中的作用》《推进“幸福荷塘”建设》《关于对辖区内进城务工人员实施“精准文化扶贫”》等18件提案被评为年度优秀提案。

【履职信息化工作】2017年，区政协根据市政协统一安排，开展“微建议”试点工作。制定《荷塘区政协微建议试点工作实施方案》，向所有党群、政府工作部门印发《株洲市荷塘区政协微建议工作办法(试行)》,逐步形成“微建议”工作格局。全年共收到委员提出的关于加强交通管理、基础设施维护等方面的微建议33条。

【政协机关党建】 2017年,区政协党组坚决落实好党的建设主体责任和全面从严治党的要求,发挥党组在政协组织中的核心作用。机关党支部制定年度党建工作方案,系统学习习近平新时代中国特色社会主义思想,规范阵地建设,认真组织好“三会一课”和每月主题党日活动,举行“弘扬革命传统,助力扶贫攻坚”党员主题实践活动,支部全体党员在理论武装、作风转变、履职成效上有新的进步。

【区政协五届二次全会】 2月27—28日,区政协第五届委员会第二次会议在荷塘区机关举行。会议听取和讨论中共荷塘区委书记邬凌云在开幕式上的讲话;听取并审议通过政协株洲市荷塘区委员会主席何恒仁代表区政协常委会所作的工作报告和政协株洲市荷塘区委员会副主席方芳所作的提案工作报告;协商并讨论区人民政府工作报告、区人民法院工作报告、区人民检察院工作报告和其他报告。

【区政协五届二次常委会议】 2月21日,区政协五届二次常委会议召开。协商通过《区政协五届二次会议邀请、列席人员建议名单》《关于调整区政协第五届委员会部分委员的报告》,审议通过区政协五届二次会议工作报告。

【区政协五届三次常委会议】 2月28日,区政协五届三次常委(扩大)会议召开。会议听取了各界别小组讨论情况汇报,协商审议提案审查报告和大会政治决议(草案)。

【区政协五届四次常委会议】 8月1日,区政协五届四次常委(扩大)会议召开。会议听取区政府上半年全区经济社会发展情况汇报,辞免、增补部分政协株洲市荷塘区第五届委员会委员。

【区政协五届五次常委会议】 9月27日,区政协五届五次常委会议召开。协商讨论高效优质为企业服务的调研情况及建议案。

【区政协五届六次常委会议】 12月15日,区政协五届六次常委会议召开。审议通过区政协五届三次会议拟定时间、议程、日程、秘书处机构工作人员建议名单,区政协五届三次会议邀请、列席人员建议名单、主席台就座人员建议名单,政协株洲市荷塘区第五届委员会常务委员会工作报告(草案),政协株洲市荷塘区第五届委员会常务委员会提案工作报告,2017年度优秀政协委员、先进界别组、优秀民主监督小组、优秀受监督单位、优秀调研报告、优秀提案建议名单,区政协五届三次会议大会发言选题及发言名单。

【委派民主监督员】 2017年,区政协向市公安局荷塘分局、区民政局、区企业服务中心等3家单位选派15名民主监督员,对单位工作效能、工作作风进行民主监督。区政协派驻企业服务中心民主监督工作小组被评为优秀民主监督工作小组,荷塘区民政局被评为优秀受监督单位。

【履职成果汇编】 2017年,区政协组织编写《建言献策忠诚担当——政协株洲市荷塘区委员会2017年履职成果汇编》。全书分为调研报告、视察评议报告、优秀提案3个部分,共10万余字。

【精准扶贫】 2017年,区政协积极动员全区155名政协委员参与“三个一”扶贫行动,结对帮扶区内贫困户66户,选派机关干部到扶贫点茶陵县严塘镇梅田村驻村办公。通过开展走访慰问、产业扶贫、捐资捐物等一系列帮扶活动，解决就业、就学、就医等各类问题36个，累计捐助慰问帮扶资金40多万元。

【表彰奖励】 2017年，区政协评选唐农家、徐洪、熊鹰、胡春生、黄德明、欧阳春华、罗峰、周远各、龚新宇、黄爱莲、陈丽霞、彭慧、梁勇、刘群、曾友志、陈小武、姜红、吴红卫、周毅、帅清民、曹姜君等21名政协委员为优秀政协委员。评选教育组、经济组、文体艺术组、群团组等4个界别组为先进界别组。

【专委会建设】 2017年，区政协制定《关于加强区政协各专门委员会对口联系和协商制度的通知》，从各界别委员中挑选履职热情高、综合素质好的17名委员作为各专委会的兼职委员，充实专委会的力量。 （柳　萧）

群团·工商联

荷塘区总工会

【概况】2017年，荷塘区总工会按照区委和市总工会的工作部署，全面贯彻中共十九大以及习近平系列重要讲话精神，牢固树立五大发展理念，紧扣增强“三性”、去除“四化”的主线，坚持“三贴近”，着力强基础，促发展，优服务，树形象，着力打造忠诚工会、活力工会、勤廉工会，团结带领全区广大职工为实现“十三五”规划良好开局，建设富强美丽幸福新荷塘做出积极贡献，荣获株洲市工会工作先进单位称号。

增强组织力量。区总工会完善经信、商粮系统工会组织内部管理，理顺管理体系。新成立明照街道工会联合会、华润万家生活超市有限公司工会委员会等基层工会组织。在区总工会、月塘街道、茨菇塘街道、金山街道、桂花街道、金山工业园6个部门(单位)分别聘请一名职业化工会工作者，加强职业化工会工作者队伍建设。

加强职工素质教育。联合基层工会开展不同领域不同形式的技能竞赛，引导广大职工展示风采，建功立业。3月—5月，联合教育工会，依托教研云平台，开展以“新秀培养、听评结合、素养提升”为主题的网络赛课活动，来自23所学校的127名选手参赛。6月，联合卫计系统工会开展应急技能竞赛，以赛促学、以赛促练；7月，参加全市卫生应急技能竞赛，获得团体二等奖；9月，联合区直机关工会，开展硬笔书法技能竞赛。

【关爱女职工】2017年，区总工会帮助困难女职工19人，发放救助金1.4万元，组织工会女会员参加免费心理咨询、无痛分娩、植物种植课程等培训。在华润万家、茨菇塘街道、区直机关工委的“职工之家”新建立“母婴关爱室”。组织全区100余女职工参加两期排舞培训班，选送排舞节目《爱之声》《来吧！冠军》荣获株洲市工会女职工素质教育优秀成果展示赛第二名。区实验小学朱舸明老师获得湖南省阳光排舞进校园推广大师，全国排舞广场舞推广先进个人，世界排舞锦标赛获得全能冠军。

【帮困扶贫】2017年春节，区总工会对辖区困难企业、困难职工及困难劳模开展走访慰问，对120名建档困难职工实名发放慰问金6万元，对246名困难职工送去慰问物资近10万元。开展“金秋助学”活动，在全区确定重点帮扶对象，建立帮扶档案，开展定期回访，使助学工作常态化，对6户困难职工子女，发放助学资金1.8万元。扎实推进医疗救助，全区有152家单位5778人参加职工医疗互助活动，缴纳医疗互助保障金380120元，其中3344名女职工参加女职工特殊疾病保障。至12月，申报医疗互助人员267人，发放互助资金291320元。

【关爱劳模】2017年春节期间，区总工会主席张岚带领经信系统工会负责人一行，对困难企业八达铸业、新通公司4名困难职工和文新田、王水兰等两名困难劳模上门走访慰问，每户发放慰问金2000元，对全区52名劳模发放慰问物资，送去党委、政府及工会组织的关怀与问候。

【载体建设】2017年，区总工会推进建家工程，将“职工之家”作为基层工会关爱职工的“主阵地”，积极实施示范“职工之家”建设工程。上半年，区直机关工会“职工之家”通过市总工会的验收，正式挂牌。金山工业园、宋家桥街道等单位正在积极筹建模范“职工之家”。组织职工健步行、气排球比赛、羽毛球比赛等一系列丰富多彩的活动，增进干部职工之间的友谊，展现昂扬向上的进取精神。12月，给区内的一线企业职工免费送电影票400张。

【工会领导到区考察】5月，市人大副主任、市总工会主席王建之带领市总工会全体干部一行50余人到荷塘区政务服务中心学习考察“一门式”政务服务改革工作。8月，省总工会宣教部副部长罗伟一行到荷塘区调研“一门式”政务服务改革工作。

【青年相亲活动】11月，区总工会在荷塘区春天国际影城组织100多名未婚男女青年参加荷塘区青年相亲大会，通过单位概况介绍、游戏互动、访谈、才艺表演、自由约见等多种方式展示各自精神面貌，解决单身职工交际范围窄、交友难的问题。有4对男女青年成为意向情侣。

【创新活动载体】5月—7月，区总工会主办、区教育工会、株洲市第四中学承办荷塘区2017年干部职工气排球比赛，30支代表队360余名队员参赛，历时2个多月，举行100余场次比赛，整个赛场都充满着高涨的竞技激情，充分展现荷塘区干部职工团结协作、顽强拼搏的精神面貌。（谭 琦）

共青团荷塘区委员会

【概况】2017年，共青团荷塘区委员会坚持“四维”工作格局，紧密结合荷塘区实际，不断扎实推进各项工作。团中央宣传部常态化下沉荷塘区，指导团组织建设，团中央青年志愿者行动指导中心副主任孟春、团省委副书记钟娜等领导到荷塘区调研指导。区教育局团委、株洲硬质合金集团有限公司团委、月塘街道石子头社区团支部、市第十九中学团总支等多个团组织获得市级优秀称号，城郊信用联社营业部获评“青年文明号”称号，八达小学少先队等多个少先队集体获得“市级优秀少先队”称号。

【荷塘青年交流】5月4日，团区委召开以“无奋斗不青春”为主题的纪念“五四”运动暨青年干部人才交流会。5月16日，举行“荷塘有我，正青春”青年干部交流分享活动。50多名青年干部一道分享青春，引导全区青年在建设“实力荷塘、活力荷塘、宜居荷塘”中勇挑重担、争当先锋。区委书记邬凌云，区委副书记、区长王利波，区委副书记赖晓智，区委常委、组织部部长刘政凯等领导出席活动。8月23日，荷塘区委组织部、共青团荷塘区委联合主办2017年荷塘区双一流大学生暑期社会实践夏令营暨新进事业单位人员走进荷塘区活动，充分展示荷塘区经济社会建设的新成就、新变化、新形象，促进广大青年人才健康成长，增强社会实践能力，提升对荷塘区的认知认同，吸引广大青年人才投身快速发展的荷塘热土。

【青年志愿服务】1月，团区委组织发动辖区机关事业单位、志愿者、爱心人士开展“暖冬行动”系列走访慰问活动。到红旗村社区开展“进社区、访民情、送温暖”慰问活动，听民声、访民情，对社区困难户进行帮扶和慰问。3月5日，团区委组织乡镇、街道、区直部门、辖区市属团组织和高校团组织等30多家单位200多名志愿者在红旗广场步步高前坪共同开展集中学雷锋志愿服务活动，爱心义诊、义务理发、小家电维修、法律援助、爱心义卖、中医推拿按摩、一门式政务服务宣讲、防假币假烟、防装修陷阱等，形式多样、扎实有效的学习雷锋志愿服务活动，受到广大市民的热烈欢迎。组织开展荷塘区直机关“迎五一庆五四”乒乓球比赛，荷塘区第二届小学生乒乓球比赛，“七彩童年、最美记忆”社团成果展示，荷塘区第三届“区长杯”中小学校园足球联赛等等，激发广大青少年朝气蓬勃、奋发进取的精神，增进广大青少年之间的友谊交流，引导社会各界积极参与体育锻炼，快乐工作，健康生活。6月26日，在红旗广场开展集中宣传禁毒活动，印制上万份青少年禁毒宣传手册，发放到各个村、社区及中小学校。7月，组织湖南铁路科技职业技术学院“小红帽”志愿者40余人，多次到仙庾镇敬老院开展志愿服务活动，受到敬老院老人们的一致好评。开展“花季护航”城市外来务工人员子女服务项目、“成长路上，同心相伴”未成年人关爱行动项目、“青葵乐园”农村留守儿童服务项目等，构建“团干部+社工+志愿者”工作模式，不断完善青少年事务社会工作服务体系。

【主题活动】4月5日，团区委在流芳园组织荷塘区部分少先队员开展“缅怀先烈，弘扬爱国情怀”清明祭扫活动，充分挖掘节日蕴含的传统文化内涵和爱国主义情感，引导青少年缅怀先辈，铭记历史、学会感恩，继承先烈遗志，珍惜幸福生活，把个人理想追求融入实现中国梦的共同奋斗之中。9月30日，组织开展“向国旗敬礼，做美德少年”株洲市2017年未成年人“我的中国梦，向国旗敬礼”主题教育实践活动，引导广大青少年坚定理想信念，树立远大志向，不断增强爱党爱国爱社会主义的情感，自觉弘扬和践行社会主义核心价值观，为实现中华民族伟大复兴的中国梦努力学习、健康成长，做社会主义事业的合格建设者和可靠接班人。

【关爱青少年】4月20日，团区委、区综治委以及区教育局在博雅小学举行荷塘区中小学校“珍爱生命、关爱他人、爱护铁路”宣传教育月活动。5月—9月，开展献爱心公益活动，举办“希望工程一元捐”活动，发动社会各界力量参与，共筹集扶助资金2万余元，全部资助给荷塘区的贫困中小学生。对全区贫困青少年进行摸底，及时准确推选贫困的优秀高三毕业生参加“茅台学子”“芙蓉学子”“加多宝”“华融湘江银行”等爱心助学项目，积极争取5万余元用于资助贫困大学新生。积极对接各种资源，募集到总价值4万元的爱心课桌椅120套发放到荷塘区农村学校黄塘小学和仙庾中心小学，改善学校教学条件。

【投身建设幸福荷塘】2017年，团区委推行“团干部+社工+志愿者”工作模式，完善覆盖重点群体，重点场所、重点环节的青少年事务社会工作服务体系，积极投身“幸福荷塘”三大行动。与社管办、民政局合作，共同培育青年社会组织在荷塘区的成长与发展。通过政府购买服务项目的形式，在袁家湾等4个社区开展“花季护航”关爱留守儿童项目，在东湖等3个社区开展“成长路上，同心相伴”未成年人关爱行动项目，每个项目10万元。积极组织开展社会工作人才培训班，支持团干部考取专业社工资格证，发展、培育青少年事务领域的专业社工人才队伍，着力构建“团干部+社工+青年志愿者”队伍。组织开展“株洲市创新与社会工作研讨会暨社会工作无视技巧培训”，提升社会工作者专业水平和服务能力。组织开展“三社联动·荷塘区公益团队服务日暨志愿者招募活动”，增加社工与居民的互动，获得居民支持和认同。通过宣传活动招募义工，形成“社工引领志愿者服务，志愿者协助社工服务”的运作机制，营造服务居民的良好氛围。

【团委自身建设】2月23日，全区村(社区)团组织进行换届选举工作。团市委组织部张优平、团区委书记赵虎、月塘街道党工委副书记陈靖一同调研。整个换届选举实现平稳有序、风清气正与提升基层组织凝聚力三大目标。严格落实中央和省、市、团委的各项决策部署，把“一学一做”学习教育作为首要政治任务，认真谋划，精心组织、扎实推进。深入基层调研，主动倾听基层团干、团员对学习教育的反映、期待等，积极征求意见和建议30余条，确保学习教育更接地气，深入人心。11月8日，团区委组织区团系统学习中共十九大精神座谈会，部署深入学习贯彻中共十九大精神工作，带领荷塘区各团组织负责人重温入团誓词。12月27日，区团委书记赵虎与机关团员青年开展座谈交流学习中共十九大精神会议，听取大家对开展好学习的意见建议。（胡晓娟）

荷塘区妇女联合会

【概况】2017年，荷塘区妇女联合会(简称“区妇联”)以强“三性”(政治性、先进性、群众性)，去“四化”(机关化、行政化、贵族化、娱乐化)为重点，全面推进妇联工作改革创新，实施巾帼创业成才行动，家庭文明建设行动，巾帼维权关爱行动，革新提质行动，引领广大妇女在助推荷塘发展中实现新作为。

开展“两学一做”活动，推进党员队伍的思想建设、组织建设、作风建设和制度建设。认真组织学习中共十九大报告、习近平系列讲话精神，用心开展每月主题党日活动，提升妇联党员队伍的整体理论水平，增强党员队伍的政治意识、大局意识、廉洁自律意识和遵纪守法观念。深入社区开展“反家暴宣传月”活动，宣传《中华人民共和国婚姻法》《中华人民共和国妇女权益保障法》《中华人民共和国未成年人保护法》和《中华人民共和国劳动法》等法律法规，发放《男女平等基本国策的贯彻与落实》《湖南省妇女儿童规划》共计500多册，增强广大妇女的法律意识。贯彻落实习近平“注重家庭、注重家教、注重家风”的要求，围绕区委“十大文明行动”，开展“三个最美”活动。通过村(居)民自荐，村(居)委会推荐的方式，经逐级评选，龙艳辉家庭获得株洲市“最美家庭标兵户”，张燕家庭获得2017年株洲市书香家庭称号，宾春香、宾正凡、冯昶、蒋弘、杨能华家庭载入《家庭家教家风》，谭琦、胡震宇家庭获得株洲市文明家庭称号，宾春香家庭获得湖南省文明家庭称号。5月24日，与区教育局、区文明办联合成立“株洲市荷塘区家庭教育讲师团”，组织首批56名教师志愿者成功对接“五进”服务项目。以“三社联动”为契机，组建巾帼志愿者队伍，引导更多的爱心人士和社会力量参与公益慈善、扶贫助困、禁毒帮教等活动，帮助留守流动儿童、贫困单亲母亲、空巢老人等群体改善生存状况，倡导社会文明新风尚。注重点面结合，针对群众需求，依托“妇女之家”等组织，全方位开展家庭教育工作。指导宋家桥街道芙蓉社区获批“省家庭教育示范点”，开展“家教家风家训”讨论和家书征集活动，吸引社会广泛关注家庭教育。继续开展“平安家庭”创建活动，联合区综治办进行广泛宣传，全区1.6万户家庭挂上“平安家庭”的牌子。根据上级妇联、禁毒委工作要求，利用自身广泛的群众基础，良好的组织信誉，深入基层，组织全区开展禁毒宣传“进学校、进企业、进社区”等活动。继续对全区城镇居民、企业、机关事业单位"两癌"患病妇女进行调查、统计，申报贫困母亲两癌救助。有5名"两癌"患病妇女获得贫困母亲两癌救助金共计5000元。3月7日，启动"两癌"筛查工作，联合卫计、财政、妇幼积极组织农村适龄妇女开展"两癌"免费检查活动。年内，"两癌"筛查任务数为2980人，截至10月23日筛查3449人，超额完成任务。区妇联充分发挥妇代会代表作用，开展"她代表、她作为"工作，建立妇女代表个人微信工作室5个，联系妇女300余人，更好服务和凝聚广大妇女群众。在区委领导倡议下，区妇联以妇女代表为基础，创建"爱莲盟"优秀女性社会组织。深化"七五"普法宣传工作，开展"反家暴宣传月"活动。充分发挥妇联信访窗口作用，全年受理来信来电来访25次，办结25起，办结率为100%，及时完成全国妇联信访信息管理系统的录入填报工作。区妇联获评株洲市妇女工作先进单位。

【妇联基层组织改革】5月中旬，区妇联基层组织改革工作完成。34个村完成"会改联"，24个社区经法定程序建立社区妇联。村居共选举产生妇联主席58名，副主席116名，执委870名，村居妇联主席经村支两委换届选举全部进入"两委"班子。9个镇街(管委会)经法定程序，完成妇联换届，选举产生妇联主席9名，副主席18名，执委225名。

【搭建妇女创业就业平台】2017年，区妇联以"搭建供需平台，促进转移就业"为主题，联合区人社局开展"就业援助"和"春风行动"等活动，举办专场招聘会4期，包括有电子电器、服务、餐饮、建筑、制造、安保人员等行业的40家企业，提供近300个岗位，设立政策咨询台，发放春风卡等宣传资料6380份，达成就业意向性协议356人。组织各乡镇街道妇联和各劳动保障站集中宣传各类优惠政策、提供岗位信息、技能培训、创业扶持等公共就业服务，侧重帮助农村、贫困、下岗失业妇女就业。开展妇女创业就业小额担保贷款活动，25名城乡妇女获206万元小额创业资金支持。

【构建社工服务模式】2017年，区妇联联合区社管办等部门，构建"党委领导，政府负责，社会协同，公众参与"的社会治理新模式，组织190余人报考2017年社会工作者，并对参考人员开展为期8天的考前培训。积极参与"三社联动"工作，以购买社会组织服务方式与大同社工、阳光社工签订"花季护航""同心相伴"社工服务协议，构建"妇工+社工+义工"的工作模式，使广大妇女儿童获得更直接、更专业、更贴心的服务。

【建立城区首个"知心屋"】2017年年初，区妇联积极为天鹅湖小学申报湖南省"知心屋"项目，特别关注留守儿童的健康成长。8月，组织学校相关负责人、心理教师、社会心理工作者参加湖南省农村留守儿童第三批心理健康培训。指导督促学校严格按照省妇联、省妇女儿童发展基金会的建设标准，精心筹备，用心布置，最终建成株洲市城区首家"知心屋"。10月24日，天鹅湖小学"知心屋"举行授牌仪式。（翁永红）

荷塘区残疾人联合会

【概况】2017年，荷塘区残疾人工作认真贯彻实施中国残疾人事业"十三五"规划，积极发展残疾人事业，努力改善残疾人状况。11月7日，召开第三次残疾人代表大会，在全市残联系统率先完成换届选举工作。春节期间，组织开展走访慰问贫困残疾人200余人次，总计发放慰问物资和资金30余万元。申报3家符合条件的"十三五"株洲市残疾人就业扶贫示范基地对象。年内"民生100"工程4个项目即创业扶持10人、城区内政府购买居家托养150人、智力(精神)等日间照料40人、贫困残疾人家庭无障碍改造10户，均圆满完成目标任务。认真贯彻落实《湖南省特殊教育提升计划实施方案》，组织开展残疾人大学生(含家庭子女)的资助工作，全年资助30人。举办2期残疾人职业技能培训，培训残疾60人；举办2次残疾人就业专场招聘会，8人与用人单位签订劳动合同。为促进盲人稳定就业，上门为10户盲人按摩店免费送技术、送服务，为3户盲人按摩店赠送消毒柜；做好按比例安排残疾人就业工作。核实各用人单位就业年审工作，确保残疾人就业保障金征收到位。全区按比例安排残疾人就业350余人，征收残疾人就业保障金120万元。

【康复及维权】2017年，区残联为230余名贫困精神病患者实行医疗救助和免费服药；8名自闭症儿童、7名脑瘫、智力障碍儿童在市康复机构接受免费康复训练；为441名残疾人发放残疾人机动车燃油补贴11万余元；免费发放各类残疾人辅助器具350余件；解决残疾人来信来访15人次，没有发生残疾人越级上访事件。

【宣传文体】2017年，区残联积极组织开展残疾人文化进家庭“五个一”系列活动，帮助贫困、重度残疾人家庭读一本书、看一次电影、游一次园、参观一次展览、参加一次文化活动，鼓励残疾人走出家门，融入社会，全年在重大节日期间举办、组织残疾人参加各种类型活动12次。在湖南省第五届残疾人文化节、职业技能大赛中，残疾人吴月鸿、欧阳玉英、吴思颖、张一福等均获得优秀奖。充分利用电视、微信公众号、报刊等各种宣传媒体广泛宣传残疾人事业、扶残助残和残疾人自强不息的典型事迹，在中残联、省、市残联门户网站、红网、株洲在线等各类在线媒体刊登信息135篇，电视台报道3次，区政府门户网站刊登48篇。

【党建帮扶】2017年，区残联党支部作为牵头单位，重点帮扶金山街道金钩山村，帮扶10户贫困残疾人家庭，帮助他们解决生活、生产困难20多项。开展在职党员进社区活动，收集、整理、解决残疾人微心愿7个，走访、接待残疾人和社区群众70余人，慰问困难残疾人30余人。

【助残公益自驾红色游活动】3月12日，由区残联主办，区肢残协会承办、区助残志愿者协会、越野e族湘赣两地车队协办的“无障碍畅行”助残公益自驾红色游活动开展。20位残疾人在30名志愿者陪护下，驱车前往江西萍乡，在卢溪县脊髓损伤者“中途之家”与当地的残疾人朋友进行广泛的交流，大家参观秋收起义广场、安源路矿工人运动纪念馆，在高州柳村欣赏壮观的千亩油菜花基地。

【残疾人趣味运动会】5月18日，区残联在杨家寨残疾人扶贫就业基地举办全国助残日残疾人趣味运动会，全区残疾人代表以及助残志愿者共100余人热情参与活动。市残联副理事长彭红宇、组宣部部长余志英，副区长余鹏、区残联理事长宋周伟出席开幕仪式。此次全国助残日以“推进残疾预防，健康成就小康”为主题，也是区内残疾人文化周系列活动之一。参加本次活动的有听力、言语、肢体残疾人运动员，比赛设有“吸管传球”“蒙眼保龄球”“助你一臂之力”“投球入框”等项目。

【残疾人采风活动】7月19日，区残联组织的“2017年残疾人文化周夏日赏荷书画摄影采风活动”如期在仙庾岭风景区拉开帷幕。全区40名残疾人书画、摄影爱好者及助残志愿者参加活动。

【第八次全国肢残人活动】8月11日，区残联在月塘街道袁家湾社区文化园举办“运动健身促康复.经典诵读润人生”肢残人活动日主题活动。参与活动的有区残联、区肢残协会所有成员,各街道残联助理员携辖区残友,夕乐苑养老服务中心志愿者等30余人。

【全国第一次残疾预防日】8月25日,区残联组织部分社区居民、残障人士、助残志愿者以及街道等相关部门在月塘街道袁家湾社区活动中心,开展全国第一次“残疾预防日”宣传活动。活动的主题为“推进残疾预防,建设健康中国”。在活动现场,义诊咨询、健康指导和政策解读等残疾预防服务吸引众多居民参加。在街道宣传栏张贴宣传海报,向居民、个体商铺、农贸市场发放宣传资料,为社区居民尤其是残疾居民讲解相关残疾预防知识,增强残疾预防意识。

【上门为重度残疾人服务】9月21日,区残联组织爱慕家助残服务中心工作人员携神农康复医院内科及中医科医生,对宋家桥街道享受政府购买居家服务的重度残疾人,进行免费上门体检。对行动不便的残疾人家庭进行卫生清洁、保健按摩等居家服务。此次体检项目包括量血压、血糖、血脂,心电图检查、肝肾功能检查等。上门医生还为残疾人建立健康档案、签订家庭医生服务协议,详细解答残疾人提出的各种疾病治疗与预防问题,让残疾人充分了解自身健康状况。开展残疾人居家服务工作自2013年起,通过政府“买单”,受助残疾人免费享受上门居家服务6000余次,社会反响良好。（孟红兵）

荷塘区工商业联合会

【概况】2017年,荷塘区工商业联合会(简称“区工商联”)有编制3个,其中行政编制2个,事业编制1个,实有人员5名,在岗4人,荷塘区委统战部借调1人,内设机构为办公室。区工商联第五届执行委员会委员共57人。

区工商联牵头加强和改进荷塘区非公有制经济人士思想政治工作,发展致富思源、富而思进“光彩事业”,积极畅通非公有制经济代表人士有序参与政治生活和社会事务的渠道,做好荷塘区非公有制经济代表人士的发现、培养、推荐和管理工作,协助政府管理和服务非公有制经济,为非公有制企业提供政策咨询、信息、法律、投融资、技术、人才等方面的服务。获评2017年度株洲市工商联系统先进单位。

【人才服务】2017年,区工商联定期推荐会员参加惠企活动;推选曾运发、刘平等五位执委参加株洲市委党校2017年全市非公有制经济代表人士培训班;选送周杨艳、汤志容两位执委参加株洲市工商联在浙江大学开办的株洲市民营企业家进修班;与荷塘区总工会、区人事局、区经信局联合推动荷塘区企业劳动用工和工资集体协商工作,荷塘区工商联副主席单位株洲飞鹿高新材料技术股份有限公司、株洲春华实业有限公司成为荷塘区企业工资集体协商示范点。

【组织建设】2017年,区工商联召开区工商联基层分会、商协会秘书长会议,通过基层分会组织开展荷塘区新经济组织的调查摸底。至2017年12月,荷塘区工商联(总商会)第五届执委班子成员达到57人,其中非公有制经济代表人士54人,市、区两级人大代表、政协委员共25人。

区工商联发动非公有制经济代表人士以捐款、捐物、捐工作岗位,资助基础建设等各种形式参与国家“精准扶贫”工作。执委班子成员各类捐款及物资价值190余万元,创近三年新高。

【五届二次执委会议】3月27日,区工商业(总商会)五届二次执委会议召开,增补执委8名。会后全体与会民营企业家赴福建泰宁考察学习三天，开展“老板日活动”。至此，荷塘区工商联第五届执行委员会委员经增补调整达到57名。其中非公有制经济代表人士53名，兼职副主席为庄启宁、汤六明、张懿宁、赵科峰、章卫国；兼职副会长为李育云、宋丁瑜、陈小建、周杨艳、曹文杰、曾运发。

【副主席、副会长轮值活动】6月30日，区工商联(总商会)执委会副主席、副会长轮值活动启动仪式在湖南省蓝马车业集团举行。区政协副主席(兼)、区工商联(总商会)主席肖宏琳主持仪式，区委常委、统战部部长王顺安授旗。第一次活动承办方湖南省蓝马车业集团董事长庄启宁接受“荷塘区工商联(总商会)主席、会长执值活动”流动会旗。活动安排参观蓝马集团4S店、座谈茶叙、聚餐联谊等内容。8月15日，第二次副主席、副会长执值活动在湖南宁康医药有限责任公司举行。10月26日，第三次副主席、副会长执值活动在湖南兰天集团有限公司长沙总部举行。

【光彩事业】2017年，区工商联(总商会)副主席单位湖南兰天集团有限公司在荷塘区扶贫日活动上捐款50万元、物资50万元、岗位100个；株洲春华实业有限公司、株洲市特种链条有限责任公司各捐款1万元。副会长单位湖南宁康医药有限责任公司在株洲市工商联扶贫活动中捐款3万元。执委曾运发、周杨艳、陈小建、郭义和为荷塘区工商联精准扶贫对口村——茶陵县严塘镇兴塘村认捐太阳能路灯共8盏2.4万元。全年区工商联执委捐款及捐物折价190余万元。

【商会横向交流】2017年，区工商联(总商会)与广西钦州市钦南区工商业联合会(总商会)正式签订友好商会协议书。至此，荷塘区工商联(总商会)友好商会增至4家。友好商会平台为荷塘区非公有制经济代表人士走出去加强商会合作拓展空间。 (席卫国)

荷塘区科学技术协会

【概况】2017年，荷塘区科学技术协会(简称“区科协”)设主席1名、副主席1名，事业编制2名。

科学知识普及。4月26日，5月24日，区科协在红旗广场分别开展以“科普知识进万家”“科技宣传周”为主题的宣传活动。9月22日，区科协以“全国科普活动日”为契机，组织邀请科技局、食药局、工商局、教育局、农村工作局等多个部门成立科普宣传团队，制作展板15块，发放宣传资料5万余份。为提高居民科普知晓率，开展有奖问答活动3次，发放奖品3000余元，参与人数3万余人。构建全区大科普格局，各乡(镇)、街道、管委会充分利用宣传栏、横幅标语、发放宣传资料、开展文体活动、读书活动、健康教育讲座、消防知识讲座、养生知识讲座等各类形式，开展科普宣传，乡镇街道社区各类志愿队伍融合到一起，形成科普宣传网络。

区科协6·1儿童节和全国科普活动日，开展职业体验科普创新活动和气象观测活动。阿尔法机器人表演、3D打印机等科普展品的亮相，让学生和家长们近距离感受到最新前沿科技展现。气象知识及防灾减灾知识讲座，极大地激发学生们探究天气意识和创新的能力。

科普示范行动。2017年，荷塘区将科普惠农兴村计划行动落到实处，积极指导和帮助省先进农村专业技术协会仙庾镇花卉苗木盆景协会、省科普示范带头人杨家寨生态种养基地负责人杨加兵获得专项奖补资金，加强对奖补资金使用的监管，督促指导其顺利通过省市科协的绩效评估。指导推荐荷塘区柏春水果种植合作社负责人谭柏春荣获湖南省农村科普行动计划科普带头人光荣称号，指导推荐荷塘区晏家湾社区荣获2017年湖南省农村科普行动计划科普示范社区，为他们争取省级专项奖补资金15万元。推荐荷塘区野鸭冲社区入选国家科普惠民计划支持项目，获得奖补资金10万元。同时，在充分考察基地的相关设施环境的基础上，积极为株洲市永福油茶专业合作社申报株洲市科普示范基地，获得市级奖补资金10万元。

科普阵地建设。区科协加强科普阵地建设，对照2017年文明城市复检测评标准体系，对全区9个乡镇街道、34个社区的科普活动室、图书室、宣传栏、资料归档等进行实地督查，查漏补缺。

科普基地建设。区科协组织株洲市气象局、荷塘区实验小学、荷塘区杨家寨生态山庄、荷塘区乐高儿童创意中心、荷塘区流芳园等5家科普示范教育基地，严格按照《全民科学素质行动计划纲要》的管理要求，认真做好相关科技知识普及推广，坚持常年或定期开放，全年开放75次，参观人数达1万余人。年内荷塘区科协新增601中英文小学、荷塘外国语学校为荷塘区青少年科普教育示范基地。

【谋划园区企业发展】6月，区科协借助省、市科协领导专家对接微小企业这一平台，邀请市科协主席胡湘、副主席申光伟等一行来到荷塘柏春蔬菜水果种植基地，为基地谋划项目规划、种植技术改进对接洽谈交流，实地参观蔬菜水果种植基地，了解其经营状况及技术方面存在的疑难问题和瓶颈技术，并提出切实可行的意见和建议。7月，区科协还邀请市科协副主席林强、部长尹德盛等到园区企业实地调研走访、交流、坐谈听意见，了解园区企业新技术、新产品的研发、技术人才的需求、科技优惠政策的落实等情况，为金山工业园高新技术企业发展保驾护航。全年召开研讨会4次，参加企业117家。（言云霞）

荷塘区文学艺术界联合会

【概况】2017年，荷塘区文学艺术届联合会(简称“区文联”)，新成立区作家、音乐家、舞蹈家、摄影家协会4个，区专业文艺协会已达8个，会员累计500多人。成立机关干部读书会社团1个，新发展会员近200名。团结和带领全区文艺工作者，站稳政治立场，把握政治方向，认真履职，为推动市、区的文艺事业繁荣和发展做出积极贡献，被评为“株洲市2017年度文联系统先进单位”。

【新建“文艺之家”】2017年，区文联相继建立协会活动基地7个，新增基地面积近2000平方米。分别为株洲市五中“荷塘区作协创作交流基地”、株洲市乐翰艺校“荷塘区音协创作交流基地”、市胡露金典舞蹈艺校“荷塘区舞协创作交流基地”、株洲市601俱乐部“荷塘区摄协、书法、美术创作交流展览基地”等。通过建立“荷塘新闻网·文联专版”“荷塘区文联作协电子杂志公众号”等网络平台和出资打造的“株洲晚报·湘江文学荷塘专版”“株洲晚间新闻·书香润荷塘”“荷塘文联”公众号等栏目平台，充分宣传荷塘文化，推介荷塘文艺，展现文艺服务，助推“幸福荷塘”建设。基地和平台的建立，成为区各协会及文艺爱好者的学习交流与展示场所，构建温馨幸福的“荷塘文艺之家”。

【促进文艺发展】2017年，区文联召开2016年度总结表彰暨2017年工作研讨会。组织“学讲话、繁文艺”交流座谈会暨2017年区文艺创作工作部署会。邀请区政协文体艺术组一行15人开展“繁荣荷塘文艺”主题调研活动，区政协主席何恒仁一行应邀参加调研并指导文艺工作。组织“荷塘重点文艺人才”培训活动，鼓励创作更多精品力作。邀请株洲籍书画家唐湘子、市美协主席周伟钊等文艺家，召开“荷塘文艺事业建设和发展”研讨交流会暨“艺术家的创作与发展”培训讲座，共话荷塘文艺建设和发展。组织区音协和区舞协分别召开“喜迎十九大·繁荣荷塘文艺，推进文艺事业发展”工作恳谈会，集中学习中共十九大精神和株洲市第七届文代会精神，收集金点子建议12条。

【参展办展】2017年，区文联围绕“株洲市花鸟画研究会首届花鸟画展”“株洲市纪念建军90周年书法美术摄影作品展”“清风荷塘”“清风株洲”“纪念人大宪法颁布90周年”等系列展览活动，组织区作协、书协、美协和摄协创作精品420余件，入展151件。其中，“首届花鸟画展”展出本土书画家作品近80幅；组织第一届“清风荷塘”廉洁文化创作展，展期7天，展出作品138件，并出版《荷塘区第一届“清风荷塘”廉洁文化创作作品集》2000册惠及民众。

【文艺助推“幸福荷塘”】2017年，区文联整合区8个文艺协会人才资源，组建惠民志愿者队伍，继续开展惠民“五进”活动。在湘华社区居家养老服务中心建立区文联首个文艺志愿者服务站，带领文艺工作者深入基层、扎根老百姓，积极开展文艺惠民系列活动，助力“幸福荷塘”建设。2017年春节，组织70名书画文艺志愿者到基层开展“幸福荷塘”主题送春联、送演出、猜灯谜、赠剪纸等文艺惠民活动10场，共送出春联3800余副，参与群众近5000人。组织近40名音协、舞协文艺志愿者开展“幸福荷塘，三社联动”之“雨润新芽”关爱留守儿童艺术帮扶、“幸福荷塘·端午粽叶情”“到人民中去”等主题文艺惠民演出4场。组织11名书协、美协文艺志愿者开展“送传统书画艺术进校园”活动1场，与陡岭坡小学师生同台献艺，共庆节日。组织区摄协为社区、办事处信息员开展摄影培训8场，组织书法培训授课12次，组织二胡公益培训20次，开展“雨润新芽·关爱留守儿童”公益合唱培训35次，开展书画交流活动12次，惠及市民3700人次。组织区音协的文艺志愿者开展“讴歌十九大·唱响幸福荷塘”主题惠民演出活动9场，惠及社区居民近5000人。组织“幸福荷塘”文学采风活动2场，聂鑫森、叶之蓁等近40余名作家、诗人前往实地采风，寻觅“幸福荷塘”好故事，创作近60篇具有荷塘特色的文学作品，在株洲晚报、荷塘新闻网、荷塘文学电子杂志、文艺窗、荷塘文学特辑等主流媒体刊登与宣传，并将优秀原创文学作品编辑成《文艺窗——荷塘文联专辑》一书。组织“荷塘读书会”线上系列惠民读书分享160场。开展“读书、感悟、分享”读书会交流座谈会、“遇见聆听”“重读经典、浸润人生”公益朗读进社区、“荷塘有我正青春”、青年干部分享座谈会等线下活动6场，共享经典文学作品近400篇，发表读书心得近2万条，发放党员干部共读书籍近300本。举办“荷塘大讲堂”公益文学沙龙，区机关书友、区作协会员及社会各界文学爱好者近230余人聆听讲座，掀起全民“爱读书、读好书、勤读书”的浓厚氛围。

【打造文艺精品】2017年，区作协主席张雄文的文章在首届“最美侗乡，好运通道”杯全国旅游散文征文大赛中夺得一等奖。区舞蹈家协会原创舞蹈《梦绘瓷娃》在第九届“小荷风采”全国少儿舞蹈大赛湖南省决赛中获“金奖”。区舞协副主席石思龙、朱舸明原创的《辣妹子》《思情鬼歌》等组舞在中央电视台“2017年中国民间广场舞争霸赛”中，荣登全国6强。朱舸明入选中国代表团参加在美国旧金山举办的2018UCWDC排舞世界锦标赛，分别荣获团体International项目冠军和个人项目冠军。区舞协副主席张泽编创的舞蹈《荷塘咏莲》在“清风株洲”廉洁文化创作表演中荣获金奖。舞协副主席石思龙编导舞蹈《清水湾》《妈妈的味道》《甜酒谣》参加区欢乐潇湘系列活动均荣获一等奖。区音协副主席陈斌编创的音乐剧《妈妈，我想你》，在“2017年欢乐潇湘、欢乐株洲”中荣获特等奖，该剧在2017年“童心向党”株洲市第七届“亲亲祖国杯”大赛中荣获“优秀组织奖”和“优秀指导老师奖”。在市总工会、市城管局主办的“城管杯”美术作品大赛中，美协会员唐浩云荣获一等奖，宾鹏程获优秀奖，丁珂等10人获入围奖。在市纪委、市委宣传部主办的第一届“株洲清风”廉洁文化创作活动书画作品展中，区作协张雄文、管婧等4位作家获最佳文学奖；区美协邓德桂、丁珂分别荣获美术类三等奖，颜洪、唐浩云分别获得优秀奖；区书协徐克强荣获书法类二等奖，陈晓微获三等奖。

【成立4家文艺专业协会】6月16日，荷塘区作家协会、音乐家协会、舞蹈家协会、摄影家协会成立，并举行授牌仪式。市文联党组书记黄勇，区委常委、区委宣传部部长陈三龙，区人大常委会副主任张赐华，区政协副主席方芳，原荷塘区委办主任(正县级)王定国出席仪式，并为新成立的4个文艺协会授牌。副区长程轶辉主持授牌仪式。会议宣读《关于成立荷塘区作家、区音乐家、区舞蹈家、区摄影家协会的批复》《关于聘请荷塘区作家、区音乐家、区舞蹈家、区摄影家协会顾问的决定》。向荷塘区作家、区音乐家、区舞蹈家、区摄影家聘请的聂鑫森、叶之蓁、李晓英、王明夫、张军红、曹光辉、金宝庆、熊武等12位协会顾问颁发聘书。

【首届廉洁文化创作展开幕】8月16日，荷塘区第一届廉洁文化创作书法美术摄影作品展在市规划展览馆举行。市委原副书记赵湘珍，市委常委、纪委书记赖馨正、市委常委、宣传部部长聂方红，市政协副主席、市文联主席周煦惠，市纪委副书记、监察局局长朱胜辉，市委宣传部常务副部长颜峻，区领导王利波、刘国梁、郑志富、陈三龙、张赐华、程轶辉、陈柏文、朱兴来等领导与300名机关干部、300名书画爱好者、市民等参加活动。此次展览共展出书法、美术和摄影作品130幅。

【知名作家采风荷塘】9月27日，荷塘区开展“幸福荷塘”知名作家文学采风活动。全国著名作家聂鑫森、叶之蓁，知名作家马立明、张人杰、罗玉珍及荷塘区作协黄旭阳、田瑛等近40名作家、诗人应邀欣然前往，实地采风“幸福荷塘”建设，寻觅荷塘好故事。采风团作家们先后深入荷塘区公益服务中心、月塘街道卫生服务中心、金山街道“幸福荷塘”办公室及复转军人之家、荷塘区政务服务中心实地参观考察，与负责人沟通了解，与老百姓交流，切实感受荷塘区经济、社会、民生建设的成就，聂鑫森等作家纷纷感叹：通过采风的所见所闻，对幸福的荷塘区感受颇深，值得抒写。采风活动创作具有荷塘特色的文学作品近60篇，在《株洲晚报》、荷塘新闻网、荷塘文学电子杂志、文艺窗、荷塘文学优秀文学作品特辑等主流媒体与报刊杂志中刊登与宣传，并将优秀原创文学作品编辑成《文艺窗—荷塘文联专辑》一书。

【文艺志愿义演】11月6日，区文联结合“幸福荷塘”系列民生行动，积极宣传中共十九大精神，组织区音协文艺志愿者利用周末时间，分别到荷塘区六〇一、天鹅、芙蓉、月桂、西子(新桂广场、御景龙湾)、野鸭冲(金域半岛小区)、东环、晏家湾(银泰财富广场)等社区，开展“讴歌十九大·唱响幸福荷塘”主题惠民文艺演出活动9场，参与文艺惠民志愿者35人，惠及社区居民近5000人。(黄　强)

荷塘区计划生育协会

【概况】2017年，荷塘区计划生育协会按照国家、省、市协会要求，为辖区323人购买计划生育特殊家庭综合保险和计划生育特殊家庭意外保险；为345人购买护理津贴保险；给278户两女户购买幸福家庭意外伤害保险，投入资金14.81万元。根据省计生协出台的相关验收标准，已申报仙庾镇为2017年省级示范乡镇单位，申报野鸭冲社区为2017年省级示范村(居)单位。

【计生协会会员活动日】2017年，荷塘区计划生育协会有会员2137名。5月29日，是全国计生协第19个“会员活动日”。区协会在金山街道办事处广场开展以幸福荷塘三大行动暨计生协会5·29活动日——“抓基层协会建设，筑健康幸福家庭”为主题的活动，分别赠送323个计生特殊家庭价值100元的计划生育特殊家庭意外保险，给12名特殊家庭代表送上慰问金，启动“联心1+1”活动，由教师、医生、民警与辖区65名留守儿童实行一对一结对帮扶，并在现场向8名留守儿童送上慰问物品。组织志愿者继续深入开展“爱心接力2+1”活动。（陈　敏）

荷塘区红十字会

【概况】2017年，荷塘区红十字会围绕关爱弱势群体，参与构建和谐社会，积极开展“三救三献”核心工作，推进红十字会组织机构建设，普及卫生救护知识，尽心尽力、尽职尽责开展人道主义救助工作，为维护社会稳定，促进经济发展作出积极贡献。

开展“三救工作”。春节期间，开展“红十字博爱送万家”慰问活动，向各镇、办、管委会的特困户发放救济金1万元，慰问物资2万余元。7月，开展送清凉活动，争取市红十字会价值8万元的防暑药品，慰问全区1000余名环卫工人。8—9月，做好重大疾病补助金申报和金秋助学工作，为4名困难群众争取到省红十字会大病救助金5000元/人，为3名困难大学生争取到市红十字会金秋助学金5000元/人。

开展“三献”工作。通过区、街道和社区(村)的广泛宣传发动，全区有1573人参加无偿献血，有1名群众登记自愿捐献全部器官。

发放《避险逃生常识手册》、“三献”等各类应急救护宣传资料1万多册，各社区、各卫生院和社区卫生服务中心设立骨髓捐献、器官移植和遗体捐献宣传栏60多块。在“5.8”世界红十字日纪念日，牵头组织辖区内医院和社区卫生服务中心到社区、农村进行义诊咨询，发放各类宣传资料1万余份，义诊病人1500多人次，发放免费药品1万多元。春节、端午、“七一”期间，走访慰问社区30多名困难群众、困难党员、老党员，给予慰问资金和物资近万元。结对帮扶社区困难户李先香，定期上门走访慰问。

【灾后救助】7月—8月，全区大面积受洪涝灾害，区红十字会开展救灾救援工作，争取澳门红十字会捐赠价值近10万元的救济物资，慰问仙庾镇和荷叶塘社区等150余户受灾群众。

【“光明行动在株洲”活动】10月，区红十字会配合市红十字会，联合仙庾镇卫生院、明照卫生院及街道社区卫生服务中心，在月塘街道社区卫生服务中心启动2017年第五届“光明行动在株洲”活动，全区10名白内障患者免费在市中心医院进行眼科手术，患者重见光明。

【卫生救护员培训】7月，区红十字会为全面普及应急救护知识，提高自救互救能力，最大限度地减少自然灾害或突发事件(事故)对群众生命安全的损害，保障人民生命安全，组织开办全区初级卫生救护员培训班一期，邀请市红十字会红博救护培训中心的教师进行1天的培训，共培训学员42名。

【示范社区创建工作试点】8月，区红十字会确定基础条件较好的月塘街道石子头社区作为创建红十字示范社区试点单位。成立以常务副会长为组长的创建工作领导小组，制定《关于在石子头社区开展创建红十字示范社区的实施意见》，社区严格按照创建工作方案开展工作，建设社区红十字工作阵地，开展宣传发动，召开辖区单位、楼栋长会议，进行全面动员，及时总结经验，为在全区推广提供经验和模式。下拨创建经费2万元，保障试点工作顺利开展。

【筹建备灾救灾物资仓库】 12月下旬，区机关事务服务中心在1号楼五楼为区红十字会安排一间办公室作为备灾救灾物资仓库。按照仓库建设要求进行装修和物件配置，已投入使用，计划每年筹集2~5万元资金用于购买备灾救灾物资，做好应急准备。（谭可勇）

法 治

政法工作

【概况】 2017年，荷塘区委政法委员会(简称“区政法委”)内设办公室、执法监督室，区综治办与政法委合署办公，区维稳办归口区委政法委领导和管理。2017年，有在职人员10人。区委政法委认真贯彻中共十九大精神，紧紧围绕中央、省委、市委和区委的决策部署，全力推进平安荷塘、法治荷塘、过硬队伍三大建设，各项工作齐头并进，继续荣获省平安县市区荣誉，先后获评全市信访维稳“百日攻坚”活动和“百日攻坚”再行动第二名、十九大信访维稳安保工作全市先进单位、全市信访工作先进单位，社会治理创新成效明显，得到市委政法委的肯定及推广，“互联网+社会治理”工作得到时任中央政法委书记孟建柱的充分肯定。公、检、法、司、交、消等政法单位年度考核指标都位居全市前列。

【维护社会和谐稳定】 2017年，区政法委以做好中共十九大召开之年的安保维稳工作为首要政治任务，创新工作方法，通过变“被动维稳”为“主动创稳”、变“单兵作战”为“多元协作”、变“硬性约束”为“奖惩并举”，切实化解基层矛盾，化解重大矛盾纠纷59件，妥处各类不稳定事件21起，扎实做好17个特护期信访维稳工作，圆满完成原中央政法委书记孟建柱到荷塘区调研视察基层社会治理工作的重大安保任务，实现到区上访同比下降12.5%、到市上访同比下降8.9%、进京非访同比下降60%“3个下降”，确保全区社会和谐稳定。信访维稳工作经验在《株洲日报》头条刊登推广，退役军人稳控优抚工作得到中央维稳办充分肯定。

【推进社会治理创新】 2017年，区政法委率先在全市范围内完成网格服务管理人员的招聘考试培训工作，建立健全网格化服务管理机构和规章制度，将网格化服务管理与社区自治家园平台、智慧荷塘APP以及一门式服务三级平台集合在一起，形成“互联网+社会治理”新模式。不断完善党委领导、政府负责、社会协同、公众参与、法治保障的社会治理体系，以社区为平台、以社会组织为载体、以社工专业人才为支撑，探索实践“三社联动”，切实解决一些特殊群体的现实需求，初步形成共建共治共享的社会治理格局，全区进京非访的批次和人数显著下降，涉军人员实现零上访。牵头调动政法各单位、全社会广泛参与，开展“荷塘无贼”、重点地区治安“大扫除”、城乡禁毒三大专项整治行动。全区刑事案件在2016年同比下降16.1%的基础上，再次同比下降18.6%，破案率达30.2%，连续两年保持30%以上的破案率，呈现发案持续下降、破案率稳步提升的良好态势。特殊违法犯罪嫌疑人收治管控成果显著，社区矫正管控率达95%。禁毒社会化工作名列全市第二，创建省级毒品预防教育示范学校1所；禁毒执法打击名列全市第二，打击涉毒违法犯罪人员438人，打掉吸贩毒团伙10个，缴获毒品9160余克，破获公安部督办涉毒案件1起，有效遏制全区毒情蔓延。

【服务经济社会发展】 2017年，区政法委围绕区委、区政府“五大片区、三个荷塘”建设总目标，政法委、公、检、法等政法部门的20余名班子成员，开展下镇办、联项目分片挂点服务工作，零距离服务项目建设，跟踪式保驾护航。新建立预防职务犯罪工作联络站，定期组织专题讲座，为征地拆迁一线工作人员打造一张预防职务犯罪的“防护网”。全区支村“两委”换届选举期间，区委政法委、区人民检察院主要领导到基层进行实地调研督查，听取群众对换届选举工作的意见和建议，与党员代表进行座谈，为全区支村“两委”换届选举工作合法有序进行提供良好的法律服务和司法保障。“全国企业家年会”在株洲市召开期间，公安部门重拳出击，成功打掉2个新疆籍扒窃团伙共14人，确保会议期间株洲市扒窃案件“零发案”，为株洲市的安全稳定和整体形象做出积极贡献。

【政法队伍建设】 2017年，区政法委从严开展执法监督工作，出台《政法工作联席会议制度》《对口联点制度》《重大事项报告制度》《工作责任追究办法》和《关于在全区政法系统开展“双过硬”活动的实施意见》，保障政法工作依法有序开展，队伍素质不断提升，涌现“全国优秀公安基层单位”（荷塘刑侦大队）、“全国文明接待室”（区人民检察院控申科）、“全国模范人民调解委员会”（金山街道人民调解委员会）等一大批先进模范。充分利用传统媒体、新媒体树立荷塘政法干警良好形象，深度报道禹雄飞、李圣文、钱长庚等50余名政法先进典型。政法各单位在中央媒体发稿86篇，省级媒体发稿234篇，市级媒体发稿621篇，唱响荷塘政法新战歌，增强政法工作公信力。《株洲日报》1月26日专版刊登《政法队伍建设的“荷塘样板”》的纪实报道，引起市民热烈反响。 （徐昕晔）

公 安

【概况】 2017年，荷塘公安分局围绕区委、区政府打造“实力、活力、宜居”幸福新荷塘的目标，全力深化“平安荷塘”建设，维护全区政治大局和社会秩序和谐稳定，确保全区社会治安形势持续向好。队伍建设稳中有进，涌现“全国公安优秀基层单位”“全市最具魅力所队”“全省优秀人民警察”“全市身边最美警察”“全市新警之星”“全市忠真卫士”等先进单位和典型个人，营造干事创业浓厚氛围，各项公安工作成绩喜人。

【维稳安保】 2017年，荷塘公安分局获取掌握不稳定因素和苗头136起，化解各类矛盾纠纷1362起，妥善处置各类突发群体性事件24起，搜集上报各类情报信息342条，省厅采用239条，市局采用17条，牢牢掌握维稳主动权。牢固树立底线思维，强化反恐基础工作，通过严控重点人员、重点物品、重点行业、重点场所和深化隐患排查研判整治，全区全年未发生暴恐案事件。紧盯政治安全，成功取缔一个法轮功邪教宣传窝点，依法打击4名法轮功邪教骨干分子。做好中共十九大、“一带一路”峰会、“两会”等重要时期的维稳安保工作，在中共十九大特护期实现全区非访“零登记”，荷塘公安分局被评为“全市党的十九大安保维稳工作先进单位”，荣获集体三等功1次。圆满完成王岐山、孟建柱到荷塘区视察的警卫任务。有效处置“涉军”“民运”“出租车司机”等群体赴省进京集访事件。

【侦破打击】 2017年，荷塘公安分局立刑事案件4091起，破案

1235起，破案率30.2%，命案发4破4，连续7年保持现行命案侦破100%。年内，摧毁涉黑涉恶团伙8个。各派出所组建反扒队、抓捕队，重点打击四类侵财犯罪，全年公诉四类多发性侵财犯罪嫌疑人205人，打掉跨区域侵财团伙6个，打掉新疆籍扒窃团伙2个，从源头上遏制各类多发性侵财案件高发势头。坚持打击经济犯罪与保障经济发展并重原则，全年公诉经济犯罪嫌疑人25人，挽回经济损失500余万元。推进“四巡四防工程”（即社会化“夜巡”、专业化“昼巡”、武装化“联巡”、现代化“空巡”、无缝化“技防”、密集化“民防”、立体化“预防”、治安岗亭“点防”），对合泰地区、富家垅、苗圃路、中南蔬菜批发市场等地进行重点整治，全区发案4143起，同比下降18.4%。禁毒工作坚持宣传防范和打击整治同步推进，破获公安部督办毒品案件1起，打掉吸贩毒团伙13个，公诉涉毒违法犯罪人员92人，执行强制隔离戒毒126人，缴获各类毒品8.69千克，对全区在册的1631名吸毒人员进行风险分类评估，禁毒社会工作排名全市第二。

【基层基础建设】2017年，荷塘公安分局录入“三实”（实有人口、实有房屋、实有单位）信息474819条，有力服务公安现实斗争。对分局执法办案区进行提质改造，出台管理办法，夯实执法规范化建设基础。持续加强派出所建设，月塘派出所完成所内硬件设施改造，桂花派出所新址已经选定，明照派出所新建得到区委区政府和市局支持。抢抓省厅警务机制改革机遇，先后建成并实体运行“指挥情报中心、治安防控中心、侦查实战中心、新闻舆情中心”四大中心和月塘、茨菇塘、金山、宋家桥4个派出所综合警务指挥室。突出刑事技术建设，完成一级刑事科学技术室建设，分局评为“全省刑事技术建设成绩突出单位”。积极参与“智慧株洲”电子眼工程建设，新增高清电子眼756个，提升全区视频监控覆盖率。完成10个省级车辆缉查管控平台联网卡口建设，成立无人机警航中队，公安打防效能进一步提升。

【队伍建设】2017年，荷塘公安分局深入学习贯彻中共十九大精神，以习近平新时代中国特色社会主义思想武装民警头脑。推进“两学一做”常态化制度化，严格落实“三会一课”，举办升国旗仪式、重温入党誓词等活动，每月召开思想政治工作会议和教导员例会，不断筑牢民警信仰之基、补足精神之钙，使民警自觉做到“对党忠诚、服务人民、执法公正、纪律严明”。推出“荷塘警星”评选活动，每月在基层民警、协辅警中评选出4名“荷塘警星”，形成争先创优浓厚氛围。组建14个运动小组和7个兴趣小组，打造一支健康警队。充分借助互联网、“双微”平台、手机客户端等现代科技，积极与省市媒体平台开展合作，先后在中央及省市各级媒体平台上发表稿件360余篇。落实全面从严治党、从严治警主体责任和监督责任，确保队伍问题抓早抓小抓苗头，下发各类通报121期，通报批评108人，扣除绩效奖78人，停止执行职务2人，全年没有民警因严重违法违纪被处分，队伍建设实现稳中有进。

【全区公安工作会议】2月28日，荷塘公安分局召开2017年度全区公安工作会议。区委副书记、区长王利波，市公安局党委成员、副局长贺建初，副区长、分局党委书记、局长成良池出席会议。会议由分局党委副书记、政委罗浪主持。分局党委副书记、常务副局长张志祥宣读表彰决定，对2016年度工作绩效与队伍建设评估优秀单位、优秀党支部、优秀民警、优秀党务工作者、优秀党员和优秀辅警进行表彰。分局各所队室“一把手”向分局党委递交党风廉政建设责任状。成良池作题为《强化风险防控、聚焦能力建设，为党的十九大胜利召开创造安全稳定的社会环境》的工作报告。贺建初发表讲话，要求荷塘公安积极履职，提质增效，以人为本，为全区社会经济发展保驾护航，为株洲公安事业再立新功。

【侦防工作会议】3月2日，荷塘公安分局召开2017年度侦防工作会议。荷塘区副区长、分局党委书记、局长成良池出席会议。会议由刑侦大队教导员龚念军主持。刑侦大队大队长漆彦思通报2016年度分局侦防工作及各侦防副所长排名情况，对2017年侦防重点工作进行解读。分局党委委员、副局长田颖总结2016年分局侦防工作，对2017年侦防工作提出“继续保持全市领先地位”的工作要求。成良池发表讲话，要求提高认识，强化侦破打击力度。落实行动，以优异业务成绩向组织和人民交答卷。提高执法办案水平，更加注重程序意识、实体意识、证据意识，提高履职能力。抓实队伍建设，激发民警积极性。

【公开退赃大会】4月21日，荷塘公安分局在荷塘区大润发超市前广场举行公开退赃大会，展示打击违法犯罪战果，向受害单位和群众返还失款失物，宣传荷塘公安正能量。荷塘区副区长、分局党委书记、局长成良池，荷塘区委政法委副书记刘金耀出席活动。大会由分局党委副书记、政委罗浪主持。会上向受害单位和群众退还10万元现金、1辆汽车和10台摩托车等物品。

【全区旅（宾）馆业主会议】5月10日，荷塘公安分局组织召开荷塘区旅(宾)馆业主会议。分局党委委员、副局长刘拥军，治安大队、消防大队、各派出所主要负责人及全区302家旅(宾)馆业主参加会议。会上组织业主学习《中华人民共和国反恐怖主义法》《中华人民共和国治安管理处罚法》《湖南省旅馆业治安管理办法》等相关法律条款，对业主进行消防安全知识培训。治安大队大队长钟志虎通报全区旅馆业现状。刘拥军在会上讲话，要求全区旅(宾)馆业主严格遵守法律制度，警民同心，压缩犯罪分子的生存空间，杜绝“黄赌毒”现象。公安机关要落实主体责任，依法依规加强对辖区旅(宾)馆管理，严肃处理违法违规现象。

【反恐防恐宣传活动】5月12日，荷塘公安分局在荷塘区红旗广场设置主会场，各派出所在本辖区人流密集处设置分会场，通过横幅、展板、发放宣传资料和现场宣讲等方式，开展反恐防恐宣传活动。全区共出动警力49名，制作反恐防恐宣传展板15块，发放反恐防恐宣传资料7500份，现场接受群众咨询1100余人次。开展反恐防恐宣传，旨在提升人民群众反恐防恐意识，增强应对暴恐突发事件的应急自救能力，营造反恐防恐工作群防群治、人人参与的社会氛围。

【区政协到分局进行民主监督活动】7月5日，区政协主席何恒仁率区政协民主监督组进驻荷塘公安分局，对公安工作进行民主监督活动。副区长、分局党委书记、局长成良池，分局党委副书记、政委罗浪，率分局党委班子成员参加区政协民主监督座谈会。成良池从“荷塘分局简介、主要工作成效、下半年工作计划”三个方面向区政协民主监督组作汇报。区政协民主监督员先后发表民主监督意见、建议。何恒仁讲话指出，民主监督是政协重要职能，经区委同意，进驻荷塘公安分局进行民主监督活动的目的，是通过建设式、友善式、协商式的民主监督，让荷塘公安这支队伍更好履职，更有战斗力，为“幸福荷塘”做更大贡献，让人民群众有更多安全感、获得感和幸福感。

【邬凌云到分局调研公安工作】8月15日，区委书记邬凌云到分局督导调研公安工作。区委副书记赖晓智，副区长、分局党委书记、局长成良池，分局党委副书记、政委罗浪陪同调研。邬凌云一行实地考察明照派出所、月塘派出所，就“平安荷塘”建设工作召开座谈会。会上，分局党委副书记、常务副局长张志祥，分局党委成员、副局长常家胜、刘拥军、李壮志，分别就“平安荷塘”三大行动、公安执法规范化建设情况进行汇报。月塘街道办事处、合泰管理办公室、金山科技工业园主要负责人汇报与公安联合开展“平安荷塘”三大行动的工作成效。成良池从“服务大局、净化风气、侦破打击、网格建设和队伍建设”五个方面汇报荷塘公安分局在“平安荷塘”建设中取得的工作成效、下阶段工作方向和面临的主要困难。邬凌云现场办公，对分局派出所建设、辅警活力不足、综治民调工作、部门大协调、全区视频大整合、食药环案件线索等问题进行解答和支持。

【全区集中统一大清查行动】9月—10月，荷塘公安分局坚持“纵向到边、横向到底、条块结合”要求，4次组织全区集中统一大清查行动。清查行动设置卡口44次，出动警车123车次，警力1034人次，盘查车辆569部，清查宾馆268家，清查出租屋705间，清查网吧、寄卖行、KTV、洗浴点等场所235处，清查各级治安保卫重点单位23家，盘查违法嫌疑人1300余人，入户调查310余人，抓获各类违法犯罪嫌疑人26人，收缴销毁电游赌博机27台。全区集中统一大清查行动在打击违法犯罪活动，压缩违法犯罪空间，提高全区治安水平和群众满意度，策应综治民调，策应中共十九大维稳安保工作，起到良好的法制效果和社会效果。

【破获“1•10”故意杀人案】1月10日，荷塘公安分局侦查实战中心接到群众报警，称位于株洲市荷塘区的东景时空宾馆一名服务员于9日晚无故突然死亡。接警后，分局迅速组织警力赶赴现场开展勘查、尸检、调查走访及视频追踪等侦查工作，确定死者龙某系被人杀害，其丈夫旷某有重大作案嫌疑。犯罪嫌疑人旷某在侦查民警强大的攻势下，最终不堪重负、无处遁形，1月13日到月塘派出所投案自首，如实交代因与妻子龙某发生口角，为得到妻子的人身意外险赔偿，于1月9日晚趁妻子上班时，用毛巾残忍将妻子勒死后逃走的犯罪事实。

【破获系列跨省合同诈骗案】3月6日，荷塘公安分局接到群众报警称：2017年1月4日，他在58同城网上获悉有人转让二手柳工装载机，后在荷塘区云龙大道附近进行交易，被骗15万元。接警后，侦查民警迅速开展调查并组织布控。在市公安局和天津市警方的大力协助下，成功在河北省、天津市将3名犯罪嫌疑人抓获，破获跨省系列合同诈骗案12起，涉案价值150余万元，收缴用于作案的身份证复印件21张，二手装载机转让协议书30份，伪造机动车销售统一发票12张，追回群众被骗现金40余万元。经审讯，该团伙自2015年通过回收报废装载机，采取部件拼装、外壳重新喷漆翻新、伪造出厂合格证和机动车销售统一发票等方法，将翻新装载机车作为正常机车在湖南、河南、重庆、贵州等地进行销售，累计作案12起。该案在中央电视台新闻频道报道。

【快速破获“4•29”持刀抢劫案】4月29日，荷塘公安分局侦查实战中心接到群众报警：游某称他在株洲市荷塘区钻石路某小区楼梯间被人持刀抢劫。接警后，分局迅速安排侦查民警向报警人详细了解案发情况，同时派出视频专干对现场周围开展大范围现场走访，充分借助“智慧株洲”监控系统，对现场周围及逃离路线进行查看和调取。经过一天的连续作战，很快锁定嫌疑人黎某的身份信息。5月2日，侦查民警成功在醴陵市将嫌疑人黎某抓获归案。

【成功侦破“10•18”涉枪涉毒案】10月18日，荷塘公安分局接到目击群众报警称：在荷塘区东都大酒店附近有人被持枪威胁。接报案后，分局立即组织侦查员赶赴现场开展工作。经现场勘查，侦查员确认第一案发现场在新塘坡往红旗中路的路口处，并在第一案发现场提取已击发的7.62毫米手枪弹弹壳、弹头各一枚。据此，分局立即将此案列为涉枪案件进行侦办，并迅速上报。随后警情逐级上报至省公安厅，引起各级领导的高度关注，市公安局立即启动“党的十九大”安保维稳重大警情应急机制，在副市长、市公安局党委书记、局长李晓葵同志亲自指挥下，由市公安局党委成员，副局长高军现场指挥调度，抽调60名警力组成联合专案组全力开展案件侦破工作。10月19日，专案组迅速确定主要犯罪嫌疑人肖某、陈某的身份，分别将两人抓获，当场起获疑似发令枪改装的小口径手枪1支，子弹4发。10月20日，专案组在天元区三门镇一民房内起获“10•18”案，案发时击发7.62毫米手枪弹所用枪支。经查明，10月18日，肖某因怀疑陈某与其女友有染，心存不满，遂纠集唐某等4人从邵阳携带枪支到株洲采取持枪拦车威胁殴打的方式报复陈某并索要赔偿。为进一步落实副省长、省公安厅党组书记、厅长许显辉“深挖细查、除恶务尽”的指示，10月20日，专案组奔赴邵阳将涉案嫌疑人唐某4人抓获归案，当场收缴2支长柄自制猎枪、弹药1发。同时，专案组主动出击，扩线侦查，发现该团伙涉嫌涉毒犯罪，即组织警力陆续将贩毒、吸毒人员黄某等9人抓获，缴获冰毒、麻古等2610.89克。（雷春成）

交 警

【概况】2017年，荷塘交警大队抓住交通安全管理主线，强化队伍建设，提高队伍素质，全力整治辖区交通秩序，努力优化经济发展环境，取得突出成绩。先后获得湖南省文明交通优秀护学岗、湖南省城市道路交通信号“两化”工作、湖南省集中打击重点交通违法行为“百日行动”、湖南省“四大攻坚战”专项行动先进集体，代表建议办理先进单位等荣誉称号；涌现中共十九大安保维稳工作、全省道路交通安全管理工作、2017年株洲市“创文”“十大文明行动”等先进个人20余名。

【交安形势平稳有序】2017年，辖区内发生交通事故8993起(2016年9282起)，同比下降3.1%。其中重大事故19起，死亡19人，没发生群死群伤恶性交通事故，道路交通安全形势比较平稳。

【优化道路交通】2017年，荷塘交警大队以“创文明城市”为主线，严格落实勤务制度，强化现场道路疏导措施，在新华路、石宋路设置道路中央交通隔离护栏，在荷塘辖区内设置1个一级值守岗、3个二级值守岗、10个四级值守岗，4个巡逻组，高峰守点、平峰巡逻，保证高峰期20名警力值守，平峰期4个巡逻组12名警力巡逻。中心城区通行效率明显提升，主次干道不因管理不到位而发生严重交通拥堵，城区道路有序畅通，主干道高峰时段平均车速明显提升，路口阻塞率小于2%。

【开展专项行动】2017年，荷塘交警大队认真组织开展“大排查、大整治、大管控”“百日行动”“预防重特大道路交通事故专项整治行动”“危险化学品运输安全整治”“整治酒驾、涉牌涉证等严重交通违法行为专项行动”活动，组织开展城区道路违法停车专项整治行动，不礼让斑马线等不文明行为和交通违法行为专项行动。大队对各项专项行动统一筹划、合理安排、突出重点、注重实效，圆满完成十九大安保维稳工作。

【交通违法查处】2017年，荷塘交警大队纠正处理交通违法108545

起(2016年90437起),较2016年上升20.02%。查处酒驾醉驾240余起,行政拘留184人,刑事处罚83起,吊销驾驶证83本,暂扣驾驶证475本,扣留机动车2113辆,罚款760余万元,各项整治目标值位列支队前列。

【事故隐患排查】2017年,荷塘交警大队以“压事故、保安全”为宗旨,严肃开展道路交通安全隐患排查治理工作,全区共排查交通事故安全隐患道路152处,清理被占道25起,清理停车场违法车辆896辆,加强事故预防,有效遏制群死群伤和重特大道路交通事故的发生,辖区道路交通安全畅通,保障人民生命财产安全。建立5处客运站场、350余辆客运车辆和12个货运输企业、510余辆危爆运输车辆台账,重点车辆隐患基本清零。全力开展黄标车淘汰治理工作,辖区内的1134台黄标车已基本淘汰。

【高效完成提案办理】2017年,荷塘交警大队高效办结市长热线和政府微建议,共计回复市长热线542条,110信访42条,政府微建议7条。完成提案办理,提案和建议反映的问题落实到中队或相应部门,及时跟进和督办处理,保证及时回复,件件落实“三见面”(办理前与建议意见的提议代表、委员见面,掌握所提意见、建议的真实意图;办理中与提议人见面征求对意见、建议办理的意见和要求;办理后与提议人见面回复对办理结果的满意情况,以提高办理的质量),在规定时间内百分之百办理并回复提案人,代表、委员对办理情况满意率100%。

【强化交通安全宣传】2017年,荷塘交警大队开展“文明出行”“中小学安全教育日”“预防重大事故演练”等活动,开展各种形式的交通安全宣传,在中央人民广播电台、《人民公安报》《潇湘晨报》《三湘都市报》《株洲日报》《株洲晚报》、株洲电视台各频道等媒体发表文章,其中中央级宣传报道2篇,省级宣传报道130篇,市级宣传报道278篇。利用微信公众号、短信平台推送交通安全提醒,宣传交通安全法规,提升全民交通安全意识、法制观念、文明素质,人与交通和谐共处,预防和减少交通事故,实现良好社会效益。（邹湘艳）

公安消防

【概况】2017年,荷塘公安消防大队下设中队,有干部战士及合同制消防员、消防文员共50人,消防车辆5台。全年接警出动742次,出动车辆714台次,出动警力5131人次,抢救被困人员131人,疏散被困人员293人,抢救财产价值731.3万元。

【班子建设】2017年,荷塘公安消防大队党委始终坚持把团结作为班子建设的生命,作为干事创业的基础。严格贯彻落实“十六字”方针,群策群力、集思广益,不断提升科学决策水平,不断增强班子凝聚力、号召力、战斗力。大队军政主官率先垂范,相互尊重支持,配合协调默契。全体官兵以队为家、以队为荣,以高度的责任感维护队伍团结,自觉抵制和消除不和谐音符,全队上下目标明确、步调一致,营造团结、奋进的良好氛围,形成凝心聚力干事创业的大好局面。

【作风建设】2017年,荷塘公安消防大队深入推进“廉政消防”建设,将廉政建设和作风建设贯穿于消防工作的全过程。通过集体廉政谈话、观看反腐倡廉教育片,召开专题民主生活会、签订责任书、撰写心得体会等形式,着力筑牢官兵廉洁自律思想防线。党委成员以身作则,以上率下,带头执行“公安消防部队依法从严治警十条禁令”,坚持清廉务实,动真碰硬,扎实开展消防执法腐败专项整治行动。组织大队监督执法人员开展面向社会公开述职述廉活动，建立干部廉政档案，发送执法回访短信80余条，群众评价满意率达98%。全年，大队收到信访举报92件，均为火灾隐患投诉，无一例涉及官兵违纪，做到件件有调查，有反馈，有落实。

【正规化建设】2017年，荷塘公安消防大队始终站在全局的高度，紧紧抓住规范“四个秩序”这个核心，通过规范一日生活制度、营门岗哨秩序、手机使用管理等措施，不断提升正规化管理水平。坚持以条令条例为准绳，每月一次考评，奖优罚劣。对积极作为、进步明显者予以奖励，增强管理工作的驱动力；对违反规定实行零容忍，以高压态势保持管理秩序井然。部署开展安全工作量化考评活动，成立安全工作小组，每周开展一次安全大检查，每月对安全形势进行分析，针对关键环节、敏感时段加大管理力度，及时解决发现的问题，确保队伍高度安全稳定。

【联合演练】2017年，荷塘公安消防大队立足实战需求，大力推广数字化预案，与社会单位开展联合实战演练，深入研究适应辖区灭火救援实际的方式方法，广泛开展辖区“六熟悉”(熟悉辖区交通道路、消防水源情况；熟悉消防安全重点单位数量、分类和分布情况等)。年内，熟悉单位70家，修订完善各类预案30份，组织各类演习68次，部队灭火救援迅速反应能力不断强化。

【增强官兵工作热情】2017年，荷塘公安消防大队坚持以人为本，从细节着手，实施柔性关怀，积极落实从优待警措施。新购置空调、电视等设施，有效改善官兵生活环境。建立官兵健康档案，做到伤病及时治疗；高度重视官兵心理健康，组织面对面谈心、举办硬笔书法培训班、篮球赛等文体活动，及时为官兵理顺情绪、缓解压力。继续开展“传递孝心、感恩父母”主题活动。合理制定并落实探亲休假计划，保障官兵探亲休假权利。积极做好退伍后勤保障工作，让退伍老兵走得安心。及时掌握并解决官兵实际困难，发动官兵捐献爱心。做好两用人才培训工作，大队安排1名表现优秀人员参加地方驾驶员培训。这些举措，有效缓解官兵的身心压力，使官兵切身感受组织关心和部队大家庭的温暖，有效调动各方面积极因素，起到凝心聚力的效用，助推工作开展和各项任务的圆满完成。

【地方消防力量建设】2017年，荷塘公安消防大队开展多种形式消防队伍建设。依托区委、区政府、各乡镇(街道办)、企业、社区等组织，坚持从实际出发，积极探索，全力构建以公安现役部队为主体，政府、企业专(兼)职消防队伍为辅助，群众义务消防组织为基础，覆盖城乡的多种形式消防队伍体系。助推建立2支政府专职消防队，积极探索合泰、富家垅地区区域联防机制，坚持政府主导，部门联动，有效提升多种形式消防队伍战斗力。

【创新社会消防管理】2017年，荷塘公安消防大队坚持民意导向，大力开展业务能力训练，强化执法服务意识。落实案卷自查自改、交叉评查制度，每月组织参谋对办理的案卷开展自查或交叉评查，提升执法质量服务水平，全年共评查案卷108个。大队出台一系列便民利民措施，采取在岗培训、组织考试、上门服务征求意见等方式，缩短与群众的距离，增进与群众的感情。

【落实消防工作责任制】2017年，荷塘公安消防大队提请区政府制定出台《荷塘区消防工作绩效评估方案》，完善消安委季度联席会议、消防工作季度考评通报、相关职能部门联合执法、消防机构定期督导等工作机制。区委区政府主要领导多次听取工作汇报，带队开展安全检查，召开政府常务会议专题研究消防工作，将消防工作纳入政府目标责任考核、领导干部政绩考评和社会治安综合治理考评范畴，分管副区长多次率队开展消防工作督察，助推行业系统部门消防安全责任制落实，尤其是派出所消防监督执法工作在全省名列前茅。

【隐患整治】 2017年，荷塘公安消防大队部署开展高层建筑消防安全综合治理、夏季消防安全大检查、冬春火灾防控等专项行动，推进常态化消防安全整治，保持整治火患的高压态势。巩固深化网格化和户籍化管理模式，推动103家重点单位隐患自查、火灾自救等能力不断提升。突出抓好合泰、富家坽地区“三合一”场所火灾隐患的消防安全整改，制定并落实《荷塘区合泰、富家坽地区消防安全整治工作实施方案》和“四个一”（大队每月一执法、每周一宣传、一培训、中队每周一演练）的工作机制，确保合泰、富家坽地区火灾形势的基本稳定。大队共检查单位3339家，查改火灾隐患和处理消防安全违法行为5821处，下发《责令改正通知书》1606份，责令三停36家，查封55家，罚款64.07万元，火灾形势保持总体平稳。

【打造全民消防格局】 2017年，荷塘公安消防大队结合实际推进消防宣传“七进”（进社区、进学校、进企业、进农村、进家庭、进机关、进网站）工作，严格落实消防监督员每周半天宣传培训制度，积极营造社会面良好的消防安全环境。推动将消防宣传纳入党员领导干部培训、消防安全重点单位入职培训和中小学安全教育范围。累积培训单位员工和公务员4000余人次，荷塘消防站开放72次，参观群众4500余人次。大队微信消防平台每日更新，微信粉丝4万余人。（赵诗轶）

检　察

【概况】 2017年，荷塘区人民检察院（简称“区检察院”）紧紧围绕区委、区政府打造“实力、活力、宜居”荷塘的总目标，全面强化法律监督，服务经济发展，打击刑事犯罪。全年批准逮捕306件399人，起诉464件602人，立案查处贪污贿赂案件13件13人，办理生产、销售有毒有害食品案件4件，已审结起诉3件，均被判处有期徒刑，1件正在审查起诉阶段。强化诉讼监督，不捕74件84人，不起诉68件104人，追捕7人，立案监督6件，审查逮捕阶段共发出纠正违法通知书10份，重点加强对适用简易程序案件、判处缓刑案件的监督力度，发出纠正违法通知书7份，提起抗诉3件，侦查监督，共追诉漏犯6名，追诉漏罪38起，发出纠正违法通知书11份，提出检察建议11份。社区矫正活动中共制发检察建议书80份、纠正违法通知书26份、检察意见书9份。提出暂予监外执行意见5人，羁押必要性审查30人，财产刑执行监督发出纠正违法通知书7份，办理举报控告申诉4件，强制医疗执行监督发出纠正违法通知书2份。民行科自行发现案件线索24件，经审查受理19件，已全部办结；行政公益诉讼立案1件，提出诉前检察建议1份。忠实履行法律监督职能，有效地维护全区政治大局和司法公信力。在全省检察机关优秀公诉案件评选活动中，区人民检察院参评的“凌某某伪造、编造国家机关证件案”被评为全省优秀公诉案件。10月10日，最高人民检察院下发高检发政字[2017]72号文件，区人民检察院“全国文明接待室”荣誉称号继续保持。

【两法衔接】 2017年，区检察院强化公益诉讼和支持起诉案件的办理，制定《关于摸排公益诉讼线索方案》，对株洲市国土资源局不履行法定职责一事进行公益诉讼立案，得到省人民检察院的肯定。

开展“破坏环境资源”“危害食品药品安全”专项监督活动，走访株洲市6家律师事务所，建立定期联系制度，构建良性互动的新型检律关系。与国土、环保、食品药品安全监督等行政执法部门工作对接，在区环保局、食药监局成立检察联络室。3月，湖南省食品药品监督局发布的食品安全监督抽检结果通报显示，荷塘区巨盛实业有限公司等5家企业的部分食品检验不合格。区人民检察院查阅区食药监局的执法案卷，监督处理被通报企业，并派员参与区食药监局开展的春季食品安全专项检查活动，重点对校园周边食品安全进行跟踪督查。

【司法改革】2017年，区检察院稳步推进司法改革，根据《湖南省检察机关员额检察官首次遴选规则》的规定和不同岗位特点，遴选出员额检察官25名，制定权责统一的考评制度，成立检察官考评委员会，建立司法档案，着力构建科学、高效的检察权运行机制，真正实现“谁办案谁负责、谁决定谁负责”。同时，监察体制改革全面铺开，反贪、反渎两个部门“整体转隶”，10名转隶人员走上监察委的岗位。

【精准扶贫】2017年，区检察院检察长黄伟波多次带领检察干警到桐子坪村和茶陵县严塘镇兴塘村排查、防汛、扶贫。在茶陵县严塘镇兴塘村，检察官刘和平和工作人员马伟等人走访群众、察看受灾情况，检察干警们为他们清理积水、打扫卫生，黄伟波检察长微信转账给工作人员，请他们代为谭家装上新门窗，为桐子坪村贫困户袁某送上慰问金，安排专门的工作人员为其申请大病救助和低保补助，给桐梓坪村金榜题名的贫困大学生送上慰问金。

【办案工作区建设】2017年，区检察院按照《湖南省检察机关办案工作区建设标准》和《人民检察院办案用房和专业技术用房建设标准》，投资180万元对办案工作区改造升级，建设指挥室、门禁系统、监控系统等信息化项目，维护办案工作区秩序，确保办案工作依法、文明、安全进行。配置相应的办案设施，建立规范管理长效机制，充分发挥检察机关办案工作区在检察办案中的作用，依法保障被讯(询)问人的权利，有效保障检察机关的办案质量和办案效率。

【队伍建设】2017年，区检察院扎实推进“两学一做”常态化学习教育，深入学习中共十九大精神，开展观看警示教育片，举办“廉政党课”等活动，坚定干警理想信念，培育忠诚品格。始终将法治信仰、职业信念教育贯穿于检察工作全过程，组织开展检察官入额宣誓、“党员先锋岗”创建、“检察之星”评比等活动，切实增强职业荣誉感和认同感。深入推进队伍正规化、专业化和职业化建设，开展“月末大讲堂”、读书交流等活动，激发干警学习热情，公诉科在全市检察机关公诉团体赛中获得“二等奖”，检察干警罗威、郭逸南分别在区委、区政府举办的“好声音讲坛”中获得第二、第三等奖。注重检察工作与信息化的深度融合，完善“两微一端”等新媒体平台，推送检察资讯127条，提升干警信息化应用能力。积极运用监督执纪“四种形态”，健全廉政风险防控机制，全年开展检务督查3次。大力营造廉政氛围，建成廉政文化走廊，开展“廉洁家庭”创建，进一步提升干警的纪律意识和廉洁意识，全体干警没有出现任何违法违纪行为。(刘锦霞)

法 院

【概况】2017年，荷塘区人民法院(简称(“区法院”)有政法专项编制60人，实有在职干警53人。管辖荷塘区、株洲经开区(云龙示范区)范围内应由基层法院管辖的一审民事案件、刑事案件、行政案件、执行案件。区法院紧紧围绕“努力让人民群众在每一个司法案件中都感受到公平正义”的目标，认真践行司法为民公正司法工作主题，严格履行宪法和法律赋予的职责，为打造实力荷塘、活力荷塘、宜居荷塘提供有力的司法保障与服务。共受理各类案件6083件，审(执)结5836件，结案率95.94%，排全市法院第一名，全省法院第五名，审(执)结标的5.4亿多元，员额法官人均办案253件，执法状况考评名列全市法院第二名，被评为全市政法工作先进单位、市文明单位，云龙法庭被评为全市优秀法庭，20多名干警在省市立功授奖、获得各种荣誉。

【刑事审判】2017年，区法院审结刑事案件508件，判处罪犯652人。依法严惩故意杀人(伤害)、强奸、涉黑涉毒等严重危害社会治安和影响人民群众安全感的刑事犯罪案件166件，严厉打击“两抢一盗”、诈骗、非法吸收公众存款等侵犯公民财产权利的犯罪案件284件，审理贪污贿赂、渎职案件8件14人。积极参与社会治安综合治理，认真开展“平安荷塘”宣传活动，健全犯罪预防工作机制。完善刑事判决的执行工作，集中开展清理判处实刑罪犯未执行刑罚专项活动，收监执行刑罚24人。

【民商、行政审判】2017年，区法院调解、撤诉的民商事案件1791件，调解撤诉率59.38%，发挥调解的定纷止争的作用。审结金融借款合同等商事纠纷案件1140件，维护诚实守信市场秩序，保障实体经济平稳健康发展；审结房地产开发类纠纷案件203件，维护房地产业健康有序发展；审结房屋拆迁安置补偿合同纠纷案件41件，妥善处理因征地拆迁引发的各类纠纷，为荷塘区重点工程征地拆迁工作提供有力的司法服务。注重通过司法监督保障行政相对人合法权益，支持依法行政，共审结行政诉讼案件25件，加强和规范征地拆迁行政非诉案件的审查和服务，全力支持荷塘区建设项目的顺畅推进。

【执行工作】2017年，区法院执结各类案件2286件，标的1.1亿元。借助执行网络查控系统，共查控被执行人存款9700多万元、车辆986台、房屋721套。健全网络拍卖机制，加大执行威慑与惩戒力度。利用官网、微信、微博、公共区域的LED显示屏公布失信被执行人1094名，依法实施司法拘留34人次，1人因拒不执行判决、裁定被依法追究刑事责任，切实保障人民群众的胜诉权益。

【民生保障】2017年，区法院依法打击销售伪劣产品、有毒有害食品、假药、拒不支付劳动报酬等危害民生的刑事案件，保障民生安全。完善民生案件的快速立案、审理、执行绿色通道，对经济困难的当事人依法采取先予执行等措施予以救助。依法审理农村土地、婚姻家庭、社会保障、教育医疗、交通事故、劳动争议等民生案件960件，清理涉民生执行案件47件，保障人民群众安居乐业。

【诉讼服务】2017年，区法院接待来访群众132人次，处理群众来信17件。积极开展法官进机关、进乡村、进街道、进企业、进学校等“五进”活动，深化法制宣传，把普法活动融入到审判执行工作之中。大力开展司法救助，对老弱病残等弱势群体缓、减、免交诉讼费用40多万元，发放救助金10多万元。

【司法公开】2017年，区法院运用审判流程公开、庭审活动公开、裁判文书公开、执行信息公开四大平台，实现“看得见的正义”。通过网站、短信、微博、头条号等多种渠道推送审判执行信息，方便当事人了解开庭信息、流程信息、执行进展等情况。开展互联网庭审直播29次；人民陪审员参审率100%；网上公布裁判文书2683篇，裁判文书上网率100%，充分保障人民群众的知情权、监督权和表达权。自觉接受各方监督，邀请代表、委员听审评议3次，开展座谈20余人次，认真听取意见建议，开展公众开放日活动，邀请100余名群众观摩庭审、监督宪法宣誓、召开座谈会，广泛征集群众意见，不断改进法院工作。

【司法改革】2017年，区法院推进人员分类管理改革，完成法官等级评定和法官单独职务序列薪酬体系改革，共选出员额法官23人，落实人员分类定岗改革，实现不同人员分类管理、分途发展，全面加强审判辅助人员队伍建设，充实审判执行一线，激发干警的工作积极性。搭建新型审判团队，设立22个审判执行团队，优化人力资源，提高办案效能。坚持以公正高效廉洁司法为导向，以维护社会公平正义为目标，努力构建放权、监督、问责“三位一体”审判权运行机制，切实做到放权不放任，用权受监督，不断满足人民群众对公平正义的需要。全面推行《案件质量与司法绩效考核办法》，完善全员办案、轮流分案机制、案件繁简分流、法官业务指导、案件质量控制、审判流程管理、审判质效通报、员额法官考核、院领导督办等一系列配套制度建设，各项改革措施逐步落地生根。（盘利斌）

司法行政

【概况】2017年，荷塘区司法局开展普法宣传、人民调解、社区矫正、安置帮教、法律援助、基层法律服务管理与指导等六项职能。司法行政工作取得较好成效。区司法局荣获市“基层司法所规范建设年”先进集体和“2017年社区矫正工作优秀单位”。金山司法所荣获“全国模范人民调解委员会”称号；桂花司法所、月塘司法所获评“省模范司法所”和“省规范司法所”；金山街道设立以“漆新民”个人姓名命名的人民调解工作室。邓建珍、刘珊两人荣获株洲市青少年普法教育先进个人。

【普法依法治理】2017年，区司法局以“谁执法谁普法”为原则，充分发挥国家机关在普法工作中的职能作用，广泛传播法律知识，促进公民法律意识和法律素质的提高。结合“12·4”宪法日、“3·15”消费者权益日、“6·5”保护环境日、“6·26”禁毒日等重要节点，组织街道、社区举办法治宣传活动14次，展出宣传板报60块；举办社区义务法律咨询3期，咨询法律者200多人次；在安全生产月、平安荷塘创建等活动，发放宣传资料2万余份，接待法律咨询群众2000多人次。农村普法以农村干部和党员骨干为重点，推进送法进乡村。积极拓展青少年普法教育主阵地，组织开展学法实践日、模拟法庭、校园法治小品等学法教育活动；区普法讲师团、法制副校长和“五老”到学校开展主题普法宣讲；开展以“弘扬宪法精神”为主题的知识竞赛和演讲比赛；组织青少年观看青少年法治宣传专题片，青少年在活动中受教育。采取多种形式，加强企业人员法制教育，提高法律意识和法律素质。制定领导干部学法制度，突出抓好领导干部对《中华人民共和国宪法》等法律的学习。年内，区司法局组织全区国家公职人员2375人参加如法网学法考法，学分达标率100%，合格率99.55%。

【人民调解】2017年，区司法局组织全区调解员开展春节、“两会”和中共十九大期间矛盾纠纷预防排查调处工作。设立医患纠纷、交通事故、安全事故、婚姻家庭纠纷等8个行业调解中心。建立健全三级矛盾预警、联动调解、公诉检“三调联合”机制，注重“快、细、稳、准、实”，加强摸排和化解工作，共排查调处各类矛盾纠纷1496件，调解成功1496件，调解成功率达100%。其中排查重大矛盾纠纷59件，调处成功59件。成功调处积案20件，防止群众上访16件，防止群体械斗2件。加强人民调解组织建设。按照“六有八统一”的要求，调整全区调委会成员，促进人民调解员队伍的规范化、职业化建设。

【社区矫正】2017年，区司法局接收社区服刑人员134名，解除社区服刑人员90名。在册社区服刑人员共215名。全国“两会”期间，区司法局制定社区矫正工作维稳办法，积极抓好特殊时期社区矫正的安全稳定工作。各司法所全面排查走访辖区的社区服刑人员，确保社区服刑人员不脱管、漏管，不上访，不参加群体事件。3月2日，区司法局按照省市司法行政机关下发的《关于开展社区服刑人员行为规范试点活动的通知》要求，启动全区社区服刑人员行为规范训练活动。在全市的社区服刑人员行为规范训练比武中，取得全市第二名的好成绩。区司法局携手株洲市同心社工组织，在辖区内开展未成年社矫服刑人员心理关爱援助，实现全区未成年社区群体心理关爱援助100%“全覆盖”。

【安置帮教】2017年，区司法局与区劳动人事和社会保障局联合下发《关于做好刑满释放、解除劳动教养人员就业与社会保障的通知》，鼓励重点管控人员自谋职业、自主创业。加强重点管控人员职业技能培训，促进其再就业；配合民政部门做好重点管控人员中符合救助政策人员的救助工作；做好重点管控人员中符合低保政策人员的审批工作。全区有20名重点管控人员享受低保待遇。

【法律援助】2017年，区司法局完善法律援助受理大厅的各项基础设施，改善办公环境和条件，圆满完成法律服务大厅的建设任务。法律援助中心结合全区中心工作任务，借助政府购买社会服务的春风，认真开展和落实法律援助工作，有效维护弱势群体合法权益。区法律援助中心全年受理各类案件224件，结案率95%。其中，刑事案件46件，民事案件177件，行政案件1件。受援人数267人，解答法律咨询1000余人次。全年实现案件信息网上录入300余件，办案进度和案件结果件件可上网查阅。实现法律援助零投诉，组建法律援助专业服务团队，设立法律援助律师值班工作室，安排律师、法律工作者参与重大疑难矛盾纠纷化解、突发事件处置工作。完善人民调解与司法调解工作的对接，区司法局驻区法院公共法律服务站正式挂牌和运行，指派专职律师在区法院定期值班接受当事人法律咨询服务。至年末，共接待法律咨询群众100余人次，参与矛盾纠纷化解10余件。推进律师、法律工作者担任党政机关、企事业单位、个体工商户的法律顾问工作，法律服务所工作人员担任企事业单位法律顾问达到14家。

【创新普法方式】2017年，区司法局结合司法行政工作实践，探索创新普法方式。一是在调解矛盾纠纷时普法。根据矛盾纠纷情况就地调处化解，在调解过程中始终做到以案释法。使当事人及旁听群众也受到法律教育。二是在征地拆迁时普法。桂花街道、宋家桥街道等征地拆迁，出动司法宣传车80余次，宣传征地拆迁政策、法律知识。三是在文化建设中普法。打造一园一街两长廊法治文化阵地，将天鹅湖公园提质为法治公园，在月塘药检路两侧设立法治走廊，布设法治宣传橱窗30多块。将普法融入群众喜闻乐见的节目和图文中。（邓建珍）

国防

荷塘区人民武装部

【概况】2017年，荷塘区人民武装部(简称“区人武部”)认真学习贯彻中共十九大精神和上级党委全会精神，紧紧围绕省军区党委的工作指导思想和军分区党委的工作部署，结合实际，认真谋划，精心组织，狠抓落实，部队全面建设迈上新的台阶。部党委一班人励精图治，认真落实党的各项制度，严格党员队伍的管理教育，全体党员干部无私奉献，以部为家，体现共产党员的先进性，人民武装部各项工作创新发展。

【思想政治建设】2017年，区人武部始终坚持以中共十九大精神和习近平系列重要讲话精神为指导，坚定不移地贯彻执行中国共产党的路线、方针、政策和上级的指示、命令。严格落实党委中心组理论学习、党委议教等各项学习制度，以年度主题教育活动为内容，党委中心组带机关、基层专武干部理论学习。组织全体党员干部参加“两学一做”常态化制度化学习教育，要求每位党员严格按照活动的要求，开展承诺践诺、学习讨论、对照检查、个人剖析，查找差距，明确努力方向，不断提高自己的思想水平。

【党内生活制度健全落实】2017年，区人武部坚持党的民主集中制原则，充分发扬党内民主，虚心听取群众意见，严格按照党支部工作条例和党委工作条例，落实七项组织生活制度，认真组织党员过好每次的组织生活，安排形式多样的组织活动。部党委始终把学习中国共产党的先进性理论、提高政策水平作为班子建设的基础，一班人团结齐心，增强党委班子的凝聚力、战斗力。年内先后担负全市基层正规化建设观摩会和多次迎检任务，高标准完成上级党委和地方区委区政府布置的各项工作。

【干部队伍建设】2017年，区人武部结合党员干部队伍实际，加强部队的思想政治教育和精神文明建设。结合开展学习型党委、学习型党组织和争先创优活动，有针对性地开展遵纪守法、艰苦奋斗、爱国主义和革命传统教育，积极开展作风教育整顿，并注重大力宣扬典型，弘扬正气。通过抓班子、带队伍，人民武装部克服非军事倾向有新的提高，干部思想稳定，“四个秩序”正规，部队战斗力进一步增强。

【参加地方“四个文明”建设】2017年，荷塘区有18个基层武装部，有民兵2.8万余人。部党委积极组织民兵预备役人员参加地方“四个文明建设”。年内，组织民兵7000余人次，出色完成洪涝灾害救援、道路巡逻、抗洪抢险、扑灭山火、清明节防火规劝等任务，为地方党委创建“两型社会”“四创”活动贡献应有力量，受到区委、区政府和人民群众好评。

【第十七个国防教育日“国防万映家书载梦”活动】9月18日，荷塘区国教办围绕“赞颂辉煌成就、赓读红色基因、支持改革强军”，结合兵役登记，组织辖区高中、高职院校学生开展“国旗下的誓言”国防教育活动，提高学生国防意识。以征兵宣传为契机，组织荷塘籍优秀现役干部典型成立演讲团，到职教城、各中小学宣讲国防知识及优秀事迹。组织6家厂矿企业的25名双职工子女开展“职工孩子看军营”活动，增强青少年学生的国防意识，中央、省市媒体予以宣传报道。

【民兵整组】2017年，区人武部根据全军后备力量建设“十三五”规划和省军区部署安排，年底前完成民兵调整组建任务。全区普通民兵调整为1.2万人左右，基干民兵调整为1200人左右，组建应急、专业、特殊三类力量。提高编组质量。基干民兵党员比例、退伍军人比例均达30%以上，高中以上文化程度比例达70%以上，技术岗位人员专业对口率达到80%以上，应急队伍平时在位率保持在80%以上，其他基干民兵队伍平时在位率保持在60%以上。从严控制在党政机关公职人员中抽编基干民兵，杜绝安保队伍与民兵组织混编合编，严格控制组建脱产常驻、常态备勤民兵分队。民兵管理纳入社会管理体系，形成人武部门统管、编兵单位主管、地方相关部门协管的工作格局。实行注册编组、动态管理、教育训练、服务保障等全员额全过程全要素全时段精确管理，研制推广APP管理平台，不断提高民兵管理工作实效。协调提高民兵预备役人员执勤、遂行任务补助标准，按规定落实奖励优待和伤亡抚恤，探索建立民兵保险制度，健全责权利相一致的保障机制。年内，专武干部换发新式服装，统一民兵服装和标识，增强荣誉感。

【军事训练】2017年，区人武部着眼实战化准备要求，突出国防动员主体地位，贯彻《中国人民解放军军事训练条例》，按照新职能新使命，规范战备值班秩序，修订对接战备方案，开展针对性训练演练。同步参加省军区、军分区组织军事理论学习，全面展开现役干部年度研究作业的训练与考核；参加省军区组织的动员指挥演习和军分区干部半年基础体能考核；按照基干民兵应急力量按编制人数的1/5，专业队伍按编制人数的1/4，特殊队伍按编制人数的1/8开展民兵分队训练，突出民兵高炮、反恐维稳、森林防火、抗洪抢险分队训练；年终军事训练考核。根据军地机构人员调整变化，及时健全完善国防动员领导机构，修订国动委工作规则和成员单位工作职责，优化考核内容。3月，组织全区“一综七专”任务单位进行专业培训。推动国防动员机制纳入军民融合机制，健全国防动员需求对接、军地协调、任务落实、指挥协同等工作制度机制，国防动员各项任务有效落实。做好新版《国防动员潜力指标体系》数据采集，提高动员潜力数据的时效性和准确度。

【征兵工作】2017年，区人武部贯彻落实湖南省征兵宣传“十个一”计划，召开征兵宣传工作会议，统筹各类宣传资源，加强兵役法规宣传和舆论引导，激发参军热情。把高校作为宣传主阵地，开展政策宣讲，重点做好“五个一活动”(组织一次优秀现役军人、复转军人先进事迹报告会；开展一个月的征兵宣传；组织一次大学生征兵启动仪式；召开一次新兵入伍批准大会；举办一期退役士兵就业招聘和免费技能培训)。组织全区年满18周岁的男性公民进行兵役登记，力争兵役登记率达到100%。7月，组织各镇办(街道)、管委会搞好初审初检，按征集任务数的3倍择优确定预征对象。8月，严密组织体格检查和政治考核，确保征集大学生数量和质量。按照国家和省市有关规定，研究制定《荷塘区征兵工作奖惩实施细则》，协调落实退役军人免费职业技能培训和推荐就业，搞好惠兵服务。宣传立功受奖现役军人及家庭，开展走访慰问活动。落实廉洁征兵“零报告”制度，大力纠治基层征兵“微腐败”问题，确保征兵工作风清气正。征兵按宣传发动、体检政审、会议定兵、新兵起运等工作流程，全区圆满完成新兵征集任务，其中大学生新兵比例90%，全年无一例退兵。

【双拥工作】2017年，区人武部坚决完成区委、区政府赋予的急难险重任务，在抢险救灾、应急处突等方面，发挥独特优势，彰显突击作用。开展“双带双促”活动，引导退役军人参与家乡建设，带头维护稳定，凝聚正能量，扩大影响力。抓好军地平安创建工作，协助地方维稳、信访等部门做好涉军维稳工作。拥军优属。完善军人军属法律援助工作站建设，加强涉军维权协调联络，维护军人军属合法权益。与民政部门一道，积极做好军人抚恤优待工作。在巩固成果的基础上，创新方式方法，开展“六个一”活动，即打造一个复转军人信息平台、开展一次优秀退役军人评选活动、组织召开一场返乡退伍士兵欢迎会暨就业专场招聘会、组建一支复转军人志愿者队伍、建好一个复转军人创业就业基地、撰写一个复转军人之家建设的经验材料。推进复转军人精准帮扶，搞好复转军人自我服务，不断增强军人的获得感、幸福感、尊崇感。

【复转军人之家建设】2017年年初，区人武部按照“区委统领、人武部牵头、职能部门配合”的整体思路，积极探索复转军人之家建设的方法，努力实现工作理念由“分”到“统”、工作方式由“防”到“访”、工作力量由“散”到“聚”的转变，推动复转军人服务保障工作常态化，不断提升全区复转军人的归属感、幸福感、尊崇感。10月12日，《人民日报》内参第1232期以《株洲荷塘区设工作站为复转军人提供服务，半年来实现到市赴省进京零上访》为题，刊发荷塘区主动做好复转军人服务保障工作的经验。省军区主要首长，市委、市政府主要领导都作出批示。

【抢险救灾】6月14日，受强降水影响，荷塘区境内8个镇(街道)连降暴雨，降雨量均在100毫米以上，不同程度受灾。区人武部根据株洲军分区和区防汛指挥部指示，出动现役干部7人、民兵应急分队165人，皮划艇1艘，车辆5台，赶赴金山街道办事处金钩山村、大阳村、湘华社区、向阳广场、区法院等6个受灾点开展抢险救灾；抢救转移人员180余人(其中在洪水中抢救老人4名、转移孕妇11人、儿童21人、群众140余人)，疏通下水道500余米，搬运电器、物资等30余吨，挽救经济损失近200万元。

7月4日，因连续大雨，全市部分地区出现洪涝灾害。区人武部根据株洲军分区作战值班室电话指示，出动现役干部7人，民兵应急分队100人，车辆8台，冲锋舟4艘，赶赴月塘街道、金山街道开展抢险救灾。抢救转移人员120余人，搬运电器、物资等10余吨，挽救经济损失近50万元。　（段德生）

人民防空

【概况】2017年，荷塘区人民防空办公室(简称“区人防办”)贯彻落实《中华人民共和国人民防空法》，始终坚持“长期准备，重点建设，平战结合”的人防建设方针，各项工作进展顺利，全区人防工作稳步发展。区人防办被评为“全市人防工作先进单位”。

【“两学一做”学习教育常态化制度化】2017年，区人防办根据区委、区政府的要求，在“两学一做”学习教育中，召开专题组织生活会和开展民主评议党员活动。一是反复学习《中国共产党廉洁自律准则》和《中国共产党纪律处分条例》；二是成立以主任为组长的“两学一做”学习教育领导小组，制定学习教育方案。三是开展“争当五个先锋，作好五个表率”主题实践活动；四是根据区委、区政府要求开展赴茶陵结对帮扶贫困户活动，人防办所有干部都与贫困户认了门、结了亲戚。挨家挨户上门了解情况，确定帮扶计划，落实帮扶措施；五是开展主题“党员活动日”活动。坚持每月“党员活动日”，到人防办联系点袁家湾社区进行集中办公，联系服务群众；按照“党建提升年”活动要求，指导袁家湾强化班子建设和党组织设置，帮助袁家湾打造党建工作示范社区。

【人防宣传教育】 2017年，区人防办根据市人防办要求，结合区情实际，制定《荷塘区2017年人防知识宣传教育工作计划》，组织实施人防宣传教育工作进社区活动，选择石塘冲等7个社区为活动试点单位，免费为32个社区配备资料柜、防护服、宣传资料、人防知识展板等物品，不断增强辖区单位和人民群众的国防意识。在地下人防指挥所口部，置办大型人防知识展板，版面清晰、内容丰富。督促区教育局开展了人防知识进学校，免费为全区小学生赠送《人防小博士》4800套和《现代防空防灾》初中教材的配发任务。5月8日至12日，区人防办全体成员到袁家湾社区、西子社区、合泰居委会、荷塘铺村、仙庾中学、十九中等单位进行人防知识宣讲活动，发放人防知识书籍，受到社区干部群众和学校师生的好评。

【防灾减灾宣传周活动】 5月12日，区人防办在荷塘区红旗广场步步高超市门前，组织全区声势浩大的防灾减灾宣传活动。此次活动，由区应急办和区人防办具体组织，动员广大人民群众共同参与防灾减灾活动，提高全区群众安全意识和应对突发事件的避险自救能力。活动动用车辆、参加人数、宣传内容较多。发放宣传资料2万余份，《公民应急手册》(修订本)3000余本，制作图版30多块，接受宣传教育者3万余人。

【安全生产集中整治专项行动】 2017年，根据市人防办《关于进一步加强人防工程安全管理工作的通知》和株洲市、区安全生产委员会转发《湖南省安全生产委员会关于深刻汲取事故教训切实加强安全生产工作的紧急通知》及《湖南省安全生产委员会办公室关于近期接连发生安全事故的通报》的通知，区人防办立即组织全办人员认真学习，安排人员对辖区人防工事进行全面排查。制定并印发本级安全生产集中整治专项行动方案和普查工作通知，召开辖区各相关企事业单位负责人工作部署动员会，组织精干人员对辖区内的人防工程进行一次全面性、“地毯式”的普查，及时发现问题，组织整改，消除隐患。

【通信警报系统建设】 2017年，荷塘区有防空警报26台，布点在辖区24家企(事)业单位。区人防办专门为每台警报器建立维护、检修和详细档案，全部安装防护栏和保护罩。签订《荷塘区防空警报维护管理责任书》。把人防通信警报建设维护管理纳入工作目标，明确职责，搞好协作，促使人防通信警报建设维护管理工作落到实处；坚持月重点巡检和季度普查相结合的工作制度，采取“四定”(定人管理、定期检查、定期维护、定期汇报)措施，加强对警报设施的维护管理工作；定期对全区人防警报点进行检查、测试和维护，经常组织人员到警报设施现场与兼管人员共同协商和调查研究，认真搞好警报设施的检查维护和整修工作，排除故障，消除隐患，使其始终处于良好状态。不定期组织警报维护管理人员进行技术培训和技术指导。对车载短波、超短波和背负式电台进行升级改造，确保关键时候联得通、用得上。

【工程设施维护管理】2017年，荷塘区有老旧人防工程43处，口部74个，工事分布在辖区43家企(事)业单位。新建人防工程37个(2017年12月重新统计核实1990—2017年)。由于早期人防工事年久失修，采取措施，确保人防工程及其设施设备处于良好状态，无垮塌渗漏、安全隐患等不良现象。一是建立检查登记制度。区人防办坚持每周到重点人防设施进行下洞检查1～2次，发现问题及时整改。二是与辖区人防工程管理单位签订人防工程维护管理责任书。三是重新对老旧人防工程进行一次细致普查，重新进行数据采集和资料建档。年内，完成人民医院等9个单位的大型人防工程的普查摸底、数据采集和资料整理建档工作。四是积极协调资金对重点人防设施进行改造升级。区人防办多次与市人防办协调，市人防办投资160多万元对荷塘区地下人防指挥所进行维护改造升级，已验收交付使用。五是对存在问题的单位及时下达整改通知书。2017年，区人防办先后对2家单位下达整改通知书，并全部整改到位。

【参加“株防—2017”机动指挥通信系统跨区联合演练】5月16—19日，区人防办在市人防办的统一指挥下，参加“株防—2017”机动指挥通信系统跨区联合演练。这次演练取道常德至宜昌，与宜昌市人防办开展联演后，经孝感、岳阳返回株洲，行程约1200多千米。演练活动中，区人防办参演人员克服天气变化无常、连续阴雨、长途奔波及训练时间紧、任务重、要求高等困难，始终保持昂扬斗志，坚持安全高效训练，受到市人防办和友邻单位高度评价。

【防空警报试鸣及防空疏散演练活动】11月1日上午9时30分，区人防办在市人防办的统一组织下，以仙庾中学、株洲市第十九中学、西子社区、区直机关为主体，组织全区警报试鸣及防空疏散演练。区人防办为了认真做好警报试鸣的各项工作，提前对全区警报器管理人员进行培训，对设备进行检修，并通过电视、广播和手机短信等多种形式告知市民防空警报鸣放及警报信号知识，结合试鸣活动同步开展社区居民、学校师生参与的群众疏散隐蔽活动。参加本次防空疏散演练的人员约8000人。

【扶贫工作】2017年，区人防办全体干部与茶陵县思聪街道左垅村贫困户颜军明、刘四清、刘冬来、郝焕成等4人结对帮扶。坚持每月进行一次走访，了解情况，分析贫困原因，找准贫困点，采取精选一个脱贫致富项目、制定一套配套机制，完善一批政府扶贫项目等措施，在单位资金紧张的情况下，筹资5万元，帮助颜军明、郝焕成新建一栋两层楼房，对刘四清的房屋进行改造，彻底改变其居住条件，帮助刘四清的妻子刘喜香到村上新建蘑菇基地学习蘑菇种植技术，并在村办工厂上班。帮助刘冬来的儿子刘件明外出打工，并学习蚂蝗养殖技术，基本脱贫。 （齐清明）

经济社会管理

发展和改革

【概况】2017年，荷塘区发改局牵头的五项主要经济指标成效突出。其中，GDP总量实现214.3亿元，同比增长8.1%，增速排名城区第二；第三产业增加值实现117.64亿元，同比增长9.7%，增速排名城区第二；固定资产投资实现211.93亿元，同比增长14.8%，增速排名全市第一；规模以上服务业企业营业收入实现10.72亿元，同比增长30%，增速排名全市第一；万元GDP能耗实现0.5466吨标煤，下降3.5%，降速排名全市第一。争取到中央保障性住房基础设施配套项目资金3000万元，同比增长20%。积极申报“红旗广场商贸服务业集聚区”“仙庾康养服务业集聚区”“荷塘月色农业产业融合示范园”和有色金属检测检验平台等4个项目，争取中央预算内资金支持。其中，仙庾康养特色小镇已被列入20个省级特色小镇之一。推行一站式审批服务，完成各类项目立项、调整210个，承办价格投诉举报21起，价格认定案件71宗，认定金额63万余元。

年内，蔡群英获评全市“项目攻坚年”活动先进个人，王馨荣获评2017年度株洲市价格认证案卷评比先进个人。

【牵头开展“项目攻坚年”活动】2017年，区发改局为克服项目流程没人全懂、项目进度没人紧盯、项目实施没人统筹的短板，创新设立区项目办，设计系统化的运行机制，践行“马上就办”的工作理念，对全区所有项目进行全方位指导、全过程调度、全流程督办。为项目建设提供“一门式”管理服务，让业主单位从前期立项，到中期征拆交地，再到后期开工建设，不需要到各职能部门来回跑，进项目办一个门，就能解决所有问题。年内，项目办共下达交办函244份，交办事项386件(涉及全区所有重点项目及征拆项目)，通过重奖重罚，督办任务落实率保持在95%以上，基本破解了项目前期工作滞后的“顽疾”，把领导干部从疲于项目现场调度和协调中解放出来，有效提升项目推进速度和后期管理水平。全年实施重点项目136个(含市级重点项目49个)，计划总投资463亿元，年度投资计划130亿元。其中，时代电气与车辆厂电气轨道工程机械制造基地等17个项目竣工，株洲农副产品批发交易物流中心等53个项目开工建设，格斯特航空发动机等22个续建项目进展顺利，中美医院等44个项目前期工作推进有序。统计入库5000万元以上固定资产投资项目72个。其中，市级重点项目完成投资73.15亿元，完成年度投资计划的121个百分点。

【编制荷塘区三大片区开发战略方案】2017年，区发改局落实区委第五次党代会“加快中央商务区、水竹湖科教新区以及太阳商贸集聚区开发建设”的部署，迅速行动，成立专题调研组，按照“高标准定位，高水平谋划，高质量推进”的思路，研究“三大片区”开发战略定位及运营策略方案。调研“三大片区”社会民生、区域经济发展，从宏观层面、产业层面、规划层面、市场层面、基础调研层面、访谈资料层面等七个层面进行分析，按照经济与产业、人口与土地、城市配套、城市空间、城市交通五个方面进行归纳总结，找出荷塘现状发展存在的问题和优势，通过产业、空间、生活、环境四个方面的提质改造，全面推进荷塘区社会经济发展。通过公开招投标的形式，与广东戴德梁行就水竹湖科教新区、太阳商贸集聚区、中央商务区三大片区开发运营及产业定位研究签订合作协议，年内已完成第一、二阶段成果。该成果将与金山新城、荷塘月色的空间规划和产业规划有机结合形成荷塘区经济发展、社会事业的总领大纲，指导荷塘区未来经济社会发展。同时，在第一、二、三产业，基础设施，社会民生等方面提出符合荷塘实际的亿元以上项目10～15个，并策划至商业计划书的深度。（曹彧）

人力资源和社会保障

【概况】2017年，荷塘区人力资源和社会保障局（简称“区人社局”），全局干部职工齐心协力、真抓实干，就业创业工作不断推进；加强内控管理，社会保险工作平稳有序；坚持“凡进必考”，把控机关事业单位选人关口；依法依规实施劳动保障监察和劳动争议调解仲裁，维护劳动者合法权益；牵头“民生100工程”，不断惠及民生；强化廉政风险控制，系统作风建设不断加强。

【阳光招聘人才】2017年，区人社局落实“凡进必考”制度，采取公开考试、严格考察、平等竞争、择优录取的办法，组织公务员招录和事业单位公开招聘，全年共招考教师71人、事业单位工作人员41人、招募“三支一扶”人员3人，录用公务员7人，优化机关事业单位干部队伍结构。

【提升人才服务】2017年，区人社局按照安置政策要求，完成5名转业士官和3名随军家属安置。根据省有关通知精神，组织全区98名机关事业单位工勤人员参加工勤技能岗位考核（考试）。完成2017年教育系统初级职称评定共47人，其中转评2人、认定45人。完成2017年中、高级职称申报工作。

【落实人员待遇】2017年，区人社局根据中办发[2015]4号及湘办发[2015]41号文件精神，落实职务与职级并行政策。年内，全区公务员晋升职级共5人。其中晋升正科1人，晋升副科4人。

【退休干部管理】2017年，区退管办健全退休干部管理工作基层网络，退休干部各项待遇落实到位。开展“喜迎十九大”系列活动。利用重阳节、春节等重要节日开展走访慰问活动。依托区老年大学，与区老干局联合组织退休干部参加区老年大学开办的太极拳（太极剑）、合唱、书法培训班，丰富退休干部的晚年生活。

【社会保险运行平稳】2017年，全区企业养老保险新增参保人数2922人，完成年度目标任务121.75%；失业保险参保人数11505人，完成年度目标任务100%；城镇职工基本医疗保险参保人数100212人，城镇居民基本医疗保险参保人数162656人，新农合参保人数48632人，基本医疗保险指标完成率为100.03%。征缴城镇职工养老保险基金29400万元，完成年度目标任务113.08%；征缴失业保险基金324万元，完成年度目标任务140.87%；征缴城乡居民养老保险基金243万元，完成年度目标任务188.37%；征缴城镇职工基本医疗保险基金6312万元，完成年度目标任务102%；征缴生育保险基金387万元，完成年度目标任务102%。年度发放养老金23124万元、失业金155万元、城乡居民养老金339万元，上缴城乡居民大病医疗保险365.2万元。

【社保窗口服务效能提升】2017年，区人社局按照荷塘区“一门式”政务服务改革要求，将劳动社保、就业、医保等部门的自然人服务事项共计92项业务统一纳入“一门式”政务服务系统，提升经办效率和服务质量。加强对镇、街道便民服务中心各项业务的培训和指导，形成办事制度化、服务规范化、窗口服务一体化的良好格局，荣获荷塘区2016年度全面深化改革先进单位称号。

【机关事业社会保险】2017年，荷塘区全面推进机关事业单位养老保险制度改革，抓好机关事业单位养老保险参保登记工作，认真开展参保人员异动申报工作，积极与省厅、创智公司、浙大网新、银行等单位对接，机关事业养老保险新业务系统启用开展业务经办。全区110家机关事业单位完成参保登记，在职参保人数2821人，完成指标任务的141.05%，基本养老保险基金征缴收入4159万元，职业年金累计收入1692万元。为全区1782名离退休人员发放离退休费4367万元，发放率达100%。机关事业单位养老保险基金安全运行和规范率100%。为全区2016年12月31日前已按规定办理退休手续并按月领取基本养老金的1541名退休人员调整增加基本养老金。

【创业就业】2017年，荷塘区实现新增城镇就业8941人，失业人员再就业3611人，就业困难对象再就业806人，新增农村劳动力转移就业275人，扶持高校毕业生微创业40人，零就业家庭动态援助100%；创业培训452人，离校未就业高校毕业生实名登记率100%；离校未就业高校毕业生就业及就业准备率100%；城镇登记失业率3.28%，低于4.5%的控制目标。

【就业创业服务示范平台】2017年，区人社局按照《株洲市公共就业创业服务示范平台评选奖励办法》(株人社发〔2017〕48号)要求，市人社局、市财政局在全市组织开展就创业服务示范平台评选工作。按照公开申报、择优推荐、量化评选、网上公示的评选程序，茨菇塘街道劳动保障站、桂花街道劳动保障站、黄家塘社区劳动保障服务中心、汽车城社区劳动保障服务中心、赵家冲社区劳动保障服务中心、文化路社区劳动保障服务中心6个单位，被评为2017年株洲市就业创业服务示范平台。

【创业基地提质升级】2017年，荷塘区创业基地内有创业实体210家，解决12000多名农村劳动力、失业人员、大学生等群体就业问题。其一，打造生态旅游创业圈。对株洲市首家农民创业基地即“荷塘月色生态旅游”创业基地进行提质升级建设，充分发挥仙庾岭“荷塘月色生态旅游”资源，以仙庾岭周边村为核心，完善相关配套设施，不断壮大旅游服务业、特色种植业、饮食休闲娱乐业。年内，入驻企业20余家，带动就业400多人。基地内发展起大小休闲“农家乐”42家，创业人员42人，解决120多名农村劳动力就业。其二，建设企业创业孵化园。对金山科技工业创业(孵化)基地进行提质升级建设，有116家企业签约入园，带动就业11000多人，区就业局积极为其提供人员输送和政策支持。与区企业服务中心联合举办3场园区企业进高校专场招聘；组织园区企业到茶陵县开展就业扶贫援助招聘活动；通过“在荷塘”网络微信平台，为园区企业进行用工招聘；园区每个星期五举办惠企培训。其三，开发中南机电工业园。园区产业结构以机电和电子为主，已有入园工业企业38家，提供就业岗位500多个，积极为其提供就业服务。

【拓宽人力资源】2017年，区人社局重点开展“就业援助月”“春风行动”“民营企业招聘周”等全区性公共就业服务专项活动，举办专场招聘会，送岗位进社区、村、校园、劳务协作县等，探索开展网络用工信息发布，为求职者和用人单位提供有针对性的公共就业服务。共举办招聘会5场，150家次企业进场招聘，提供就业岗位800个。

【民生实事】2017年，区人社局牵头承担“民生100”工程任务指标55项。其中，省指标10项，市指标45项。年内，指标任务全部完成。其中，发放城镇低收入住房困难家庭租赁补贴、加强农贸市场、大型超市食品安全的检测和监管，确保市区各大型超市、农贸市场快速检测全覆盖、资助家庭经济困难学生等20项指标超额完成；居家养老服务中心建设，实现创新和突破，真正将惠民落到实处。

【劳动维权】2017年，区人社局按照上级有关备勤制度，受理劳动投诉168起，为302人追回被拖欠的工资92万元，清退押金3万元；受理仲裁案件65起，为154人解决解除劳动合同经济补偿金、工伤待遇、拖欠工资等问题共计350万元；处理9起劳资纠纷群体性突发事件，10人以上群体性、突发性上访事件8件；其中呈办网络和市长信箱、行风热线、市局领导批示交办案件14件。开展集中治理拖欠农民工工资工作，处理建筑企业农民工工资拖欠案件5起，涉及农民工人数700人，金额1510万元；为其他各类人员共计500人追回被拖欠工资1300万元。

【城乡居民医疗保险】2017年，是城乡居民医保整合后正式运行的第一年，基本实现覆盖范围、筹资政策、保障待遇、医保目录、定点管理、基金管理六统一。全年共计参保297900人。其中，城镇职工参保101521人，城镇居民参保99366人，新农合参保45824人，常住流动人口在原籍地参保51189人，医保覆盖率为100.51%。新增参保单位111家，新增参保763人。征缴城镇职工医保基金6887万元，完成全年任务的112.9%；征缴生育保险基金419万元，完成全年任务的104.8%。各项指标处于全市前列。进一步加强基本医保、大病保险、医疗救助、商业健康保险和慈善救助等制度的衔接，发挥协同互补作用，增强保障合力。（陈　婧）

工商行政管理

【概况】2017年，株洲市工商局荷塘分局(简称“工商荷塘分局”)加强行政执法力度，立案35起，结案32起，罚没款入库44.6万元。完成企业年报3830家，个体户年报14780户，年报率分别为85.02%，90.4%。受理消费者投诉举报1119起，办结1084起，办结率97%，为消费者挽回经济损失125万元。开展打击商标侵权专项行动，查处假冒美的LED灯620台；引导和鼓励企业重视商标，培育商标，走品牌发展之路。建立健全广告监测体系，监测各类广告30条，共检查广告违规违法案件3件，立案查处1件。开展无照经营综合整治，出动执法人员206人次，检查各类市场38个次，检查经营户966户次，规范引导经营户2193户，查处取缔无照经营户8户。不断规范市场主体档案管理，为市场主体提供查询523次，为公检法及其他部门提供查询47次。履行职能，推行重点企业、重点项目提前跟踪服务，事前引导，事中支持，事后服务的全程支持措施。对大型超市开展“行政指导”，减少消费者申投诉数量，提高消费者申投诉处理效率和质量。走进企业，开展帮扶活动，完成个转企任务57户，引导转企253户，超额完成市个转企办公室下达的目标任务。扎实推进“五证合一、一照一码”登记制度改革；实行注册登记制度改革，积极发展市场主体。年内，新设立企业1179户，同比增长17.9%，变更863户，注销135

户，“五证合一”627户；新设立个体工商户5085户，同比增长2.5%，变更、换证3044户，注销672户。至年末，荷塘区共有企业8492户，个体工商户34584户。加强队伍建设，开展“两学一做”常态化制度化、“纠四风、治陋习”专项整治和“道德讲堂”等工作，落实党风廉政建设和反腐倡廉工作责任制，拓宽道德建设的范畴，推动各项工作迈上新台阶。抓好组织建设，分局党委换届，选举产生新一届分局党委会，组建成立荷塘区非公有制经济组织综合党委，下辖4个支部，4个工作站，推进党组织在个私领域的全覆盖。

【打击整治传销】2017年，工商荷塘分局保持打传处非的高压态势，创建“无传销社区”，强化组织领导，健全工作制度，将打击传销作为推进社会综合治理和建设“平安荷塘”重要内容，借助荷塘区基层网格管理体系，防控和打击传销体系覆盖基层。坚持打早、打小、打苗头、打反复，有效遏制传销的蔓延势头，保障社会和谐稳定，大规模、公开化的传销活动基本绝迹。全年共发放宣传资料15330份，出动人员186人次，车辆16台次，捣毁传销窝点8个，驱散传销人员42人，解救误入传销窝点人员5人。（何建波）

国土资源管理

【概况】2017年，荷塘区批回用地项目29个，批回用地面积140.26公顷，同比增长15.9%；全区招拍挂出让土地15宗，总成交面积58.13公顷，同比增长88.43%，成交总价款15.77亿元，同比增长161.96%。市级征地拆迁项目完成交地29个，面积264.8公顷，区级项目完成交地15个，面积49.5公顷，总计完成交地314.3公顷，超额完成荷塘区年度计划任务。年内，获得区服务征地拆迁和房屋征收工作先进职能部门红旗单位；获得荷塘区2017年度支持治违工作贡献奖；陈智敏获得2017年度全省国土资源信访工作先进个人；熊昕获得2017年市征地拆迁“百日攻坚”行动先进个人；陈智敏获得荷塘区2017年度治违工作先进个人；王建超、龙国钢、邓华、刘宇帆、宋华多、胡辉群获得区征地拆迁和房屋征收工作先进个人；征地拆迁工作在全市2017年第三次“阳光公示”检查中获得第一名。

【耕地保护】2017年，根据国土资源部、农业部联合下发的《关于进一步做好永久基本农田划定工作的通知》，荷塘区在已有划定永久基本农田工作的基础上，将城镇周边、交通沿线现有易被占用的优质耕地优先划为永久基本农田。是年，全区耕地面积为3034公顷，基本农田面积为1909公顷。按照区委、区政府“东拓南进、西改北联”发展布局，原来的建设用地布局需要重新优化，以适应新的发展需要。自本轮土地利用总体规划调整完善工作开展以后，国土荷塘分局积极与相关部门进行横向沟通，充分征求金城公司、金科公司、金山工业园等相关单位建设用地布局调整意见，在保持新增建设用地规模不变的前提下，重新优化布局，调整453公顷建设用地规模，解决嘉德工业园二期、金龙路两边地块、新塘路四期、孝文化园等重点项目用地不符合土规的情况，保证项目用地。年内争取市级农土补助资金10万元。

【用地报批与土地供应】2017年，国土荷塘分局创新服务理念，积极主动处理好资源保护与保障发展的关系，为荷塘区经济和社会发展做好用地保障。为荷塘工业集中区、金山新城、民生工程建设用地，提供一条龙服务，努力做到让企业和群众满意。一是主动服务，提前介入，加强与园区、规划、林业等部门的沟通，提高报批效率。二是按照上级部门规定的格式、内容和规范要求，严格审查土地报批卷宗的质量，避免因为资料不符合规范退卷的情况。三是先期介入《拟征地方案》调查，为土地报批赢得时间；由区征管办负责组织协调落实“现状调查”工作经费，镇(办)负责协调调查工作的推进；将调查工作外包。四是争取市级指标，降低用地报批成本。在省交易中心以25.35万元/亩的价格购买的水田指标暂不使用，预留用于以后圈内建设项目用地报批。国土荷塘分局积极协调市局，优先挤占市里6.5万元/亩的旱改水指标，7月份将上报的9个占用耕地14公顷的用地项目，就为园区节约土地报批成本4000万元。至12月末，已批回用地项目29个，批回土地140.26公顷，同比增长15.9%。全区招拍挂出让土地14宗，总成交面积58.13公顷，同比增长88.43%；成交总价款15.77亿元，同比增长161.96%。

【项目攻坚】2017年，国土荷塘分局以推进供给侧结构性改革为主线，扎实开展“项目攻坚年”“企业帮扶年”活动。市领导联系荷塘区的涉及国土部门重点攻坚项目共有4个，株洲市铁路交通枢纽建设(一站一路)——铁东路(规划26——新华路)项目土地报批面积4.53公顷，年内已经组织用地报批资料上报省国土资源厅；中环大道贯通工程北环线C段项目17.2公顷用地于3月2日批回，年底已完成征地拆迁；嘉德工业园二期7.66公顷用地已批回，已完成征地拆迁；在“企业帮扶年”活动中帮助科能公司和飞鹿公司完成土地置换。

【征地拆迁】2017年，市政府下达荷塘区的征收计划项目29个，总面积280.5公顷。区政府下达征拆计划项目27个，总面积约227.4公顷。至2017年年末，市级项目已完成交地29个，面积264.8公顷；区级项目完成交地15个，面积49.5公顷，全年总计交地314.3公顷，超额完成荷塘区年度计划任务。全面推进荷塘区征地拆迁工作，国土荷塘分局实行征拆人员全覆盖机制，全体工作人员都下到各个征拆项目指挥部。预防廉政风险，在源头上遏制腐败，一线征拆人员实行一年一轮换制度。驻各镇(办)征拆人员由国土荷塘分局领导班子根据各片区任务量研究决定下派，并报区政府备案，同时将《征拆工作人员作风、纪律十不准》发至各镇(办)，国土荷塘分局的工作人员接受各镇(办)监督。宣传新政策，用好新政策。国土荷塘分局联合征管办开展新政策集中培训和知识抢答竞赛，征拆所长还下到项目指挥部答疑解惑，形式多样，效果明显；当好参谋，精准把握新政策导向，寻找新老政策的平衡点，在实施新政策实践中提炼合理方案，拿出了符合区情的《实施细则》，经市政府主管部门批复后实行。

【执法监察】2017年，国土荷塘分局狠抓工作落实，力保执法监察工作规范到位，确保国土资源管理规范，土地利用秩序良好。一是扎实开展卫片执法工作。共下发变更调查图斑57个，面积53.63公顷，占用耕地1.724公顷。经核查，违法图斑9个(8宗地)、面积4.34公顷，已全部立案查处、下发处罚决定书，整改到位。二是全面完成土地督察局例行督察工作。荷塘区下发的问题图斑均为违法图斑，已全部处罚到位，收缴罚款60.13万元，移送区治违大队拆除。为加大武汉督察局2015、2016年度发现问题的整改力度，荷塘区政府成立整改领导小组，制定整改方案，明确各部门责任，确保土地督察顺利过关。三是建立与规划、区拆违大队的信息共享机制，加强共同执法力度。第三、四季度全天候卫片监管违法图斑零增长，土地秩序得到较好的维护，用地氛围呈良好趋势。

【地灾防治】2017年，国土荷塘分局高度重视地质灾害防治工作，年初以区政府的名义制定下发《荷塘区2017年地质灾害防治方案》。进入主汛期后，分局领导、矿产测绘管理股和中心所人员始终奋战在一线，实行24小时值班值守。只要一接到险情电话，分局的工作人员就会和416队的地质专家一道，第一时间赶到现场，发放“地质灾害明白卡”，并由专家出具踏勘简报，提出治理建议，积极进行应急处置。全年共发现新增地质灾害隐患点22处，其中较严重的隐患点4处，均设立警示牌，拉好警戒线。对于灾后治理，国土荷塘分局提出治理建议：一是区政府加大地质灾害治理资金投入，对家庭确实困难的村民给予一定的补助。二是对于责任主体明确的隐患点，由区政府对责任单位下达督办函，要求其限时完成治理；三是由镇(办)、村两级做好人员已撤离隐患点的巡查工作，防止次生灾害的发生。是年，争取省厅地质灾害应急补助资金10万元用于荷塘月色环仙女湖公路项目的地质灾害治理。

【工作创新】2017年，开展国土资源中心所规范化、标准化、信息化、便民化的“四化”创建工作。加强窗口建设，逐步推出一站式办理、预约办理、自助办理，开设危房、地质灾害受损宅基地等村民建房审批绿色通道等多种服务举措，解决老百姓办证难的问题。积极开展园区土地报批创新工作，建立园区土地报批协作机制和标准化工作体系，强化各单位的责任和服务意识，提高国土规划审批效率，加快推进项目实施，全面做好园区土地报批工作。

【队伍建设】2017年，国土荷塘分局按照“两学一做”学习教育常态化、制度化的要求，严格落实“三会一课”“主题党日”制度，组织开展党员干部进社区、行政审批进乡镇和党建帮扶活动。2017年11月3日，组织全体党员和业务骨干到任弼时故居重温入党誓词，不断增强党组织的凝聚力和战斗力。

【农房一体调查】2017年，荷塘区农房一体调查工作涉及全区7个涉农乡镇、办事处，24个涉农村。按照上级的部署，国土荷塘分局稳步推进农房一体工作，至年末已全部完成全区农房一体外业调查工作，共调查农房17942户。然后根据调查成果和测量数据进行内业工作，建立数据库。（贺凤林）

土地储备

【概况】荷塘区土地储备中心于2013年8月成立，系荷塘区政府正科级全额拨款事业单位，编制5人。

2017年，土地储备中心完成土地报批74.27公顷，21个项目（株洲市金城集团投资控股有限公司17个项目共62.33公顷，株洲市金科建设投资经营有限公司4个项目共11.94公顷），比2016年报批的56.93公顷增长30%左右。其中，工业用地54.2公顷、商住用地14.33公顷、公共及配套设施用地5.74公顷。完成土地供应57.33公顷，商住用地37.2公顷，工业用地15.5公顷，划拨4.64公顷，比2016年完成土地供应总量（28.87公顷）增幅达98%。

【土地报批】2017年，区土地储备中心针对株洲市2017年度土地报批计划总量，从500公顷缩减到340公顷和新的水田政策的出台以及林地指标的双重限制，及时调整工作重点。对涉及水田政策调整的9个项目进行优先攻关，先拿到其中6个项目的水田指标。下半年又因为林地指标不够，通过不断沟通协调，努力争取林地指标，批回9个有关林地指标上报项目(24.6公顷)中的8个项目共计23.93公顷。是年，区土地储备中心围绕全年工作目标，不仅为园区范围内的报批任务进行统筹、指导和协调，还为株洲市金科建设投资经营有限公司的报批工作提供服务。其中荷塘工业集中区地块一(G9)项目(面积：7.93公顷)和荷塘区工业集中区地块二(G12)项目(面积8.13公顷)是株洲市2017年第一个上报省厅并在一个月内批回的项目，成为株洲市批回土地中用时最短的项目。

【土地储备与供应】6月6日，区土地储备中心与南华生物干细胞项目(2.47公顷)成功签订收储协议并完成收储，完成第一宗地的收储业务。7月，出让给株洲金城华亿发展有限公司做标准厂房项目。

区土地储备中心改变工作方法，密切与企业的交流和配合，与市、区国土规划部门协调沟通，加强资料的前期准备工作，成功将华昌门窗项目、原无线电七厂项目、原城建局大院家属楼棚改项目等3个历史遗留项目挂牌出让。年内，区土地储备中心完成挂牌出让包括总部经济园、中油燃气、华昌门窗、国投金汇三期、华亿健康产业园在内共16个项目，为推动荷塘区经济发展和项目落地动工做好前期准备工作。

【党建工作和干部队伍建设】3月，区土地储备中心党支部根据上级安排，制定详细的“两学一做”常态化制度化学习方案，按时按质完成每月的主题党日活动，在丰富党员活动形式上下足功夫。7月1日，组织支部全体党员赴韶山参观学习，缅怀革命领袖，重访红色革命故地。8月，区委组织部决定撤销区土地储备中心党支部，单位党员并入到金山工业园管委会党支部参加组织生活。调整后的单位党员依然按时按要求参加金山工业园管委会党支部的主题党日活动和党员学习。（何彦欣）

食品药品监督管理

【概况】2017年，株洲市食品药品监督管理局荷塘分局(简称“食药荷塘分局”)加大办案力度，在原有的“4室3所1窗口”的基础上，抽调各个股室精干办案人员，成立稽查室，形成“5室3所1窗口”的格局，增强执法办案力度。是年，株洲市食品药品监督管理局荷塘分局和3个监管所分别建起食品快检室，由省食品药品监督管理局、株洲市食品药品监督管理局配置快检设备240余万元，拥有农残、水分等多项快检能力。分局基层执法部门先后配备20万元的移动执法PAD、执法记录仪、数据采集工作站、执法箱等稽查执法装备，丰富稽查手段。至2017年年末，分局所有行政审批事项全部归口到区政务中心办理，便民高效，共办结食品经营许可2913份。其中，国卫复审期间督办1876份。办结小餐饮许可130份。妥善处置各类投诉160起(食品127起，生产25起，医疗器械4起，药品3起，化妆品1起)，投诉转立案20件，满意率100%。统筹推进校园及周边、禽流感防控、保健食品、药品整治等各级各类专项整治34项，检查食品药品生产经营主体3500余家，共立案查处食品药品违法经营行为84起(撤案6起)，开出罚单44万余元。与荷塘区商粮局联合召开农贸市场主办方约谈会，印发《荷塘区人民政府关于禁止经营白板肉的通告》。与公安、城管等部门联合开展第一期白板肉联合整治，检查四三〇、财富小区等农贸市场，扣押白板肉60余千克。整治情况在《株洲晚报》等市级主流媒体刊登宣传。开展一系列豆制品整治工作，依法查封无证经营单位3家，取缔无证生产豆制品“黑作坊”5家，查封磨浆机、压榨机等加工器械7台，扣押原料黄豆12袋共计660千克，扣押来源不明、无证生产豆制品1722.6千克。不搞“一阵风”式整治，“净化市场、踏石留痕”，豆制品生产经营市场面貌焕然一新。

【牵头食品安全检查】2017年，食药荷塘分局在全国文明城市、卫生城市复审中，分局牵头食品安全组，引导乡办、社区广泛参与，明确街道办和社区“一排查二督促三反馈”工作内容，实现检查覆盖率100%，督办食品经营许可证1876份，督促从业人员办理健康证1246人次，免费为辖区所有熟

食摊位、豆制品、卤菜店、糕点店等直接入口食品经营户免费制作“三防”设施606个。（禹　意）

安全生产监督管理

【**概况**】2017年，荷塘区安全生产监督管理局(简称“区安监局”)完善安全生产责任体系，强化监管执法，加强隐患治理。全区共发生各类安全生产事故24起，死亡2人。其中，道路交通事故死亡1人，工商贸其他行业安全生产事故死亡1人。非煤矿山、烟花爆竹、危险化学品等行业未发生安全生产事故。全区未发生较大以上安全生产事故，安全生产形势持续稳定好转。

【**落实安全生产紧急电视电话会议精神**】5月8日下午，荷塘区召开落实省、市安全生产紧急电视电话会议精神工作部署会议。区委副书记、区长王利波，副区长、公安分局局长成良池，区政协副主席、区安监局局长冯晓出席会议。会上，王利波强调要提高认识，时刻绷紧安全生产这根弦。必须从攸县黄丰桥镇吉林桥煤矿“5·7”事故中汲取教训，切实抓好各行业安全生产工作。要落实责任，切实履行“党政同责、一岗双责”安全生产责任。要制定方案，严格按照上级要求，对查出的问题跟踪复查并严肃整改，确保安全隐患整改到位。

【**安全生产暨“安全生产大检查”工作动员部署会**】8月2日，荷塘区召开全区安全生产暨“安全生产大检查”工作动员部署会议，传达全国、全省、全市安全生产会议精神，通报上半年全区安全生产形势，部署全区安全生产大检查及“一单四制”工作和近期安全生产工作。区委常委、常务副区长刘国梁，区政协副主席、区安监局局长冯晓出席会议，区安委会成员单位、镇、街道、管委会分管负责人、安监站长参加会议。

【**召开区安全生产工作会议**】9月11日，荷塘区召开安全生产工作部署会议，落实全市迎接国务院安委会安全生产大检查综合督查(考核)部署工作电视电话会议精神，安排部署安全生产工作。区委常委、常务副区长刘国梁，副区长王冬，区政协副主席、区安监局局长冯晓出席会议。金山工业园、九大块、区安委会成员单位分管负责人，部分企业领导参加会议。会上，刘国梁强调，要提高认识，迅速落实会议精神。各单位按照会议要求做好迎检准备，根据安全生产大检查方案，查漏补缺。要制定方案，严格按照上级要求，实施重点检查，实现隐患排查全覆盖。区安委办对有关企业、部门及各镇办管委会的“安全生产大检查”情况进行抽查，及时通报。

【**安全生产暨消防安全专项整治工作会议**】11月9日，荷塘区召开安全生产暨消防安全专项整治工作会议，通报“11·8”南岳岭民房火灾情况，部署全区消防安全大检查专项行动。会议要求，自11月9日起，全区所有生产经营性单位、人员密集场所和老旧小区、重点整治公共娱乐场所、宾馆饭店、商场市场、学校医院、沿街门面店、出租屋、城中村、棚户区、养老服务机构、劳动密集型企业、易燃易爆单位、“三合一”建筑场所等开展消防安全大检查专项行动。区委书记邬凌云在会上强调，要迅速贯彻落实全市安全生产工作紧急电视电话会议精神，深刻汲取月塘街道办事处南岳岭社区“11·8”火灾教训，进一步改进和加强全区安全生产暨消防安全工作，以强有力的措施杜绝类似事件再次发生，确保人民群众生命财产安全。金山科技工业园、仙庾镇、各街道(管委会)党政主要负责人、区安委会各成员单位主要负责人、部门企业代表参加会议。

【何朝晖检查安全生产】4月21日，副市长何朝晖带队到株洲飞鹿高新材料技术股份有限公司和湘运汽车南站开展安全生产检查。区委副书记、区长王利波，区委常委、常务副区长刘国梁，区政协副主席、区安监局长冯晓陪同检查。何朝晖首先到株洲飞鹿高新材料技术股份有限公司，深入车间、仓库仔细查看配备应急器材、消防器材及可燃气体检测报警装置运行状况，对现场发现的问题当场提出整改要求，强调一定要重视安全设施的定期检测、检查和更换，确保设施状态良好。随后到湘运汽车南站，查看客运车辆例检、监控系统及车站安检运行情况，嘱咐车站工作人员要严格落实安全生产责任，切实做好服务工作，确保广大旅客安全出行。要求相关部门严格落实安全生产监督责任，杜绝一切安全隐患。

【区领导多次率队检查安全生产】1月12日，区委、区政府迅速落实湖南省安全生产电视电话会议精神，区领导邬凌云、王利波、赖晓智、陈友元、何恒仁分别带领安监、交警、消防、公安、经信、城建、教育等单位负责人，分5个组，到交通运输、商场超市、工贸企业、建筑工地、校园和旅游企业等重点行业和人员密集场所，开展春节前安全生产大检查活动。区委书记邬凌云一行先后到中南蔬菜批发市场、湘运长途汽车站详细询问安全生产保障措施执行、落实情况。强调春节将至，人口流动性激增，特别是交通运输安全是重中之重，绝不能掉以轻心，要切实强化监督检查，确保各项安全生产措施落实到位。区委副书记、区长王利波先后到东都大酒店、大润发超市，听取各单位安全生产工作开展情况汇报，实地查看KTV、电影院等人员密集场所的灭火器、消防栓、紧急出口、应急照明灯、疏散指示标志等各项保障设施及员工安全技术的掌握情况。区委副书记赖晓智带队到金山工业园，先后走访中良科技、春华实业等企业，督查企业安全生产管理工作。区人大常委会主任陈友元一行先后对芙蓉家苑工地和东部美的城工地进行安全生产检查。区政协主席何恒仁一行先后到荷塘小学、万畅旅游客运有限公司，详细了解各项安全生产措施及设施保障情况。

4月4日，区委副书记、区长王利波，区委常委、常务副区长刘国梁带队督查湘运公司长途汽车站，各镇、街道的道路交通安全、森林防火工作以及落实省安全生产及森林防火工作紧急视频会议精神情况。各镇、街道都较好的落实了省安全生产及森林防火工作紧急视频会议精神。

5月，区委书记邬凌云在仙庾镇仔细查看211省道路段沿线和兴塘村山体滑坡路段，听取有关部门的整治情况汇报，提出具体整治措施。区委副书记、区长王利波到财富小区、银基小区的服装加工厂，“三合一”场所消防安全工作进行督查。区委副书记赖晓智到汉德车桥(株洲)齿轮有限公司、中国化工株洲橡胶研究设计院有限公司进行督查。区人大常委会主任陈友元实地查看新桂国际、郦城小区安全生产设施使用、隐患整改及责任制落实等情况。区政协主席何恒仁到晨荷小学、高塘水库实地查看。此次集中督查，查出安全隐患14条，下达整改指令4份。

国庆前，区委副书记、区长王利波带队，副区长、公安分局局长成良池，区政协副主席、区安监局局长冯晓参加检查，率公安、安监、消防等部门负责人到荷塘区大型综合体开展“两节”前消防安全生产检查。王利波一行到银泰财富广场、步步高百货详细检查各楼层、疏散通道、消防控制室等部位巡查。强调各部门要时刻紧绷安全生产这根弦，以对群众高度负责的态度，严格落实消防安全责任。区委副书记赖晓智率队到园区的株洲飞鹿高新技术股份有限公司、株洲力洲硬质合金有限公司进行安全生产工作督查。区人大常委会党组书记、主任陈友元，区人民政府副区长王冬一行先后走访检查中石油燃气分输加压站、湘江风光带地产芙蓉花园项目施工现场，了解两家单位安全生产责任落实及"两节"期间安全生产工作安排情况，检查安全设施、应急预案设置及日常安全管理等情况。区政协主席何恒仁、副区长程轶辉带队到东都酒店、万达影院，检查安全生产责任制度是否落实到位，应急预案是否制定完善。

【危化品泄露应急救援演练】 7月4日，2017年株洲市危险化学品安全生产应急救援演练在荷塘区举行。市政府副秘书长周南洋，区领导邬凌云、王利波、刘国梁、冯晓到场观摩救援演练。演练由株洲市安全生产委员会主办，荷塘区安全生产委员会承办，株洲飞鹿高新材料技术股份有限公司、株洲市劳动卫生职业病防治中心、荷塘消防大队、环保荷塘分局参演。演练场地设在株洲飞鹿高新材料技术股份有限公司。演练现场模拟罐区二甲苯输送管道发生泄漏，当班班长发现险情，立即组织抢险并向上级报告。泄漏的甲苯发生火灾，楼栋燃起熊熊大火，两名工人中毒晕倒，一名工人被困，飞鹿股份有限公司立即启动应急预案，成立应急指挥部，现场警戒组进行警戒和疏散，抢险救援组、伤员救护组展开救援。区安监局、荷塘消防大队、市职防中心、区环保分局等部门接警后迅速启动应急预案，对事故进行有效处置。各单位按照预案要求，密切分工协作，有条不紊开展事故救援工作，圆满完成事故处置。此次应急救援演练，验证了区内企业生产安全事故应急预案的科学性和实用性，检验应急救援能力以及综合协调能力。市安委会部分成员单位及城市五区安监局局长、相关企业负责人、荷塘区安委会成员单位、各镇办分管负责人参加观摩。（李　莉）

统计工作

【概况】 2017年，区内统计工作取得良好成效，实现平稳进步。

统计报数，成绩靠前。坚持做到月度报数盯紧盯牢，季度报数看重看好。年内，荷塘区地区生产总值达214.3亿元，增速8.1%，排名城区第三；固定资产投资自6月起，持续排名全市第一，社会消费品零售总额等指标排位基本稳居前2名，在全市季度排名20余项指标中，荷塘区排城区前2名的指标每次有10项左右，成效较好。在从严治统的环境下，保持数据集成的稳定和经济稳中发展，进中向好的态势。

调查工作，不辱使命。举全局之力，扎实做好5年一次的住户调查大样本轮换工作，确定好601、新月塘、石子头、430、明照村五个新样本点和100户被调查户，为未来5年荷塘区的城乡居民收入调查事业奠定坚实的基础。积极对接，精准服务，配合区绩效办做好省对市的绩效考核民意调查工作，受到省市领导好评。认真做好农民工、小微企业、1‰人口抽样、规模以下服务业等7项调查工作，完成第三次全国农业普查的收尾工作。

监测预警，服务到位。及时监测每月、每季度的数据上报情况，对各项指标跟踪进行预报预警中，主动向区委、政府领导汇报动态，反映问题，提出对策。主动对接和指导各行业主管局，及时研判和预报情况，为区委、政府作决策提供参考和依据。主动担当，跟踪监测全面建成小康社会36项指标、50家"四上"企业申报任务进展情况及时维护更新3700余家名录库企业，有效监测数据变化。及时撰写经济形势分析材料，提供每周《统计工作动态》、月度《荷塘统计专报》和《荷塘区经济有关行业数据统计上报情况》，以及季度《荷塘区经济运行情况》，有效发挥统计服务的职能。

【依法治统】2017年，开展镇办统计员、行业局统计干部、企业统计员业务培训5次，分部门主动对接20余次，到望城区学习统计工作，有效增强统计业务能力和依法治统意识。有效应对省、市开展的10余次专项统计巡查和不定期检查工作，积极主动开展工业、商贸业基础数据的修订工作。在区监察局的牵头带领下，对全区固投、规模工业等各专业开展统计自查自纠行动，维护数据的真实可靠，很好地保持数据前后的平稳性。此举深受市统计局领导赞许。党建工作、纪律作风建设等常抓不懈，走在区直部门前列。

【“民生100”工程指标考核】2017年，荷塘区落实“民生100”工程任务，制定责任指标分解，落实责任单位和责任人，实事考核办和统计局联合下发考核指标解释和考核指标验收办法及对各责任单位的考核评比办法。各主要责任单位和相关责任单位，按照考核办和统计局的要求，全面及时上报“民生100”进度完成情况和相关资料。荷塘区统计局在“民生100”数据评估认定过程中，本着客观、公平、公正的原则，采取一听、二查、三看、四访等方法，做到数据来源清楚、客观真实。全区20个主要责任单位“民生100”考核指标数据由各责任单位在11月至12月期间在荷塘区政府门户网上进行公示，公示结果无异议和举报现象。至年末，全区55项考核指标，全部完成任务。其中，新增城镇就业、新增农村劳动力转移就业、创业培训360人、支持高校毕业生微创业、新增企业养老保险参保人数2400人、确保农村五保户年分散供养5000元/年标准、农村免费放映公益电影、农村适龄妇女(35～64周岁)“两癌”免费检查、发放城镇低收入住房困难家庭住房租赁补贴200户、美丽乡村示范村建设、农村宽带网络升级改造、农村公路窄路加宽等20项指标超额完成任务。

【住户调查】2017年，全国城乡住户一体化调查轮换工作全面开展。区统计局“四个举措”积极开展住户调查样本轮换前期工作。一是领导重视，为调查工作铺基层石。成立住户调查工作小组，局长任组长，亲自组织局专业人员认真学习《湖南住户调查样本轮换抽样实施细则》《2017年住户调查样本轮换抽样框更新和摸底调查方案》等文件。在政府常务会议上通过并安排解决区级样本轮换调查工作经费近20万元，以保障住户调查工作顺利开展。二是加大宣传力度，努力营造良好氛围。三是跟进上级工作部署，稳步推进工作开展。四是严格按照要求做好审核上报工作。荷塘区统计局通过以上措施积极地、扎实地、稳步地推进荷塘区住户调查样本轮换各项工作，做好老户与新户替换衔接工作，为2018年住户调查工作开展打下坚实的基础。（潘丰霓）

农 业

【概况】2017年，荷塘区有24个村，478个村民小组，农村人口6.09万，耕地3520公顷，林地6003公顷，菜地面积600公顷，旱地327公顷，白石港防洪大堤2千米，建宁港堤防6.8千米；有各类水利工程1893处，水库17座，总库容546万立方米，灌溉面积722.6公顷，山坪塘1715口，灌溉面积2300公顷，大小水坝132座，提水泵站280处，总装机3521.5千瓦，灌溉泄洪渠道总长120千米，其中小(一)型水库1座，小(二)型水库16座，骨干山塘1700余座，总库容2200万立方米，挡水涵闸287处。区内主要农作物种植模式中，水稻以水旱轮作种植模式为主，蔬菜以轮作、间作、套作、混作等种植模式为主。年内实现农林牧渔总产值7.77亿元，增加值4.46亿元，同比增长3.92%。荷塘区粮食播种面积5160公顷，粮食产量3.6万吨，同比增长2.29%，粮食单产为488千克/亩。油菜籽播种面积660公顷，收获油菜籽0.08万吨。蔬菜种植面积3160公顷，收获产量13.13万吨，瓜果种植面积190公顷，收获0.14万吨。土地流转面积达3535公顷，蔬菜、花木、瓜果等基地种植面积不断扩大。荷塘区的春耕生产中化肥、农药、农用薄膜、粮食种子的储备量分别达到2100吨、3.6吨、3.3吨、49吨，有效满足全区农民的春耕生产需求。

全年建设标准化生产基地8个，“三品一标”的认证绿色食品11个。全区农产品抽样检测4902批次，合格率100%。组织全区认真学习贯彻执行《中华人民共和国农产品质量安全法》，结合科技下乡、农技培训等活动组织开展农产品质量安全宣传活动，发放宣传资料6000份。组织技术干部下乡50多次，指导培训农户1000人。通过培训，提高人民群众的生产技能，确保粮食、蔬菜、瓜果等农作物产量效益稳步提升。全年举办以农产品质量安全为主要内容的农业实用技术培训班4期，参加省市农产品质量安全业务培训15人次。通过宣传培训，倡导全区农民使用高效、低毒、低残留农药，提高农民安全生产意识。区农村工作局被株洲市人民政府评定为2017年农产品质量安全先进单位。

【家庭农场申报】2017年，经过家庭农场自愿申请，镇(街道、管委会)农经部门推荐，经区农村工作局审核，对符合条件的家庭农场进行认定。区内符合条件的家庭农场有9家，涉及种植业、种养结合2个行业，其中蔬菜种植业6户、蔬菜种植与家禽水产养殖相结合3户。按照湖南省省级示范型家庭农场创建办法，区农村工作局推进家庭农场示范创建行动，做好省级示范农场的申报评定工作，培育发展基础条件好、经营管理好、生产效益好的荷塘区昌盛家庭农场申报省示范性家庭农场，指导该家庭农场规范财务管理，建立专门财务台账，实行财务记账电算化，为金融部门提供金融等服务创造良好条件，鼓励其通过利用电商交易平台，提高销售服务能力。年内，株洲市海润通农林有限公司成功申报为湖南休闲农业示范园项目，并获得省扶持资金20万元。农村工作局帮助新型农业经营主体申报贴息项目3家，分别是：杨家寨生态山庄、轩宜凌海波、仙水生态山庄，贴息金额为15万元；申报农产品加工引导项目一家(株洲市民庆食品有限公司)；株洲市康情农副产品供销有限公司和杨家寨生态山庄完成市级龙头企业评定工作。农村工作局负责2017年中国中部(湖南)农博会的布展参展工作，组织辖区内的株洲市民庆食品有限公司参展，区农村工作局获第十五届中国国际农产品、中国中部(湖南)国际农博会组织工作优秀单位。

【农技推广】2017年，区农技推广中心积极开展农业技术服务，夯实基层农技工作基础，仙庾农技站是河东四区唯一的创星级农技站。农技中心在抓好田间学校的同时，注重互联网+服务创新工作模式，做好跟踪服务，利用网站、微信群、QQ群等现代信息平台，及时掌握农民的技术需求和生产难题，选派技术专家为学员答疑解惑、排忧解难。通过示范户的辐射带动作用，吸引更多的农民使用高产高效新品种和科学的种植技术，达到农业增效、农民增收的目的。

【森林防火】2017年，根据省、市森林防火指挥部的文件和通知要求，区农村工作局制定森林防火应急预案，成立领导小组及救火突击队，做到有安排，有组织，有秩序。成立专业扑救队伍，创立微信联系群，制定相关报备制度规定，做到"找得到，叫的动"，要求对护林员队伍做出考核规定。补充配齐防火设备，做到物质有保障。要求护林员进行日常巡逻及防火宣传，发现问题及时报告。采取区防火办人员包镇(街道办事处、管委会)、办点干部包村、村干部包组、护林员包山头的方式，层层落实防火责任，保障森林防火安全。区农村工作局被株洲市人民政府评定为森林防火工作先进单位。区农村工作局在3.12植树节期间，宣传和组织机关和社会团体完成新造林33.3公顷，林相改造40公顷。按程序完成林地审批22宗，35.59公顷，完成村民建房审核33户。

【抗洪抢险】2017年，湖南省从4月1日起正式进入汛期。区农村工作局在前期防汛备汛工作中开展备汛大检查，建立以行政首长为核心的防汛责任人制度，抓紧水毁工程修复，严格查处安全隐患，确保工程安全度汛。实行24小时值班制度。严明防汛抗旱工作纪律，加强对水情旱情进行预测、检测、上报。加大物资储备，建强抢险队伍。针对年内汛期早、汛期长的特点，加大防汛物资器材的储备，全区共落市防汛物资编织袋2.7万条、编织布5000平方米、块石200立方米、砂石料300立方米，物资总价值40万元。组建民兵抢险队伍50人。在6月—7月特大暴雨水毁灾害后，区防汛抗旱指挥部迅速调度抢险力量奔赴一线抢险救灾，区领导多次亲临现场督查指导。7月特大灾情发生后，防指各级单位第一时间采取得力措施，坚持"不漏一人，不遗一户"的原则对危险地段群众进行及时有效的转移安置，切实保障受灾群众的基本生活和生命财产安全。区农村工作局被株洲市委株洲市人民政府评定为2017年全市抗洪救灾先进集体。

【"五小"水利建设】2017年，荷塘区农田水利建设总投资200万元，其中区政府财政投资82万元，整合其他资金118万元，在仙庾镇樟霞村、东山村、金塘村、徐家塘村、黄塘村、兴塘村、蝶屏村等地维修加固骨干山塘9口，整修渠道、水圳10千米，完善农村饮水配套设施2套，修复水库库区垮塌1处。

区农村工作局严格按照市"民生100"工程中机耕道建设的要求，制定《荷塘区农村机耕道建设实施方案》，成立区农村机耕道建设工作领导小组，统筹和指导机耕道项目建设。年内，全区完成100千米机耕道建设任务，解决部分农机进田“最后一公里”问题，为高质量机械化夯实基础。着力规范农机购置补贴实现“一门式”办理模式。对2017年农机购置补贴办理的申请条件、申请材料、办理时限和办理流程等要求在智慧荷塘进行公布，实现服务工作的程序化、规范化和标准化，简化流程，提高办事效率。全区发放农机具购置补贴2台，补贴资金1.79万元。开展对变型拖拉机灭失、报废、脱检的专项清理整治行动。组织各镇、街道对辖区内的变拖进行调查摸底，摸清机具状况，有针对性地开展整治行动。积极配合市局农机监理所对60台拖拉机开展年检年审工作。扶持株洲市旺鑫农机农民专业合作社，使其设施逐步完备，功能不断齐全，特色更加明显，合作社的农机装备水平和作业能力大幅提高。

区农村工作局被市政府评定为重大动物疫病防控工作先进单位；被市农业机械化管理局评定为全市农机系统行风建设工作先进单位；被市畜牧兽医水产局评定为2017年度全市养殖业目标管理先进单位；被市畜牧兽医水产局评定为2017年度全市养殖业工作畜禽水产品质量安全工作先进单位。

【美丽乡村建设】2017年，仙庾镇樟霞村成功创建市级美丽乡村示范村。美丽乡村建设工作如期超额完成实事工作任务，通过市农业委、区委、区政府和仙庾镇、荷塘月色管政府和樟霞村、蝶屏村的层层努力，全面扎实推进仙庾镇樟霞村、荷塘月色示范区管委会蝶屏村2个村的美丽乡村创建工作，使樟霞村和蝶屏村卫生设施得到完善，卫生管理水平不断提升，道路、房前屋后、渠道两旁全部绿化、道路硬化、村庄亮化，实现环境优美、生态文明、公共服务完善、城乡协调融合发展的美丽新农村。

【清理整顿农民合作社】2017年，对全区在工商部门登记注册的122家农民合作社进行全面清理，对不规范的合作社进行整顿，对“假、冒、空”的摘牌除名，通过全面清理整顿，全区正常生产经营的合作社有42家。为贯彻落实《关于做好2017年中央财政支持农民合作社重点培育项目和农民合作社省级示范社创建项目申报工作的通知》精神，结合实际，年内在42个专业合作社中开展调查，推选出荷塘区轩宜种养殖农民专业合作社为“农民合作社市级示范社”，株洲市柏春水果种植农民专业合作社为“中央财政支持农民合作社重点培育项目”，因地制宜地开展示范社的创建，充分发挥其示范带动作用。　　（刘　欢）

工业和信息化

【概况】2017年，荷塘区经济和信息化局(简称“区经信局”)服务于区委、区政府工作中心，经济和信息化工作取得较好实绩。全区累计完成工业产值189.46亿元，同比增长9.3%；完成规模工业增加值49.8亿元，同比增长7.7%，高于全市0.4个百分点，城区排名第三；规模以下工业增加值增速5.3%，高于全市2.3个百分点，城区排名第二。工业投资上报60.1亿元，同比增长2.4%。工业固定资产投资项目中5000万元以上25.2亿元，5000万元以下34.9亿元。完成申报工业“四上”企业17家，其中新建新投7家、“下升上”10家，超额完成市下达任务3家。

【“企业帮扶年”行动】2017年，区经信局在“企业帮扶年”活动中找准自己的定位，统筹协调，扎实推进活动深入开展。在服务意识上，区级领导每人联系2~4家重点企业，每个月至少开展1次调研和督查调度，及时帮助企业解决问题，推动项目加快建设。在解决问题上，各部门和科级干部定点联系1~2家企业，为企业提供精准帮扶。在发展企业上，着力培育具有较大规模和较强竞争力的优势骨干企业，抓好上市后备企业培育，加快企业上市进程。春华实业入选2017年上市后备企业资源库，飞鹿高新材料、宏达电子相继成功在深交所创业板上市。株洲硬质合金集团被工信部认定为第二批制造业单项冠军；中国化工株洲橡胶研究院有限公司的气象气球产品被评为单项冠军产品。建立于2016年的中小企业公共服务平台，实现跨部门、跨层级的企业服务大联动。以政府购买服务为依托，依靠第三方服务机构在惠企培训、人才服务、政策推送、项目申报、企业家沙龙等方面为全区中小微企业提供全免费服务。企业服务平台跟踪各类企业项目42个，召开部门联席会议4次，全区各相关部门完成企业问题交办125件，为企业解决各类问题和困难230余个。全区各部门共联系企业120余次，收集问题和需求近300个，其中交办到各职能部门办理的275件，办结率100%。收到市“12345”交办问题156件，已全部办结，办结率100%，企业满意率达99%，企业对帮扶工作高度认可。

【党建工作】2017年，区经信局党委坚持用机关支部同一标准对待两新组织党建工作。局机关支部坚持每月开展4次党员集中学习和交流，结合每月主题党日活动，抓好党员党性、党纪、党规教育。向各非公支部和党员发放《中国共产党章程》《习近平总书记系列重要讲话读本》等学习资料2000余本，专用学习记录本50余本。对基层党组织书记和党务工作者集中培训2次。局党委明确1名副局长主抓党建工作，配备2名党建专干。建立班子成员联系督导制度，明确3名班子成员督导单位。严格要求下属两新党组织按期换届，按要求配备党委、支委成员，明确党建专干。年内，区经信局党委发展9名新党员。严格审查历年来发展党员的档案，已审查档案50余本，注重从质量、数量、结构、分布等方面把好关。局党委每月督查各基层党组织党建工作，发现问题，下发整改通知限期改正，月末总结，每季度进行一次考核。结合工作实际到企业一线走访调研8次，上半年开展本系统基层党建经验交流座谈会1次，解决和答复两新党建工作有关事项。局党委全年安排党建工作经费10余万元。一是加大对基层党员的培训投入。安排培训经费2万余元，走出去，请进来，组织集中培训和分行业针对性培训6次。二是加大阵地建设投入。按照“双强六好”和“十有”标准，创建飞鹿和创通两新党建工作示范点2个，安排2名副局长对口联系示范点。安排经费4万多元用于规范完善示范点基层组织活动中心的功能建设，安排经费17000元为各党组织统一订阅党报党刊。三是加大对困难党员的慰问。全年3次组织慰问困难党员14人，慰问金额16500元。（言　彪）

2017年荷塘区规模工业分大类行业增加值及增速

表7　　单位：万元

分大类行业	行业代码	2017年累计	累计增长速度(%)	去年累计	12月累计(可比价)
总计	00	498076	8.5	454241	492848
非金属矿采选业	10	1280	-7.8	1198	1104
纺织服装、服饰业	18	14446	-14.2	17500	15022
造纸和纸制品业	22	3434	39.0	2299	3195
化学原料和化学制品制造业	26	8665	17.4	7217	8472
医药制造业	27	81483	8.1	74129	80114
橡胶和塑料制品业	29	3849	116.7	1760	3814
非金属矿物制品业	30	25905	0.7	23435	23592
有色金属冶炼和压延加工业	32	76423	22.8	60510	74328
金属制品业	33	15415	14.1	13449	15339
通用设备制造业	34	25630	17.5	21137	24846
专用设备制造业	35	2609	45.4	1831	2663
汽车制造业	36	40771	-9.5	44975	40694
铁路、船舶、航空航天和其他运输设备制造业	37	53201	-0.7	53769	53377
电气机械和器材制造业	38	678	4.7	645	675
仪器仪表制造业	40	681	47.5	463	683
金属制品、机械和设备修理业	43	313	-63.4	855	313
电力、热力生产和供应业	44	132136	11.8	119353	133417
燃气生产和供应业	45	11157	15.3	9717	11200

2017年荷塘区规模工业分类型销售产值汇总表

表8　　单位：万元

分市州	工业销售产值		
	2017年累计	2016年累计	增长速度(%)
总 计	1852205	1702978	8.8
轻工业	267300	259760	2.9
重工业	1584905	1443217	9.8
国有企业	627951	564816	11.2
股份制企业	1150379	1071541	7.4
外商及港澳台商投资企业	71151	66621	6.8
其他经济类型企业	2724	—	—
国有控股企业	702958	637306	10.3
大中型企业	755562	722706	4.5
国有控股企业	659597	599603	10.0
省级及以上产业园区企业	1040057	973975	6.8
非公有制企业	485971	460972	5.4

2017年荷塘区规模工业分类型出口汇总表

表9　　单位：万元

分市州	出口交货值		
	2017年累计	2016年累计	增长速度(%)
总计	59561	111713	-46.7
轻工业	—	—	—
重工业	59561	111713	-46.7
国有企业	1068	1280	-16.5
股份制企业	54323	49444	9.9
外商及港澳台商投资企业	4170	60990	-93.2
其他经济类型企业	—	—	—
国有控股企业	44247	97543	-54.6
大中型企业	43179	96263	-55.1
国有控股企业	43179	96263	-55.1
省级及以上产业园区企业	59561	111713	-46.7
非公有制企业	15314	14171	8.1

（言　彪）

企业服务

【概况】2017年，荷塘区企业服务中心(简称“中心”)全面深化政务服务改革，以政务服务平台、企业服务平台、社区公共服务平台建设为重点，着力打造现代服务型政府。中心全程代理企业、项目行政审批事项，集中推送惠企政策信息，统一交办企业需求，跟踪督察办事效率。“一中心、九平台、多站点”的服务体系架构，“全方位、全过程、全免费”的为企业提供保姆式服务，有效打通政企联络的“最后一公里”。中心获评“湖南省中小微企业核心服务机构”称号。

【政策宣导】2017年，中心依托实体窗口、平台网站、企业家微信群、QQ群、服务热线“五大”信息沟通渠道，收集整理国家、省、市、区各类惠企政策信息200余条，推送惠企政策信息3万余条(次)。收集企业问题和需求300余条，交办到各职能部门办理275件，直接受理25件，办结率100%。年末，企业家QQ群人数已达252人，微信群361人，微信公众号订阅人数近1000人。

【服务工作】2017年，中心开展基础政务代理，为企业投资项目提供“一站式”行政审批代理服务，化解企业办证难题，促进项目快落地、快建设。开展融资担保服务，中心已为中小微企业提供担保贷款近1.4亿元。开展人才支撑服务，中心与职业技术院校达成战略合作协议，统一收集企业岗位需求，定期举行专场招聘会和校园招聘会，企业招工难问题得到有效缓解；开展惠企公益活动，按照“一周一主题”的模式，全年开展营销、管理、法律、股改等专场惠企培训40期，培训企业家或高管总人数2000余人次。组织企业参与各种主题沙龙活动、赴标杆企业游学参展活动，为企业成长添砖加瓦。（杨光强）

工业企业选介

株洲硬质合金集团有限公司

【概况】2017年，株洲硬质合金集团有限公司(简称“株硬集团”)按照“稳中求进”的工作总基调，转方式、调结构，推改革、强机制，精管理、增效益，科学务实，积极作为，攻坚克难，真抓实干，努力推进公司的改革和发展工作，整体彰显较好发展态势。完成硬质合金销量5645.1吨，同比增长18.1%。完成出口总量3125.78吨，同比增长37.05%；本部完成硬质合金出口1100.8吨，同比增长15.54%。产品结构调整扎实推进，各专业产品能力布局继续优化，主导产品棒材、球齿、轧辊、高性能拉丝模、数控刀片、微钻等产品产量均实现两位数的增长。公司进入国家第二批制造业单项冠军示范企业名单；“硬质合金挤压成型剂及制备、以及在挤压生产中的应用”专利获得中国专利优秀奖、五矿集团专利奖二等奖、湖南省专利奖二等奖；子公司金洲精工科技股份有限公司入选中国电子电路行业“优秀民族品牌企业”称号。

【改革改制】2017年，株硬集团通过事业部运行模式，优化组织，简化流程，改革取得阶段性成果。一是以事业部为基础，下放事权，理顺职能，突出事业部的利润中心作用，充分激发内部的创造力与活力。二是调整绩效考核体系，将子公司纳入与本部二级单位统一的绩效考核体系，推行量化考核，鼓励多劳多得，引导员工进一步提高劳动效率。年内，公司在岗人员实物劳动生产率提高36.69%。

【科技创新】2017年，株硬集团投入技术开发费超过8000万元，选准方向，重点突破，重点科研项目进展良好，螺旋孔棒、枪钻等产品研发取得重要突破。公司本部全年新产品销售收入近6亿元，新产品贡献率超过30%。充分发挥硬质合金国家重点实验室等国家级技术平台的作用，分别与湖南工业大学、中国航发南方工业有限公司和中国铁建重工集团有限公司等签订战略合作协议，建立产业链与产学研协同技术创新联盟。多个项目获得中国有色金属工业协会科技二等奖、技术发明二等奖和湖南省科技进步三等奖等各类奖项。全年获得授权专利135项，其中发明专利61项。

【精细管理】2017年，株硬集团加强质量管理，质量成本同比下降16%，其中内部故障成本同比下降27.13%。加强成本管理，开展成本对标，通过降低内部结算价格倒逼降成本，内部各生产单位的加工成本都下降10%以上。坚持节能管理，重点实施蒸汽节能改造，生产动力能源成本在生产总成本占比由7.51%下降到5.63%，公司本部万元产值综合能耗同比下降25%。推进设备自动化工作，推广应用自动压力机机械手，推广硬质合金产品自动化检测装置，切实提升设备生产保障能力，主要关键设备可开动率同比提高2.04个百分点。

【许达哲到公司调研】2月3日，省委副书记、省长许达哲一行到株硬集团子公司株洲钻石切削刀具股份有限公司考察调研。中国五矿集团公司党组成员、副总经理李福利，中钨高新材料股份有限公司(临时)党委书记、董事长李仲泽，中钨高新材料股份有限公司(临时)总经理、党委副书记谢康德，市委书记毛腾飞，株洲钻石切削刀具股份有限公司总经理李屏等陪同。

【召开第三届董事会第一次会议】2月27日，株硬集团召开第三届董事会第一次会议。会议根据《中华人民共和国公司法》、公司《章程》和上级相关文件，选举李仲泽担任公司第三届董事会董事长；聘任谢康德担任公司总经理，毛善文担任公司常务副总经理，蔡家发、胡启明、徐涛担任公司副总经理；聘任蔡家发担任公司财务负责人。

【承办硬质合金产业高峰论坛暨产需合作对接会】5月7日，株硬集团承办的“硬质合金产业高峰论坛暨产需合作对接会”在株洲召开，对接会是2017年全国企业家活动日暨中国企业家年会重要活动之一。国内顶尖的硬质合金材料专家及部分相关行业企业家汇聚一堂，共同探讨硬质合金材料产学研应用与协同合作，为“中国制造2025”谋求“强筋健骨”良策。

【第三次党代会召开】10月26日，中共株洲硬质合金集团有限公司第三次代表大会召开，选举产生公司第三届党委会委员和纪律检查委员会委员。（孔　娟）

中车长江车辆有限公司株洲分公司

【概况】2017年，中车长江车辆有限公司株洲分公司(简称“株洲分公司”)在册员工2339人，其他从业人员(返聘、劳务)656人，占地面积60万平方米，固定资产原值6.35亿元。生产能力为新造铁路货车6500辆/年，大批量主导产品为敞车、平车、矿石漏斗车、罐车、棚车，同时具备多品种、小批量生产能力，是唯一拥有铺架设备三种车型修理过轨资格的企业。

年内，株洲分公司抢抓机遇、乘势而上，全年累计完成25个品种6193辆新造车，创造株洲分公司建厂史上的最高年产量，实现主营业务收入20.11亿元。主导设计DK36型落下孔车、N84重载平车，推动研发悉尼地铁工程车、马来西亚石砟漏斗车和钢轨运输车等5种产品，试制X5多式联运车、公铁两用车、驼背运输车等11种产品，产品总数达到16种，不仅涉及机、电、液等领域，在电磁兼容、密接式全自动车钩和安全生命线等全新领域都有突破。悉尼地铁轨道装备项目的签订和印度焊轨机项目的交付，标志着新产业项目走出国门。印度地铁铺轨机项目的签订，实现铺架设备承接订单零的突破。积极开展信息化建设，深化既有信息系统应用，夯实信息化基础，持续推进“两化融合”。大力推广天车改地操工作，逐步推进“以机代人”工作的开展；探索研究智能制造工作，实施LNG替代LPG的切割气改造，污水处理站房和空压站的远程化智能集中操控改造，推进分布式太阳能电站建设，实现操作员工的减员增效。安全工作再次实现“新三零”目标，顺利通过安全生产标准化一级企业复评，连续14年保持“绿色企业”称号。在中车首届“高铁工匠”评选中，株洲分公司易冉获此荣誉。

【欧阳王彬获焊接设备操作工第一名】11月1日，在中车集团公司第二届职业技能竞赛中，株洲分公司欧阳王彬获焊接设备操作工第一名，所取得的成绩在整个铁路货车行业中都是历史性突破。（张　程）

湖南千金湘江药业股份有限公司

【概况】2017年，湖南千金湘江药业股份有限公司(简称“千金湘江药业”)销售发货及回款均突破8亿元，利润破6600万元，位居湖南省化药生产企业规模第一名，是湖南省高新技术企业和小巨人计划企业。

千金湘江药业有生产批文48个，制剂34，原料14。主导产品拉米夫定片、缬沙坦胶囊、马来酸依那普利片、阿魏酸哌嗪片、蒙脱石散、罗红霉素胶囊等均在国内占有较大的市场份额。有22项发明专利申请，10项实用新型专利，38项外观设计专利和43项商标。其中“湘江”“健甘灵”两件商标列为湖南省著名商标。拥有吉非罗齐胶囊、盐酸地芬尼多片、曲匹布通片、酒石酸唑吡坦片、盐酸奥昔布宁、复方益肝灵胶囊、非那雄胺片、拉米夫定片8个国家级新药，2项国家火炬计划项目，3项高新技术产品，5项主持制定的国家药品标准。公司连续4年进入到中国化学制药工业企业百强、优秀成长型企业品牌行列。

千金湘江药业经过多年发展，逐步形成以抗感染药、消化系统药、心血管系统用药及内分泌系统药为主的四大产品群，拉米夫定片(健甘灵)为国内首仿，有罗红霉素胶囊等12个药品进入国家基本药物目录。拥有湖南省抗病毒药物工程技术研究中心、湖南省认定企业技术中心、湖南省转化医学与创新药物工程技术研究中心、株洲市缓控释制剂工程技术研究中心。获得省级、国家级资金支持共计8000余万元，获得21个品种的临床批件，抗丙肝药物索非布韦关键技术攻关项目被列为湖南省战略性新兴科技攻关与重大科技成果转化项目。拥有8条通过GMP认证的生产线，生产原料药、片剂、硬胶囊剂、颗粒剂、散剂、溶液剂(外用)6种剂型。

2017年，千金湘江药业完成7亿元的实物产量，基本保证销售供应。拥有1400余人营销团队，分布在全国除西藏、台湾、港澳、海南以外的所有省级销区，销售按医疗、连锁、第三终端进行板块划分。生产的替坦文®缬沙坦胶囊荣登“2017中国制药·品牌榜锐榜”。

【千金湘江药业获市首届科技创新奖】6月4日，株洲市创新与人才工作大会在市委礼堂召开。千金湘江药业获得株洲市首届创新奖，获奖项目为“国产拉米夫定原料和片剂的研制及产业化”。副总经理袁秀菊获“2016年度领军人才”荣誉称号。

汉德车桥（株洲）齿轮有限公司

【概况】2017年，汉德车桥(株洲)齿轮有限公司(简称“汉德车桥齿轮公司”）注册资本1.3亿余元，有员工1100余人，其中工程技术人员100余人。公司已成为集研发、制造、销售为一体的中国齿轮行业的重点骨干企业，生产的中重型汽车螺伞齿轮、圆柱齿轮、精锻齿轮、工程机械齿轮及轴批量装配国内整车和主机企业，产品进入俄罗斯、瑞典、美国等高端市场。EQ、ST系列产品先后获得省、部级优质产品称号。先后通过ISO9001、QS9000、TS16949质量体系认证，是湖南省齿轮产品质量监督检测授权站，中国齿轮协会行业标准指定草拟单位。先后引进和吸收斯太尔、奔驰、曼、沃尔沃、日野、阿文美驰、洛克威尔等世界先进汽车企业产品技术，拥有国家级齿轮技术研发中心，并与SMT、GIF等国际著名齿轮研发机构建立长期稳定的技术合作关系，确保公司齿轮技术始终与国际先进水平接轨。具有年产螺伞齿轮100万套、精锻齿轮1000万件、主从动圆柱齿轮30万套、高精螺伞齿轮40万套的生产能力，是国内领先的中重型驱动桥齿轮研发制造基地。（李 恒）

株洲宏达电子股份有限公司

【概况】2017年，株洲宏达电子股份有限公司(简称“宏达电子”）股票于11月21日在深交所创业板上市，从此走上产业与资本结合的发展道路，为宏达电子持续、快速、健康发展奠定坚实的基础。年内，宏达电子营业收入52436.60万元，比2016年的44873.63万元增加7562.97万元，增幅为16.85%；实现利润总额23777.68万元，与2016年相比增加649.48万元。公司获得国防科技工业局军民融合项目，装备发展部2个贯标线项目、2个型谱攻关项目、1个宇高工程项目。开展61项科研项目，其中政府及合作项目17项，自筹项目44项。涉及钽电容器、陶瓷电容器、电感器、电阻器、薄膜电容器、微电路模块、厚膜集成电路、单片电容、环行器、隔离器等产品的开发。

2017年，宏达电子继续被认定为高新技术企业，宏达磁电、湘怡中元2个子公司获得高新技术企业证书。公司通过和完成武器装备科研生产许可延续申请现场审查评定、宏达电子实验中心的现场审核、钽电容器、电感器的TS16949现场审核和认证，单片电容、半导体集成电路的广州赛宝认证中心武器装备质量管理体系认证等工作。获评省发改委认定的省级技术中心、株洲市企业联合会认定的株洲市中小企业100强等称号，被多个重点客户评为金牌供应商和优秀供应商，在中国电子元件行业协会公布的“2017年（第30届）中国电子元件百强企业”中名列第43名，比2016年上升7名。（王大辉）

株洲春华实业有限责任公司

【概况】2017年，株洲春华实业有限责任公司(简称“春华实业”）实现营业收入12545万元。销售锻压件1768吨，比2016年增长111%。实现销售收入2573万元，比2016年增长55%。销售拉铆钉3802548个，实现销售收入1437万元，分别比2016年增长172%、159%。销售缓冲器19495套，实现销售收入4891万元，分别比上年增长354%、446%。其中MT型缓冲器17892件，实现销售收入4100万元。销售NSW型手制动机8262套，实现销售收入1138万元，分别比2016年增长231%、531%。销售封头100套，实现销售收入99万元，比2016年下降87%。完成NX70A平车、C80铝合金车、C80B(H)不锈钢车、公铁两用车、肯尼亚车、驮背运输车等14种车型配件产品的试制；完成超长拉杆头部局部镦粗工艺试制；完成门折页头部弯曲和整体压型工艺试制；完成重复使用拉铆钉及套环20系的产品开发和试生产；完成20系列拉铆钉及套环的产品开发和试生产；完成22(20)系列异型拉铆钉的产品开发和生产；完成8米电动公交空气悬架产品小批量供货。申报通过3项发明专利和1项实用新型专利获得授权，10项专利获得受理。炎陵子公司碳酸锂项目通过环评、安评和安全应急预案，项目设备采购及布局均安装到位，形成小规模生产。紧盯长江公司冷智公司新项目，成功开拓压力容器封头和不锈钢封头业务，在车辆配件制造业务中通过装备投入和技术改进成功增加门折页等新的业务，新的领域和新项目为公司发展提供新的效益增长点。

【安全生产】2017年，春华实业完成长江公司株洲分公司新造车配件23种车型总计5871台(份)，组织生产完成锻压件2358.7吨(含缓冲器锻件)。组装生产缓冲器19592套，手制动机8768套，各种规格铆钉共计1475357件，套环1421207件；组织完成各种配件营销计划及各项自制工装模具生产加工。全年未发生一起重大安全事故，各类事故全部控制在年度安全方案目标范围内。

【优化人力资源】2017年年末，春华实业在册人数为182人，较2016年同期增加15人。其中直接生产工人77人，辅助生产工人40人，分别占总人数的42%、22%，较2016年相比分别增长14.9%和17.6%，在生产任务重、一线员工需求大的情况下，行管部挖潜降耗，节省用工成本，合理、有序调配内部人力资源，加大岗前培训力度，保证生产用人需求。

【坚持现场管理】2017年，春华实业公司坚持现场巡检制度，优化现场管理。继续坚持考评小组、技术部、生产部协调检查，监督整改方式，坚持每周对生产现场进行巡检、公示、整改。考评小组巡检48次，查出问题156项，开出考核项48项，监督整改问题122项。 （吴先锋）

株洲飞鹿高新材料技术股份有限公司

【概况】2017年，株洲飞鹿高新材料技术股份有限公司(简称“飞鹿股份”)是国内轨道交通涂料行业第一家上市企业，是国内轨道交通装备防腐涂料、轨道建设工程防水地坪材料、防水卷材、新能源涂料、石化涂料、军工涂料及民营建筑防水防腐涂料、复合材料、胶类产品、涂料上游原材料等高分子非涂料产品的供应和涂装防护整体解决方案的优秀供应商。飞鹿股份拥有一支实力雄厚的研发人才队伍，具备较强的技术研发能力，拥有完善的轨道装备防腐涂料与轨道工程建设防水防渗涂料研发技术，综合研发实力达到行业先进水平。公司建有防腐涂料、防水涂料等多条专业化生产线，生产线全程采用自动控制系统，通过新技术、新设备、新工艺的应用，具备较高的自动化和柔性化生产能力。

飞鹿股份拥有国家认可委认可实验室，湖南省级企业技术中心，湖南省水性及高固体份涂料工程研究中心，是湖南省涂料工业协会会长单位。公司拥有防水防腐保温工程专业承包壹级资质，拥有核心技术12项，参与起草行业相关技术标准10项，5项技术通过省部级科技成果鉴定，7项产品通过CRCC认证，风电叶片涂料通过德国GL认证，无机硅酸锌车间底漆获得挪威船级社(DNV)认证。公司在轨道交通装备防腐和轨道建设程防护领域具有较强的市场竞争优势，主要客户包括中国中车旗下长江公司、南京浦镇公司、青岛四方股份公司、长客股份公司等10多家主机修造公司，中国铁路总公司旗下广铁集团、上海铁路局、郑州铁路局、成都铁路局等10多家检修路局，中国铁路总公司旗下京沪高铁、沪昆高铁、京石铁路、沪宁城际等80多家铁路专线建设公司，以及深圳、南京、福州、苏州、武汉、西安等20多家城市地铁公司。公司是城轨动车国产化涂料首批次应用厂商，产品随多类轨道装备车辆远销澳大利亚、阿联酋、巴西等10多个国家和地区。

【飞鹿股份挂牌上市】6月13日，株洲飞鹿高新材料技术股份有限公司登陆创业板，股票简称“飞鹿股份”，股票代码：300665。成为资本市场挂牌的“名副其实的轨道交通涂料龙头股”。

【研发检测中心及水性新材料生产基地建设开工】6月30日，飞鹿股份研发检测中心及水性新材料生产基地建设工程开工。项目分期建设，其中一期占地1.33公顷，主要建设研发检测中心。二期占地3.33公顷，主要新建水性新材料生产线。主要产品属于《中国制造2025》中提到的先进轨道交通装备的配套材料，产品市场广阔。（董　凯）

商贸·金融

商务流通

【概况】2017年，荷塘区商务和粮食局(简称“区商粮局”)承担招商引资、市场建设调控和粮食执法监控等工作。荷塘区有传统大型专业市场9个，总面积约40万平方米。有大型城市综合体4个。有大中型商场、超市4个，总营业面积为10万平方米。有农贸市场12家，总面积近2万平方米。已建成以汽车销售、家居建材、五金机电、布料服装、蔬菜水产等为主的市场体系，能充分满足人民群众日常消费所需。有64家限额以上企业，其中批发零售企业55家，住宿餐饮企业9家。年销售额1亿元以上有11家。实现社会消费品零售总额71.35亿元，同比增长10.9%，增幅居株洲市城区第一。利用外资到位1.42亿美元，同比增长13.46%，完成进度105.26%。引进内资到位53.2亿元，同比增长16.90%，完成进度104.37%。履约项目13个，资金到位11个、注册13个、立项11个、土地报批10个、履约率76.92%，项目开工9个，开工率69.23%。

【招商引资】2017年，区商粮局按照《荷塘区2017年招商引资工作行动方案》的精神和工作目标，强化招商举措，取得较好成效。整合招商力量。从全区抽调精干人员成立招商办，负责统筹、协调、督办、全程跟进全区招商引资工作，专业人做专业事，切实增强招商力量。创新招商举措。出台《荷塘区产业招商优惠政策》《荷塘区招商引资人奖励办法》《荷塘区经济运行目标考核和鼓励产业发展奖励实施方案》，提出“大招商，全员招商”，对企业最高可以优惠到“零地价”，引资人最高奖励可达100万元，掀起“全员招商”的热潮。夯实招商基础。策划《荷塘区五大片区招商手册》《2017年荷塘区招商资源图》《荷塘区标厂资源图》，加快“五大片区”开发，加快“四大特色产业集聚”。拓展招商渠道。各级领导带领小分队到全国各地考察招商，招商小分队外出招商20余次，考察项目50余个，敲定汉德车桥、中天杭萧钢构、深圳喜德盛碳纤维等多个项目。利用市政府“引进百家主机配套企业”和“百项科技成果转化”契机，借调专人到工作组捕捉信息。参加“港洽周”“2017年全国企业家活动日暨中国企业家年会”等招商活动。派专人入驻“承接珠三角、长三角产业转移招商行动”。荷塘区招商引资硕果累累，项目个数多，投资规模较大。引进汉德车桥、中天杭萧钢构、国联捷物流等产业项目16个，涉及投资总额62亿元；引进中航长宁科技有限公司、株洲夏普高新材料有限公司、湖南清渟科技公司、湖南合盾工程刀具有限公司等标厂项目50个；引进货速达(小龙王)贸易公司总部、希尔顿·欢朋、天赐万象汇、日月湖PPP项目等商贸、地产、基础设施类项目16个。实现荷塘区招商引资新突破，创造历史新高。

【储备粮轮换】2017年，区商粮局认真做好入库前资金、入库器材、仓库腾并、清扫消毒、人员安排等各项准备工作，确保轮换工作公开规范有序。加强粮食质量监督检查，凡是入库的粮食都必须经过检验，防止不合格的粮食入库。经过抽样到质检单位检验，达到质量标准的要求。11月，1000吨储备粮全部轮换完成。

【放心粮油示范网点建设】2017年，区商粮局加强对辖区内粮油经销点的监管，确保放心粮油示范经销点产品质量放心、价格放心、计量放心、供给放心、消费放心。7月，经放心粮油示范企业申报，区商粮局初审，市放心粮油示范工程专家评审委员会复审，在红旗广场步步高东都店新增放心粮油示范网点1个。荷塘区放心粮油示范点达10个。

【行业党建工作】2017年，区商粮局按照“五化”“六有”的要求，狠抓行业各基层支部党建基础建设，整体推进行业党建工作，行业所属各支部基本实现支部阵地建设标准化。6月29日，荷塘区商务和粮食局党委组织召开庆祝建党96周年暨“两学一做”推进部署大会，80多名党员参加大会。会议总结党委的工作成绩，部署下阶段工作任务，促进“两学一做”学习教育活动不断走向深入。会议表彰成绩突出的6个先进党支部、10名优秀党务工作者和17名优秀共产党员。会上，全体党员和新发展的预备党员一起宣读入党誓词，在党旗下庄严宣誓。（肖　伟）

金　融

【概况】2017年，荷塘区金融办围绕银行、保险证券期货、资本市场、金融监管、金融生态环境建设5个方面开展工作。参照省、市支持政策，印发《荷塘区促进区域经济发展奖励办法(试行)的通知》，助推地方金融业发展和企业挂牌上市。年内有飞鹿高新材料、宏达电子相继上市，填补株洲市近7年企业上市空白。培育湖南远东机械制造有限公司、株洲通达合金材料有限公司、株洲春华实业有限责任公司、株洲长远铁路建机有限公司、株洲同一实业有限公司列入湖南省股份制改造重点企业后备资源库，株洲通达合金材料有限公司、株洲长远铁路建机有限公司列入新三板挂牌后备资源库。

依托企业服务中心平台“五大”信息沟通渠道，收集整理国家和省、市、区各类惠企政策信息200余条，推送惠企政策信息3万余条(次)，收集的企业问题和需求300余条，交办到各职能部门办理275条，办结率100%。共计完成意向贷款7147万元，到位金额5300万元，区内金虎实业、新和工业、金信硬质合金等小微企业注入强劲发展动力。科盟车辆配套有限公司获得1000万融资贷款，加快公司新产业项目的建设步伐。积极对接青创基金、高科创投、兆富创投等10余家投资机构，为年内昊兴机械、力洲硬质合金等多家企业打通直接融资渠道，达成意向投资额近4000万元。是年，荷塘区企业新增直接融资29.01亿元，有效化解发展资金瓶颈。加强小额贷款公司、民间融资担保中介机构的监管，优化金融环境。到94家机构认真开展区内涉嫌非法集资活动的风险排查，严格布点控面，坚持每季度日常排查和不定期专项排查相结合，涉嫌违法犯罪的，立即向公安机关移送案件线索。共受理非法集资案3起，立案1起，破案1起，移交外地公安机关案件2起。涉案金额达3023万元，查封、扣押、冻结涉案财物价值300余万元。抓获主要犯罪嫌疑人1人，取保1人，移送起诉4人，上网追逃1人。（文珊珊）

中国工商银行株洲新华路支行

【概况】2017年，中国工商银行股份有限公司株洲新华路支行各项存款余额30亿元，其中储蓄存款余额24亿元。各项贷款余额21亿元，其中公司贷款16亿元。实现中间业务收入2700余万元，拨备前利润6800余万元。支行先后获得总行级巾帼文明示范岗、总行级优质文明服务先进单位、中国银行业文明规范服务星级营业网点、湖南省分行金融先进集体、湖南省分行优质服务样板网点、湖南省政府双文明先进单位等多项荣誉称号。（俞学军）

中国建设银行株洲市城东支行

【概况】2017年，中国建设银行株洲市城东支行各项存款余额14.72亿元，较年初新增1.33亿元，其中对公存款6.66亿元，较年初新增0.37亿元，个人存款8.06亿元，较年初新增0.96亿元。各项贷款余额6.75亿元，其中对公贷款4.55亿元，个人贷款2.2亿元。（蔡 弘）

华融湘江银行东一支行

【概况】2017年，华融湘江银行东一支行一般性存款余额达22亿元。投放贷款近8.5亿元支持荷塘区经济社会发展。获评株洲分行“先进集体”“先进党支部”等多项荣誉。

全力服务荷塘区重点项目建设。东一支行为荷塘区2家政府融资平台基础设施建设项目、棚改项目、金山新城开发项目等提供支持。至年末，2家政府融资平台公司及其他政府事业单位在东一支行授信总额为21.58亿元，贷款余额12.5亿元。东一支行全力支持政府相关部门和企事业单位的改革，开立“法院一案一户专户”和“五险统一征缴专户”，成为荷塘区唯一在政务服务中心开展房屋交易相关业务的金融机构。重点支持宋家桥老工业区棚户区改造、日月湖项目建设等一批重点建设工程和金山工业园小微企业融资等项目。

倾力支持本土企业成长。依托金山工业园，着力发展产业金融，对金山工业园区内的轨道交通、有色金属等产业提供优先信贷支持。准确把握企业需求，利用自身产品和服务优势加以对接，构建互利共赢的良好合作局面。持续为荷塘区一批拟上市公司、央企、国企和小微企业提供优质全面的综合金融服务。全面落实相关监管制度和鼓励政策措施，严格规范服务收费行为，加大信贷倾斜力度，联合担保公司等其他金融机构，利用工行特色产品，为小微企业提供全周期、全产业链的金融服务，着力解决“融资难”“融资贵”的问题，新增贷款的30%以上投向小微企业，新增贷款的70%以上投向实体经济。（黄剑锋）

财政税务审计

财　政

【概况】2017年，荷塘区财政局在编34人，局机关设办公室、预算股、国库股、行财社保股(政府采购)、国有资产管理股。下设荷塘区非税收入管理局、荷塘区国库集中支付中心、荷塘区乡镇财政服务中心、荷塘区财政投资评审中心。

荷塘区全口径工商税收19.33亿元，较上年同期增收2.73亿元，增幅16.5%，实现年初制定的财力目标。全区一般公共预算总收入完成113607万元，同比增幅1.42%，税收收入比例为60.87%，较上年同期提高3.76%；地方收入完成78474万元，同比下降4.01%；非税收入完成44452万元，同比下降7.48%，较年初非税收入计划压减9788万元，地方收入税收收入比例为43.35%，较上年同期提高2.12%。争取上级专项及转移支付资金60231万元，争取地方政府债券资金43031万元，全力支持区域经济的发展。

【民生保障】2017年，荷塘区直接用于民生的财政支出12.2亿元，投入906万元用于“公共服务、居家养老、三社联动”为主题的幸福荷塘三大行动；累计投入1750万元，深化“一门式”改革和“智慧荷塘”手机APP升级工作，实现“一门式”区域全覆盖；全年教育投入4.17亿元，完成601中英文小学等改扩建、荷塘小学等7所学校标准化建设，美的荷塘小学新校开工建设，资助贫困学生及发放普惠幼儿补贴等1415人次，资助金850多万元；文化投入1055万元，开展“欢乐潇湘”“清风株洲”“十三届市运会”“品味·荷塘”等专题活动，投入102万元，打造金山街道、月桂社区等6个基层文化活动中心，丰富荷塘区人民群众的日常生活。

【基层运转】2017年，荷塘区财政社区经费投入1593万元，平均47万元/年/社区；村级运转经费投入545.48万元，其中村干部工资及离任困难村主干的补助468.36万元，保障最基层单位人员和运转经费。起草《荷塘区进一步规范和完善惠农补贴“一卡通”发放管理的实施细则》，切实加强惠农补贴发放管理，各项惠农补贴资金及时、准确地发放到农民手上，发放水库移民补贴34.8万元，冬春救助、家庭农场、粮食规模经营补贴等81万元，计生奖扶58.752万元，农机具补贴38.76万元等。

【财政管理】2017年，区财政局印发《关于进一步规范荷塘区财政性资金审批程序的通知》和《关于加快预算支出进度和盘活财政存量资金的通知》等文件，强化各部门、单位在预算执行中的主体责任，加大“压责、问责、追责”的力度，严肃财经纪律。从7月1日起，将所有社区账务上收到办事处统一记账。财政各股室联合对各镇、办及其所辖村、社区财务工作每季进行检查，对发现的问题提出建议和整改方案。组织各镇、办行政负责人、财政所人员进行业务培训，解决实际工作中遇到的乡镇财务管理办法、财经法规，账务处理等具体问题，从最基层提升财政管理水平。

【评审监督】2017年，区财政局审定预算项目128个，送审金额86075.03万元，审定金额71270.04万元，审减金额14804.99万元，核减率17.17%。审定结算项目103个，送审金额24988.72万元，审定金额21004.98万元，审减金额3983.74万元，核减率15.94%。完成财务决算项目3个，追回财政资金410万元。执行政府采购预算7585.92万元，实际采购金额6998.45万元，节约资金587.47万元，节约率7.75%。

【经费信息公开】2017年，区直机关所有单位在区政府门户网上公开本部门预决算和“三公”经费预决算，利用“互联网+监督”的优势，将上级下拨的各种补贴、扶持资金、民生资金原文件在网上公开，有效地促进各单位依法依规使用财政资金，自觉接受社会的监督。（曹菁槿）

国家税务

【概况】2017年，荷塘区国家税务局(简称“区国税局”)担负着荷塘区内的增值税、消费税、企业所得税等税种的征收管理工作。管理辖区内企业4945家，个体工商户6395户，其中一般纳税人2022户。组织税收12.78亿元。辖区内年纳税1000万元以上企业22家，入库税款7.18亿元，占国税总收入的56.17%。随着营改增全面推开以及电子、新材料、现代物流等新兴行业的成长，区内四大传统支柱行业(铁路运输设备制造业、电力生产供应业、有色金属压延和加工业、医药制造业)税收比重逐步下降。四大传统产业入库税款4.03亿元，同比增长7.65%。获得“2017—2019年湖南省国税系统法治税务示范基地”等称号。

【税收法制建设】2017年，区国税局坚持普法与依法治税紧密结合，定期开展普法宣传“进社区、进学校、进企业”活动。组织税收管理员在大学生孵化园开展“创业沙龙”活动，为大学生“双创”企业发展提供“陪伴式”税收宣传服务。组织全局干部参加“国家工作人员学法考试”和全国税法知识竞赛，蝉联“湖南省国税系统法治税务示范基地”称号。探索“放管服”后续管理新办法，确保执法始终在阳光下运行。全省纳税人满意度调查，排名较上年上升30多个位次。运用内部控制监督平台，加快内控机制建设，重点督察和自查依法组织收入、落实减免税等情况，防范税收执法风险。聘请法律顾问参与和指导依法治税，结合政府信息公开、权力和责任清单公布、“双随机一公开”等工作，开展行政执法公示制度试点，自觉接受纳税人和社会各界监督。加强安全保密工作，严格按保密法规程序办理涉密文件和内部文件，控制知悉范围。坚持执行“先审查、后公开”“一事一审”的政务信息公开保密审查原则，严肃政务信息公开保密审查的管理。

【税收风险管理】2017年，区国税局制定《荷塘区国税局2017年税收风险防控专项工作方案》，以税收风险管控为抓手，提高税收征管主观努力程度。开展“百日千户”税收风险防控专项行动，成立13个专项工作组，优化配置、强化分析、精准选户、规范评估，累计评估入库税款3700余万元。强化发票后续管理，严控开票限额调整和月用票量，把“以票控税”贯穿于税收风险管理全过程，加强发票核查，严厉打击增值税专用发票虚开虚抵，核查失控发票254份、异常发票487份，有效防范税款流失。清理统计涉税业务办理的难点，为纳税人提供建立健全财务制度等深层次的服务。定期发布纳税人存在的风险提示，主动帮助纳税人避免因政策不熟悉产生的涉税风险，让纳税人会办税、办好税。

【深化国地税合作】2017年，区国税局推进“一窗一人”办税模式，实现纳税人“进一家门，办两家事”。定期召开国地税联席会议，增强部门融合性，在非正常户认定、欠税管理、个体双定等工作上实现数据共享合作，充分发挥“国地税+”效应。提高风险管控质效，以联合预警机制堵塞征管漏洞。定期开展纳税信用等级国地税联合评定，推行C类以上信用纳税人发票“勾选认证”，共为1700余户纳税人取消增值税专用发票和机动车销售统一发票认证。联合地税分步有序推进实名信息登记工作，实名办税和纳税信用等级管理、税源户籍清理相结合，督促及时变更办税人员信息，采集有效征管基础数据，做到户籍清、底数明、税源实。7月1日，全面实行实名办税，共办理实名采集认证业务7800余户。

【优化税收营商环境】2017年，区国税局推进“互联网+税务”，打造以网上办税为主、自助办税和其它社会办税为辅、实体办税服务厅兜底的办税模式。引进2台自助办税设备，启用24小时自助办税室为纳税人提供全天候的涉税服务，发售发票26950份。推行电子税务局，多渠道进行广泛宣传，扩大纳税人对电子税务局功能的知晓面，实现电子申报全覆盖。开通“荷塘国地税公众号”，办好纳税人学校，形成线上线下“双轮驱动”共享教学资源的培训新格局，开展7期实体纳税人学堂，累计培训1500余人次。开展“问需求优服务促改革”大走访活动，走访纳税人4798户，走访率达到100%。发放问卷调查4798份，宣传资料1万余份，现场解决纳税人疑问194条。受理举报30余起，及时办结率和回访满意度100%。推广普通发票“畅易代开”手机APP，减少纳税人排队等待时间。打通企业融资“绿色通道”，搭建“银税互动”平台，通过“税易贷”等金融产品，协助26户诚信纳税人累计获得信用贷款788万元。

【落实税收优惠政策】2017年，区国税局密切关注纳税人的痛点、堵点和难点，做好“营改增”纳税人后续政策辅导和办税辅导。借助网站、微信群、网校等平台，及时发布“营改增”最新政策信息，扩大税收政策的知晓面，帮助纳税人理解税收政策。组织税源管理部门定期对辖区内的“营改增”纳税人情况进行摸底梳理，对符合条件但未进行抵扣的每一户“营改增”纳税人主动提示办理，释放税收政策红利。发挥高新技术企业所得税低税率优势，引导企业加大科技创新投入，落实企业研发费加计扣除政策，减轻企业负担。帮助7户企业充分享受固定资产加速折旧所得税政策，递延扣除折旧金额20余万元。发挥增值税即征即退企业优惠政策激励效应，为12户企业办理增值税退税3000余万元。应对小微企业税收优惠政策扩围，对932家年应纳税所得额在50万元以下的小微企业按20%的税率减半征收企业所得税。落实小微企业增值税减免优惠，累计减免纳税人3.5万余户次，免征增值税3000余万元。对区局所管辖79家出口退(免)税企业进行重新评定。加快出口退税进度，提高企业的资金周转速度，为出口退税企业办理免抵税额1100万元，退税6600万元。

【获评省国税系统“A类区县局信息中心”】2017年，区国税局坚持网络安全和税收信息化建设并重，以信息技术为核心，以科学管理为保障，质量高标准，管理严要求，强化信息系统运行维护，拓展涉税信息共享共用，加强涉税数据分析运用，着力打造“两保两参与”精品工程，推动信息技术和税收管理深度融合。2017年，区国税局信息中心获评省国税系统“A类区县局信息中心”。

【国税收入突破12亿元】2017年，区国税局贯彻落实发展理念，坚持依法征税，坚决贯彻组织收入原则，做到应收尽收，坚决防止收“过头税”和越权减免。全年组织入库各项收入12.78亿元，增收2.87亿元，同比增长28.98%，税收收入增长比例排名城区第二。其中，增值税入库11.47亿元，较上年同期增加3.08亿元，增长36.66%；企业所得税入库1.30亿元，较上年同期减少2074万元，下降13.79%；消费税入库118万元，较上年同期增收13万元，增长12.38%。（邓一擎）

地方税务

【概况】2017年，荷塘区地方税务局(简称“区地税局”)围绕组织收入目标，提升征管质量，强化队伍建设，优化税收法治环境，积极开展创先争优，获株洲市“文明单位”“全市地税系统基层单位绩效考核先进单位”“全市地税系统综治先进单位”“全市地税系统办税服务厅流动红旗”等荣誉。

【税收收入提质】2017年，区地税局应对经济形势变化、主体税种缺失、增长预期调整等多重考验，保持定力，勇于担当，顽强拼搏，打出专项清缴、风险管理、国地合作、综合治税、税务稽查等系列组合拳，强化税收征管，大力挖潜增收。注重收入质量，坚持原则，不收过头税、不让税收空转，提前谋划、科学预测，牢牢掌握组织收入工作的主动权，累计入库总收入7.29亿元，同比增收5700万元，增长8.51%。

【征管转型升级】2017年，区地税局设置“税收风险管理办公室”，调整第三税务分局工作职能，全面负责纳税评估工作，加强税收风险管理应对。应对总局、省、市局先后推送税收风险任务19批次，总任务1788户次，完成1669户次，完成率93.34%。实现行政事业单位税收管理新突破，荷塘区内市、区两级的行政事业机构纳入税务管理，实行行政事业单位个人所得税全员全额明细申报，行政事业单位征管户数和入库税款均增长一倍多。优化税源结构，大力开展“两税”(房产税、土地使用税)清查，核查自有房产296户，涉及房源信息4772处，自有土地310户，涉及土地信息981处，清查面达100%，共查补房产税194万元，滞纳金53万元；土地使用税1812万元，滞纳金582万元。

【国地税合作深度融合】2017年，荷塘区实行国、地税合并办税服务厅，统一设荷塘区税务路办税服务厅、荷塘区文化巷办税服务厅，推进“一窗一人”联合办税服务模式，实现纳税人“进一个厅、到一个窗、办两家事”。推行国、地税联合开展纳税信用等级评定等工作，联合召开推进会议8次，业务协调会议27次，制定11项国、地税联合办税服务制度。

【优化税收环境】2017年，区地税局落实便民办税春风行动，开展纳税人学堂、“纳税服务日”活动，启动“诚信纳税助力荷塘”21天公益行，税收宣传进超市、进大学、进企业，打造“诚信纳税税助发展”税收漫画宣传墙，行政事业单位个税培训宣传等活动。推行征管和科技发展科、办税服务中心联合办证、联合注销制度。全面实行实名办税，促进社会信用体系建设，简化办税流程。区局自行开发税企交互平台，开通企业微信，通过信息化平台实现与纳税人的对接，及时发送各类涉税提醒和风险预警信息，做好税法宣传，畅通与纳税人的互动沟通渠道。

【税收优惠落实】2017年，区地税局充分释放税收优惠政策效应，依法减免房、土两税核准类困难减免22户次，减免金额425万元。落实微利企业税收优惠、安置残疾人企业税收优惠，企业合并重组税收优惠减免、高新企业等企业所得税抵免政策。（高明理）

2017年荷塘区地税局预算内税收收入情况统计表

表10 单位：万元

预算科目	本期	上年同期	增减额	增减比率%
增值税	299.3	65.64	233.66	355.97
营业税	309.32	13556.9	-13247.58	-97.72
企业所得税	10855.25	7217.46	3637.79	50.4
个人所得税	10079.88	7466.82	2613.06	35
资源税	378.66	362.07	16.59	4.58
城市维护建设税	7683.53	6737.69	945.84	14.04
房产税	3914.06	3217.8	696.26	21.64
印花税	1545.49	892.35	653.14	73.19
城镇土地使用税	7104.22	4965.78	2138.44	43.06
土地增值税	6297.49	6426.14	-128.65	-2
车船税	7.62	13.38	-5.76	-43.05
耕地占用税	3485.4	7692.93	-4207.53	-54.69
契税	12253.84	13812.99	-1559.15	-11.29
教育费附加	3273.33	2870.14	403.19	14.05
地方教育附加	2181.46	1899.51	281.95	14.84
文化事业建设费	0	4.84	-4.84	-100
残疾人就业保障金	285.19	222.86	62.33	27.97
水利建设专项收入	537.67	506.51	31.16	6.15
预算内合计	70491.71	77931.81	-7440.1	-9.55
政府口径	57415.01	63384.61	-5969.6	-9.42

（高明理）

审计工作

【概况】2017年，荷塘区审计局安排审计项目11个。其中，财政预算执行审计项目1个，领导干部离任，经济责任审计项目5个，专项资金和财务收支审计项目5个，项目实施率100%。审计查出问题62个，提出审计建议37条；促进资金拨付到位12355万元；促进整改落实有关问题资金101万元。

【预算执行审计】2017年，区审计局对区本级预算执行和其他财政收支情况开展审计工作(含区科技局、区城管局部门预算)。对区本级预算执行重点关注预算编制、调整、执行情况，转移支付拨付、使用，财政资金的存量与增量，审查财政资金安排、分配、使用等环节，促进财政管理制度完善，提高财政资金使用绩效。着力对中央八项规定和国务院“约法三章”“三公”经费和会议费、培训费等有关作风建设规定落实情况的监督审查，促进规范管理和厉行节约，遏制公款吃喝的不正之风，揭露铺张浪费及侵害群众利益等问题。加大对重点民生资金和项目的审计力度。开展荷塘大道延伸段、明照储备地一号征地拆迁项目资金专项审计以及荷塘区新塘路拆迁安置小区新建工程情况专项审计。对两个平台公司开展资产负债损益审计，摸清家底，强化监管，发现问题和提出建议，助力平台公司提升管理水平。加强政府投资项目审计，促进城乡统筹发展。完成结算审计项目31个，累计送审金额16222.11万元，审定金额15942.72万元，在初审基础上核减金额279.39万元，核减率2.89%。做好政府控制价审查38个，针对金科公司开发建设的三中心设计图纸深度、设计合同、控制价格、招标文件等，聘请相关专家多次开会讨论严把审查关。严把设计变更及现场签证监督关。在明照安置房设计变更现场审计中，发现明照安置房消防工程未按设计变更程序办理，擅自改变消防管径及喷淋布置方式等问题，及时移送并监督处理。在全区率先提出土石方调配机制不够健全问题。全区各业主土石方调配未形成合力，各自为阵。如：金山工业园与金城土石方平衡把关不够严谨，土方未采取就近消化机制，土石方随性外借与外运局面造成建设资金的重复浪费等。金城公司及时整改制定切实可行的土方调配方案及相应机制。推进领导干部经济责任审计，促进领导干部树立正确的政绩观、发展观。按照区委组织部统一安排，安排领导干部经济责任审计项目5个。重点审查领导干部贯彻执行经济法律法规、党和国家方针政策和决策部署情况，落实中央八项规定、厉行节约和国务院“约法三章”相关要求情况，把机构设置、编制使用、“三公”经费等作为重要内容纳入审计范围。配合省审计厅、市审计局开展审计工作。以市审计局牵头，区审计局完成城镇保障性安居工程专项资金跟踪审计，重点调查安居工程政策推进落实的总体情况和主要成效，指出安居工程建设和管理中的违规行为和风险隐患。8月下旬至9月末，省审计厅驻点对荷塘区政府债务展开专项审计调查。区审计局抽调2名业务骨干专职配合审计组的相关工作，按时如质地完成审计组交办的各项任务，为完成此次政府债务审计工作提供条件。

【党建帮扶】2017年，区审计局党建工作有计划。始终坚持“围绕审计抓党建，抓好党建促审计”的总体工作思路，全面落实“两学一做”学习教育常态化制度化的要求，全年按时开展主题党日活动及“三会一课”，切实强化党员学习教育。是年，荷塘区审计局增设专门的党员活动室，开设“党性素养，家国情怀”红色讲堂。“七一”期间，区审计局全体党员干部参观胡耀邦故居，重温入党誓词，接受革命精神的洗礼。按照全面从严治党及“一岗双责”要求，把落实党风廉政建设主体责任作为重大政治任务来抓，通过完善机制，狠抓落实，整合力量，形成责任落实的长效机制。区审计局始终把精准扶贫当做大事来抓，多次驻村帮扶茶陵县秩堂镇皇图村贫困户。采取行之有效的帮扶措施，帮助贫困户解决系列关乎切身利益的问题。如帮助因病残致贫的困难户实现医疗救助，办理低保，纳入合作社产业帮扶；对贫困户子女安排劳务输出，为贫困户孙辈争取到教育助学金。

【征地拆迁工作】11月，区审计局参与铁东路至新华西路新建工程项目征地拆迁工作，征收任务24户。区审计局始终秉持公正公平公开的原则，统一步调，分组行动，多次上门积极宣讲征收政策，充分了解征收户的思想动态，做征收户的思想工作，破难题，解困局，全面完成既定征收任务。（陈　璇）

城市建设与环境保护

城乡规划

【概况】2017年，株洲市规划局荷塘分局(简称“规划荷塘分局”)围绕“项目攻坚年”活动，始终按照“简化管理、优化服务、突出效果、引领建设”的工作思路，扎实做好活动各项工作，全力聚焦项目、服务项目，配合区政府做好乡镇规划编制和征地拆迁工作，推动项目尽早落地、尽早开工、尽早建成。根据上级对乡镇村庄规划工作的部署，协助完成仙庾镇总体规划及村庄规划编制工作。积极配合相关部门加强农村住房改造工作，发放乡村建设规划许可证111份。

【企业帮扶】2017年，规划荷塘分局服务园区项目，落实企业帮扶，对荷塘区项目进行摸底调查，加强与区政府及平台公司的协调，安排专人负责规划协调工作。策划组织辖区内约30家工业企业负责人集中开展“企业帮扶年”服务活动，广泛听取各方意见，现场解答各种问题，做好后续服务。规划分局作为区项目办交办问题的承办单位，主动联系企业，按照交办函的要求，及时分解任务，限时办结。

【项目服务】2017年，规划荷塘分局高度重视项目的进展情况，提前介入建设单位申请规划用地、工程许可等事项，主动联系进行前期业务辅导，适时预审方案，提高工作质量以满足审批要求。完成远大住工、中天杭萧等10多个方案审查。积极开展上门服务活动，跟踪督促，有力保障全市重点项目的建设。发放建设项目选址意见书2份，株洲车辆段检修车间补强建设工程及明照办事处明照村安置房，总用地面积19.3公顷。发放建设用地规划许可证3份，明照办事处明照村安置房、金城·国投新材料示范园三期及株洲金城华亿健康产业园(一期)项目，总用地面积为15.16公顷。发放建设工程规划许可证7份，湖南郎润磁电科技有限公司的磁流体密封装置的研发及制造建设、国投金汇创新创业服务中心、金泰硬质合金棒材生产线标准厂房项目等，总建筑面积为27.46万平方米。（王又春）

城乡建设

【概况】2017年，荷塘区城乡建设局(简称“区城建局”)按照区委、区政府的工作要求，围绕重点建设项目做督促指导和协调管理工作，全区硬件设施持续提高，软件环境大幅改善，重点项目建设整体推进，环境良好。完善重点工程联系制度。落实优惠政策，加快工程进度，确保质量安全，加强督查督办，重点项目建设遇到的困难和问题都得到及时反映和有效解决。继续实行重点工程项目建设责任制。与重点项目单位签订责任状，把安全生产和维护稳定工作作为重要指标，加强日常考核和监督。加强调研和协调。

对重点工程进行全方位、深层次的调查摸底，全面掌握基本情况。定期对辖区内的重点项目进行督查，及时发现问题，研究对策，解决问题。区城乡建设局获株洲市2017年度交通运输发展目标管理考核先进单位、株洲市2017年度农村公路养护目标管理一等奖、2017年度代表建议办理先进单位。

【党建工作】2017年，区城建局坚持落实“三会一课”制度，组织开展城建系统“两学一做”学习教育常态化、制度化。创新党建活动形式，组织党员干部开展流芳园清明祭扫、健步行、“七一”慰问贫困学子、重阳节慰问老党员等活动。积极参与脱贫攻坚、在职党员进社区、党代表驻工作室等活动，先后8次到对口扶贫的茶陵县秩堂镇龙江村，送去扶贫资金6.2万元，走访和接待基层党员群众180余人次，及时解决路不平、灯不明、下水不畅等居民急需解决的难题。年内组织召开党委会12次，定期分析、研究解决重点困难问题。落实“一岗双责”，党建工作与业务工作同安排、同部署、同检查、同考核，推动全局工作的开展。

【基础设施建设】2017年，荷塘区继续实施“北联”“东拓”“南进”发展战略，全面构建“五纵七横”路网。实施市政基础设施计划项目57项。其中，有42项列入城市交通畅通行动路网工程2017年计划实施项目，道路总投资约26.81亿元，实施总里程25.84千米，为历年之最。

【村镇建设】2017年，区城建局完成农村危旧土坯房改造30户，其中新建12户，修缮18户，完成目标率100%。建设农村公路30千米，全区农村公路总里程430千米左右，实现村村通，组组通，城乡环境大幅度改观。建设农村招呼站8个，农村公路窄路加宽2.89千米。

【棚户区改造】2017年，荷塘区棚户区拆除新建计划任务共26个项目，5153户、917482平方米。其中由区级平台公司负责实施新建项目12个，共计2676户，全部完成。

【老旧小区整治】2017年，荷塘区列入实行老旧小区改造的有袁家湾社区和中南小区、前进小区、地质勘察院416队等3个小区。其中袁家湾社区和中南小区提质改造项目总投资500万元，改造户数200户，改造面积约13600平方米；地质勘察院416队提质改造项目总投资约460万元，改造户数306户，改造面积约28800平方米；前进小区提质改造项目总投资约730万元，改造户数487户，改造面积约36500平方米。改造内容主要包括基础设施、房屋建筑、景观环境等方面，为小区全体居民提供美观、舒适、整洁的生活环境。

【市政维护】2017年，区城建局为实现辖区市政设施“道路平整、排水畅通”养护目标，按照“统一标准、权属分工、确保重点、精细作业”的要求，结合文明城市创建行动，修复更换新塘路、新湘路、艺校路、税务路、宝庆路等多条道路沥青路面共6500平方米；改造领秀天下周边道路水泥混凝土路面共1500平方米；更换红旗路、新塘路、恺德路、红旗广场周边等人行道大力晶石板共1200平方米；更换玫瑰路麻石火烧板共850平方米。清理、调整检查井、下水井12次，累计13200座次，清理沟渠5120米，更换井盖45块；安装新塘路、恺德路、玫瑰路、长寿路等道路人行道限行桩2000个；红旗村社区、湘华社区、新荷社区等累计换装太阳能路灯130盏。

【小康社会建设】2017年，由区城建局负责的小康社会考核指标有城镇化率、人均住房使用面积、建制村通客车率、城镇污水处理率、城镇建成区绿化覆盖率等6项，年内均已完成目标值。

【无物业管理小区】2017年，荷塘区无物业管理的老旧小区有116个，涉及房屋895栋，21170户，约占管理面的50%。无物业管理小区普遍存在居民自我管理意识薄弱，公共设施设备破旧，保安、保洁不到位等突出问题。按照“试点先行、以点带面、稳步推进”的步骤，在全区无物业管理小区推行业主自治，有20个小区完成，居民安全感获得感和幸福感不断增强。

【绿化管理】2017年，区城建局完善竞争机制，提升养护水平。通过优胜劣汰的方式，重新进行养护招标，引进最好的绿化养护公司。是年，在全市五区绿化考评中取得前三名的好成绩。3月，组织市人大、区直机关义务植树活动，树立全民爱绿的意识和责任；动员7家单位申报园林式单位，23家园林式单位接受复检。落实市“三年绿荫行动”计划，建设荷塘区红港广场林荫停车场，总投资400万元。动员湘江千金药业、株洲硬质合金股份有限公司建林荫停车场。全区建成林荫停车场3个。

【服务建筑房地产业】2017年，荷塘区有21个房地产企业、16个建筑企业，房地产业税收占地方财税约15%。加强与企业的联系，对接一名局领导，联系一片区，按规定每月上门走访一次，每季度开一次见面会，及时帮企业解决一些问题，助推企业发展。

【安全生产】2017年，区城建局在建筑工地开展安全生产百日行动、安全生产大排查、安全生产回头看等共7次，发现安全隐患105处，下达整改督办通知书35份，整改回复35份，均按整改要求进行整改。结合文明城市创建行动，所有建筑工地均按公益广告投放比例要求，在临时围墙围挡张贴创文公益广告。对全区2家管道燃气企业、5家瓶装燃气企业进行地毯式安全生产排查7次。成立以市燃气办、区安委会牵头，区安监局、区城建局、区工商局、区公安分局、区消防大队、镇办(管委会)、辖区各瓶装燃气供应企业等单位为成员的瓶装燃气市场“打非治违”专项行动领导小组，全年开展3次联合执法行动，打掉非法经营销售瓶装燃气黑窝点3个，收缴非法充装天然气钢瓶近200余个。

【抢险救灾】2017年，区城建局组织辖区各街道办事处(管委会)、社区开展老楼危楼和危险护坡排查，抢险加固险情共6处。全年排查各类安全隐患50条，整治隐患50条，下发督办函20余份，各类整改通知40份，出动检查人员300人次。

【廉租房租赁补贴】2017年，区城建局开展城镇低收入住房困难家庭发放廉租住房租赁补贴工作，本着以人为本的原则，统筹安排，公开透明运作。区政府的目标任务是200户，实际发放廉租住房租赁补贴911户，完成任务目标的455.5%。廉租住房租赁补贴发放工作取得显著成效。（余　晶）

城市建设和管理

【概况】2017年，荷塘区城市建设和管理委员会办公室(简称“区建管办“)在全市拆违控违考评中取得1个第一，1个第二的较好成绩。统筹调度，协调推进湘江保护治理“第二个三年行动计划”，市级下达的项目进度任务基本完成，“河长制”全面实施，西湖、天鹅湖两处黑臭水体整治工程基本完成，畜禽养殖污染整治取得成效，继续保持城区先进行列。深入学习中共十九大精神和习近平新时代中国特色社会主义思想，认真抓好基层党建工作和“两学一做”常态化制度化，较好地完成基层党建重点任务。

【超额完成全市“百万大拆违”任务】2017年，建管系统面对集体土地征收政策调整、征拆项目进度滞后、存量违建集中攻坚的严峻形势，迎难而上，敢于亮剑，紧扣全市“百万大拆违”行动目标任务，组织拆除行动217次(其中一级行动197次，二级行动10次，三级行动8次)，拆除存量和新增违法建筑637处，总面积40.1377万平方米。重点拆除茨菇塘街道红旗路社区15处钢架结构违法建设、宋家桥街道天台村9处抢建违法建设、金山街道太阳村项目内违法建设，全面完成市安委会重点督办的19处违法占用燃气管线建筑物拆除整改，超额完成市政府下达的年度25万平方米拆除任务。积极服务区内重点项目建设，拆除项目内违法建设297处，拆除面积20.35万平方米，控制违法建设90处，面积14.1万平方米，有力推动南岳岭和上月塘棚户区改造、职教城(市属三所职院新校区)、北环线、太阳村CDE地块、建宁港路、中美医院、明月湖、新塘路四期、金科片区、明照储备地等项目建设进度，保障项目按时顺利交地。

【理顺控违拆违监管和考评机制】 2017年，区建管办根据项目攻坚和“百万大拆违”行动的需要，对《株洲市荷塘区制止和拆除违法建设工作考评办法(试行)》相关制度和条款进行细化和补充，相继出台《农村杂屋审核备案办法》《房屋防水隔热建筑规范》《农村危改房联合审批机制》《中央和省属企业“三供一业”配套用房新建备案办法》《荷塘区治理违法建设考评领导小组会议制度》等一系列规范性文件。在严管严控新增违建、逐步消化存量违建的同时，对居民(村民)正当合理房屋修缮、杂屋批建、灾后重建、保障房改建需求予以依法依规疏导，全面形成以《荷塘区制止和拆除违法建设工作考评办法》为主体，其他相关补充文件为支撑的考评体系，进一步增强治违控违考评工作的透明度和公信力；全面形成以新增违建双报告制等十项制度为主体，其他相关制度、规则为补充的制度体系，增强治违控违考评工作的权威性和操作性。全面形成由国土规划专业认定为主导，考评小组综合评估为辅助的审核把关体系，有效调动基层单位治违控违的积极性和主动性。

【控违拆违队伍管理】 2017年，区建管办坚持从严治队，制定出台《关于在治控违工作中进一步严明纪律的通知》，对一线治违队员和岗位工作人员巡查、执法、行动、廉洁等情况实行全方位严格考评，畅通监督举报渠道，严查执法队员、岗位工作人员借治违巡查和委托执法之机，接受管理服务对象吃请，参与可能影响公正执法的宴请，接受管理服务对象红包礼金、烟酒等财物，对违纪违规行为“零容忍”。全年从严从重处理违纪违规队员7名。认真贯彻落实区委、区政府“治违大提升”工作部署，制定出台《荷塘区治理违法建设队伍奖惩实施细则》，以“奖惩结合、奖罚分明、以奖促效”为原则，设立专项考评奖励基金，有效调动一线执法队员的工作积极性。

【湘江保护和治理整体推进】 2017年，区建管办全面贯彻落实全市湘江保护和治理工作会议精神，严格按照市湘江办工作要点和项目清单要求，坚持问题导向，坚持项目主导，着力抓好国家长江委“共抓大保护”中突出问题整改督查、中央环保督查组专项督查、饮用水水源地安全专项督查等重要工作，推进黑臭水体整治、畜禽养殖污染整治、工业园污水处理设施等主要项目，取得较好工作成效。积极协助和配合建宁港黑臭水体整治，关停东湖洗水厂、勤丰洗水厂、全能洗水厂、鑫达洗水厂、天天洗水厂等5家洗水企业，其中3家企业完成设备拆除。推行“河长制”，区内建宁港、白石港和主要湖泊水库全部实行河长制，全面完成东西湖连通渠黑臭水体和天鹅湖黑臭水体整治工程、白石港堤坝修复工程、白石港水利血防工程。日月湖蓄洪生态公园综合开发项目正式动工，进展顺利，湖面及驳岸基本成型。荷塘工业集中区污水处理全面整改，工业园一期(老园区)污水管网已并入东环北路管网，工业园二期(新园区)已建成临时污水处理设施，处理厂用地已预留。提前完成株洲翔宇硬质合金有限公司清洁生产项目，得到省市经信部门认定。农村环境综合整治整区推进项目全面启动，15个村设施改造基本完成。

【抓好基层党建】2017年，区建管办党组扛牢抓实基层党建工作，全面落实“三会一课”，认真组织“一会四评”，从严从实开展党组民主生活会、机关支部组织生活会，党内政治生活规范化、制度化、常态化。精心组织一月一次的主题党日活动，指定篇目必学、心得体会必谈、查找问题必改、特色活动必搞。党组二级中心组学习和支部集中学习常态化，先后认真组织学习中共十八届七中全会精神、习近平“7·26”重要讲话精神、中共十九大精神、习近平新时代中国特色社会主义思想等指定内容。积极开展党建帮扶联系村、精准扶贫联系村的走访帮扶工作，共计投入10万元帮扶资金。落实全面从严治党要求，每季度对部门、中队中层以上党员干部进行廉政谈话，继续开展“雁过拔毛”式腐败问题和“治陋习、树新风”专项整治行动，着力抓好环保督查交办问题问责追责、党员干部违规涉矿涉砂、党员干部违规参与金融活动谋利、违规使用公款购买白酒、办公用房清理等专项整治行动，诫勉谈话1人，通报批评2人，给予党纪处分1人。举一反三，着力健全长效监管机制，推动建管系统党风廉政建设深入开展。

【长效管理】2017年，国家卫生城市长效管理、国家交通管理模范城市长效管理、国家环保模范城市创建以及“公交都市”示范创建工作有序推进。卫生城市长效管理工作夺得市级考核四个“第一”，年度综合考核排名全市五区首位。“公交都市”示范创建工作取得积极进展，株浏(金山)公交综合基地主体工程完工。

【落实中央环保督察事项】2017年，区建管办将中央环保督查作为推进突出问题整改的重要抓手，边查边改、力行立改，重点抓好城市建成区、水源保护区、人口密集区畜禽养殖污染整治工作。由区建管办牵头，区财政投入120余万元，会同宋家桥街道办事处坚决依法关停宋家桥街道天台村宋建新大型生猪养殖场，清栏生猪3000余头，拆除违法搭建猪棚，外来租户全部搬迁，有效消除建宁港上游重要污染源。会同环保部门开展联合执法，对金山街道太阳村成露养殖有限公司环境污染问题罚款30万元，督促业主清栏生猪1000余头，对沼气池、蓄粪池等排污设施实施提质改造。对金山街道、桂花街道等限养区畜禽养殖场所重点督办，分别通过项目征拆、缩减存栏、拆除猪舍等方式，逐步压缩限养区畜禽养殖发展空间，有序引导养殖户向适养区搬迁。会同国土、环保部门和仙庾镇政府，坚决依法关停仙庾镇黄陂田村活牛交易市场，清栏活牛2000余头，非法占用的耕地复耕复绿。（刘　波）

城市管理和行政执法

【概况】2017年，荷塘区城市管理和行政执法局(简称“区城管局”)为保障株洲市顺利通过国家卫生城市、全国文明城市复检，改善优化城区市容环境，推行“721”工作法，积极开展“文明城管”行动，着重抓好中央环保督查应急整改、露天烧烤(餐饮)油烟污染、合泰涵洞早市取缔、南郊500米范围内搬迁安置验收等工作，城市品质得到显著提升，城市管理和服务水平得到加强，各项工作成绩斐然。获株洲市城市管理“最佳先进城区”称号；局党委获2017年区委区政府“项目攻坚先锋”先进单位；2015—2017年连续3年获株洲市城市管理先进单位，综合考评成绩在城市五区中名列前茅；城市管理、党建特色等先进经验多次在《株洲日报》刊登。

【城管体制改革】10月，荷塘区成立改革工作领导机构，研究荷塘区城管改革实施方案。12月，出台《荷塘区城市管理综合执法体制改革实施方案(草案)》。根据该方案要求，12月末完成区级城市管理和综合执法职责调整，实现管理执法机构综合设置。明确执法编制，根据株发〔2012〕2号文件规定，按照城区常住人口的万分之五的比例配置执法人员，在12月末完成在编不在岗城管执法人员清理归位工作。规范协管队伍，提高待遇，协管员工资参照公安辅警相关标准执行。在12月末完成市公安局综合管理支队向城市各区城管综合执法大队派驻警务室，实行公安与城管执法联动工作机制，保障城管执法顺利进行。

【市容秩序管理】2017年，区城管局着力做好“门前三包”工作。以红旗路、新华路等主干道门店为试点区域，全面彻底的调查摸底。制定新的“门前三包”责任状，组织各中队队员对辖区4110家临街门店进行宣传发动和信息统计，实现全区主次干道店面“门前三包”责任状签署率达到100%，商家信息统计正确率93%，除306家未营业门店外，全部完成“门前三包”责任状上墙。强化校园周边市容管理。大队联合区交警大队在城区13所中小学设立助学岗，组织网格队员在上、下学时段对学校周边进行巡查值守，劝阻清理校园周边的各类违法违规行为。向校园周边476家门店、车主发放《告市民的一封信》1000余份，劝导教育人行道违规停车352台，规范出店经营470起，清理占道游商350余人，维护校园周边环境秩序。开展城管进社区活动。联合宋家桥街道办事处等部门推进执法范围和执法力量向街巷、社区前移。由城管大队培训街道办城管队员，对街道管辖的一些地段及重点难点地区进行联合执法。整治“僵尸车”违章占道现象。3月，在市城管局的统一指挥下，组织开展“僵尸车”专项清理整治行动。经过排查摸底，核实各类“僵尸车”86辆，根据与车主的联系情况分类、集中进行处置。至3月25日，完成对辖区内所有占道“僵尸车”的清理，规范道路、公共场所的停车秩序，道路交通安全和消防隐患得到有效消除。集中整治露天烧烤(餐饮)油烟污染。按照市指挥部的统一部署，5月—10月，集中开展露天烧烤(餐饮)油烟污染专项整治行动。荷塘区有夜宵店222家，其中烧烤店55家。城管大队出动队员1000余人次，清理整治露天烧烤摊店210余处，教育劝导经营户300余家。为期半年的整治，辖区所有烧烤店全部整改到位。治理人行道违章停车现象。8月至10月，以营造“安全、畅通、有序”的出行环境为目标，利用电视、电台、报纸、网络等新闻媒体平台，发起市民群众文明停车倡议活动，向沿街门店和行人、车主发放《告市民朋友的一封信》800份，发动辖区100余家门店的电子显示屏播放公益文明标语，群发文明停车提示短信2万余条。开展“城管体验日”活动，组织城管志愿者体验执法，引导广大群众规范停车，培养市民文明守法意识。组织队员补划停车位1100余米，悬挂禁停标志80余处，增设限行桩180个，出动人员2000人次，车辆260台，劝离车辆1300台，锁车2800余台。统筹协调辖区内社会停车场所18个共4020个停车位对外开放，为市民群众外出停车提供方便。

【环卫作业精细化】2017年，由区城管局牵头，区财政局、监察局等部门参与，启动全区道路环卫作业第四轮市场化招投标工作，提升环卫作业实效。全年开展4次环境卫生整治行动，重点整治合泰地区卫生“脏乱差”、红绿灯口和广场重点部位的保洁、主次干道路绿化带内卫生状况、公厕垃圾站点和主次干道环卫设备破损、道路停车位的清洗、路面污染等问题。规范管理垃圾运输车辆，提高垃圾车辆的规范装运，改善车容车貌，建立一车一档，提升服务质量。加强保洁员思想教育，规范环卫工作标准。落实门店“门前三包”，做好垃圾收集工作，不再造成第二次污染。考评办工作人员向新华西路、红旗路沿线的商业门店发放“门前三包”门店垃圾上门收集工作服务质量考核表，配送安装一个50升欧盟桶，门店业主积极配合，督促“门前三包”上门收集垃圾工作的开展。规范垃圾收集专用车辆的使用，促进“门前三包”垃圾上门收集作业机制更加规范化、精细化、常态化。监察队收取各项费用96.6万元，收费科收取垃圾处理费711万元，其中自来水费代收397万元，单位门店314万元，较2016年增长7.9%。

【基础设施提质改造】2017年，投入155.7万元，22座公厕提质提标。投入132万元，火电、东湖、戴家岭垃圾站提质改造。投入87万元，全区公厕、垃圾站安装除臭灭蝇设备，投入10万元，东湖垃圾站新建一座环卫休息室，东湖地区的环卫工人有了休息的地方。新添置不锈钢果桶120个，镀锌板果桶120个，欧盟桶150个。主次干道共维修50多个果皮箱，更换80个新的果皮箱，粘贴400余个果皮桶标志。

【重点项目稳步推进】2017年，区城管局积极协助餐厨废弃物无害化处理项目。株洲餐厨垃圾处理项目是株洲“民生100实事项目”。该项目征迁涉及新市村3个村民小组，项目征地2.648公顷，搬迁拆迁房屋30多户，建筑面积约1.2万平方米。

【夯实基层党建基础】2017年，区城管局主持召开研究党建会议14次。开展“精准扶贫”和“每月主题党日”走访活动，访谈党员58人次，解决突出问题13个。讲党课3次，138名党员听课。抓“关键少数”，运用“双述双评”考核机制，年初制定基层党建工作年度目标任务，列出党建工作清单，责任到人，办结销号。局党委班子先后20余次到联系点现场办公，访谈党员和群众300余人次，听民声，抓党建，促发展。“两学一做”学习教育常态化制度化，全年开展专题研讨4次，坚持学习50余次，下发各类学习资料400余份。上交党费47167元。开展“城管五进”和“五化支部”“微心愿”等活动，解决群众困难和问题50余件，慰问528人次，慰问金14.8万元(主要是环卫工人)。是年，局党委被评为“项目攻坚先锋”，18名党员被评为“优秀共产党员”，3名党员被评为“优秀党务工作者”，3名预备党员转正，发展1名新党员。先后组织5批、150人次执法队员开展文明执法等业务培训，挑选经验丰富的班子成员担任项目小组长，将干部派到项目中，激发活力。全区设置城管党员助学岗13个，设立便民疏导点12个，发放为民服务联系卡1200余张，帮助3户家庭困难的管理对象走上就业岗位。开展城管干部作风整顿，着力整治事难办、脸难看、迟到早退等10个突出问题，约谈干部和工作人员5人，立案查处3人。

【物业管理自治】2017年，荷塘区有无物业管理小区116个，占小区总数的50%，涉及房屋895栋、居民2.1万户。这些小区长期处于无人管理、无人保洁、无人维护的“三无”状态，逐渐成为城市管理的痛点、社会治安的隐患点，降低群众幸福指数。在“幸福荷塘”系列民生行动中，区城管局引导业主成立自治组织，合理确定管理模式，建立长效协商机制，推动无物业管理小区走上自治管理之路。在自主申报、调查核实的基础上，2017年荷塘区分两批实现20个小区自治运转。

【南郊垃圾场搬迁安置】2017年，株洲市垃圾处理场周边500米范围内房屋搬迁工程是湖南经视问政的民生工程，市政府投入资金1.1亿元，共涉及房屋95户，434人。其中，新市村85户，桐梓坪村10户。垃圾处理场房屋搬迁安置地征地总面积66126.14平方米，总建筑面积27800平方米，建筑密度18.26%，绿地率30.17%，新建宅基地112个。根据2012年9月4日第11次市政府办公会议精神，通过努力做工作，新市村85户采取宅基地集中安置，桐梓坪村10户为安置房安置，建成宅基地安置房91栋，历经5年时间的垃圾场500米范围内房屋搬迁任务完成，2017年该项目完成验收。

【中央环保督查整改】 5月，中央环保督查第六组进驻湖南，5月8日到株洲进行环保督查。市、区两级高度重视株洲市南郊垃圾填埋场环境保护治理工作，先后到垃圾场现场办公，明确整改方向，加快整改修复工作。荷塘区政府迅速制定整治工作方案，落实整改措施、整改时限，启动问责程序，严肃问责。区城管局党委班子分工负责，成立综合调度、抢险排险、渗滤液检测外运、综合稳定、资料材料、应急支援等6个专项工作组，入驻垃圾场，实行组长负责制，具体工作交办制，一天一调度，集中解决存在问题，于5月前完成抢险任务，顺利通过中央环保督察组检查。按照"6·13"指示精神，区政府成立整改工作组，应急整改工程在前期应急抢险的基础上，由中建院湖南分院专家组出台整改方案，7月14日，区政府启动南郊垃圾填埋场渗滤液应急整改工程。

【取缔合泰涵洞早市】 从10月27日开始，荷塘区着手合泰涵洞早市整治工作，解决长期因早市造成合泰涵洞市容秩序混乱的问题。区政府结合实际制订《荷塘区合泰涵洞早市取缔工作方案》，由荷塘区城市管理委员会牵头，成立合泰涵洞早市取缔工作领导小组，副区长成良池任政委，副区长刘必林任指挥长。11月17—22日，整治行动分四个责任区展开，实行"中队包片，队员包摊"工作机制，层层压实责任，确保整治到位。发动宣传攻势，在合泰涵洞附近张贴荷塘区人民政府、芦淞区人民政府《关于取缔铁西路和合泰涵洞早市的通告》5张，从行动之前的10月29日开始，队员逐门上户向早市商户送达纸质告知书，安排宣传车辆循环播放相关政策法规，邀请《株洲日报》《株洲晚报》、株洲电视台等媒体记者采访报道涵洞早市取缔行动，争取经营户理解和市民的支持。至11月末，共发放《关于取缔铁西路和合泰涵洞早市的通告》1000余份，悬挂整治横幅10条，媒体报道10余次。11月13日开始，区城管局联合荷塘公安分局先后多次约谈合泰早市负责人，78户摊点商户的租金全部退还，各商户陆续入市经营。2个月的整治，合泰涵洞经营近20年之久的早市被彻底取缔。（谭　荣）

国有土地上房屋征收

【概况】 2017年，株洲市国有土地上房屋征收处荷塘中心(简称"房屋征收中心")主要负责辖区内国有土地上房屋征收与补偿、初审建设业主单位提交的房屋征收申请文件及资料、调处荷塘区国有土地上房屋征收与补偿纠纷等。

【高效完成征收】 2017年，按照全市统一部署，纳入市绩效考核项目8个，任务面积9.66万平方米。按照区委、区政府进度节点的要求，房屋征收中心制订计划推进表、完成时间倒排表，严格实行一日一报表、一周一调度、每月一讲评，明确工作要求，建立内部考评制度，严格奖惩。各项目责任人制订责任区工作实施方案。大家齐心协力、艰难攻克，无线电二厂(二期)棚改项目、金科地块八、九项目、北环路C段项目、中美医院、太阳村普通商品房C地块项目、新塘西路南片区一期6个项目全部完成签约工作。新塘西路(红旗中路—铁东路)完成任务的82%，铁东路一期项目完成任务的85%。启动红旗广场西南片区棚户区一期、新文化路(石宋大道—东环线)新建工程、富家垅二期城中村等项目，中心全体工作人员与各责任单位一起，采取5加2、白加黑工作模式，红旗广场西南片区棚户区一期项目，自征收决定发布后2个月，签约率达到85%。

【司法保障征收】2017年，房屋征收中心发布征收决定8个，回复各类信访件18起，参加市中级人民法院及省高级人民法院行政诉讼开庭11起，参加区法院强制执行听证会3次。下达履行房屋征收补偿决定催告书2份，向法院申请司法强制执行5户。与此同时，全面深化阳光征收。加强计划实施项目的监督指导，统一征收操作流程、统一公示格式和模板，统一公示时限及公示范围。全面公开征收信息，监督征收现场公示信息的及时性、真实性、完整性。

【业务培训】2017年，房屋征收中心加强征收队伍建设，增强职工法制观念，提升征收人员业务水平。10月12日，区政府召开征收工作人员业务培训会，300余名参与征收的工作人员接受1天的征收工作业务知识培训，确保完成市委、市政府2017年下达荷塘区的征地拆迁和房屋征收工作任务。（唐晓玲）

征地拆迁

【概况】2017年，荷塘区开征集体土地征拆项目64个，签订集体房屋补偿协议693栋，累计交地41宗，314.3公顷（其中市级考核项目29宗交地232公顷，“百日攻坚”项目8宗交地34公顷）；完成国有房屋补偿协议532户、单位6家，征收国有房屋7.3公顷。株洲市征地拆迁和房屋征收第一次季度考核，荷塘区排名全市第一；年度考核获评株洲市“百日攻坚”先进单位和株洲市征地拆迁和房屋征收工作二类单位。

完善工作机制。荷塘区完善征拆征收工作机制，举全区之力推动荷塘区征拆征收工作。“领导上一线，干部上前线”，推行“县级领导包片”负责制，每个片区由一名县级领导办片，指导、协调、调度征拆征收工作，定期召开调度会、现场一线办公，及时化解矛盾，解决问题。区征管办、征地拆迁所工作人员全部下到项目一线，实行班子成员分片制，全身心投入到征拆工作一线，苦干实干，攻坚克难，抓时间，抓进度，确保拆迁任务的完成。项目指挥部下设征收组、土地组等，责任到人，落实到位。

督查调度常态化。区委书记、区长带队，不定期督查联片领导（办点领导）、职能部门及镇办“一把手”现场办公情况，保障政策执行不走样和工作顺利推进，项目办每月对征地项目推进缓慢、资料归档和结算不及时的单位，进行书面交办，明确交办内容及完成时间，抓好落实。定期召开全区征拆征收工作月调度会，总结通报任务完成情况，安排部署下一步工作，确保各项目按时保质稳步推进。

改进资金管理办法。征管办强化对项目资金的统筹管理，随时掌握各项目资金的收支结算情况，将新征项目的补偿资金全部收回，统一发放，由专人负责审核补偿资料，按一户一档归集，根据征地拆迁工作进度，及时申请和拨付，保障资金管理安全和工作推进两不误，保证资金支付的及时性和项目补偿资料的完整性。

【政策学习】3月31日，区征管办组织征拆业务部门80余名工作人员到株洲市国土局参加征地拆迁新政策解读与案例解析、廉政教育及法治培训等，学以致用。4月11日，开展征地拆迁新政策及廉政教育培训会，全区350人参训。重点就资金管理办法、新政策调整部分补偿标准进行解读。4月，区征管办多次组织国土、规划、征地事务所等职能部门的业务骨干，就新政策进行学习讨论与交流，研究实施细则。5月10日，举行“兴学风、比业务、争先进”征地拆迁新政策知识竞赛活动，参赛人员在培训的350人中随机抽取。10月13日，开展国有土地上房屋征收政策培训会，全区120人参训。10月，荷塘区征地拆迁新政策实施细则进行讨论与补充。

【宣传发动】 2017年，区征管办利用新闻媒体、报社等平台做好政策宣传解读，正确引导群众学习政策、了解政策、弄懂政策。在征地范围内人口密集和交通便利处设置固定宣传栏或公示栏，重点宣传项目建设的背景、目的、意义以及征地合法性的审批单、征收土地公告、征收决定、征地拆迁补偿安置方案公告等。由于宣传发动到位，政策落实到位，群众感到满意，积极支持征地拆迁工作。无线电二厂棚户区改造项目涉征房屋364户，涉征面积27881.63平方米，其中模拟征收房屋128户，30天签约率100%；其余集中签约236户，90天签约率100%。（凌 姣）

治理违法建设

【概况】 2017年，荷塘区治理违法建设综合管理大队（简称“区治违大队”）有人员46人。其中在编8人，劳务派遣人员38人。下设办公室（含后勤、文档、宣传）、督查室和5个中队。

区治违大队根据市下达3年消化建成区存量违法建设的要求，以及征拆政策的调整，围绕“百万大拆违”目标，突出在控增量，拆存量，服务全区各大项目的中心工作上精准发力，全区治违工作呈现良好局面，较好完成了工作任务。

【违建零新增】 2017年，区治违工作在网格化巡查的基础上，细化巡查标准，严格推行四级防控巡查制度，采取“一看，二听，三辨别”“眼观四路耳听八方”“回头看”“抓重点”等工作举措，治违队员全年在全区范围内全方位，无死角巡查，确保违法建设及时发现、及时处置。全年发现新增违法建设93处，面积27606.08平方米，控违工作稳步推进，形成违法建设露头就打的局面，极大的保证违法建设零新增。

【违建拆除】 2017年，区治违大队采取积极鼓励自拆，灵活开展助拆，和谐实施柔拆，依法进行强拆的“四拆”方案，全年组织拆违行动217次，其中一级行动197次、二级行动10次、三级行动8次、清表1次、腾房1次。共拆除违建637处，面积40.14万平方米（拆除砖混470处，面积35.19万平方米；拆除简易结构167处，面积4.95万平方米），超额完成市考评办下达的25万平方米违建拆除任务。

【服务项目】 2017年，区治违大队全力以赴为重点项目保驾护航，服务项目64个，拆除违法建设297处，面积20.35万平方米。控制违法建设90处，面积14.1万平方米，确保项目内违法建设“零”新增。用“拆违促拆迁”的手段强势推进职教城项目、南岳岭、金城东路、新塘路延伸段、市属三所职院新校区等项目建设工作，全面提升各大项目建设的速度和效率。

【宣传报道】 2017年，区治违大队充分利用媒体、采用各种形式，着力宣传违法建设的危害、以及开展控违拆违与发展的关系，形成全方位、多角度的强大舆论攻势。区内治违、控违工作先后12次被《株洲日报》《株洲晚报》、株洲法制频道等多家媒体正面报道。在全区通过队员上门做工作、悬挂横幅、粉刷永久性宣传标语等举措，全年受理群众投诉112起，回复率、处置率均为100%。

【移交督办】 2017年，区治违大队贯彻落实各级部门、领导督办、移交的各项工作。全年接受土地违法占用移送案件29件，面积共达78公顷。完成规划局移交案卷23起，拆除违建面积1.46万平方米，14处予以控制。完成市规划局重点督办19处违法占用燃气管线的建筑物、构筑物及其他设施。

【队伍建设】 2017年，区治违大队加强队伍建设的标准，即提高队员业务能力，提高队员对案件办理能力，提高大队宣传协调能力。强化治违工作管理，即加大网格队员的管理，加大新增违建的打击，加大项目服务的水平。加强队伍内部制度建设，不断完善《荷塘区治理违法建设综合管理大队内部考评办法》，将执法人员在处罚、奖励以及作风、内部管理等方面的行为进行细化，做到不纵容、不包庇，坚决克服盲目乐观和松懈厌战的思想情绪，对不作为、乱作为等行为严肃处理。加强廉政教育，落实廉政建设责任制，形成反腐倡廉的整体合力，定期组织学习廉政建设的法律法规和规章制度。治违队员坚持每周一次的军事训练，每月一次集中学习的制度，开展新形势下的治违法律、法规的业务学习与培训，明确“严格执法”和“文明执法”的具体要求。 （漆泰虹）

环境保护

【概况】 2017年，荷塘环保分局以日常检查、随机抽查等方式加强监管，立案查处各类环境违法行为53起，其中移送公安行政拘留10起。处理污染投诉574件；审批43个建设项目(报告书4个，报告表39个)，认真落实“项目攻坚年”和“企业服务年”活动要求，派驻专人到区项目办，按时保质完成区项目办交办的17个重点项目审批任务；大力宣传荷塘区环保工作新举措、新成效、新蓝图。“六.五”世界环境日，在华晨世纪城广场开展题为“绿水青山就是金山银山”的环保宣传活动。8月22日，在《株洲日报》整版刊登以《擦亮生态底色，建设幸福荷塘》为题的环保工作纪实，不断增强公众生态文明建设的获得感；争取专项资金389万元，缓解资金压力，提高污染治理积极性。

【环境污染整治】 2017年，荷塘环保分局完成大力、黄陂田2个加油站油罐防渗改造；完成天鑫、天工2家电镀企业的污染治理；金山工业园污水管网与市政管网完成对接；完成人民医院医疗废水处理设施升级改造；启动5个医疗卫生服务中心废水治理；完成西湖和天鹅湖黑臭水体治理；淘汰黄标车1134辆；完成砖瓦行业专项整治，8家砖厂建设脱硫设施，关停东流电机砖厂和金桥砖厂；完成康洁消毒公司热风炉清洁能源改造和飞鹿公司废气收集系统改造；关闭14家煤店；开展汽车城汽车修理专项整治行动，10余家小型汽修店拆除烤漆房，或安装废气处理设施，7家4S店完成治理，并通过市级验收；基本完成农村环境综合整治整区推进项目，关闭禁养区内4家养殖场(其中规模养殖场1家)；关闭9家洗水厂(其中黑洗水厂4家)，金太阳洗涤厂完成搬迁。较好完成环保目标责任书任务，全面完成年度减排任务。

【环保督察】 荷塘环保分局办结中央环保督察29个信访件和反馈意见中涉及荷塘区的7个共性问题，共问责16人(警告处分1人，诫勉谈话3人，约谈12人)，起到很好的惩戒和警示教育作用，全区生态环保责任意识明显增强。各镇(街道、管委)均设立环保站，明确职责和人员，基本实现环境监管全覆盖。 （胡继权）

项目推进

【概况】 荷塘区项目推进领导小组办公室(简称“区项目办”)，位于荷塘区新华东路218号(区政务服务中心大楼16楼)，成立于2016年10月(株荷办发〔2016〕67号)，由常务副区长担任项目办主任，成员单位由区监察局、区发改局、区财政局、区城建局、区经信局、区商粮局、区征管办、区土储中心、区维稳办、金山工业园管委会、金城集团、金科集团、国土荷塘分局、规划荷塘分局、环保荷塘分局、公安荷塘分局16个单位组成。从成员单位抽调20名业务骨干集中办公。办公室下设综合、报批、报建、督查4个组，区项目办通过完善工作机制，实现对项目建设的全方位指导、全过程调度、全流程督促，有效解决项目前期滞后的“顽疾”，把领导干部从疲于项目现场调度和协调中解放出来，有效提升项目推进速度和后期管理水平。主要职责是：统筹管理全区项目建设，制定全区项目实施计划；对接市级重点项目，做好协调服务；督促项目前期手续全过程手续办理；协调解决征地拆迁重点、难点问题，督促交地工作；服务项目建设，协调处理施工矛盾和问题，保障顺利施工；督促考核镇办(管委会)、部门，服务项目、征地拆迁工作。

2017年，荷塘区有136个市、区重点项目，总投资463.02亿元，完成固定资产投资211.93亿元，增长14.8%，全市排名第一。区项目办通过调度和协调服务，53个项目开工，20个项目竣工，22个续建项目施工顺畅，44个项目前期工作推进有序，参与调度征拆项目64个，完成征拆扫尾项目58个，资料归档52个，项目结算47个，累计交地43宗，329.53公顷。确保北环线、职教城等省、市重点项目的顺利施工。区项目办获得区服务征地拆迁和房屋征收工作先进单位。工作人员皮修刚、言明、胡继红、颜峰、刘宇帆获得区征地拆迁和房屋征收工作先进个人。

协调服务到位。统筹管理全区项目，采用串联式办公，并联式审批，实行项目全流程服务和指导，带业主办、帮业主办、指导业主办，协调解决项目前期手续遇到的困难。实行挂图作战，定节点任务，协调各职能部门和业主单位，对部分重点项目的前期环节实行容缺受理、交错进行，提高项目推进效率。模式化推进项目前期手续办理工作，项目前期保障取得“大突破”。完成土地报批137.8公顷，完成土地出让58.07公顷，出让金额创历年最高。基础设施类和社会民生类共54个项目，完成前期手续办理237项（含项目选址、立项、土地报批、方案设计、招投标等）；产业类共38个项目，完成前期手续59项(含立项、蓝线、土地报批、规划报建等手续)。

督办考核到位。发挥“两天一碰头、每周一调度、一月一考评”工作机制作用，下达交办函202份，交办事项共520件，督办任务落实率达92%。创新工作方式，“促征拆、促开工、促投资”，按项目分类，由分管副区长牵头专题调度，推进项目手续办理、征地拆迁、施工矛盾等有关问题解决。征地拆迁工作整体推进。通过现场督查、会议协调，先后解决荷塘大道延伸段跨线桥、株洲农副产品批发交易物流中心等40多个项目的村民阻工问题，保障项目施工顺畅。

【亮点工作】2017年，区发改局、国土荷塘分局、规划荷塘分局、区征管办等部门主动服务，园区管委会、金城集团、金科集团、区城建局等业主单位积极作为，交办任务完成率达98%。部门联动，全面攻关征地拆迁。区委书记、区长等主要领导不定期到项目现场办公督查，区项目办定期到镇、办督查，区征管办、国土荷塘分局、规划荷塘分局、征地拆迁所、征收中心等部门联动，全力攻关，及时解决项目中存在的困难，有效推动征拆征收进度。桂花街道办事处共征收土地90.4公顷，完成北环线、职教城项目等扫尾工作及金科补征(文体三中心)、荷塘美的小学等7个项目结算工作，启动金科一片区、二片区等4个项目，签约187户；金山街道办事处完成C、D、E储备地块106户扫尾签约工作，拔掉以郭建德为代表的6户钉子户，确保建宁港路顺利施工；明照街道办事处启动18个项目，征收土地73.93公顷，签约155户，完成车辆段二期等3个项目结算工作；仙庾镇政府完成了株洲农副产品批发交易物流中心、限价商品房等14个项目扫尾及荷塘大道延伸段、中美医院等13个项目结算工作；荷塘月色管委会完成无线电二厂项目101户签约扫尾及华亿标准厂房二期项目结算工作；茨菇塘街道办事处，完成金科储备八、九地块扫尾结算工作。9月，陆续启动新塘西路、新塘西路南片区、铁东路等3个项目，共签约288户；宋家桥街道办事处完成新塘西路四期、金桥路等5个项目的扫尾结算工作。11月，启动幸福

100项目共签约52户；月塘街道办事处拆除南岳岭、上月塘片区一、二期棚改项目N76、N178等8户钉子户，确保火车站及铁东路施工顺利，启动红旗广场西南角、富家陇二期城中村改造、流芳园3个项目，共签约128户；合泰管委会协助完成新塘西路南片区、新塘西路的上户调查及房屋签约工作；区教育局完成无线电二厂、北环线项目260户国有房屋签约拆除工作，无一例遗留问题。（单鲁稀）

2017年市级重点项目开、竣工情况表

表11　　单位：万元

序号	项目名称	项目业主	计划开工时间	年度计划投资	申报时间	备注
1	美的小学周边路网建设	荷塘区城建局、金科公司	2月	13125	2月	开工
2	三湘硬质合金	株洲三湘硬质合金工具有限公司	3月	5000	2月	开工
3	金山新城片区基础设施配套9条	市金城集团	4月	14000	2月	开工
4	荷塘区小学新建项目(戴家岭小学搬迁改造)	荷塘区教育局、金科公司	5月	8000	2月	开工
5	日月湖蓄洪生态公园综合开发项目	市金城集团	6月	25000	3月	开工
6	国投金汇二、三期(二期)	市金城集团	8月	13500	3月	开工
7	水竹湖片区综合开发(道路)	市国投集团	6月	7000	5月	开工
8	逸都总部经济园	株洲置信投资开发有限公司	11月	15000	6月	开工
9	株洲市农副产品批发市场	市交发集团、市国盛市场经营管理有限公司	6月	20000	6月	开工
10	飞鹿二期高分子涂料项目	株洲飞鹿高新材料技术股份有限公司	10月	12000	6月	开工
11	春华碳酸锂新能源电池	株洲春华实业有限责任公司	9月	12000	7月	开工
12	金城华亿标准厂房一期	株洲金城华亿发展有限公司	8月	20000	8月	开工
13	科能二期OLED电极项目	株洲科能新材料有限公司	9月	11000	8月	开工
14	雪宝家装建材智能制造	湖南国林宝华管理有限公司	9月	10000	9月	开工
15	金泰特链	株洲金泰硬质合金有限公司	3月	16000	10月	竣工
16	仙庾特色小镇	市金城集团	12月	150000	10月	开工
17	中车集团株洲车辆厂生活区物业移交维修改造工程	荷塘区城乡建设局	7月	8000	10月	开工
18	中美医院	中美集团	11月	20000	11月	开工
19	瑞美包装材料生产线	株洲瑞美包装有限公司	8月	12000	11月	开工

园区建设

株洲金山科技工业园

【概况】2017年，株洲金山科技工业园(简称“金山工业园”)实施“依城兴产，以产促城，产城融合”的战略思路，产值202亿元，复合新材料、医学健康、轨道交通装备三大产业基地基本形成。

园区内先后开工建设荷塘大道、金龙路、向阳南路等园区道路18条，竣工通车11条，建成里程17.6千米，金山新城片区“四纵四横”路网建设正加速推进。建成金钩山村、天台村、明照村等安置房源6处，建成安置面积12.6万平方米；建成公园1座，污水处理站2座，垃圾中转站1座，110千伏安电力开关站1座；铺设自来水管网17.6千米，铺设中压管道10千米，庭院管网20千米。投资1亿元的株浏公交基地即将投入使用；投资12亿元的日月湖及配套路网PPP项目、投资40亿元的市农副产品批发交易物流中心、投资2.6亿元的金城燃气门站及储备站、投资5亿元的中美医院、投资2亿元的金城国际学校等项目已开工动土，园区水、电、路、气、讯等配套服务设施不断完善。

2017年，金山工业园完成固定资产投资95亿元，同比增长21.6%；完成技工贸收入177.15亿元，同比增长11.55%；完成规模工业增加值59.33亿元，同比增长7.49%；完成高新技术产值157亿元，同比增长9.45%；上缴税金8.12亿元，同比增长4.79%。建成国投金汇等标准厂房面积10.28万平方米，引进标厂企业30家。引进汉德车桥株洲生产基地、杭萧钢构株洲项目等投资过5亿元的重点项目13个。新开工飞鹿二期、雪宝家装、株洲金城华亿健康产业园一期等产业项目13个。完成工业项目征拆面积30.2公顷；完成土地报批59.8公顷；完成土地出让37.13公顷；实现融资26.82亿元，新增资产27.16亿元。

【招商引资】2017年，金山工业园积极开展“走进500强、提升产业链”行动，引进重点项目13个，累计引进投资额81.79亿元。其中世界500强1个，即潍柴控股集团有限公司和陕西汽车控股集团有限公司合资投资的汉德车桥汽车驱动桥、齿轮生产基地，总投资约15亿元。中国500强4个：由三一集团有限公司参股投资的株洲远大装配式建筑项目，总投资约6亿元；由湖南建筑工程集团全资投资的省建五公司装配式建筑项目一期，总投资约5.5亿元；由中国医药集团参股投资的国药控股(株洲)销售总部项目，总投资约1亿元；由华夏幸福基业股份有限公司全资投资的华夏幸福产业新城和产业小镇项目。中国民企500强2个：由杭萧钢构股份有限公司参股投资的中天杭萧钢构装配式建筑项目，总投资约6.2亿元；由亿利资源集团有限公司参股投资的金山新城日月湖及配套路网PPP项目，总投资约7.26亿元。新引进亿达科技、金特硬质合金、合盾工程刀具等项目30个入驻企业。

【金山新城日月湖及配套路网PPP项目】4月8日，荷塘区金山新城日月湖及配套路网PPP项目举行开工典礼，市委副书记雷绍业宣布开工。项目主要包括日月湖生态水利综合开发、日月湖生态修复工程、配套路网工程3个子项目，总占地面积约54.5公顷，总投资约10亿元，是金山新城片区核心区域的一个非常重要的生态景观综合项目。该项目是荷塘区首个PPP融资项目，也是一个具有综合功能的生态公园项目。

【远大建筑工业化合作项目签约】4月19日，株洲远大建筑工业化合作项目签约仪式在金城集团一楼会议室隆重举行。区委副书记、区长王利波，株洲城市建设发展集团总经理李柏坚，长沙远大住宅工业集团股份有限公司副总裁龙启满，株洲市政建设有限公司党委书记仉清正出席签约仪式。项目位于金山新城东北部(金龙路与金乐路相交范围)，项目拟投资1.2亿元，总占地6.73公顷，建成后预计年产产业化住宅建筑面积120万～150万平方米。

【市基础设施建设有限公司总部项目签约】5月25日，株洲市基础设施建设有限公司总部项目的入园签约仪式在金山新城四楼会议室举行。金山工业园党工委书记丁国祥，管委会主任易海平，金城集团董事长周亮平，金山工业园党工委副书记、区招商办常务副主任王巍，企业服务中心主任谭前勇，株洲市基础设施建设有限公司法人代表兼董事长刘伟参加仪式。该项目位于荷塘大道与金龙东路交汇处，金山新城办公大楼东侧，项目用地规划总面积2828平方米，由株洲市基础设施建设有限公司协同株洲市新凯工程建设监理有限责任公司共同投资，总投资约6000万元，成为包含企业总部办公、商业写字楼、酒店等业态于一体的综合办公楼。

【省第五工程公司产业项目入驻金山新城】8月13日，湖南省第五工程有限公司装配式建筑产业中心项目入驻金山新城签约仪式在金山新城举行。副市长谭可敏，市住建局党组成员、总工程师谭家利，湖南省第五工程有限公司董事长叶有泉及区领导邬凌云、王利波、王冬、陈柏文、丁国祥、易海平等出席活动。项目总投资5亿元，占地面积约33.33公顷，分三期建设，项目一期用地面积约9.8公顷。

【雪宝家装建材智能制造项目开建】9月14日，雪宝家装建材智能制造项目在金山工业园举行开工仪式。市人大常委会党组书记、常务副主任刘光跃，副市长顾峰及区领导邬凌云、陈友元、丁国祥等出席开工仪式。区雪宝家装建材智能制造项目，是复合新材料产业的重点项目，是园区三大主导产业之一。项目包括智能制造车间、仓库、研发中心、综合办公楼及配套设施。

【两商业项目开工建设】12月5日，置信风情商业街、商务酒店项目举行开工仪式。区委书记邬凌云，区委常委、统战部部长王顺安，副区长陈柏文，金山科技工业园管委会党工委书记丁国祥出席开工仪式。置信风情商业街地块东邻青塘路、南靠余湾路50米市政景观带、西邻荷塘大道、北靠象湾路，占地面积1.3公顷，总建筑面积4.4万平方米，开发建设周期2年。置信风情商业街为金山新城首个商业项目。

【株洲中美医院建设项目开建】12月6日，株洲中美医院建设项目举行开工仪式。区委常委、常务副区长刘国梁，区人大常委会副主任郭莉，金山工业园管委会党工委书记丁国祥、金山工业园管委会主任易海平出席开工仪式。该项目是中美集团重点投资的一所高规格、高品质的现代化医院。项目总占地面积7.1公顷，总建筑面积1.5万平方米，总投资5.7亿元，将用3年左右的时间完成项目建设。

【远大两项目签约入园】 12月14日，远大住工PC装配式建筑生产基地项目、市政公司总部及环保型路面材料生产基地项目入园签约仪式在金山新城一楼会议室举行。副区长陈柏文、园区党工委书记丁国祥、管委会主任易海平、金城集团董事长周亮平、项目公司负责人参加仪式。远大住工PC装配式建筑生产基地项目由长沙远大住宅工业集团股份有限公司、株洲市政建设有限公司、株洲金城投资控股集团有限公司共同成立合资公司投资开发。项目总投资6亿元，总占地13.3公顷，其中一期占地6.66公顷，投资3亿元。本项目包括1栋厂房、1栋办公用房和1栋员工宿舍，总建筑面积341473.67平方米；拟设置PC混凝土装配式建筑材料生产线6条，设计产能150万平方米/年。环保型路面新材料生产基地建设项目由株洲市政建设有限公司投资开发。项目总投资2.5亿元，总占地约9.66公顷。项目以路面新材料为主营产品和服务。

【汉德车桥两项目入驻金山新城】 12月26日，陕西汉德车桥汽车驱动桥、齿轮生产基地项目签约仪式在招商中心一楼会议室举行。区委书记邬凌云，区委副书记、区长王利波，陕西汉德车桥有限公司总经理、汉德车桥(株洲)齿轮有限公司董事长王占朝及区领导刘国梁、陈柏文，园司领导丁国祥、易海平、周亮平出席活动。该项目投资26亿元以上，建设一个占地26.8公顷，集协同研发、智能制造、信息高度集成的数字化基地，力争打造一个集汽车驱动桥、齿轮和锻造业务为一体的智能制造典范和标杆。

【株洲市政PC装配式建筑生产基地建设项目开建】 12月28日，株洲市政PC装配式建筑生产基地建设项目开工仪式在金山新城举行。市政府副市长谭可敏、副秘书长王事兴，荷塘区委书记邬凌云，区委副书记、区长王利波，及市发改委、市财政局、市国土局、市住建局、市规划局、市交通局、市审计局、市城发集团等部门负责人出席开工仪式。株洲市政PC装配式建筑生产基地项目由长沙远大住宅工业集团股份有限公司、株洲市政建设有限公司、株洲金城投资控股集团有限公司共同成立合资公司投资开发。项目总投资6亿元，总占地13.3公顷。其中一期占地约6.66公顷，投资3亿元，规划总建筑面积3.63万平方米，主要建设1栋装配式建筑产品生产基地的配套标准厂房和1栋4层研发楼，拟设置安装“4+2”PC装配式建筑产品生产线1条，设计产能120～150万平方米/年。项目预计2018年6月竣工投产。 （袁永花）

2017年金山科技工业园规模以上企业主营业务收入汇总表

表12 单位：万元

序号	企业名称	入园时间	主营业务收入
1	株洲市荷塘区瑞美包装有限公司	2017年12月	9867
2	株洲市三江水玻璃有限公司	2017年2月	2678
3	株洲飞鹿高新材料技术股份有限公司	2014年5月	25009

续表12

序号	企业名称	入园时间	主营业务收入
4	湖南铁达能源科技有限公司	2014年11月	36959
5	湖南千金湘江药业股份有限公司	2012年11月	59133
6	株洲千金药业股份有限公司	2008年10月	75545
7	中材株洲水泥有限责任公司	2017年12月	60416
8	中橡集团株洲橡胶塑料工业研究设计院	2014年5月	12716
9	株洲科能新材料有限公司	2004年11月	45394
10	株洲三湘硬质合金工具有限公司	2010年12月	3817
11	株洲金泰硬质合金有限公司	2014年9月	2083
12	株洲美特优硬质合金有限公司	2011年5月	2934
13	株洲硬质合金集团有限公司	2008年10月	187849
14	株洲力洲硬质合金有限公司	2014年9月	2959
15	株洲长江硬质合金设备有限公司	2008年3月	897
16	株洲中钨硬质合金有限公司	2010年12月	2002
17	株洲茂翔硬质合金有限公司	2014年9月	2086
18	株洲湘锐硬质合金有限公司	2014年9月	2002
19	株洲市硬质合金加工有限公司	2008年10月	10906
20	株洲长江硬质合金工具有限公司	2008年10月	16756
21	株洲同一实业有限公司	2006年3月	3287
22	株洲固纳特硬质合金有限公司	2015年1月	2034
23	株洲市超宇实业有限责任公司	2014年5月	2940
24	株洲天锐新材料科技有限公司	2017年7月	2041
25	株洲湘江电焊条有限公司	2008年11月	31980
26	湖南昊兴机械科技有限公司	2017年7月	2005
27	株洲华德实业有限责任公司	2006年5月	1265
28	株洲九洲传动机械设备有限公司	2006年8月	3721
29	株洲市九洲四维实业有限公司	2006年8月	13785

续表12

序号	企业名称	入园时间	主营业务收入
30	株洲市九洲传动科技有限公司	2016年7月	8415
31	株洲市特种链条有限责任公司	2011年12月	2630
32	株洲迪远硬质合金工业炉有限公司	2008年5月	2250
33	株洲齿轮有限责任公司	2008年10月	64068
34	汉德车桥(株洲)齿轮有限公司	2008年10月	54110
35	株洲科盟车辆配件有限责任公司	2007年6月	62250
36	株洲斯威铁路产品有限公司	2008年10月	65951
37	株洲春华实业有限责任公司	2008年6月	23565
38	株洲长远智造股份有限公司	2013年11月	2211
39	株洲星联铁道车辆机电装备有限责任公司	2008年10月	38541
40	株洲宏达电子股份有限公司	2016年1月	37310
41	中良科技集团有限公司	2004年6月	2030
42	湖南中天建设集团有限公司	2014年9月	98492
43	湖南红旗市政建设股份有限公司	2014年7月	46132
44	湖南宁康医药有限责任公司	2014年7月	7798
45	株洲市医药有限公司	2014年7月	23439
46	株洲市九洲泽润铁路配件有限公司	2013年12月	2443
合 计			1166697.9

（罗 帆）

2017年金山科技工业园高新技术企业主营业务收入汇总表

表13　　单位：万元

序号	企业名称	入园时间	高新产品主营业务收入
1	株洲硬质合金集团有限公司	2008年10月	187849
2	株洲齿轮有限责任公司	2008年10月	64068
3	湖南千金湘江药业股份有限公司	2012年11月	59133

续表13

序号	企业名称	入园时间	高新产品主营业务收入
4	株洲湘江电焊条有限公司	2008年11月	31980
5	株洲千金药业股份有限公司	2008年10月	75545
6	株洲科能新材料有限责任公司	2004年11月	45394
7	株洲科盟车辆配件有限责任公司	2007年6月	62250
8	株洲星联铁道车辆机电装备有限公司	2008年10月	38541
9	株洲春华实业有限责任公司	2008年6月	23565
10	湖南铁达能源科技有限公司	2014年11月	36959
11	株洲飞鹿高新材料技术股份有限公司	2014年5月	25009
12	株洲市九洲传动机械设备有限公司	2006年8月	3721
13	株洲长江硬质合金工具有限公司	2008年10月	16756
14	中国化工橡胶株洲研究设计院	2014年5月	12716
15	株洲同一实业有限公司	2006年3月	3287
16	株洲美特优硬质合金有限公司	2011年5月	2934
17	株洲华德实业有限责任公司	2006年5月	1265
18	株洲迪远硬质合金工业炉有限公司	2008年5月	2250
19	株洲力洲硬质合金有限公司	2014年9月	2959
20	株洲宏达电子股份有限公司	2016年1月	37310
21	汉德车轿(株洲)齿轮有限公司	2008年10月	54110
22	株洲市硬质合金加工有限公司	2008年10月	10906
23	株洲市九洲四维实业有限公司	2006年8月	13785
24	株洲斯威铁路产品有限公司	2008年10月	65951
25	株洲市特种链条有限责任公司	2011年12月	2630
26	株洲固纳特硬质合金有限公司	2015年1月	2034
27	中良科技集团有限公司	2004年6月	2030
28	株洲三湘硬质合金工具有限公司	2010年12月	3817
合计			888753

（罗　帆）

园区企业选介

嘉德产业园

【概况】嘉德产业园位于荷塘区金山新城。园区成立于2002年,2012年被批准为省级工业集中区。规划面积62平方千米,按照"依城兴产、以城促产、产城融合"的战略思想重点发展以医疗健康、复合新材料、轨道交通装备三大产业集聚区的"产城互动、两型示范"新城。

嘉德产业园总占地面积44.73公顷。计划分四期开发。依托株洲市的产业结构,主要引进新材料和轨道交通、装备制造企业。整个嘉德工业园标准厂房的建设采用大跨度、大开间,企业布局便利;厂房灵活拆分、灵活组合,满足不同企业需求;同时引入德国标准的设计理念和建造标准,打造拥有独立院落并具有展示功能的花园式厂房,让企业高效生产的同时,可以享受舒心的环境。年末,一期已经完成建设及招商,18家企业全部入住。一期年产值近4亿元,年税收1800万元。二期占地面积6.33公顷,规划有8栋单层厂房、一栋多层厂房和一栋高层厂房。主要定位为新材料产业园,同时引进优质的轨道交通、装备制造等企业。

嘉德产业园打造八大服务平台,"物业服务平台"合达联行物业服务有限公司为全国物业20强,专业从事产城一体项目全程运营和物业服务的一级资质的企业。"政务服务平台"为园区企业提供政策咨询、法务咨询、项目申报等服务。"孵化平台"内含众创空间、孵化器、创业大赛帮助企业快速成长并将产品市场化。"金融平台"通过与融资中介、科技银行、创业基金等机构合作,解决企业发展过程中的资金需求。"生活平台"园区配备有蓝领公寓、酒店、餐厅、超市、自助银行、免费公交、图书馆等,为企业主和员工的工作和生活提供便利。"人才平台"为入园企业提供全方位的个性化人力资源服务,包括招聘代理、劳务派遣等。"培训平台"位于综合楼二楼的置信大学华中分校可为企业主和员工定期提供各项技能培训。"信息平台"为企业搜集各种行业协会、市场渠道等信息。为企业提供全方位服务。(罗 帆)

株洲市装配式建筑产业示范园

【概况】株洲市装配式建筑产业示范园位于株洲金山科技工业园,总规划面积131.73公顷,计计到2020年建成株洲市装配式建筑产业"一园四基地",打造省级装配式建筑产业示范园,基地产能达到140~450万平方米/年,产值突破100亿元。园区主要布局PC构件生产、兼顾钢结构装配式施工及成品展示、装配式产学研基地等功能,重点引进装配式建筑产业链的龙头企业,发展产业化联盟,形成产业集群,打造湖南省装配式建筑产业示范园区。重点建设株洲三一芙蓉装配式建筑生产基地、株洲远大住工装配式建筑生产基地、中天杭萧钢构装配式生产基地、湖南省第五工程有限公司装配式建筑基地。至2017年年末引进企业4家并已启动建设,产业基地周边水、电、路、气等配套基础设施已经基本到位。(罗 帆)

金城·国投新材料示范园

【概况】2014年4月,金城·国投新材料示范园由株洲市国有资产投资控股集团有限公司、株洲方元资产经营管理有限公司和株洲金城投资控股集团有限公司共同出资建设,致力打造一个集中小企业孵化、高科材料及产品研制、展示、专业人才培训、商务服务一体的新材料产业园。主要承接电子信息、轨道交通、汽车、新能源等特色新材料产业，配有专业服务团队，将搭建金融、政策、科技创新、人力资源、材料检测等7大服务平台，支持中小微型新材料企业入驻实施技术改造、产品调整等。总占地面积14.27公顷，总投资约4.4亿元，分三期建设。一期项目规划工业用地5.67公顷，用于标准厂房建设，建设有1栋1+9倒班房，2栋3F厂房和4栋4F厂房及配套附属工程，总建筑面积60083.2平方米，其中倒班房建筑面积11101.17平方米，工业厂房建筑面积47855.08平方米，其他配套建筑面积1126.95平方米；于2016年底完成竣工验收，并已交付使用。2017年一期厂房均租售完毕，入园企业50余家。（罗　帆）

国投金汇创新创业服务中心

【概况】国投金汇创新创业服务中心用地总面积1.73公顷，建筑面积约2.6万平方米，总投资约1.1亿元，拟建设1栋4F检测中心，1栋2+11F创新创业服务中心大楼及配套的供配电、给排水、道路、绿化、地下车库等附属工程。其中，硬质合金材料检测与研发中试公共服务平台投资3350万元，建筑面积约2600平方米。2017年，完成项目的土地摘牌、可研、立项、水保、环评、总平图设计及设计、监理、施工单位招投标工作，施工许可证、建设用地规划许可证、建设工程规划许可证、不动产权登记证、地名证办理完毕，并于10月启动建设。（罗　帆）

株洲格斯特动力机械有限公司

【概况】2012年11月，株洲格斯特动力机械有限公司成立，占地面积2万平方米，注册资本800万元，资产总额3000万元。主营各类气体透平动力机械，如通风机组、涡轮增压器、小型飞行器动力及地面燃气轮机、设计、制造、销售及技术咨询与服务。拥有核心技术和自主知识产权的高新技术企业。建立起空气动力学、结构强度、振动与噪音抑制、机械加工冷热工艺、试验与测试等专业学科，并与多所国内知名院校建立起了长期的合作关系。公司拥有立加、钣金、自动焊接、精密镗铣、数控加工、电加工、动平衡等各类设备80台套。主要产品用于航空工业、兵器、风力发电、轨道交通、分布式供能、重型汽车。主要用户有北京31所、中科院热物理研究所、中航南方、608所、沈阳自动化研究所等。（罗　帆）

株洲科能新材料有限公司

【概况】2001年1月，株洲科能新材料有限公司成立。位于湖南株洲金山科技工业园，是一家专业从事高纯金属材料、半导体材料和显示发光材料生产的国家级高新技术企业。其产品主要有铟、镓、铋、碲、锡及其各类制品等，产品远销至日韩、欧美、香港、台湾等国家和地区，同时回收有价值的余废料，实现从原料—材料—产品—余废料回收循环产业链和资源的再次利用。2017年主营业务收入近5亿元，通过ISO9001:2015质量体系和ISO14001:2015环境体系以及OHSAS18000:2007职业健康安全体系认证。拥有各类已授权专利41个，其中发明专利8个。是株洲市实施“十百千”工程的企业之一，已建立中科院院士工作站及省级企业技术中心，2017年获得湖南省科技进步二等奖。生产的高纯铟、铋、氧化铋、高纯镓都通过REACH认证。（罗　帆）

中国化工橡胶株洲研究设计院公司

【概况】中国化工橡胶株洲研究设计院公司创建于1964年，现隶属于中国昊华化工集团股份有限公司，占地面积3.85万平方米，注册资本3198万元，资产总额1.7亿元。是全国胶乳行业唯一专业研究机构、全国胶乳制品军工配套产品开发研制生产单位、国家乳胶制品质量监督检验中心、全国工业(乳胶制品)产品质量控制和技术评价实验室、湖南省高新技术企业、临近空间探空气球材料与技术湖南省重点实验室，也是中国仅有的两家探空气球生产企业之一。公司主要从事以探空气球为主的乳胶制品、特种橡胶制品、高分子复合新材料的研制、生产与检测。主导产品探空气球通过了质量体系认证，占据国内市场份额80%，同时远销俄罗斯、法国、美国、德国、英国等40多个国家和地区。公司共有科技人员60余人，其中，教授级高级工程师10余人，株洲市领军人才1人，高层次人才3人。迄今，公司共完成各种科研课题300多项，主持起草1项国际标准、20多项国家标准和30多项化工行业标准和10项国家军用标准。获得30多项专利授权，其中发明专利近20项。（罗　帆）

广铁集团株洲车辆段

【概况】成立于1953年，是广铁集团内最大的货车车辆段，也是广铁集团国铁部分和湖南省内唯一的货车车辆段。总投资约3.4亿元，具有厂修能力、存车能力、70t货车检修能力、罐车洗罐检修能力、污水处理能力，其生产能力、工装设备、工艺流水线水平处于全路货车车辆系统前列。主要负责货车车辆的厂修、段修、辅修、临修，提速货车车辆改造，以及京广、沪昆、湘桂、衡柳、焦柳、渝怀、石长、益湛、吉衡、资许、韶山等11条线路上货车的运用检查工作。有厂修台位14个，段修台位49个，站修台位81个，机械动力设备2585台，其中金属切削机床133台，锻压剪冲设备250台，动力设备160台，电气设备880台，起重运输设备516台，工作炉(金属处理设备)28台，木工铸工设备30台，试验设备446台。（罗　帆）

金城投资集团

【概况】2017年，株洲金城投资控股集团有限公司(简称“金城投资”)资产总额93.96亿元，负债总额50.72亿元，资产负债率53.9%。公司主营业务为土地一二级开发、城市基础设施建设等领域的投融资、建设及经营管理。公司法人治理结构完善、产权结构清晰，拥有员工100余人，是株洲市城镇化建设的主力军。

【荷塘大道延伸段跨线桥】9月12日，金城投资投入7500多万元建设的荷塘大道延伸段跨线桥主桥合拢。荷塘大道延伸段，总投资28109万元，项目南起沪昆高速株洲东入口连接线，向北跨越混昆高速公路后，北至规划麻园路，对接现状茶马公路，全长约1.36千米，宽60米，设计车速为60千米/小时，其中跨线桥长428米，宽34.5米。位于金山新城北部。荷塘大道延伸段跨线桥的主桥合拢代表着主体工程的完工，为全桥竣工通车打下坚实的基础。跨线桥工程整体施工质量优良，2017年4月，被湖南省住建厅评为“建筑工程施工质量标准化示范工地”。

【金山新城干渠】9月30日，金山新城干渠完成建设。干渠长约500米，横穿金精路与金龙东路，主要是解决千金药业、华亿标厂地块及周边低洼农田排水问题，促进周边地块开发。

【完成飞鹿地块土石方平整工程】8月24日，由株洲金城投资控股集团有限公司投资负责施工的飞鹿地块土石方平整工程顺利完成，组织竣工验收，达到交地条件，择日交付项目业主飞鹿股份有限公司启动项目建设。

【总部经济园】3月27日，总部经济园土石方工程由株洲市海雁建筑工程有限责任公司开工承建，9月30日完工。

总部经济园土石方工程项目总面积70784.4平方米。主要施工内容为土石方开挖与外运，回填塘，场内土方调配，鱼塘清淤、抽水，砍伐乔木，填方区平整夯实等工程。挖一般土方18794.8立方米，挖一般石方（软岩）36577.7立方米，挖一般石方（次坚石）92817.7立方米，挖淤泥和流沙8244立方米。

【高新材料检测中心项目土石方工程】 高新材料检测中心项目6.74公顷，土石方总投资880万元，挖方量约35万立方米，填方量约8万立方米。项目2016年12月23日开工，期间由于各方面原因造成项目进展缓慢，陆陆续续完成约40%左右工程量施工。2017年7月6日，株洲金城投资控股集团有限公司根据区委、区政府制定的项目招商计划，决定用12天的时间完成约20万立方米的土方量施工。7月18日，圆满完成施工，实现项目验收交地。

【日月湖PPP项目】 3月9日，金山新城日月湖及配套路网PPP项目在株洲市公共资源交易中心开标。该项目为荷塘区首个以PPP模式投资建设的项目，总投资7.26亿元，占地面积54.47公顷。2016年6月全面启动前期工作，荷塘区委、区政府按照国家PPP项目相关政策和文件要求，统筹区财政局、发改局、法制办、审计局、区人大常委会等部门，全程参与项目实施方案制定、审查、监管等相关工作，先后对接近40家社会资本方。经评标委员会集体评议、业主确认，候选社会资本方内蒙古金威路桥有限公司(牵头人)、亿利生态修复股份有限公司和湖南水总水电建设集团有限公司组成的联合体以5.5%年投资回报率，项目运营期15年，总建安工程费约2.9亿元，得分最高，为中标第一候选人。株洲金城投资控股集团有限公司与中标社会资本候选人开展PPP系列合同洽谈工作。该项目是金山新城的景观核心、城市绿肺和城市名片，成为金山新城核心区的城市“水囊”，充当整个新城的水量调节枢纽，是一座具有防洪、供水、灌溉综合利用功能的生态水系工程，形成一个日接待量达2万人的近郊休闲生态湿地公园。（程　崇）

金科投资经营

【概况】 2017年，株洲金科建设投资经营集团有限公司(简称“金科集团”)有员工58人，其中党员16人，中级职称以上11人。注册资本2.16亿元，资产规模72亿元。公司经营基础设施发展、国有资产运营、土地整理开发、中小微企业投资。全年实现营业收入6.04亿元，新增融资15.86亿元，贷款余额36.73亿元，综合融资成本6.47%。

安置房及车位销售。配合区征管办及各街道办事处共完成安置房分配644套，完成合同签订累计579套，合同金额约1.15亿元；剩余房源共完成销售且签订正式购房合同254套，销售额约1.17亿元；地下车位累计销售162个，共收取车位款约798万元。

土地开发。完成土地报批11.91公顷，实现土地出让14.59公顷，完成征地拆迁16.10公顷。

棚户区改造。株硬集团生活区棚改项目竣工验收；金德生活区棚改项目全部建设完毕，安置户分房到位，竣工验收和联合验收均已完成；外贸包装厂棚改项目主体完工，预计2018年6月竣工。

【党建工作】 2017年，区委组织部及城建局党委多次到公司党支部考察党建工作，得到一致好评。公司党支部先后8次到党建帮扶联系点蝶屏村和芙蓉社区开展帮扶工作和“金秋助学”活动，资助2名贫困学生。12次到对口扶贫联系点茶陵县火田镇墨龙村开展市委、区委组织的"五个一"活动，共给予扶贫帮扶资金60.33万元。"七一"组织全体党员开展"回顾长征历史、重温入党誓词"活动。

【招商引资】2017年，金科集团完成戴家岭、桂花村城中村项目，荷塘铺城中村项目，金科C、D、E地块项目，金科集团新桂城中村一片区项目和宋家桥商业项目等5个招商项目的包装策划。签订新塘西路南片区城中村项目、弹簧厂消声器厂地块共2个项目招商合作协议。全年实现内资引进约13.86亿元，同比增长62.43%。

【项目建设】2017年，金科集团建设项目共4个：美的荷塘小学项目主体竣工，预计2018年秋季招生。戴家岭小学搬迁改造工程于1月19日完成设计施工一体化招标，2月6日开工建设，5月23日竣工验收。该项目开工早，工期短，质量好，获得区教育局和学生家长的一致好评，成为学校改造工程的模范项目。博雅小学改扩建工程于5月10日完成第一期的设计施工开标，预计2018年9月完工。夕阳红、妇女儿童、文体三中心已完成监理、设计招投标手续，11月2日完成施工开标，预计2020年6月完工。

【集团变更】9月30日，金科集团新增股东中国农发重点建设基金有限公司，注册资金由1.36亿元增加至2.16亿元，成立集团公司，株洲市金科建设投资经营有限责任公司正式更名为株洲金科建设投资经营集团有限公司。

【杭萧钢构合作项目】2017年，金科集团与湖南中天建设集团股份有限公司、杭萧钢构股份有限公司共同出资发起设立湖南中天杭萧钢构科技股份有限公司，注册资本金1.2亿元，公司投入2940万元，占股本比例的24.5%。

【城中村项目土地一级开发】2017年，金科集团实施城中村改造项目6个。富家垅二期城中村。项目位于荷塘区文化路与荷塘铺村富家垅组，占地总计10.43公顷，其中集体4.14公顷，国有6.30公顷，涉及征拆户109户，已完成签约38户。新桂城中村一片区。项目位于荷塘区东环北路与升龙路交汇处西北角，总用地面积38.15公顷。年内完成人员、房屋第二榜公示，与40户签订47栋房屋征收协议。新桂城中村二片区。项目位于向阳路与新塘路交汇处东北角、西南角2处，年内该项目已签约47户，完成付款46户，完成拆除1户。荷塘铺村城中村。项目西接新华东路，东临东环北路，南至金钩山路与东环北路交汇处，北至无线电五厂。年内完成流芳园扩园建馆地块2.60公顷和黄泥塘普通商品房地块5.60公顷征拆放线工作。其中，流芳园扩园建馆地块已发布征地公告及安置公告。流芳园扩园建馆地块(集体部分21户，国有部分21户)已完成签约7户。戴家岭、桂花村城中村片区。项目位于荷塘区东环北路东侧，尚未开工。新塘西路南片区。项目位于新塘西路以南，红旗路以西，已完成签约75户，支付拆迁费用约1.4亿元。（张梦欣）

社会事业

教　育

【概况】2017年，全区有义务教育阶段学校24所(公办学校22所，民办学校2所)。在编教师1352人，秋季在校中小学生共33271人(公办学校2.8万人，民办学校5271人)，其中外来务工人员子女学生21509人，占全区在校中小学生总量的64.65%，接收外来务工人员子女就读人数为城市5区之首。小学适龄儿童入学率100%，初中入学率100%，外来务工人员子女入学率100%，小学辍学率为0，初中辍学率为0，小学毕业生升初中的直升率98.52%，位列城市5区第一。有幼儿园108所，其中公办幼儿园5所，普惠性民办幼儿园45所，在园幼儿约1.3万人。

2017年，荷塘区获评全国中小学校责任督学挂牌督导创新区，区教育局获得株洲市教育工作先进单位、株洲市教育创新工作特等奖、株洲市教育系统宣传工作先进单位。在全国主题教育读书活动、湖南省少儿才艺大赛、株洲市青少年科技创新大赛等各级比赛中获“优秀组织奖”等多项荣誉。在全市教育工作大会上作典型经验发言。（邹　亮）

【教育工作务虚会】1月8日，区教育局召开2017年度教育工作务虚会。会上，各中小学校校长围绕“如何开创荷塘教育信息技术创新应用新局面”主题进行发言，局党委书记、局长韩永斌在总结发言中，提出“读书郎，找荷塘”的荷塘教育梦。（丁绍槐）

【教育工作大会】2月24日，荷塘区召开2017年教育工作会议。市教育局党委副书记、副局长毛大训，区委副书记、区长王利波，区人大常委会副主任喻秋良，副区长程轶辉，区政协副主席方芳出席会议。会上，区教育局党委书记、局长韩永斌作全区教育工作报告。毛大训、王利波高度肯定荷塘教育工作取得的成绩，对荷塘教育工作提出更高的要求。（丁绍槐）

【首届教职工气排球比赛】3月17日，荷塘区教育系统庆三八暨首届教职工气排球比赛活动在第十九中学艺体馆落下帷幕。此次活动有23支代表队161名队员参赛，历经50余场次比赛角逐，教育局机关队战胜八达队，斩获甲组冠军；陡岭坡小学获得乙组第一名。第五中学、第十九中学、戴家岭小学、荷塘外国语学校、文化路小学、天鹅湖小学、星河小学等分别获奖。（王丽霞）

【国家禁毒委专家组调研荷塘区学校禁毒教育工作】3月2日，国家禁毒委员会办公室副主任向卫东，省公安厅副厅长、省禁毒委副主任、省禁毒办主任李介德一行在副市长、市禁毒委常务副主任李晓葵等陪同下到荷塘区调研学校禁毒教育工作。向卫东一行参观第十九中学禁毒宣传阵地与活动成果展示，查阅禁毒教育资料，观看宣誓仪式，听取全区教育系统禁毒工作情况汇报。调研组充分肯定荷塘区未成年人毒品预防

教育工作，并对荷塘区禁毒教育工作提出建议。（刘小望　陈　钦）

【邬凌云调研教育工作】4月13日，区委书记邬凌云到区教育局召开调研座谈会。区教育局班子成员就各自分管的工作进行汇报，各部门负责人就化解"大班额"、校园安全、教师编制等问题发言。局党委书记、局长韩永斌回顾总结2016年教育工作，汇报2017年工作思路。邬凌云指出，教育事关千家万户，是天下最大的事，也是最难的事，办好教育是责任，希望全体荷塘教育工作者坚持良知与担当，坚持正确的方向，拥有教育的情怀，努力办好人民满意的教育。　（丁绍槐）

【区政协教育组赴成都考察集团化办学】4月20—22日，区政协教育组对成都市武侯区集团化办学进行实地调研。考察团先后到达川大附小本部、川大附小清水河分校等6所集团化办学盟校，通过参观校园、查阅资料、听取汇报、座谈交流等方式，了解成都市武侯区集团化办学背景及取得的成效，考察川大附小教育集团分校区依托龙头学校实现跨越式、浸润式发展经验，以及棕北中学科院校区和桐梓林校区"一支队伍，一体化管理"的办学模式。为荷塘区基础教育集团化办学提供有力的借鉴。（唐彩金　帅慧娟）

【青年教师座谈会】5月4日，区教育局组织召开全区青年教师代表座谈会，共话青春故事，畅谈教育理想。座谈会以"荷塘教育梦·我的梦"为主题，34位青年教师代表先后发言，结合自己工作生活中的切身体会，对荷塘教育为青年教师成长提供良好的平台和条件表示感谢。青年教师们立足岗位，纷纷表达对实现"读书郎，找荷塘"教育梦想的信心。局党委书记、局长韩永斌寄语青年教师，在荷塘教育发展的大好机遇下，扎实工作，充分准备，勇于展现自己，善于抓住机会。（王　杰）

【唐亚武一行考察区教育督导工作】5月5日，湖南省教育厅党组成员、工委委员、副厅长、主任督学唐亚武，省教育督导委员会办公室主任、省教育厅副主任督学、督导处处长雷桂平，省教育厅副主任督学黄智勇到荷塘区考察教育督导工作。唐亚武一行对八达小学PDCA循环督导模式、第五中学文明素养达标督导以及荷塘区构建的区、局、片、校四级督导工作体系给予高度肯定。市政府副秘书长董小平，区委书记邬凌云，市教育局党委书记、局长吴安浩，市人民政府教育督导室主任督学夏立威，副主任督学赵湘兵，区人民政府副区长程轶辉，区教育局主要负责领导等陪同考察。　（林　佳）

【56名教师志愿者对接"三社联动"服务项目】5月24日，区"三社联动"项目服务和教师志愿者对接工作会召开，全区首批56名教师志愿者成功对接"三社联动"服务项目。该举措将充分整合教育资源，建立健全荷塘区志愿服务体系和长效服务机制，深入推进"三社联动"工作；教师志愿者充分发挥教师团体能力强、专业广、素质高的优势，壮大荷塘区志愿服务队伍，形成"社工引领义工、义工协助社工"的专业化服务格局。区委副书记赖晓智出席会议并讲话，区人民政府副区长程轶辉主持会议。会上宣布成立"株洲市荷塘区家庭教育讲师团"。该服务项目由区妇联牵头，在全区开展"文明家庭"创建活动，发动志愿者开展关爱空巢老人、留守妇女儿童服务。（唐彩金）

【举办教育系统第二届青年干部培训班】6月2日，区教育系统第二届青年干部培训班在文化路小学开班。经过自主申报、学校推荐、教育局考核等程序层层选拔，32名青年教师成为第二届青干班学员。区教育局党委书记、局长韩永斌在动员讲话中强调，抓紧培养德才兼备的优秀青年干部，为教育事业的发展提供有力的组织保障，关系到"读书郎，找荷塘"的荷塘教育梦的实现。对青年干部提出"珍惜机会，严于律己；不忘初心，学有所获；团结互助，共同提高”的学习要求，希望各位青年学员以本次培训班为契机和动力，共同成就荷塘教育梦。（唐小意）

【教育督导员到学校进行调研督导】7月11日，荷塘区政府教育督导室组织特邀教育督导员对学校工作进行一次集中调研督导。督导组一行先后到戴家岭小学过渡校区、龙洲小学、仙庾中心学校、明照中心小学实地查看。在明照乡中心小学会议室召开座谈会。会上，部分学校校长详细汇报办学中存在的突出问题，区政府教育督导室主任督学董海军、首席督学简要汇报学校存在的一些问题和困惑。与会的特邀教育督导员认真听取汇报，一致认为这次调研督导活动组织得非常好，让他们深切感受到学校校长以及教师工作的不易，并对大家提出的一些突出难点问题拿出解决方案。（林佳）

【吴安浩调研荷塘区教育工作】7月13日，市教育局党委书记、局长吴安浩调研荷塘区教育工作。区委副书记、区长王利波，副区长程轶辉等陪同调研。吴安浩一行先后到博雅小学、星光小学、第十九中学西校区、荷塘小学实地查看，座谈交流，围绕义务教育均衡发展主题，重点了解学校规模、办学条件、师资队伍、特色发展等情况，就学校及区域教育发展存在的问题及解决建议进行交流。吴安浩表示，将把相关问题带回去集体研究决策，市级层面力求结合区情对消除“大班额”考核办法予以优化，争取优质教育用地资源支持县区举办义务教育，促进区域教育公平。（唐彩金）

【教师节表彰27名教育工作者】9月10日，荷塘区庆祝第三十三个教师节暨第二届“园丁奖”颁奖典礼隆重举行，获得“园丁奖”“株洲市百优教师”、“株洲市先进教育工作者”的教师受到表彰。万德胜、易忠大、李妮虹、吴健、曹雪娟、张春梅、李嫦月、汤畅、贺文秀、傅宇璐、朱桂、卢林、赵姜艳、杨文、贺玉宇、欧阳海晏、周慧珊、杨宏美、蔡海娟、汪存存20名教育工作者获评第二届“园丁奖”，胡瑾、刘芳、刘光辉、谭志奇、殷三益、袁莉6名教育工作者获评“株洲市百优教师”，赵腾达获评“株洲市先进教育工作者”。市教育局党委书记、局长吴安浩，区领导邬凌云、王利波、陈友元、何恒仁、喻秋良、程轶辉、方芳、朱家来、张岚等领导出席活动并为获奖代表颁奖。（邹亮）

【教育教学质量分析会】11月2日，2017年教育教学质量分析研讨会在戴家岭小学召开。会上，区教育局基础教育股、教研室负责人通报各中小学学科素养检测的基本情况，分析影响教育教学质量的原因，提出具体的措施与策略。戴家岭小学、陡岭坡小学、六〇一中英文小学校长分享质量管理提升的经验，仙庾中心学校、第五中学、第十九中学校长作表态发言。区教育局党委书记、局长韩永斌强调，要坚持“立德树人，质量至上”的理念，高举质量旗帜，向教学问收获、要质量。（吴世伦 凌银枝）

【杨胜跃调研区教育工作】11月6日，副市长杨胜跃到荷塘区调研教育工作。市政府副秘书长董小平，区教育局党委书记、局长韩永斌陪同调研。杨胜跃先后到博雅小学改扩建、美的学校新建项目现场，到戴家岭小学过渡校区、八达小学、第十九中学调研，对荷塘区委、区政府重视教育以及荷塘教育工作所取得的成绩给予高度赞扬，对各校的工作表示充分肯定。要求学校按照教育规律办学，加强教师队伍建设，提高教学管理水平，打造品牌学校，推动区域内义务教育优质教育资源均衡分布、发展，办好人民满意的教育。（陈婧妮）

【迎接全国中小学校责任督学挂牌督导创新区实地核查】11月13日，全国中小学校责任督学挂牌督导创新区检查组组长沈国才，成员李强、杨虎先一行3人，在省教育厅副主任督学贺照，市政府教育督导室主任督学夏立威、副主任督学赵湘兵、办公室主任刘华的陪同下，对荷塘区中小学校责任督学挂牌督导创新工作进行实地核查，听取区委副书记、区长王利波关于荷塘区创新中小学校责任督学挂牌督导工作汇报，询问经费投入、结果运用等情况，查阅区级教育督导工作的相关资料，先后到文化路小学、第五中学、红旗路小学、第十九中学、龙洲小学进行实地查看。检查组高度肯定区委、区政府对教育工作、督导工作的重视，肯定荷塘区在督导模式、工具、渠道、思路上的创新，就相关工作提出合理的建议，鼓励荷塘区进一步推进中小学校责任督学挂牌督导创新工作，以责任督学挂牌督导为有力推手，实现区域义务教育优质均衡发展，全力办好人民满意的教育。（罗 芳）

【桂馨科学骨干教师培训活动】 11月13—16日，2017桂馨科学骨干教师培训(株洲荷塘站)在文化路小学举行。本次培训专家团队由桂馨基金会荣誉理事、桂馨科学课项目首席专家、全国著名特级教师章鼎儿领衔，率浙江省杭州市滨江区教师进修学院科学教研员姜向阳等6位专家共同参与，为来自荷塘区、株洲县、攸县、炎陵县、茶陵县以及沅陵县6县(区)的60余名科学骨干教师开展扎实、有效、深入的专业培训。（欧阳海晏）

【学校布局调整】 2017年，投资1000余万元的高品质完成戴家岭小学过渡校区建设并投入使用，完成美的学校新建项目主体工程建设，启动博雅小学改扩建、戴家岭小学还建、六〇一中英文小学综合楼新建、金山新城学校及太阳片区学校新建等项目，学校布局规划之优、建设项目之多、推进力度之大历史空前，为逐步化解“大班额”难题奠定坚实基础。（田芳骐）

【教育党建工作】 2017年，全区教育系统有基层党组织31个，其中基层党委1个，党总支2个，党支部28个。有党员930名，其中预备党员18名，退休党员240名。年初，全系统配齐配强各基层党组织书记，一批中青年管理干部充实到党务工作者队伍，全面启动新老书记结对活动，编撰印发《荷塘区教育系统党建工作指南》，全面指导基层党组织工作，落实“一季度一督查一通报”。2017年度履行基层党建工作责任述职评分排名全区行业第一。（严敏娇）

【教育督导】 2017年，换届聘任第五届专兼职督学，从区人大代表、政协委员中聘请11名特邀教育督导员，实施校级督导员跟团实训机制，构建区级、局级、片级、校级四级教育督导网络。督导内容在实现全覆盖的同时做到“凸重点”，即幼教督规范，小教督养成，初中督质量。组织特邀教育督导员对教育行政部门、学校、督学难以解决的重难点工作，开展专项督导，先后解决戴家岭小学过渡校区入校路口增设红绿灯、农村小学黄塘小学饮用水等问题。11月，迎接全国中小学校责任督学挂牌督导创新县(市、区)实地核查，荷塘区在全省7个迎检县(市、区)中成绩为第二名，获评全国中小学校责任督学挂牌督导创新县(市、区)。教育督导成为促进区域教育均衡优质发展的重要抓手。（罗 芳）

【教育信息化】 2017年，区教育局依托“荷塘教育虚拟社区”，建立教研协作共同体，成功举办首届网络赛课说课比赛活动，营造人人参与、处处能研、时时可研的教研生态环境，为教育质量提升提供有力的数据支撑。稳步推进“网络联校”建设，“打造没有围墙的学校”，积极推进教育信息化与党建、管理、督导等工作的深度融合，运用新媒体创建家校共育品牌，构建“网络化、数字化、个性化、终身化”的荷塘“智慧教育”

体系，为推动荷塘教育长足发展提供不竭的动力源泉。（王 伟）

【首届网络赛评课活动】2017年，荷塘区举办形式新颖的首届网络赛评课活动，历时三个月。此次活动以“新秀培养、听评结合、素养提升”为主题，共有23所中小学127位教师参与赛课，55位专家评委和1168位大众评委参与评课，评选出周雄、文佳等47名教师为一等奖，徐丹等38名教师为二等奖，张玲等42名教师为三等奖。（吴世伦 王 伟）

【教育科研】2017年，区教育局建立区级兼职教研员队伍，实施“驻校教研”制度，变隔空指导“象牙塔式”教研为深入课堂的“草根式”常态教研，有效缩小校际之间的办学差距。建立省、市、区各级学科名师工作室25个，评选市区级学科带头人、区级骨干教师68人，有效发挥引领作用。（吴世伦）

【校园足球】2017年，成功举办“狼腾杯”U10足球友好交流赛和第三届“区长杯”中小学校园足球联赛，区内国家级校园足球特色学校增至10所。各级足球比赛捷报频传：第三届株洲市“市长杯”校园足球联赛，3所学校获冠军，1所学校获亚军，1所学校获季军。第二届全国“红星杯”红军小学校园足球邀请赛，1支区队获亚军；哥德杯(中国)世界青少年足球赛，3支区队分别获得冠军、季军、前八的佳绩。（谭 杰）

【教育扶贫】2017年，区教育局资助贫困学生、幼儿1415人次，全年发放资助金77.54万元，确保没有一个学生、幼儿因贫困而辍学。关爱帮扶困难教职工，慰问困难教师、离退休职工242人次，慰问金合计17.66万元。委派6名优秀教师到湘西自治州支教，开展慰问支教教师、联合教研活动，募集近万册价值近20万元的书籍赠与羊峰学校，不断改善羊峰学校的办学条件，师资水平。对口帮扶茶陵县火田镇梯垅村，派驻1名干部蹲点扶贫，局班子成员每月带队落实“五个一”帮扶措施。（王 杰）

2017年荷塘区中小学基本情况一览表

表14

学校	地理位置	校园面积(平方米)	建筑面积(平方米)	在校学生(人)	开班数(个)	教职工(人)	
						在岗	在编
第十九中学	西校区：株洲市荷塘区新华西路56号；东校区：株洲市车辆厂	40790	21769	3168	59	236	223
第五中学	株洲市荷塘区育才路29号	40153	16464	2004	39	167	156
景弘中学	株洲市荷塘区桂花路252号	44022	29146	3129	58	201	11
荷塘外国语学校	株洲市荷塘区东环路	80049	32019.6	2138	49	190	0
荷塘小学	株洲市荷塘区红旗南路320号	8615	10672	3171	53	175	135
实验小学	株洲市荷塘区育才路11号	10653	3616	2286	40	105	91
六〇一中英文小学	株洲市荷塘区茨菇塘路319号	11550	11740	1694	34	105	82

续表14

学校	地理位置	校园面积（平方米）	建筑面积（平方米）	在校学生（人）	开班数（个）	教职工（人）	
						在岗	在编
明照乡中心小学	湖南省株洲市荷塘区明照乡星星村	15264	6730	591	12	36	31
戴家岭小学	（在原株洲师范过渡）	过渡	过渡	1169	20	53	44
八达小学	株洲市荷塘区宋家桥四三〇社区内	16000	13000	2050	45	114	67
博雅小学	（正在改扩建，在原劳动技校过渡）	过渡	过渡	1485	28	74	62
晨荷小学	株洲市荷塘区华南路29号	6467	4644	1778	31	81	57
星河小学	株洲市荷塘区湘华社区	9979	3250	882	16	47	46
天鹅湖小学	株洲市荷塘区麻园路123号	4278	4103	466	10	31	25
金钩山小学	株洲市荷塘区金钩山路	6040	3177	666	12	34	26
龙洲小学	株洲市荷塘区明照乡龙洲村	44576	3651	271	6	16	15
陡岭坡小学	株洲市荷塘区长兴路	4802	3787	1022	19	57	42
黄塘小学	株洲市荷塘区仙庾镇黄塘村	12000	5419	257	6	19	17
文化路小学	株洲市荷塘区石宋路599号	9126	3949	1254	23	62	35
仙庾中心学校	株洲市荷塘区仙庾镇仙庚村中间组	24470	9329	479	12	47	42
太阳小学	株洲市金山街道太阳村大王坝组	5500	2016	262	6	21	16
红旗路小学	株洲市荷塘区红旗路中路191号	12505	9830	1962	33	93	79
星光小学	株洲市荷塘区华南路161号	10138	2839	1066	18	49	39

说明：桂花小学于2016年9月整体成建制搬迁至陡岭坡小学过渡，易址重建。 （邹　亮）

科学技术

【概况】 2017年，荷塘区科学技术局设2个内设机构：办公室和科技创新与知识产权管理股，行政编制6人。

成果转移转化示范县建设。荷塘区科技局全力推进科技成果转移转化示范县建设，在全市率先成立科技成果转移转化服务平台和服务中心，融入区企业服务中心为企业提供科技服务，构建“一中心、九平台”企业服务体系。成立区示范县领导小组，健全绩效考核机制。大篇幅修订《荷塘区鼓励产业发展优惠政策实施细则》中科技创新奖部分，增加对科技成果转移转化和科技领头人的奖励，加大对专利质量的奖励力度。按照“政府引导、整合资源、主动服务”的原则，与区企业服务中心整合线下服务平台，与市内外20余家第三方服务中介机构合作，通过政府购买服务的方式，为全区企业提供“一站式”服务。年内，全程跟踪全区产业项目44

个，帮助企业代办、协办各项行政审批手续120余项，科技银行帮助企业实现银行贷款约1.4亿元。对接高校与企业的人才需求，帮助创业企业搭建中试平台、建成企业家线上线下交流平台、政策信息发布平台等。加强对企业科技成果转移转化的扶持引导，积极帮助企业与高校进行产学研合作对接，促进科技成果转移转化。28项科技成果转移转化取得成效，23家企业获得省科技专项和区科技专项支持，协助企业专利质押融资1000万元，技术交易额达到2.1亿元。组织企业开放仪器设施共享，硬质合金国家检测平台开放检测服务共82批次，株洲橡塑院国家乳胶制品质量监督检验中心开放检测服务2100余批次，株洲科能通用检测技术平台开放检测服务73批次。

培育企业，提升科技创新能力。组织企业开展科技创新，申报创新项目40余项。其中，省部级项目14个，市级项目26个，获得上级科技资助资金约800万元。中国化工橡胶株洲设计院获批省重点实验室，嘉德工业园获批省双创基地。组织5个科技领先人才申报市科技领军人才。着力抓高新技术企业的培育工作，对条件成熟的企业培育一家申报一家，新增国家高新技术企业9家，复审6家，夯实高企基础。完成高新技术增加值42.37亿元，同比增长9%，占GDP比重的19.77%，高新技术产业在区域经济转型升级中作用日趋明显。鼓励企业和个人开展科技创新，召开4期银企对接会和企业家座谈会，举办37期惠企政策培训，培训企业家、企业高管1500余人次，培训技术工人2000余人次。全面梳理中央、省、市各类惠企政策信息900余条，通过短信推送平台、网上服务大厅、服务热线、微信公众号、QQ群五大服务渠道推送惠企政策信息3万余条次。帮助企业申报各类项目60余个，争取项目资金2000余万元。

知识产权工作新进展。加强科技宣传，组织全区10余个部门开展4.26世界知识产权日、科技活动周、科技下乡、5.12防震减灾日等一系列区域型科技宣传活动，发放科技政策、科技成就、科普惠农、防震减灾等各类科技宣传资料2万余份。组织辖区企业专利专干学习2场，受训90人次，印发专利宣传册和资料5000份，制作专题宣传板报4期，全面提升企业对专利的认识。开展关于知识产权保护培训课程8次，完成专利执法2批次30件，查处假冒专利案件30件并全部结案，全区专利申报量581件，授权量288件，每万人有效发明专利拥有量达11.5件。株洲硬质合金集团有限公司的专利"硬质合金挤压成型剂及制备、以及在挤压生产中的应用"荣获第十九届中国专利优秀奖、2017年湖南省专利奖二等奖。

【扶贫工作】2017年，区科技局精准扶贫，因户施策，赴茶陵县火田镇砂下村开展一对一结对帮扶工作50余人次。实地查看是否达到脱贫标准以及还存在的困难和问题，解决贫困户全家免交农村医疗保险、大病救助每年2500元，每年封底报销医疗费5万元，住院报销高于非贫困户10%，慢性病签约服务，农村特惠保。幼儿园及义务教育阶段，小学每生每学期500元，初中每生每学期625元。普通高中教育阶段，人均2000元/年(具体标准由各校结合学生实际在1000~3000元范围内确定，可分为1~3档，建档立卡贫困户学生原则上一档标准给予资助)。帮助体弱多病贫困户谭成喜走上公益岗位，聘为村级保洁员，收入4800元/年，实地查看旧房修缮、新房建造等情况，帮助贫困户户主唐德连、颜春明居住幸福安居房，颜金良、谭成喜实施危房改造(修缮加固)。4户贫困户当年可支配收入有非常明显的提高，为后期的全面脱贫打下良好基础。

【优秀科技成果】2017年，区科技局通过各种方式组织企业引进高水平、高层次的各类人才，助力科技创新发展。湖南八方声学新材料股份公司、株洲硬质合金集团有限公司、株洲钻石钻掘工具有限公司、株洲同一实业有限公司、株洲格斯特动力机械有限公司、株洲美特优硬质合金有限公司与清华大学、中南大学、北京航空航天大学、南京航空航天大学、武汉大学等高校建立合作关系，株洲迪远硬质合金工业炉有限公司的分区控温达2300℃的高温碳化炉、湖南千金湘江药业股份有限公司的抗病毒药物工程技术研究中心平台建设、中国化工株洲橡胶研究设计院有限公司的临近空间探空气球材料与技术湖南省重点实验室等9项科学技术创新项目在国家、省、市立项。全年申报科技成果转化19项，12项获市科技局认定。（皮青秋）

2017年荷塘区高新技术企业

表15

序号	单位详细名称	属性	经营范围	地址
1	株洲硬质合金集团有限公司	高新企业	硬质合金、超硬材料及工具；钨、钼、钽、铌等难溶金属制品、化合物及深度加工产品	株洲市荷塘区钻石路
2	湖南千金湘江药业股份有限公司	高新企业	生产、销售(限自产)片剂、硬胶囊剂、颗粒剂、散剂、溶液剂(外用)、原料药	株洲市文化路1号
3	株洲科能新材料有限责任公司	高新企业	自营或代理各类商品及技术的进出口业务；经营进料加工和“三来一补”业务	株洲市荷塘区金山民营科技园内
4	株洲宏达电子有限公司	高新企业	电容器、电子模块及其他电子元器件、零配件研发、制造、销售。	株洲市荷塘区新华东路1297号
5	株洲科盟车辆配件有限责任公司	高新企业	铁路车辆配件加工、销售；配件除锈、除尘、喷漆生产线的制作、安装	株洲市荷塘区宋家桥
6	株洲星联铁道车辆机电装备有限责任公司	高新企业	铁路货车、电力机车的各种零部件制造；铁路车辆模具设计、制造；大型非标工装设计、大型组合专用设备、生产线的研制，设备维修和设备安装，以及各类刀具、量具、模具和医疗器械等的制造	荷塘区宋家桥
7	株洲春华实业有限责任公司	高新企业	锻造、铸造、冲压件、工模具制造	株洲市荷塘区金山工业园金山路467号
8	湖南铁达能源科技有限公司	高新企业	压缩气体和液化气体	株洲市荷塘区宋家桥
9	株洲飞鹿高新材料技术股份有限公司	高新企业	醇酸漆类、丙烯酸漆类、环氧漆类	株洲市荷塘区金山工业园
10	株洲市九洲传动机械设备有限公司	高新企业	高速电力机车及内燃机车齿轮	株洲市荷塘区金山民营科技工业园
11	株洲钻石钻掘工具有限公司	高新企业	硬质合金钻掘工具的研发、生产、销售	株洲市荷塘区钻石路
12	中国化工橡胶株洲研究设计院	高新企业	乳胶制品、橡胶制品、高分子合成材料	株洲市荷塘区新华东路818号

续表15

序号	单位详细名称	属性	经营范围	地址
13	株洲市赛富自动门有限责任公司	高新企业	金属自动门设计、生产、销售、安装及维修；金属材料、电器机械及器材、金属自动门配件销售；电光源设备、隔音降噪产品的设计、生产、销售及进出口贸易	株洲市新华东路332号
14	株洲翔宇硬质合金有限公司	高新企业	粉末冶金及硬质合金制品生产、销售以及上述产品的进出口业务	株洲市荷塘区仙庾镇人民政府旁
15	株洲三湘硬质合金工具有限公司	高新企业	硬质合金制品、五金工具、机电产品及配件	株洲市荷塘区金山路500号
16	株洲宏达陶电科技有限公司	高新企业	陶瓷电容器、陶瓷材料以及相关材料、电子元器件研制、生产、销售	株洲市荷塘区新华东路1297号
17	株洲市源创科技有限公司	高新企业	运输车辆产品配件研发、制造与销售；非标工装设计、制造与销售；车辆科技咨询与服务	株洲市荷塘区同心路丰泽园办公楼409号
18	株洲通达合金材料有限公司	高新企业	钨钼合金、金属陶瓷的生产、销售；以上产品的进出口业务	株洲市荷塘区红旗中路新塘坡村
19	株洲精特硬质合金有限公司	高新企业	硬质合金制品及模具生产，销售，相关原材料销售	荷塘区明照乡桂花村
20	株洲科力特新材料有限公司	高新企业	有色金属及其合金、陶瓷等新材料的开发、生产、销售及技术服务	湖南省株洲市天元区中达路9号C-4号车间
21	株洲市特种链条有限责任公司	高新企业	链条、链轮、输送线体的专业设计、制造、销售；智能立体仓库、车库的设计、制造、销售；汇线桥架、母线槽、汽车零配件、铁路机车配件、机械零部件加工、销售。(依法须经批准的项目，经相关部门批准后方可开展经营活动)	株洲市荷塘区荷塘铺乡金钩山村路苏组
22	株洲市政建设有限公司	高新企业	市政公用工程施工；公路工程施工总承包；建筑工程施工总承包；桥梁工程专业承包；沥青混凝土销售；机械设备租赁；沥青混凝土生产；园林绿化工程服务；建筑劳务分包；旅游景区规划设计、开发、管理；水利水电工程施工总承包；城市地铁隧道工程、环保工程设施、公路工程的施工(依法需经批准的项目，经相关部门批准后方可开展经营活动)	株洲市荷塘区新华西路469号
23	中良科技集团有限公司	高新企业	机电设备、电器机械及器材、金属焊接设备、仪器仪表、机械设备	株洲市荷塘区金山工业园

续表15

序号	单位详细名称	属性	经营范围	地址
24	株洲华微电子科技发展有限公司	高新企业	高压检测设备、高精度测控产品、半导体恒温控制产品、电机设备的开发、生产、销售；机车、车辆、动车、地铁配件及电动汽车设备配件、铁路机车车辆配件的开发、生产、销售；车载充电机、机车高压互感器及整流电源和逆变电源的研发、生产、销售；软件开发；软件技术转让；软件技术服务；电子技术服务(依法须经批准的项目，经相关部门批准后方可开展经营活动)	株洲市天元区黄山路天台路科技园田龙铁道公司办公楼1、2楼
25	株洲同一实业有限公司	高新企业	硬质合金制品加工(专营除外)、机械零部件加工、五金交电、经营硬质合金制品的进出口业务	株洲市荷塘区金山工业园501号
26	株洲固纳特硬质合金有限公司	高新企业	硬质合金制品研发、生产、销售及进出口贸易	株洲市荷塘区金山工业园471号
27	株洲宏达磁电科技有限公司	高新企业	电感器、变压器、磁性材料以及其他相关磁性材料、绕线类产品的开发、生产和销售	株洲市荷塘区新华东路1297号

（皮青秋）

文化体育和旅游

【概况】2017年，荷塘区文化体育和旅游局(简称“区文体旅局”)内设办公室、文化体育股、旅游管理办公室，有机关行政编制6名。下辖事业单位区文化馆，有事业编制5人。实有人员15人。办公地点为株洲市荷塘区新华东路486号。

群众文化活动。开展荷塘区第五届“欢乐潇湘”系列活动，重点打造“清风株洲”与“品味·荷塘”系列活动。其中，“欢乐潇湘”两个原创节目获得省级评选的一金一银奖项；微电影获得市三等奖；公益广告入围十大宣传片。其他活动也呈百花齐放之势。

文化遗产保护。完成仙庾庙相关历史资料收集和整理，《仙庾岭》正式出版发行。辖区内有省级文物保护单位文昌阁；市级文物保护单位仙庾庙、流芳公园、601老年公寓；市级非物质文化遗产仙庾庙会；区级文物保护单位16个。

文化市场管理。有21项文化事业的行政审批事项纳入荷塘区“一门式”管理；开展“安全生产专项整治”和“净化出版物市场”“净化学校周边环境”“出版物市场的地摊游商”等“扫黄打非”及旅游市场安全生产专项整治行动。

群众体育工作。发放安装全民健身路径15套，实现辖区健身路径全覆盖，对辖区健身路径进行全面检查维修。举办荷塘区首届足球球迷联赛，承办“足球宝贝”啦啦队选拔赛。承办株洲市第十三届运动会乒乓球、足球项目比赛。成立荷塘区篮球协会。荷塘区300余人获得社会指导员技术等级证书。

【旅游资源】2017年，龙山寺佛教文化园开展AAA级旅游景区创建工作，新增旅游厕所5座，厕位32个。完成旅馆业普查，申请霞山庄园创建五星级乡村旅游示范点，指导杨家寨、王家冲山庄完成星级旅游示范点提质改造。为仙庾岭景区等三家旅游企业争取专项灾情损补，为杨家寨等4个企业旅游项目争取旅游发展专项资金，全方位进行推介。举行全区旅游宣传活动，发放宣传资料1000余份，制作展版6块，接受宣传教育人数2000余人契合企业宣传，借力聚力开展旅游节会活动。

【创建国家公共文化服务体系】 2017年，区文体旅局新建区级文体中心，完成前期选址、项目立项、方案设计、征地拆迁及招投标工作，拟投资1.2亿元，列入区级重点建设项目。投入102万元，完成金山街道、月桂社区、六〇一社区、袁家湾社区、联星村、仙庾岭村等6个基层文化活动中心示范点建设，均达到省厅要求的“七个一”标准(即1个标准面积文化活动中心、1个文化广场、1套音响设施、1套健身路径、1个活动舞台、1套宣传栏、1套广播设施)。推进全区乡镇街道综合文化服务站与社区(村)综合文化服务中心的建设。抓好农家书屋工程建设后续管理，年内增设韵动书屋2家。

【民生实事完成】 2017年，区文体旅局完成农村公益电影放映任务516场。组织一批思想性、艺术性、观赏性较强、深受人民群众喜爱的国产优秀影片投放到荷塘区的3个固定放映点以及42个流动放映点放映。开展送电影进学校、进敬老院等活动。

【品味荷塘系列活动】 2017年，荷塘区政府与市广播电视台联合推出“品味·荷塘”系列活动。活动由荷塘区文化体育和旅游局承办，株洲市广播电视台广告中心执行承办，内容包括“文化荷塘、运动荷塘、欢乐荷塘”三大板块，九大活动。9月，在荷塘区第十九中学举行荷塘区首届球迷联赛闭幕式暨“足球宝贝”啦啦队选拔赛启动仪式和欢乐荷塘——趣味运动会(扑克牌王争霸赛)。10月，举办荷塘区2017职工健步行暨趣味运动会。11月，举办城市定向挑战赛。12月，举办太极拳选拔赛、羽林争霸赛、3V3篮球赛、经典诵读比赛、环保公益音乐节等活动。

【全民健身事业】 2017年，荷塘区将全民健身专项经费列入财政预算，将全民健身事业纳入荷塘区国民经济和社会发展规划。辖区内现有体育舞蹈、武术、乒乓球、羽毛球、健身广场舞、校园足球等10余个体育健身门类，共有社团、队伍、小组130余个。（文 静）

卫生和计划生育

【概况】 2017年，荷塘区卫生和计划生育局(简称“区卫计局”)内设办公室、医疗管理股(中医管理股)、计划生育基层指导股、计划生育家庭发展股(综合治理办)、爱国卫生工作股5个股室，荷塘区医改办、荷塘区卫计会计核算中心、荷塘区流管站3个事业单位，编制数24个，其中行政编制9个，事业编制15个；实际在编人数16人。下辖事业单位11个；即荷塘区妇幼保健计划生育服务中心、荷塘区疾病预防控制中心、荷塘区卫计综合执法局、7个基层医疗机构(月塘街道社区卫生服务中心、茨菇塘街道社区卫生服务中心、桂花街道社区卫生服务中心、金山街道社区卫生服务中心、宋家桥街道社区卫生服务中心、仙庾卫生院、明照卫生院)、新华医院(现租赁给同济医院)。荷塘区共有医疗卫生机构254家(包含云龙区6家)，其中市管医疗卫生机构13家，卫生院2家，社区卫生服务中心5家，村卫生室31家。民营医疗机构205家，有病床数2968张，每千人拥有病床数10.01张。区卫计局获评2017年度“全市国家基本公共卫生服务项目工作先进单位”“株洲市出生缺陷防治工作先进单位”“株洲市孕产妇免费产前筛查项目工作先进单位”“株洲市艾滋病、梅毒、乙肝母婴阻断工作先进单位”。区疾控中心获“湖南省疾控系统新闻宣传先进单位”称号；仙庾镇卫生院获“国家级群众满意的乡镇卫生院”称号；月塘、桂花社区卫生服务中心获“省级群众满意社区卫生服务中心”称号。

【卫生工作】2017年，区卫计局建立城乡居民电子健康档案252687份，开展义诊、健康咨询1393次，举办健康知识讲座94次，发放健康教育资料133628份。开展65岁以上老年人免费体检15730人。管理高血压患者18678人、糖尿病患者6918人、重性精神病1278人。分别新增管理高血压、糖尿病和重精患者3391、1100和210人。孕产妇健康管理2364人，儿童健康管理20151人，无孕产妇死亡，5岁以下儿童死亡率控制在3.28‰以下。区基层医疗机构均分别与辖区三级医院市人民医院、恺德心血管病医院建立医联体紧密合作关系。医联体上级医院的设备、专家、技术等优势资源下沉到基层医疗机构，建立科室联盟、联合病房、联合药库、专家坐诊、远程诊疗、转诊绿色通道等惠民服务机制。

【计生工作】2017年，区卫计局以服务广大群众为宗旨，以加强计生政策利益导向作用为目标，全面开展计生工作。至2017年9月末，全区全员人口21.59万人，上报出生2307人，出生率10.69‰，上报死亡1382人，死亡率6.4‰，自然增长率4.29‰，全区上报出生2307人，其中政策内出生2289人，符合政策生育率99.22%，全区上报出生中男1191人，女1116人，出生人口性别比为106.72。年初将家庭发展工作纳入计生年度目标考核，区政府与各乡镇办事处以及各计生综治部门签订计生工作目标考核责任状，区卫计局定期组织计生家庭发展工作检查，将各责任单位计生家庭发展工作开展情况、发现问题纳入计生年终考核。加强奖扶资金管理，做到专款专用，明确专门的财务人员负责，及时对接上级和本级财务部门，落实资金到位情况，确保各项奖扶资金快速准确到达服务对象手中。至2017年10月，全区享受农村奖励扶助680人享受计生特别扶助345人，享受城镇独生子女父母奖励21812人，享受独生子女保健费2037人。

【全科医生巡诊工作】2017年，荷塘区城区组建24个全科医生服务团队，配备便携式体检设备和常用药品、健康教育资料在城区居民小区、人口集聚地、物业管理处等地建立网格化流动巡诊点193个，小区覆盖率达到100%，将公卫服务送到居民家中。农村组建“全科团队+乡村医生”的巡诊队，走村入户开展健康服务。开启周末、晚间巡诊模式，深受群众欢迎。按照“定期+按需”的原则，主要开展老年人免费体检、慢性病筛查、健康咨询、用药指导、行为干预等连续的巡诊服务，对特殊人群提供上门服务。2017年，共服务居民73671人次，上门服务重点人群1767人次。（张 昀）

妇幼保健

【概况】2017年，荷塘区妇幼保健及计划生育服务组织全区农村妇女“两癌”筛查工作，共做3449人，免费产前筛查完成2100人，超额完成湖南省重点民生实事。指导各基层医疗机构成立孕妈服务中心，为荷塘区孕产妇、婴幼儿提供妇幼健康管理服务。（张 昀）

卫计监督

【概况】2017年，荷塘区卫生计生综合监督执法局对区内900余家公共场所单位，213家医疗机构、14家二次供水单位开展日常监督工作。新办卫生许可证102个。医疗监管单位的建档率和监督覆盖率为100%。公共场所单位的建档率和监督覆盖率达到95%以上。查处社会抚养费案件13件，

征收社会抚养费342107元。查处"两非"案件5例，罚款15万元，没收违法所得6400元。（张 畇）

疾病预防控制

【概况】 2017年，荷塘区疾控中心重点落实"幸福荷塘三大行动"之基本公共服务。组织各类专家成立"荷塘区健康教育讲师团"，开展健康巡讲，结合国家基本公共卫生服务项目，针对健康素养基本知识和技能以及辖区重点健康问题等内容，向城乡居民提供健康教育宣传信息和健康教育咨询服务，传授基本健康知识和技能，倡导健康文明的生活方式。举办健康巡讲84次，参加人数1.2万余人。组织健康教育知识游园活动2次，组织辖区内二级以上医院和各基层医疗机构开展各类健康日活动16次，开展公众健康咨询服务活动1000余次，接受咨询人数2万余人。在全区范围内推广"健骨操"，各类健康教育活动有序开展。7月，区疾控中心团队参加株洲市卫生应急技能竞赛活动"突发急性传染病防控"竞赛项目获得团体二等奖；12月，区疾控中心获评2017年度湖南省疾控系统健康教育与新闻宣传工作先进单位。（张 畇）

2017年荷塘区医疗机构（医院）

表16

名 称	性 质	级 别	地 址	床位（张）	建筑面积（平方米）
株洲四三〇医院	非营利性	2级	株洲市荷塘区宋家桥	160	10506
株洲新兴医院	营利性	2级	株洲市荷塘区石宋路365号	210	28728
株洲同济医院	非营利性	未定级	株洲市荷塘区新华东路1015号	100	7500
强生肛肠医院（原株洲中西医结合医院）	营利性	未定级	株洲合泰路80号	20	3450
株洲恺德心血管病医院	非营利性	3级	株洲市荷塘区茨菇塘恺德路99号	386	38717
株洲仁和妇产医院	非营利性	2级	株洲市合泰路34号	100	11581
株洲阳光泌尿专科医院	营利性	未定级	株洲市荷塘区新华西路51号	20	1212
株洲市劳动卫生职业病防治所	非营利性	未定级	株洲市红旗中路467号	32	4090
株洲安贞妇科医院	营利性	未定级	株洲市荷塘区钻石路3号	30	1200
株洲耳鼻喉专科医院	营利性	2级	株洲市荷塘区新华东路1029号	50	3000
株洲海福祥护理院	非营利性	2级	株洲荷塘区新华东路319	200	4200
株洲市三医院	非营利性	2级	株洲市荷塘区向阳广场	580	22854
株洲市人民医院	非营利性	3级	株洲市荷塘区新华西路新屋街300号	700	42201
株洲仁心医院	营利性	1级	株洲市荷塘区汽车城B区一栋服务大楼	95	5000
株洲博大医院	营利性	1级	株洲市荷塘区裕丰路裕丰广场1区20栋	30	2600
株洲光大医院	营利性	1级	株洲市荷塘区文化路火把冲东环新城53栋	20	1000
株洲红十字博康医院	非营利性	1级	株洲市荷塘区红旗中路27号	80	1800

镇·街道

仙庾镇

【概况】2017年，仙庾镇辖联星、兴塘、黄陂田、徐家塘、黄塘、东山、樟霞、亭子前8个行政村和永福社区，全镇面积80.19平方千米，常住人口2.7万人。镇党委下设1个党委，6个党总支，6个党支部，共有党员781名。下设党政办、财政所、农业办、社会事务部等16个部门，机关在职干部职工38人。仙庾镇是荷塘区唯一一个建制镇，地处株洲市东大门，毗邻浏阳、云龙新区。被列入省级特色小镇建设，获得全市计划生育工作先进单位、全市星级财政所等荣誉。徐家塘村被评为市级文明村，樟霞村完成市级美丽乡村建设。镇党建、纪检工作、“欢乐潇湘”文娱会演、设立复转军人之家和就业培训基地、“大话仙庾”微信宣传活动先后被省市媒体宣传推介。

【经济发展】2017年，仙庾镇生产总值(GDP)7.9亿元，同比增长7.9%；第三产业5.92亿元，同比增长9.3%；社会消费品零售总额3.7亿元，同比增长10.7%；规模工业总产值9.7亿元；固定资产投资总额50.53亿元，同比增长17.3%。财政收入同比增长9.5%；农民人均纯收入同比增长6.5%。全年引进湖南中泽丝网制造、株洲刘福景食品包装、湖南恒耐尔节能新材料、株洲军明建设4家实力企业，新增投资2400万元。

【项目征地拆迁】2017年，仙庾镇采取拆违促拆迁、拆违促拆房方式，分组分片责任到人的工作机制，土地设施、房屋谈判、协调处理同步进行的制度，全面整合资源。全镇重点项目17个，其中续征扫尾项目14个，新征项目3个。完成土地征收98.28公顷，签约房屋117栋，拆除房屋165栋。完成中美医院二期、成都置信商业用地项目结算工作，完成株洲农副产品批发交易物流中心、金塘路二期、限价商品房项目交地工作，有效推进项目建设。

【党风廉政建设】2017年，仙庾镇开展“纠四风、治陋习”四个违规问题、“雁过拔毛”式腐败专项整治行动，全年查办案件6起，诫勉谈话14起，开展集中督察11次，发出督察通报11期。制定和完善《机关事务管理办法》《机关临聘人员管理制度》《村干部规范化管理办法》等10项制度。通过制度约束、考核激励、效能监督等手段，加强制度建设、强化源头预防、严格执纪问责等举措，推进党风廉政建设。

【干部队伍建设】2017年，仙庾镇以“五个一”为标尺，在全镇党员中扎实推进“两学一做”学习教育，组织中共十九大精神宣讲会6场，道德讲堂学习5场，开展党员冬春训集中学习13场，参学人数1600人次。严格落实“三会一课”制度，按照“一会五评”要求严肃各党支部组织生活，规范民主评议党员。每月定期开展支部主题日活动，对辖区781名党员严格实行积分制管理；积极探索，对各村推选出的145名"党员中心户"开展集中授牌和培训活动，结合微信宣传创新群众工作方法，通过各种渠道宣传表现突出的"党员中心户"典型事例，真正让"党员中心户"模范带头发挥好"六员"作用。

【新农村建设】 2017年，仙庾镇多方争取资金，加大投入力度，改善镇区环境。投入21万元完成镇、村(社区)70余盏路灯的安装；投入资金300余万元，修缮农村道路13.9千米，沙化道路8千米；完成黄塘小学农村学校给水改造项目。积极推动新型城镇化综合试点工作，打造"都市休闲小镇"，推进特色城镇试点建设，规范标牌建设，拓宽"亮化"道路，强化引导宣传。加大"绿心区"樟霞村规范管理投入，高标准打造省级"两型村庄"。全年发放《拆违控违宣传手册》6000余本，悬挂治违横幅140余条，完善每日巡查、每周调度、每月部署、每季度考核的工作机制，层层压实责任，形成"大控违"格局，组织违建拆除行动29次，拆除面积2400余平方米。

【文化生活】 2017年，仙庾镇以"1台2场3栏4径8室"为标准，新增500平方米村级文体服务中心1个。组织注册文化志愿者101名，开展"关爱老人""敬老爱老"志愿服务9场。组织文艺演出、趣味运动会9场。举办欢乐潇湘活动仙庾镇专场，参与节目12个，参加人数300人。参与荷塘区气排球比赛，获得团体三等奖。开展"大话仙庾"微信宣传活动3场，参加人员400多人。依托"道德讲堂""我们的节日"、志愿者服务进机关、进学校、进企业，形式多样地开展机关廉政文化建设，好人好事推荐，最美系列评选等活动。顺利通过全国文明指数测评工作，完成仙庾镇市级文明镇创建申报和樟霞村、联星村市级文明村创建申报。

【社会治理】 2017年，仙庾镇开展平安创建活动，净化社会风气，增加群众安全感。化解信访矛盾案件9件，"四个一批"化解矛盾纠纷32起，解决"历史遗留"问题4件。采取多种形式开展"抓民调、创满意"宣传活动，在全市综治民调中取得全区排名第一的成绩。

【安全生产】 2017年，仙庾镇建立健全"镇、村、组"三级安全生产工作网格化管理机制，设置村、企业安全生产管理员，定期进行安全培训。积极开展安全生产"大排查、大管控、大整治"百日攻坚行动和"安全生产排查周"活动。全年开展安全生产消防联合演练3次，发放各类安全宣传资料700余份，排查各类事故隐患20处，现场整改14处，限期整改6处，关闭非法企业1家。做到各类事故隐患实行台账管理、动态监控。

【医疗卫生】 2017年，仙庾镇免费为120对育龄夫妇提供孕前优生健康检查，为1168名农村妇女进行免费两癌"筛查，辖区居民健康卡采集录入匹配率100%，独生子女保健费落实率100%，农村部分计划生育家庭奖励扶助准确率100%。

【社会救助】 3月，"仙庾镇一门式"政务服务全面上线，为辖区2.4万群众办事提供极大便利。积极推动复转军人之家建设，率先探索设立就业培训基地并举办第一期复转军人专场招聘会，为24名复转军人及家属解决就业难题。全年新增农村劳动力转移就业155人。开展低保清查工作，清查低保户280户296人，加大民政救助力度，全年发放低保、"五保"、残疾人生活补贴、大病救助、危房改造救助等资金480余万元，及时为民排忧解难。

【邬凌云到樟霞村指导党总支部换届选举】 3月20日，区委书记邬凌云到仙庾镇樟霞村与党员群众开展座谈。指导仙庾镇开展党组织换届试点工作，听取村党总支书记黄四平关于工作方案，两推一选办法等汇报，与村党总支委员候选人意向人选进行访谈，明确纪律要求。指导村制定年度党建工作计划，办好修路，水利，亮化等民生实事。

【完成“两委”选举】 2017年，仙庾镇切实抓住监督执纪“牛鼻子”，以“零容忍”的政治态度，规范严谨的法定程序，科学有效的工作机制，严肃认真的纪律要求，高质量完成13个村(社区)两委换届，顺利选举产生新一届支村“两委”干部75人。新当选村干部高中(中专)以上学历60名，同比增长85%，平均年龄43.8岁，同比下降4.3岁；制定出台《仙庾镇村干部规范化管理办法》《关于进一步规范村级财务管理的意见》等制度，规范村干部和财务管理。积极推动“互联网+监督”工作，打造高标准监督阵地，制定规范化“1+5”管理制度，率先实现村级财务在互联网上“晒”出来。

【创新群众管理方法】 2017年，仙庾镇组建191个村组微信群，入群人数合计9309人。成立仙庾人自己的微信公众账号“大美仙庾”，发布推文40余篇，阅读量8万人次，点赞500余人次。向“在荷塘”公众号积极投稿，《这里，好山好水出美人》一文经“在荷塘”发布，获得80764点击量，3978个点赞，在湖南省2017年11月区(县)级微信推文中点赞量排名第一。组织三次“大话仙庾”线下微信宣传活动。“大话仙庾”获得了新湖南、红网、《株洲日报》等省市媒体的高度关注，省市媒体累计报道3篇，仙庾的知名度和影响力进一步提升。 （何珊珊）

月塘街道

【概况】 2017年，月塘街道辖区面积5.38平方千米，辖袁家湾、南岳岭、野鸭冲、水竹、东环、石子头、石塘冲等7个社区和荷塘铺村1个村。常住人口6.5万人。机关在职干部职工53人，居委会在职干部职工56人；57个基层党组织，党员1286人。

【队伍建设】 2017年，月塘街道办事处新增3名年轻党政领导。集中开展4次党风廉政建设专题研究和学习。7月，组织党员赴秋瑾故居参观学习，开展革命传统教育和廉政教育，缅怀革命先烈的丰功伟绩，重温党的光辉战斗历程等活动，筑牢廉洁从政思想防线。

【组织建设】 2017年，月塘街道以“两委员一代表”、在职党员、党小组长、党员队长、楼栋长、志愿者等各方面力量融入基层工作，拓展基层组织覆盖面，提升基层组织的影响力和话语权。开展“两提一创”(提升能力，提高服务，创先进基层党组织)活动，与87名贫困户结成对子。建立9个党代表工作室，省、市、区党代表接待党员群众120人次，走访慰问困难党员251人次，帮助解决问题124件。在征地拆迁工作中设立临时党支部，走出一条党建工作与项目建设相结合的新路子。

【文明创建】 2017年，月塘街道运用各种有效方式和载体，配合区委宣传部、文明办开展全方位、广覆盖的宣传活动，全面提档建设更高水平文明城市宣传工作，提高文明创建工作的知晓率、参与率。在辖区主干道树立核心价值观宣传牌15块、制作大型宣传牌40块，墙体宣传150块，公益广告400幅，发放《致市民朋友的一封信》2000余份，其他宣传资料4000余份。广泛开展科普、法制、卫生、时事政治等方面的宣传教育活动，开展“欢乐潇湘·幸福荷塘”“讴歌十九大·唱响幸福荷塘”等大型文艺活动，组织参加全民健身、竞步走系列活动。开展电影在社区(村)、文明出行、保健知识讲座等活动20余场。年内，袁家湾社区成功创建全国文明单位，石子头社区成功创建省级文明社区。

【安全生产】2017年，月塘街道组织“三合一”整治专门团队，对“三合一”场所强化隐患排查整治。共摸排“三合一”场所2054家，发现隐患3000余处，下发宣传资料3600份，签收安全隐患告知书2080份，停业整顿6家，签订安全责任状2849份。辖区内的重大故事隐患进行“一单四制”管理制度，年内5个重大隐患整治到位，100%销号。集中整治辖区内所有的烟花鞭炮门店，开展4次“打非治违”行动，共出动执法人员55人，涉及9家非法经营烟花爆竹门店。社区成立义务消防者队伍，进行日常消防安全隐患的排查，定期对辖区内的居民楼幢进行消防巡逻。12月，在袁家湾、荷塘铺村小区服装加工厂内安装烟雾报警器500个。

【计划生育】2017年，月塘街道出生301人，计划外出生1人，符合政策生育率99.66%，达到责任状指标。计生服务零投诉。新增录入流动人口10750人，孕前优生检查86人，目标人群覆盖率100%；正确指导备孕妇女规范服用叶酸，服用率和依从率均达到考核指标。扎实开展农村“两癌”筛查工作，应检100人，实检102人，完成率102%，新增特别扶助4人。开展大型计生协会活动3次，省、市媒体报道9篇。献血210人，圆满完成献血任务。成功创建省级流动人口基本公共卫生计生服务均等化示范街道。

【劳动保障】2017年，月塘街道新增就业1702人，为年计划的100%；城镇下岗失业再就业900人，为年计划的100%；就业困难人员实现就业200人，为年计划的100%。零就业家庭安置率100%。农村劳动力转移就业10人，为年计划的100%。城镇登记失业率均值3.30%。城镇居民医疗保险参保人数1.8万人。9月，劳保站在华润万家举行招聘会，30余家单位提供200余个岗位，近100求职人员现场应聘。结合小额贷款工作，开展创业培训和创业指导，提高创业能力，街道共有8人申请小额担保贷款，贷款金额共计60万元。大力扶持和指导大学生创业，年内帮助5名大学生申请创业补贴。

【社会救助】2017年，月塘街道新增社会救助16户20人。至年末，城镇低保对象397户，保障人口576人，发放低保金244万元。农村低保对象8户19人，发放低保金51410元。对辖区内因病致贫的患者救助81户，全面开展各种形式的“帮、包、带、扶”活动。57名重残无业人员纳入低保救助范围。36名残疾人纳入居家托养服务，223名重度残疾人纳入护理补贴范围，206名重度残疾人纳入特殊生活补贴范围，无障碍设施家庭改造1户，发放辅助器具35件，86名残疾人获得城镇居民医保补贴，2名残疾人获得个体工商户养老保险补贴。

【便民服务】2017年，月塘街道便民服务中心受理服务量8955件，办理7185件，日平均办理量为45件，列事项数量前五名。企业退休人员领取养老金资格认证(普通人群)3771件，城镇居民基本医疗保险集中参保570户，就业失业登记证年审435件，老年人优待证首次办理196件，就业失业登记证核发182本。街道级新增个体工商业务3项、民政业务3项、农村工作局业务2项、安监业务1项。民政老年人优待证业务的下放，大大方便老年居民在街道一级就可以办理老年证。

【城市管理】2017年，月塘街道城市管理重点整治月塘、文化路、荷叶塘、财富和谐等农贸市场，每日安排10名城管工作人员值班，劝导和纠章市场周边出店经营户，联合区城管大队整治50次以上。处理市、区交办、督办500余件。

全年组织指导6个无物业管理小区成立小区业委会，成绩全区领先。开展春、秋两季灭鼠、灭蚊突击周等活动，投鼠药1000千克，垃圾处理密闭化，"四害"密度控制到较低水平。数字城管工作"少花钱，多办事，争成绩"，确保每月按期结案率不低于95%。收到上级派遣案卷37626条，按期结案率96.2%，单月按期结案率均在95%以上。

【综治维稳】2017年，月塘街道以"为党分忧、为民解难、保境安民、保驾护航"为宗旨，推进平安荷塘、法制荷塘建设，抓综治基础工作，营造安全稳定的社会环境。全年化解各类矛盾纠纷62起。接待人民群众来信来访132人次，受理人民调解62起，调解率为100%。无一人进京非访和集访事件。开展流动人口大清查4次，登记流动人口805人，发放综治宣传资料1.2万余份。

【月塘街道复转军人之家成立】6月，月塘街道复转军人之家成立，办公场地选择在荷塘铺村委会。完善复转军人之家的建设和制度规范，做好复转军人之家台账资料、服务保障相关资料的收集和整理，共展出老照片、战备品等老物件50余件。全面走访复转军人，建立花名册，在册人员共计301人。全年组织开展活动18次，参加人员达450人次。

【创建省流动人口卫生计生均等化服务示范街道】2017年，月塘街道以"互联网+"为载体，创新管理模式。借力"一门式"平台，建立流动人口数据库；划分网格，建立微信"连心桥"；发放"一卡一牌一协议"，实行以"静"制"动"。整合"四助"，即专家助力、重点助力、特色助力、持续助力资源，文化资源，综合资源，重点加强区域协作，公安、教育、民政、社保等综治部门共同发力，教师、医生、志愿者开展各类活动，为流动人口提供优质服务。

【月塘街道微信连心桥】9月，月塘街道按照区委创新群众工作的统一部署，先后建立居民微信群118个，入群人数达1.4万余人，选出群主52名，在所有群发布群公告，告知社区、派出所、月塘街道卫生服务中心的联系方式，并将民警、社区卫生服务中心医生加入居民群中。街道以"社会你群主"为主题，开展居民才艺比拼、破冰见面会等若干次线下活动，选出8名群主核心团队，提升群主的号召力和执行力。线上与居民积极交流，线下积极开展活动，为居民解决实际问题，切实发挥微信群"信息之桥、办事之桥、暖心之桥"的作用，得到居民的一致好评。（杨　萍）

茨菇塘街道

【概况】2017年，茨菇塘街道辖六〇一、前进、余家冲、黄家塘、红旗村、上月塘、新月塘、荷叶塘、长征、红旗路、天鹅、麻园、汽车城13个社区居委会，有居民110229人，34946户。街道以党建为引领，开展"两学一做"学习教育和支部主题党日活动，推进"一门式"政务服务改革和幸福荷塘系列民生行动，打赢项目攻坚战。规模工业增加值34.82亿元，同比增长9.3%；完成工业固定资产投资项目12个，共4.2亿元。完成"小升规"（规模以下小型、微型企业升级为规模以上企业）2家，"四上"企业（规模以上工业企业、资质等级建筑业企业、限额以上批零住餐企业、限额以上服务业企业）申报7家。街道"彩虹伞·守护小雨人""慈灯之光"2个项目获湖南省公益组织创投项目金奖，"老兵之家"项目获铜奖。街道获市级"无邪教创建活动示范乡镇""抗洪抢险先进集体"。获评区"全面深化改革先进单位""项目攻坚先进单位""2017年度工会工作目标考核先进单位一等奖"。黄家塘和汽车城社区获评市级"创业带动就业示范社区”。

党的建设。街道按照“基础设施提升、服务功能齐全、作用发挥显著、党建思路创新”的要求，创新探索互联网+党建云平台建设，改造升级街道党员活动室、党务政务公开栏和两个社区服务场所，夯实党建阵地。

城管治违。联合公安、交警、城管等多部门对六〇一农贸市场、汽车城市场开展集中整治大行动，彻底整治脏、乱、差现象，解决历年群众反映强烈的老大难问题，实现“脏、乱、差”到“亮、净、美”的转变。城管工作在全市排名第二。以零新增为目标，创新治违体制。实行24小时巡查和网格管理制，定人员、定网格、定任务，开展无缝隙、零死角式巡查，对违法建设发现一处，拆除一处。全年组织拆违行动15次，拆除简易结构违法建筑7处，砖混结构违法建筑8处，钢架棚16处，3266平方米，牢牢守住零违建的底线，连续3年保持拆违控违零新增的态势。

【“幸福荷塘”系列民生行动】2017年，茨菇塘街道实行三社联动，关爱老兵、失独家庭、残障儿童等群体，探索创建慈灯之光、彩虹伞守护小雨人等项目，发动辖区企业、两代表一委员(党代表、人大代表和政协委员)及社会力量积极参与，点对点精准帮扶，困难群体的问题得到有效解决，群众的幸福指数大幅提升。其中慈灯之光项目服务覆盖全区近100位失独老人。探访陪伴、跟进服务、心理疗愈累计350多人次，参与文艺演出18场。彩虹伞艺术疗育项目服务45名心智障碍儿童、残疾儿童、特困家庭儿童。组建彩虹伞志愿团队，开展各种志愿服务活动12次，为辖区的特殊群体提供精细化温情化的服务。

【社会综合治理】2017年，茨菇塘街道扎实推进平安荷塘行动，坚持“防范于未然、消灭于萌芽、稳控在关键时刻”的理念，开展矛盾纠纷排查调处工作，主动下访，及时发现、化解和调处矛盾。调处各类矛盾纠纷46起，息访重点人员7起，息访重点群体9起，信访矛盾纠纷同比下降46%，全年无一起进京赴省非访事件，在荷塘区“百日攻坚”活动中排名第一，社会风气发生明显变化。积极开展“全民禁毒”宣传活动，群众关注率居全区之首，禁毒工作名列前茅。司法工作成为市区典型示范。街道全年开展安全生产大检查54次，对烟花爆竹经营点等重点行业和规模企业进行全面排查整治，查处整治安全生产设施隐患31项，电路安全隐患11项，辖区社会秩序稳定。未出现安全生产事故，无人员伤亡。

【重点项目】2017年，茨菇塘街道开工的项目3个(新塘西路项目、新塘西路南片区项目、铁东路四期项目)。新塘西路南片区项目涉征集体土地房屋10户，国有房屋69户，单位3家；新塘西路项目涉征集体土地房屋90户，国有土地房屋24户，单位3家；铁东路四期涉征国有土地房屋152户，集体土地房屋72户。街道党政领导在要素保障不充分、历史遗留问题错综复杂、房价急剧上涨、新老政策交替等客观条件制约下，率先垂范，克服重重困难，坚持进度和质量并举，2个月时间完成签约226户，且无一处违规、无一房强拆、无一人上访，再创荷塘征拆新速度。

【老兵之家项目】4月，茨菇塘街道依托幸福荷塘三社联动，引进株洲市大同社会工作服务中心，在六〇一社区组织600余名老兵成立“老兵之家”，打造老兵之家项目，搭建“党委、政府、社会、社区、老兵”互动大平台。成立老兵之家临时党支部和老兵互助会，强化老兵的学习教育管理，引导老兵参与街道社区的中心工作，激发老兵的责任感和使命感。

【创新群众工作方法】9月，茨菇塘街道按照区委创新群众工作部署，以“党政引导、盟主主导、群主支持、群众参与”的方式，以“我的新时代、我的微style”为主题，创立“我爱我的茨菇塘”微信公众号，孵化“小茨微檬社会工作服务中心”，最大范围把辖区居民加入微信群，共建立各类微信群组302个、群成员34369人，覆盖街道总人口40%。在做实“幸福荷塘”民生工作的基础上，以渠道建设、活动开展、回复机制为抓手，发动群主，依靠群友，构建社区居民与党委、政府之间的信息交互平台，网络和谐家园。（赵朝霞）

金山街道

【概况】 金山街道地处新华东路以南，红旗中路以东、金山路以西，南接芦淞区白关镇，辖3个社区4个村，土地面积10.2平方千米，其中陆地9.8平方千米，占96.1%，水域0.4平方千米，占3.9%，总人口约3.8万人。

2017年，金山街道办事处编制28人，实有人员25人。设党政办、财政所、重点办等14个部门。金山街道各项经济考核指标全面完成，实现地区生产总值20.79亿元，同比增长7.8%；规模工业增加值6.9亿元，同比增长7.5%；社会消费品零售额完成5.8亿元，增长10.9%。

2017年，金山街道便民服务中心受理业务量8395件，日均受理量27件，接待省市考察团近15个，获评荷塘区全面深化改革先进单位；街道承接区级“银龄互助”项目，为辖区5000余名老年人提供全覆盖自助平台。辖区内拥有4支全科医生团队，在30多个流动巡诊点进行150多次的义务巡诊；成立的金山复转军人之家，为辖区1500余名复转军人提供沟通与交流的平台；金山街道人民调解委员会获得全国模范人民调解委员会称号，司法所所长漆新明被评为全国模范调解员。

【基层党组织建设】 2017年，金山街道全力推进基层党建工作，以“两学一做”常态化制度化学习教育为龙头，大力推进党支部“五化建设”，切实加强党员日常教育管理。年内，街道圆满完成辖区3个社区4个村的两委换届工作，换届后基层班子成员的年龄结构、性别比例更趋合理。充分发挥党员先锋模范作用，党员带头上项目，在项目指挥部建立临时支部。8月，省委组织部副部长蔡建和莅临街道指导党建工作，给予较高的评价。

【从严治党】 2017年，金山街道办事处建章立制，规范权力运行，修订完善《金山街道公务用车管理制度》《关于进一步严格执行请销假、外出请示报告等有关制度的通知》等多项制度，规范人、财、物的管理。强化督查，明确1名分管领导，2名纪检干部专项负责干部作风的日常监管，每月28日定期汇总作风建设监督检查情况并及时通报。至年末，已通报24次，对9人进行约谈，立结案7起。开展“雁过拔毛”式腐败问题和“纠‘四风’治陋习”专项整治行动，制作30块宣传板报、36条横幅、8个信访举报箱、4790份信访宣传手册。全年组织机关干部廉政主题学习6次，观看警示教育片4次，案例通报会14次，制作名人名言和警句20块，发放信访举报知识宣传单3000份，用电子显示屏发布纪检监察信访举报知识宣传标语40条。

【征地拆迁】 2017年，金山街道开征14个项目，计划征收113.885公顷，计划征拆196户，成为全区征地拆迁的主战场之一。各指挥部开足马力，全员战斗在征拆一线，发扬“白加黑、五加二”的精神，克难攻坚，全年签约152户，拆除153户，为园区建设奠定坚实基础。通过采取行政强拆、司法强拆前置的程序，营造征拆氛围，凝聚征拆合力，全年完成拆除存量违建148处，共计63138平方米，拆除新增违建19处4752平方米。在荷塘区2017年考核中，获得2次第一、3次第二、1次第三的成绩。

【“民生100”工程】2017年，金山街道“民生100”工程指标数据均超额或等额完成。新增城镇就业人数1207人，下岗失业再就业450人，就业困难对象再就业100人。发放株洲市创业者购买租赁门面(写字楼、住房)创业资金补贴195人，发放退役军人公益性岗位补贴49人，发放金额84万元。协助社保机构做好养老金资格认证2635人，协助死亡退休人员家属领取丧葬费28人。发放低保金38万余元，大病救助104人，金额3.14万元。新农合参合7655人，新农保参保人、居民医保参保556人，失地农民养老保险人数420人。

【一门式政务服务】2017年，金山街道便民服务中心受理业务量9500余件，涵盖人社、卫计、民政、城建、残联、工商、安监7各部门的100起事项，日均受理量约30件，解决辖区3.8万人多项民生相关便民事项。接待各类考察团20余个，其中省级考察团1个，市级考察团5个，区县级考察团10余个，街道首席代表向各类考察团详细介绍荷塘区的一门式政务服务改革。金山街道被评为荷塘区全面深化改革先进单位，街道首席代表A岗黎婷被评为荷塘区十佳首席代表，便民服务中心工作人员邓迎红、陈峰、左丽被评为荷塘区五星服务标兵。

【安全生产】2017年，金山街道贯彻落实安全工作“一岗双责”责任制，签订“一岗双责”责任书12份，安全生产责任状270份，消防安全责任书270份。每月对6个销售烟花鞭炮网点、禁放点、燃放区等重点区域进行1次安全检查。在全国安全生产“三大行动”期间，检查103家企业、3个建筑工地、43家烟花爆竹经营店及300多家临街门面，下达限期整改通知书433份，收缴无证烟花67个，鞭炮2箱。联合荷塘区消防大队等相关单位，在银泰广场开展现场应急演练活动，观看人数150余人；清理消防通道25处，整改电线乱拉乱接35家，新建消防栓4处，发放火灾隐患告知书77份，宣传年画6000份，宣传标语500余条。

【卫计工作】2017年，金山街道协同街道卫生服务中心为常住和流动人口育龄妇女免费进行生殖健康检查和孕检。组织190人参加孕前优生检查，组织查环查孕4213例，组织两癌筛查500例，叶酸发放320盒，对新增流入人口进行实名登记，其中，流动人口入库率98.56%，儿童预防接种率100%，流入6个月以上的流动人口健康档案录入率96.36%。组织社区人员参加上级药具培训，社区30个发放点发放免费避孕套4500多盒，全部落实随访；开展“亲情牵手、结对帮扶”活动，结对帮扶特扶计生家庭37户47人，帮扶资金5万余元，为37户计生困难家庭办理计生保险，为10户计生困难家庭发放慰问物质2000余元。

【文化体育】2017年，金山街道积极配合推进荷塘区创建国家公共文化服务体系示范区工作，集中人力物力加快建设步伐，打造公共文化服务亮点，促进公共文化服务标准化、均等化建设。新建街道文化站，按“七个一”标准，设有健身房、棋牌室、多功能室(会议室)、舞蹈排练室、书画室、电子阅览室、办公室等，共计500平方米，站外建有群众文化舞台、健身路径、篮球场、羽毛球场等。辖区3社区、4村分别建好社区文化活动服务中心和农家书屋，免费开放，覆盖率100%。街道文化站利用春节、元宵节、端午节、“七一”、重阳节等节日，组织辖区3个社区、4个村1000余人开展迎新春送春联、闹元宵、包粽子、庆七一欢乐潇湘群众文艺展演和幸福荷塘欢度重阳文艺汇演等活动，观看群众2000余人次，既丰富广大群众的精神文化生活，又营造节日氛围。

桂花街道

【概况】2017年，桂花街道紧扣建设实力、活力、宜居荷塘的总体要求，马上就办、真抓实干，经济社会各项事业健康有序发展。经济指标稳中向好。规模工业总产值15060万元，同比增长67.5%；规模工业增加值3916万元，同比增长74.2%；固定资产投资308903万元，同比增长39.2%。推进“两学一做”学习教育常态化制度化建设，通过党建+创新服务方式+“幸福荷塘”民生行动+项目建设，充分发挥党建示范引领作用，街道各项事业齐头并进。开展作风督查20次，通报批评8人，提醒谈话120人次；立案审查8起，党纪处分8人。党建工作全区排名第一。项目建设持续发力。拆除52处违法建设，总建筑面积8000平方米，实现签约房屋190户240栋。街道被授予荷塘区2017年度征地拆迁和房屋征收工作红旗单位。民生建设提升群众幸福感。“一门式”政务服务，完成受理事项6000余件；三社联动志愿服务，引进阳光、普惠两家社会工作服务中心，实施断翼天使和爱不独行项目；复转军人之家、居家养老服务，组织各类文娱、分享活动10余场，帮助6名复转军人实现再就业；发放城乡低保金及农村五保金372万元，城乡医疗救助支出救助金28万元。被评为株洲市计划生育工作优秀单位、株洲市公共就业创业服务示范平台。组织信访积案及矛盾纠纷调解商讨会、协调会100余场次，调解各类社会矛盾纠纷80余件；发放法律宣传资料1万多份，法律书籍1000余册。街道司法所成为湖南省第一批模范司法所，通过省市司法系统的模范司法所验收。消防安全守住社会治理底线。没有发生消防安全重大事故，安全态势平稳。加强城市管理，改善市容环境和秩序，形成一套行之有效的管理经验。7月，街道农贸市场专项整治“一线工作法”在市城管局工作大会上予以推介。

【创建微信群主联盟】9月，桂花街道率先在全区创新微信“群主联盟”工作方法，迅速在全区进行复制推广。通过微信渠道建设，街道微信群从127个发展到252个，覆盖辖区总人口的55%。街道通过微信群主平台，建立“街道、联盟、群主、微友”四个层级，统筹谋划“畅通渠道、建设渠道、管理渠道”三个路径，结合“幸福荷塘”系列民生行动，组织开展30余场公益活动，及时回复群众诉求100余件次，收集群众意见建议20条，帮助解决群众实际困难50件，受益群众2万多人。(汤瑶)

宋家桥街道

【概况】宋家桥街道位于荷塘区东大门，面积12.1平方千米，户籍人口2.2万人，辖四三〇、月桂、芙蓉3个社区和宋家桥村、天台村、龙洲村3个行政村。直管党员593名。属亚热带季风温润气候，热量丰富，雨水充沛。矿产资源主要有石灰石。宋家桥街道是典型的城郊型街道，经济产业结构以第二产业为主，以中车长江公司株洲分公司铁路装备为主的工业产业优势明显。辖区内有法人单位183家，规模以上工业9家。

2017年，街道坚持以经济建设为中心，以党的建设为统领，真抓实干，获评区级文明单位，“四上企业”完成率全区第一，完成生产总值407213万元，同比增长8.2%。其中第一产业生产总值3388万元，同比增长3.9%；第二产业生产总值280990万元，同比增长6.9%；第三产业生产总值122836万元，同比增长9.6%。招商引资工作超额完成。全年共计走访企业127家(次)，解决问题8个。获评全区优秀统计站。治违控违工作全区排名第一。

【党员教育管理】2017年，宋家桥街道完成村、社区“两委”换届工作。出台《村社区绩效考核办法》和《宋家桥街道党员管理制度》等8项党建工作制度，提升党建工作制度化水平。党建责任真正“上肩”。新组建非公有制经济组织党组织2个，社会组织党组织1个；新发展党员8名，23项基层党建重点工作任务全面完成。党员发挥作用，在防汛救灾、扑救山火等应急抢险中，党员和入党积极分子占比达70%；在项目建设工作中，党员比重60%，党员带头签约，党员带头上户做工作，成功签约56户，完成总目标任务的76.7%。“互联网+党建”成效凸显，芙蓉社区“自治家园”党建工作先后作为市委组织部“看、学、议”活动，全市村(社区)干部培训班的典型进行推广。建设芙蓉社区“党员之家”，增强党员意识和归属感。举办党建知识抢答赛，为社区所有网格支部书记、党小组长订阅报刊1份，激发党建工作活力。

【党风廉政建设】2017年，宋家桥街道全程积极配合区委第二巡察组对街道党工委为期2个月的巡察，对照巡察意见切实整改落实。根据巡察反馈意见，对8名机关、村(社区)干部进行提醒谈话，退缴违规发放的福利津贴、多报销的金额共6794元，交到荷塘区廉政账户。按照“三转”要求，加强纪检监察队伍，配齐街道纪工委书记、专职纪工委副书记、纪检专干。加强作风建设，开展作风督查12次，通报11人次，节点督查6次。开展纪律审查工作，组织廉政谈话30余人次，诫勉谈话5人次，办理党员违纪案件7件。接待群众来信来访9人次，未发生因处置不当导致的赴京上访问题和群体性越级上访事件。

【精神文明建设】2017年，宋家桥街道代表株洲市迎接全国文明城市入户调查，成绩优异。全区文明建设工作推进会在宋家桥街道召开，街道创文工作经验在全区推广。被评为荷塘区文明单位、全区宣传思想及意识形态工作先进单位。获评全区优秀党政办，被推荐为全市志愿服务先进集体。

【项目征地拆迁】2017年，宋家桥街道着力解决明照储备地一号、北环线、新塘路4期、高压走廊等4个扫尾项目的遗留问题，已全部施工建设。充分发挥村级组织的战斗堡垒作用，宣传攻势到位、干部力量到位、阳光公开到位，新开征的四三〇加油站、丽舍路项目的拆迁任务分别在7天和30天完成。幸福100城中村项目全力推进。

【社会事务】2017年，宋家桥街道成立专业救火队伍，配齐救火设备，森林安全有保障。打造月桂社区文化家园，成为荷塘区文化家园示范点。河长制全面落实。开展“全国科普宣传周”“全国科技活动周”和“防灾减灾”等宣传活动，共发放宣传资料1600余份。新增城镇就业1112人，失业人员再就业406人，就业困难对象再就业103人，零就业家庭动态援助100%。清退不符合政策低保户45户，60人。新增创业担保贷款80万元，扶持高校毕业生微创业5人。新增创业主体300户，带动城乡就业639人。城乡居民养老保险征缴金额6.99万元。举办欢乐潇湘活动宋家桥专场，参与节目13个，参加人数300余人，活动资金1.3万元。参与荷塘区乒乓球比赛，获得团体一等奖。开展残疾人专场招聘会，举办首届残疾人运动会、残疾人乒乓球比赛、趣味运动会等多项残疾人活动。

【医疗卫生】2017年，宋家桥街道卫生计生工作获得全市计划生育工作优秀单位。国家免费孕前优生检查任务数120人，实际完成126人，目标覆盖率105%，叶酸服用依从率90%以上，孕产妇产前筛查目标覆盖率100%，产前筛查高危孕妇管理率100%；农村适龄妇女“两癌”筛查目标任务320人，实际完成398人；无偿献血任务125人，实际完成130人；计生系列保险任务8万元，实际完成8.23

万元。年内上报计内出生241人，无违法计外出生，符合政策生育率100%，出生统计准确率99%以上；发放一孩生育服务证111人，二孩生育服务证164人，再生育上报审批6人；计划生育手术93例；流动人口综合服务管理到位率90%以上。新增奖扶4人，新增特扶12人，对历年40户特扶家庭及贫困家庭在生日、节假日、重大疾病方面给予慰问及资金补助合计3万余元。采集录入居民健康卡信息20198人，完成80%；农村合作医疗参保3402人，完成96.8%。为奖扶对象34人、特扶对象28人、失独家庭11户、伤残家庭17户、特困家庭及学子197户“送保险、送健康、送温暖、送慰问、送服务”共5万余元。采集流动人口信息3010人，孕检率100%。在辖区各小区及人口密集场所设立便民药具箱26个，方便育龄群众。

【民生工作】2017年，宋家桥街道“三社联动”做精做实，折翼天使残疾人社会融入、美乐爱觉青少年成长陪伴2个项目成效显著，获评全市“三社联动”先进单位；“一门式”政务服务及自治家园继续发力，考核全区第一；“复转军人之家”完善台账，做好精准帮扶，开展各类活动，成为老兵的温馨港湾。馨香小区开展无物业管理业主自治试点，取得成效。

【城市管理】2017年，宋家桥街道为全市国卫复审提质迎检、国家文明城市复审工作做出积极贡献，获评全市城市管理工作先进单位称号。关闭搬迁天台村宋建新5000多平方米的养殖场，综合治理龙州村垃圾场环境污染问题，碧水蓝天行动取得显著成效。完成“百万大拆违”任务，宋建新、贺丹丹共500平方米已建成型的2栋违法建设，实现自拆。

【综合治理】2017年，宋家桥街道成功化解余升怀2006年金山工业园征地项目遗留问题、领秀天下二期7栋房屋设计缺陷改造问题、“8·1”株浏路口交通事故亡人事故等矛盾以及突发事件，街道获评全市“迎接十九大、忠诚保平安”反邪教安保防控“五个不发生”创建活动先进单位，芙蓉社区、天台村双双被评为全省、全市无邪教创建示范社区。

【成立复转军人之家】7月，宋家桥街道复转军人之家成立。位于原新村村部，面积300平方米。设有活动室、会议室、接待室、学习室、陈列室。向复转军人及军烈属开放，由复转军人自主管理、自我服务。主要服务辖区600余名复转军人，其中参加抗美援朝的老战士22人，参加1974年1月19日收复西沙海战的4人，参加中越边境自卫反击战的35人。

【创新群众工作】9月，宋家桥街道建立涵盖辖区总人口50%左右的微信网络，紧抓微信群管理维护，通过线上线下互动，初步形成共建共治共享的良好网络生态，实现政民良性互动，弘扬主旋律，传递正能量。一是安排“首席代表”入群解疑释惑。机关办站所、社区卫生服务中心、派出所、社区、物业公司派专人加入辖区村(居)民微信群，及时回答群里的村(居)民提问、定期反馈村(居)民的诉求，使群众在“指尖”对“指尖”享受便捷的政务居务服务。9月起，平均每天群内回答居民提问35次，90%的问题在群内得到解决。二是选聘“阳光信使”在群内传递正能量。根据微信群内的发言，结合线下考察，从优秀党员和热心居民中分三批选聘31名“阳光信使”，协助群主维护微信群，宣传正能量。“阳光信使”已成为宋办微信群的中坚力量，街道微信公众号上精心编发的文章交由“阳光信使”去宣传，讲好党的政策、荷塘新变化、便民新举措和群众身边的故事，在小区微信群累计转发正能量链接1.8万余篇。这种方式的成效和群民接受的程度都远好于街道社区人员的宣传。采取举办“阳光信使”看荷塘发展、迎新春茶话会、为“阳光信使”免费订阅报刊等举措，让“阳光信使”始终保持着工作积极性。三是开展“三微”(指的是面向全体微信群群员开展的微秀、微帮、微风尚)系列活动,促线上线下完美结合。在辖区小区、单位、门店微信群群主中选出微联盟盟主团队,在政府引导下,开展“三微”系列活动。微秀,通过微信群秀出各种美好,线上收集,线下评比、上门颁奖。微秀第一季“随手拍”活动,68幅照片展示辖区的美丽景色、美好事物;微秀第二季“讴歌十九大翰墨抒情怀”书法比赛,微信群收集102幅作品,传承中华文化,宣传中共十九大精神;微秀第三季广场舞比赛,14支参赛队伍通过微信报名,2.2万人参与微信投票。微帮,通过微信群帮助那些需要帮助的人。9月,《在荷塘》微信公众号推出微心愿链接,街道的23个微心愿不到5小时被全部认领。12月,街道复转军人通过微信群得知残疾人许下12个生日愿望后,在复转军人微信群中被6个老兵认领。微风尚,通过微信群宣传社会主义核心价值观,传播中华民族传统美德,树立良好的社会风尚。开展“我家的年味”照片征集活动,通过分享年味,传承中华民族传统美德。“三微”系列活动,促进政民良性互动,走好网上群众路线。（帅迎春）

明照街道

【概况】 2017年5月,明照街道成立。总面积21.9平方千米,东与仙庾镇毗邻,南与宋家桥街道接壤,西临宋家桥街道和车辆厂,北抵云龙示范区和仙庾镇,办事处驻荷塘大道明照安置房裙楼。辖东园村、星星村、金塘村、明照村4个村民委员会,人口5.6万人。驻有金山新城、嘉德工业园、千金湘药等已投产企业,有远大住工、雪宝家装、汉德车桥一期、中天杭萧、华亿标厂、农批市场一期、嘉德工业园二期等多个项目在建,是荷塘区金山新城建设的主战场。是年,街道紧扣区委打造“幸福荷塘、宜居荷塘”的奋斗目标,团结干部群众,发扬攻坚克难、务实奋进、迎难而上的精神,各项工作从无到有,逐步走上正轨,圆满完成工作目标任务。

【建置沿革】 1951年6月,境域由湘潭县划入株洲市郊区。1952年3月,始设明照乡,辖于郊北区。1956年6月,并入郊区宋家桥乡。1958年9月,并入郊区人民公社(后改名朱田铺人民公社)。1960年5月,并入郊区(县级)白关人民公社。1961年4月,成立明照人民公社,隶属郊区龙头铺区公所。公社机关驻宋家桥。1965年4月,划入株洲县。1984年4月,重新划归株洲市郊区管辖,并恢复乡建制,乡政府机关驻戴家岭。1997年8月,划归荷塘区。2008年,乡政府迁驻芙蓉社区铁四院内。2015年12月,撤明照乡,乡域并入仙庾镇。2017年5月,增设明照街道,辖原仙庾镇明照村、星星村、金塘村、东园村。

【基层组织建设】 5月,新成立的街道为统一思想,确保各项工作迅速步入正轨,指派党政班子驻点每个村,明确各村的第一书记,制定并坚持执行每周召开支村两委例会制度,召开各村的民主生活会、全体组长会议、全体党员会议,使辖区各党支部在思想上高度统一。至年末,辖区有党委1个,党支部17个,党小组34个,党员451名,新发展党员7名,预备党员转正3名。狠抓队伍建设,村党总支配备2名党建专干,组织书记进行业务培训6次,党建专干到街道党委跟班培训每月2次。紧扣“党建强基础,纪律抓作风”的主旨,加强纪律检查,共立案5起,结案4起,党纪处分4人,约谈20人次。耗资60余万元在荷塘大道、金塘路沿线、办事处、各村部以及各项目指挥部,制作大型展板20余块,建立宣传文化墙3面,发放宣传资料2000余份,推行党建宣传工作。建立党员帮扶机制,定期走访，共走访居民50户，慰问困难群众23户48人次。

【重点项目】2017年，明照街道作为荷塘区金山新城建设的主战场，核心任务就是为项目建设服务，做好征地拆迁工作。接受征拆项目任务32个，其中仙庾移交扫尾项目4个。新开征项目29个，其中已启动项目15个，已完成调查未启动项目14个，共涉及土地195.163公顷，房屋544户。街道采取统一思想促征拆，营造氛围促征拆，加快速度促征拆的措施，半年内完成金城学校、车辆段二期、金精路等20余个新项目的征拆任务，征收土地100.05公顷，签约房屋160余栋。

【城市管理】2017年下半年，明照街道添置垃圾桶60个，清理卫生死角30处，清运基建垃圾和乱堆60车72余吨，清除主次干道及村道6次，清理房前屋后、田埂、池塘、护塘、水库等6次，清理僵尸车3台。每季度组织村民大扫除并开展评比活动，党员、组长、村民全体参与，垃圾每季处理，垃圾量逐步减少。组织开展各项整治行动，治理乱拉乱挂106处，整改流动摊贩80人次，拆除违规横幅及破损招牌60处，清洗农贸市场36次，整治分路口出店经营乱停乱放200起，夜宵摊连续整治行动为期1个月，渣土整治效果显著。在全国文明城市复审期间，城管工作获得奖励与肯定。开展拆除违法建筑专项行动24次，拆除违章建筑98处，并获得荷塘区2017年度治违工作三等奖。

【民生保障】2017年下半年，明照街道城镇新增就业人数60人，帮助20户就业困难家庭实现就业，30名退役军人就业，新增创业担保贷款发放20万元，5户零就业家庭得到资金、政策帮扶，办起工厂和商店。城镇失业率控制在4.0%。农村劳动力转移就业7144人，再就业29人，扶持高校毕业生微创业3人，举办大型现场招聘会1场，会场求职人员2300人次，达成就业意向30余人次，当场签订就业协议6份。政策设点宣传1次。

【卫计服务】2017年年末，明照街道总人口12290人，已婚育龄妇女为3074人。其中，人口出生229人，死亡89人。年内出生229人，其中政策内出生228人，违法生育1人，符合政策生育率99.49%。社会抚养费征收平台录入及时率和立案及时率均为100%。开展“幸福荷塘”义务巡诊活动6次，享受农村奖励扶助157人，计生特别扶助14人，224人发放独生子女保健费。全员系统流动人口总入库112人，流动人口主要信息反馈到位率100%。对辖区已婚育龄妇女进行12次孕检，孕检30余人。完成孕前优生检查目标人群154例，覆盖率100%；早孕随访率以及妊娠随访率均为100%；辖区孕产妇叶酸服用率95%以上，叶酸服用依从率85%以上；办理一、二孩生育证195本，再生育证1本；奖励扶助对象157人，新增12人。

【综合治理】5月明照街道成立后，开展矛盾排查21次，排查出矛盾及不稳定因素(包括村一级)大小共26起，处理成功率在95%以上。处理回复国家、省、市、区网上信访案件50余份，中共十九大期间，疏导稳控涉军人员、老上访户、有遗留问题的征收户，全年接待因农田补偿、工地分配、征地拆迁、国土宅基地建房、拆违控违、邻里纠纷、道路及环境污染等各类原因来办上访30余人次。积极参与中材周边矛盾调解，落实农田补偿，出动人员10多次。协调民众堵路事件，确保矛盾不再激化，未出现人员伤亡。为各村30余名参战人员争取合法利益，解决实际困难。确保进京赴省非正常上访零登记。街道成立后，在册矫正对象8人，到12月解除矫正对象2人，新接受2人。集中教育48人次，集中劳动48人次，个别谈话12人次，上门走访、调查15人次。

【社会事务】2017年，明照街道共有低保户97户、180人，发放低保金21万余元，清理整顿农村低保，共取消低保158户、263人，提标160人。对农村低保月人均补差达到180元，从2017年1月起补发补差资金，共补发低保资金29080元。分散供养五保户17人，集中供养五保户18人，新增2人，死亡取消1人。医疗救助19人，发放医疗救助金60137元；临时救助12人，救助10500元。因灾救助164户，发放救助资金7万余元，给恢复重建因灾倒损住房2户。街道有优抚对象65人，其中60周岁退役士兵40人、“三属”1人、带病回乡2人、重点优抚对象22人，建军节慰问所有的优抚对象，发放慰问金。辖区90岁以上高龄老人27人，发放高龄补贴16200元，为2位老人申请基本养老服务补贴20元/月。开展“敬老月”活动，敬老院为敬老院五保户进行免费体检，发放慰问品和慰问金，联合株洲市人民医院和明照卫生院为880名65岁以上的老年人提供免费常规体检；在辖区内4村摸底核实困境老人，送去慰问金2000元。

【文明建设】2017年，明照街道在荷塘大道、分路口等地新增设置“社会主义核心价值观”“中国梦”“弘扬雷锋精神”等宣传标语的大型展板16块，在荷塘大道的围挡及金城等公司围墙上喷绘“精神文明建设”“十大文明行动”“关爱未成年人”等宣传标语300余条。各村干部上户向老百姓进行创文宣传，提高村民对创文工作的知晓率和支持率，提高村民参与建设更高水平文明城市的热情。加强日常巡查监督，城管队全体出动，每天在辖区范围内尤其是重点地段进行全面细致巡察，及时发现问题和解决问题，巩固“创文”成果。

【平安建设】2017年，明照街道所辖每村布置法制宣传栏4处，悬挂横幅标语6条，发放各种法律宣传资料800余份，宣传《中华人民共和国人民调解法》《中华人民共和国环境保护法》《中华人民共和国劳动法》等，解答法律咨询80余人次。积极推进“平安明照”建设，新增创建平安家庭120户；共设村级网格5个，村级网格长5人及村级网格“五员”10人，确保街道平安。

【安全生产】2017年，明照街道全面排查安全隐患，开展“大排查、大管控、大整治”消防安全检查工作，开展集中执法行动12次，出动执法人员82人次，检查生产经营单位21家。全面排查危房，重点整治山体滑坡等地质灾害多发地，无一例较大以上安全事故。6月，积极应对洪灾，处置各类险情45处，疏散受灾群众30余人，无人员伤亡。先后开展3次社区、村负责人及安全监管员、企业负责人及安全监管员安全生产法、安全事故警示教育及有关知识学习培训。

【慰问环卫工人】7月30日，明照街道领导看望慰问高温作业下的一线环卫工人和城管队员，送去绿豆、白糖、凉茶等慰问品，发放高温补贴，党委、政府亲切关怀一线环卫工人，对他们顶烈日、冒酷暑坚守岗位的职业精神表示诚挚的敬意，对他们为建设“宜居荷塘”做出的奉献表示衷心的感谢，并叮嘱他们在高温时段一定要做好防暑降温措施，借助建筑物、树阴处休息，注意劳逸结合，尽量采取避高温错时工作制度，确保安全作业。

【“手机美拍”公益培训】 9月30日，在“国庆”“中秋”双节来临之际，街道邀请区文联摄影家协会到东园村开展“手机美拍”公益培训，由高级摄影师、荷塘区文联摄影家协会副主席胡子平、杨淑如惠民开讲。来自荷塘区明照街道办事处近100名手机摄影爱好者参加此次公益培训与现场交流。在授课现场，摄影老师讲解手机摄影的基本原理和基础操作，利用自己原先的摄影图片与学员们进行互动，面对面进行手机摄影技巧的交流和指导。

【重阳节系列活动】 10月26日，街道联合明照卫生院到明照敬老院为老年人进行免费体检活动。10月27日上午，街道召开“温暖九九·重阳节”座谈会，邀请街道离退休老干部20多人共度重阳佳节。会上观看中共十九大学习短片，举行佩戴党徽仪式，老干部对街道的发展提出许多宝贵的意见和建议。同日，街道在东园村村部前坪，组织开展“爱在重阳，关爱老人，义诊送健康，人群有好礼”活动。街道联合株洲市人民医院和明照卫生院，在赶集日为现场的老年人讲解疾病防治知识，为前来咨询的居民朋友做健康指导，免费开展测血压、测血糖等多项常规检查。街道制作印发《养生保健知识手册》，传递健康知识，扩大创新群众工作的覆盖面。 （刘靖一）

合泰管理办公室

【概况】 荷塘区合泰管理办公室管辖区域为合泰后街以南、快速环道东环线以北、新文化路以西、京广线以东，面积约3平方千米，辖3个社区，常住人口1.5万人，常年流动人口3万人左右，服饰加工生产高峰期达7～8万人。合泰管理办公室驻地石宋路426号(晨光小区内)，下设综合管理部、社会事务部、综治办等8个部门，机关在职干部职工17人。

2017年，合泰地区生产总值（GDP）8.3亿元，同比增长8%；第三产业5.97亿元，同比增长9.6%；社会消费品零售总额5亿元，同比增长10.9%；规模工业总产值4.7亿元；固定资产投资总额7.58亿元，同比增长7.3%。招商引资上报到位资金1.2亿元，完成项目包装2个。全年共上报5家“四上”企业的申报，分别为服务业2家，批零业2家，工业1家。

【组织建设】 2017年，合泰管理办公室以“抓党风、促政风、转作风、树新风”为抓手，认真开展“两学一做”、“红色讲堂”、支部主题党日等学习教育活动，党组织书记讲党课9次，集中研讨24次，集中学习70余次。抓实“领头雁”“先锋队”培养工程，打造“敢于面对、勇于担当、善于创新、乐于奉献”的党员领导干部队伍，建立后备人才库，实行动态管理。创新“互联网+党建”方式，全力建设运用“自治家园”平台，依托平台为群众提供信息化、实效化服务；结合“三会一课”“两学一做”“主题党日活动”，组织在职党员进社区，开展党员志愿服务活动36次。

【城市管理】 2017年，合泰管理办公室城管中队实行白班晚班两班制，月均开展10次整治行动，劝导违规门店200余家；月均清理牛皮癣1万余处；整治汽车违规占用人行道现象2400余起，拆除私自安装地锁400余处，拆除破损招牌165处；数字化终端全年处理案卷4522条，按期处置率保持在90%以上；微信交办全年处理1089条，处置率保持在90%以上；纸质交办全年处理33份，处置率100%；市长热线投诉全年共计处理218次，处置率100%；加大拆违控违工作巡查力度，拆除新增违法建筑钢架结构778平方米、砖混结构345平方米、简易结构80平方米；拆除存量违法建筑砖混结构547平方米、钢架结构120平方米。

【“一门式”政务服务】 2017年，合泰管理办公室开展“一门式”政务服务工作，提高群众办事效率，打通服务群众的“最后一公里”。管理办本级受理事项220条，文化路社区受理事项758条，东湖社区受理事项358条，合泰社区受理事项327条，开展“一门式”政务服务户外宣传15次。合泰管理办公室多次召开专题会议研究部署“一门式”政务服务工作，定期对管理办本级和社区的业务进行考核，定期开展督查督办和业务培训指导，每月随机组织业务考试，实施服务评比奖励方案。定期召开调度会，到社区面对面、一对一地指导工作。利用各种宣传渠道，宣传“一门式”政务服务工作，将荷塘区“一门式”便捷服务推广给广大居民。

【文明建设】2017年，合泰管理办公室组织党员、群众、志愿者们开展志愿服务活动，广泛宣传文明城市、卫生城市的重大意义。制作文明城市大型宣传标语5条，遵德守礼牌60余块，市民公约、居民公约73块，发放宣传资料1000余份，营造浓厚的精神文明建设氛围。整合辖区同心社工等社会组织开展学雷锋志愿服务，100余名志愿者到社区开展未成年关爱、医疗保健、帮困帮学、保护环境等志愿服务30余次。

【幸福荷塘工作】2017年，合泰管理办公室发挥“社区+社会组织+社工”的协同作用，开展“未成年人关爱项目”。在东湖社区建立项目活动室、心理咨询辅导室，开展社区矫正、心理咨询、法律咨询、矛盾调解等多项服务。开展心理咨询25次，招募志愿者36人，策划大型活动20余次，直接受益人数124人次。在辖区开展广泛的宣传，发放宣传资料1000余份。

【安全生产】2017年，合泰管理办公室坚持“安全第一、预防为主、综合治理”方针，以健全和完善安全生产监督机制为核心，认真开展安全生产大排查。对辖区内1035家服饰加工及辅料生产加工场所进行消防和安全生产隐患排查，签订安全生产责任状1035份，免费为服装加工厂安装1000台烟感报警器。对2家液化气配送站、2家加油站、17家托幼场所、195家餐饮门店、药店、农贸市场进行全面的安全排查，在各单位开展以“扑救初起火灾、组织人员疏散、维护火场秩序”为主题的消防安全应急演练，提高群众消防安全意识和应急避险、逃生自救的能力。

【综治维稳】2017年，合泰管理办公室做好春节、全国“两会”“一带一路峰会”“五一”、中共十九大召开等重大活动(节日)及“4·25”“5·13”反邪教期间的防范控制工作，制定落实处置突发事件的工作预案。调解矛盾纠纷67起(其中劳资纠纷33起)，调解成功率100%；牵头或参与协处重大矛盾纠纷11起，调处成功率100%；利用板报、橱窗、横幅、政务公开栏等开展宣传活动，全年印发反间谍、反邪教、禁毒、铁路护路等宣传资料1万余份，制作展板50余块，提高群众的安全和法律知识知晓率和平安创建参与率。

【劳动保障】2017年，合泰管理办公室举办“春风行动”专场招聘会，为广大就业人员提供就业岗位800余个，实现就业200余人。实现动态就业援助100%，新申报、办理就业失业登记证34本，年审就业失业登记证126本。大学生微创业补贴完成12人，小额担保贷款完成6人，新增创业主体150户，带动城乡就业300人。围绕荷塘区创建“创业型城区”活动，成立“创业指导服务站”，引导辖区下岗失业人员、就业困难大学生积极创业。

【计划生育】2017年，合泰管理办公室开展优生优育讲座、“两癌”筛查等活动。组织社区计生协会会员开展宣传活动12次，发放宣传资料6000余份，免费发放避孕药具(避孕套)8000多只，接待咨询群众800余人。辖区符合政策生育率97.6%，出生人口性别比88.6%，妊娠及时率98%，孕前优生健康检查完成率100%。社会抚养费立案率100%；流动人口综合服务管理到位率98%；孕产妇系统管理到位率95%。

【非法经营烟花鞭炮整治行动】2月13日，合泰管理办公室联合荷塘区安监局、月塘派出所对辖区内非法经营烟花鞭炮门店进行联合执法行动，突击检查烟花爆竹经营点22家，重点清查烟花爆竹经营手续、产品质量、消防设施、销售渠道等情况，对各经营点销售管理情况登记造册，收缴非法、劣质烟花鞭炮，此次行动共收缴鞭炮169盘，烟花42个，礼花7件，小花炮若干。所缴烟花爆竹由月塘派出所统一销毁。

【胡波进社区开展党代表驻室活动】7月13日，株洲市党代表、市人民检察院党组书记、检察长胡波走进荷塘区合泰管理办公室文化路社区党代表工作室，倾听基层党员群众声音与意见，以一名普通党员身份参加文化路社区开展的"庆七一·做先锋"支部主题党日活动。胡波表示，党代表到工作室联系服务党员群众，是落实党代表任期制，充分发挥党代表作用的重要途径，要多到基层听取群众意见，了解群众诉求，倾听群众呼声，将党员、老百姓最关心的问题带到市委、市政府，帮助老百姓解决问题。

【志愿消防中队实战化演练】7月24日，合泰志愿消防中队在荷塘区公安消防大队参谋龙顺的指导下，开展消防技能实战演练活动。龙参谋向队员们详细讲解演练的目的、操作程序、注意事项，认真检查演练器材装备设施，确保演练的效果和质量，着重强调演练中的安全防事故工作。演练过程中，志愿消防者佩戴好个人防护装备，熟练操作专业器材，积极投入演练，发挥各种装备器材的最佳效能，完满完成演练。

【毛朝晖宣讲十九大精神】11月8日，市委常委、市委秘书长毛朝晖一行到东湖社区开展党代表驻室活动，宣传中共十九大精神座谈会。毛朝晖就基层学习中共十九大精神提出"四个聚焦"：聚焦到全党拥护爱护习总书记领导上，聚焦到新时期社会主义特色上，聚焦到社会主要矛盾上，聚焦到十九大重大决策部署上。

【举办"知法明理，健康生活"普法宣传活动】11月24日，合泰管理办公室联合区司法局、同心社会工作服务中心、弘一律师事务所、湖南工业大学志愿者协会共同举办"知法明理，健康生活"普法宣传活动。活动现场，工作人员和志愿者律师讲解基本法律法规知识，组织居民参加普法游戏，通过法制宣传教育，引导居民学法、懂法、守法、用法，维护自身权益，运用法律来解决问题，创建和谐文明的社区。（文　鑫）

荷塘月色示范区

【概况】2017年，荷塘月色示范区（简称"示范区"）辖仙庾岭村和蝶屏村2个行政村，村民小组54个，总人口0.56万人，总面积16.72平方千米。辖区内仙庾岭风景名胜区为省级风景名胜区。仙庾岭村获评全国文明村、中华孝型示范村、全国妇联先进基层组织示范村、省新农村建设示范村、省级特色旅游村、省级卫生村、省级生态村等称号。有全额拨款事业编制10名，其中仙庾岭风景名胜区管理处事业编制2名，实际在编人员10名，实配领导职数5名，正科级2名，副科级3名。示范区位于株洲市东郊，西临云龙新城，东接浏阳市，南靠上瑞高速，北临仙庾镇。交通便利，省道211线与茶马公路贯穿全境，距株洲市区约15千米，处于长沙1小时经济圈和株洲市半小时经济圈内。辖区农田面积320公顷，山地面积633公顷，山塘85公顷，水库3座。示范区内有仙庾庙、文昌阁等文物古迹，流传老莱子、唐朝王妃沈珍珠等人文典故和传说，文化底蕴丰富，堪称仙山琼阁。示范区产业以农家休闲、现代农业、现代旅游业为主。现代农业依托示范区内良好的农业雏形，积极培育休闲农业产业基地，已建成葡萄种植基地、荷花种植基地、苗木种植基地、杨梅种植基地、蔬菜种植基地和鲜花种植基地等6大产业基地。依托仙庾岭风景名胜区的良好生态环境及丰富的旅游资源，打造长株潭地区独具特色的休闲旅游品牌。示范区内共有农家乐42家，解决农民就业600余人。不定期举办“荷花节”“养生美食文化节”“舞龙舞狮闹元宵”等各种文化活动。所辖仙庾岭村获评“湖南省两型示范村庄”。（李 丹）

【项目建设】2017年，示范区多措并举强力推进征拆工作。采取集中座谈、重点谈话、统一签约模式，利用住户关系、走访单位、网络信息等方式，半个月内摸清株洲无线电二厂84户住户的基本情况、家庭状况、社会关系，15天时间顺利完成芙蓉冲1栋20户的签约任务，100天内顺利完成无线电二厂104户的签约任务，创造征收新速度。建立辖区两型项目库，库内有荷塘月色“两型”示范城镇项目、仙庾岭村两型示范村庄项目、蝶屏村两型创建村庄项目、柏春葡萄两型示范合作社项目。向省两型委官网“绿网”后台推送仙庾岭村宣传网页。

【组织建设】2017年，示范区通过精心部署、严格程序、分类指导，圆满完成村换届选举工作，整个换届过程公开、民主、廉洁。新一届村“两委”班子共15人，平均年龄44.5岁、高中以上学历10人、女性7人，班子呈现出年纪轻、文化高、能力强的特点。将7名年轻后备干部配备到二级党支部，为基层党组织输送“新鲜血液”。建立“四级化”管理队伍，即本级党建工作站配备2名组织干部，每个村分别配备1名35岁以下、学历高懂业务的党建专干，党小组之下建立“党员中心户”53个，形成“党委(党总支)—党支部—党小组—党员中心户”的网格化管理机制。

【党风廉政建设】2017年，示范区严格落实“两个责任”，加大廉政教育力度，严抓纪律督查问责。全年组织机关干部和村干部开展廉政学习5次，开展关爱式提醒谈话80余人次，开展机关作风建设督查12次、节假日四风督查5次。3名机关干部被通报批评，3名党员受到党内警告处分，1名党员受到党内严重警告处分，1名党员被开除党籍。

【基础设施建设】2017年，示范区硬化村级道路5.25千米，新装路灯812盏，被覆山塘12口，新建公路路牌50余块，新修水渠1000米，村级设施不断优化。全年三边绿化整治53千米，翻新荷花池护栏300米；新建垃圾池5处，添置垃圾桶150个，景区内增设3个公共厕所。仙庾岭村300户农户改造污水处理池，投资110万元，建设面积600余平方米的荷塘区最高规格、面积最大的村级文化家园，设有乒乓球室、舞蹈室、电子阅览室、书画室等，仙庾岭村成功通过省“两型”认证。蝶屏村文化休闲广场正在建设中，提质改造村级阵地，丰富村民的业余生活，满足村民的精神文化需求。

【创新群众工作】2017年，示范区以村民小组为单位建立微信群75个，入群人数达2640人，占辖区总人数的48%，各项惠民政策及时传到村民手中。联合仙庾镇建立“大美仙庾”微信公众号，不定期推送好人好事、惠民政策等信息，基层工作更亲民。成功策划“幸福号”，选出9名素质高、有热情、讲奉献的群主组成“幸福天团”，组织启航仪式暨“大爱仙庾”募捐活动，募得善款21万元，用于帮扶五保户、残疾人士和困难家庭。新湖南、株洲新闻联播等省市主流媒体报道活动情况。

【社会救助】2017年，示范区报批大病救助资料36份，优抚救助资料2份，60岁以上农村籍退役士兵申报资料1份。上户报批低保户4户，按新政策对原低保对象进行清查认定，共清出62户89人。对辖区2户贫困家庭进行危房修缮，发放困难残疾人生活补贴116人、重度残疾人护理补助89人。“金秋助学”惠及12人。失地农民养老金办理建模及认证360人，新农保缴费26万元，新农合缴费65万元。

【计划生育】2017年，示范区符合政策生育率为100%，超出目标值1.1%；出生统计准确率为100%，超出责任目标值2%；流动人口综合服务管理到位率为100%，超出责任目标值2%；免费孕前优生健康检查覆盖率100%、叶酸服用依从率80%、计生保险投保资金达80900元，均完成责任目标值；无偿献血人数41例，超过责任目标值1例。

【便民服务】5月，荷塘月色示范区管理委员会便民服务中心上线运行，通过制定管理考核制度，提高前后台办事效率和办件质量。通过定期开展业务培训，提高工作人员业务水平。全年高效办结事项433件，无一起投诉纠纷事件，办结、咨询服务事项做到件件有落实、事事有回音，实现服务群众“零距离”。

【复转军人之家】2017年，示范区成立复转军人联合班，对口联系辖区112名复转军人建“家档”。每月上门或电话“家访”，访实情、解实困，发挥作用共干“家事”。在防汛救灾、森林防火等工作中涌现出一大批先进典型，其中仙庾岭村复转军人凌海军防汛救灾的先进事迹被多家省市主流媒体报道。

【矛盾调解】2017年，示范区实现特护期辖区平安稳定和赴省进京零登记，及全年未出现一起安全事故的目标。及时掌握矛盾隐患13件，排查各类矛盾纠纷65批次，解决“79”参战人员、困难户等特殊群体问题8件，调处率100%，成功率100%。

【治违控违】2017年，示范区建立“5+2”全天候巡逻机制，实行拆违队员奖惩制度，加强宣传教育力度，发动村民小组长入户宣传治违工作和建房审批程序，对辖区建房、建杂屋的村民依法依规依程序进行审批，避免村民乱搭乱建。全年审批杂屋手续23户，及时拆除违章建筑6户，实现控违拆违零增长。

【服务企业】2017年，示范区制定出台《株洲荷塘月色示范区管理委员会“服务企业“活动开展方案》，全年接待华夏幸福、樱皇等6家客商考察，走访企业30余家，共解决和回复企业问题20余个。成功召开“欢乐谷”“四季花海”评审会议，普查录入新增企业10家，顺利完成1家“四上企业”预报，企业发展动力进一步提升，发展环境进一步优化。　（李　丹）

人物

2017年荷塘区领导简介

邬凌云 男，汉族，湖南娄底人，1972年11月出生，1990年3月参加工作，1992年2月加入中国共产党，研究生毕业，管理学硕士。现任中共荷塘区委书记。

1990年3月至1992年8月，广州军区工程兵工兵某团三营战士。1992年8月至1996年8月，长沙工程兵学院一大队一队工程兵指挥专业学习，工学学士。1996年8月至1998年7月，长沙工程兵学院一大队副连职区队长。1998年7月至1999年12月，长沙工程兵学院教育部副连职参谋。1999年12月至2002年11月，国防科大工程兵学院训练部教务科正连职参谋。2002年11月至2004年1月，国防科大工程兵学院训练部教务科副营级参谋。2004年1月至2005年7月，湖南省政府办公厅秘书二处副主任科员。2005年7月至2008年8月，湖南省政府办公厅秘书二处主任科员：2008年8月至2009年3月，湖南省政府办公厅会议处副调研员。2009年3月至2011年12月，湖南省政府办公厅会议处副调研员，荷塘区委常委、副区长（其间：2007年9月至2011年11月，中南大学公共管理学院行政管理专业在职研究生学习，管理学硕士）。2011年12月至2012年11月，湖南省政府办公厅会议处调研员，荷塘区委常委、常务副区长。2012年11月至2016年8月，荷塘区委副书记、区政府区长（其间：2015年3月至7月，省委党校中青班学习）。2016年8月至今，荷塘区委书记。

王利波 男，汉族，湖南南县人，1972年8月出生，1991年7月参加工作，1995年11月加入中国共产党，电大本科毕业，工程硕士。现任中共荷塘区委副书记、区人民政府区长。

1987年9月至1991年7月，株洲冶金工业学校粉末冶金专业学习。1991年7月至1993年12月，株洲硬质合金厂三分厂技术员。1993年12月至1995年5月，株洲硬质合金厂团委干事。1995年5月至9月，株洲硬质合金厂团委副科级干事。1995年9月至1995年12月，株洲硬质合金厂团委正科级干事。1995年12月至1997年1月，株洲硬质合金厂团委代理副书记。1997年1月至1999年4月，株洲硬质合金厂团委副书记（其间：1990年4月至1998年6月，湘潭大学行政管理专业自考专科学习）。1999年4月至6月，株洲硬质合金厂团委书记。1999年6月至2000年1月，株洲硬质合金厂钨冶炼分厂副厂长（其间：1997年7月至1999年7月，中国社会科学院研究生院工业经济系企业管理专业研究生课程班学习）。2000年1月至2001年12月，海南金海股份有限公司综合部副经理。2001年12月至2003年12月，株硬集团钨钼事业部党支部书记兼副经理。2003年12月至2005年4月，株硬集团综合管理部副部长、党委办公室副主任、宣传部副部长、统战部副部长（其间：2002年1月至2004年1月，中央广播电大工商管理专业本科学习）。2005年4月至12月，株硬集团市场部部长。2005年12月至2006年10月，株硬集团硬材事业部副总经理。2006年10月至2009年12月，株硬集团营销部部长兼党支部书记（其间：2006年9月至2008年9月，攻获武汉大学软件工程领域工程硕士学位）。2009年12月至2010年11月，株硬集团公司总经理助理兼营销部部长。2010年11月至2011年8月，株硬集团公司总经理助理（其间：2011年4月至7月，中央党校国资委分校处干班学习）。2011年8月至2016年8月，株硬集团董事、党委副书记兼纪委书记、工会主席。2016年8月，任荷塘区委副书记、代区长。2016年11月，当选荷塘区人民政府区长。

赖晓智 女，汉族，湖南醴陵人，1976年12月出生，1995年8月参加工作，1996年12月加入中国共产党，省委党校在职研究生毕业。现任中共荷塘区委副书记。

1991年9月至1995年8月，湖南省粮食学校储检专业学习。1995年8月至2000年1月，醴陵市金穗实业公司工作（其间：1996年12月，湖南商学院市场营销专业自考专科毕业；1997年8月至1999年12月，中央党校函授学院经济管理专业本科学习）。2000年1月至2004年3月，醴陵市粮食局政工股副股长、股长。2004年3月至2005年11月，醴陵市委组织部办公室、绩效考核科科员。2005年11月至2006年8月，醴陵市招商旅游局副局长（公开招考）。2006年8月至2008年1月，醴陵市委宣传部副部长（其间：2007年9月至11月，市委党校优秀女干班学习）。2008年1月至2011年3月，醴陵市东堡乡党委书记、人大主席（其间：2009年2月至6月，市委党校中青班学习）。2011年3月至6月，醴陵市嘉树乡党委书记。2011年6月至2012年6月，醴陵市委常委、宣传部部长（其间：2009年9月至2012年6月省委党校经济学专业在职研究生学习；2011年9月至11月，市委党校县处级干部进修班学习）。2012年6月至2016年9月，荷塘区委常委、纪委书记。2016年9月至今，中共荷塘区委副书记。

陈友元 男，汉族，湖南湘潭县人，1963年11月出生，1983年8月参加工作，1983年7月加入中国共产党，函授本科学历。现任荷塘区人大常委会党组书记、主任。

1980年9月至1983年7月，湖南农学院衡阳分院农学系农学专业大专学习。1983年8月至1984年5月，醴陵市长岭乡人民政府干部。1984年5月至1984年10月，醴陵市长岭乡人民政府副乡长。1984年10月至1987年5月，株洲市委组织部青干科干事。1987年5月至1996年3月，株洲市委组织部青干科副科长（1992年6月，任正科级组织员）。1996年3月至1999年5月，株洲市委组织部干教科科长（其间1996年6月至1998年6月，中国人民大学区域经济研究所研究生课程班学习）。1999年5月至2000年7月，株洲市委组织部干部三科科长。2000年7月至2002年10月，芦淞区委常委、组织部部长。2002年10月至2006年6月，芦淞区委副书记、纪委书记（其间：

2003年8月至9月，中纪委北戴河培训中心监察综合室主任研讨班学习；2003年9月至10月，市委党校县干班学习；2003年8月至2005年12月，中央党校函授学院行政管理专业本科学习）。2006年6月至2007年3月，政协芦淞区委员会主席候选人。2007年3月至2012年11月，政协芦淞区委员会主席，2007年4月，任党组书记（其间：2010年11月至2011年1月，省委党校处干班学习）。2012年11月至2016年9月，芦淞区人大常委会党组书记、主任。2016年9月至12月，荷塘区人大常委会党组副书记（排第一）、主任候选人。2016年11月，当选主任。2016年12月，荷塘区人大常委会党组书记、主任。

何恒仁　男，汉族，湖南株洲县人，1964年10月出生，1985年7月参加工作，1995年6月加入中国共产党，函授本科毕业。现任政协株洲市荷塘区委员会党组书记、主席。

1983年9月至1985年7月，郴州商业学校财会专业中专学习。1985年7月至1988年8月，株洲市档案局干部(其间：1985年8月至1988年8月，湖南电大株洲分校档案专业学习）。1988年8月至1991年3月，株洲市监察局干部。1991年3月至1993年5月，株洲市监察局副科级监察员。1993年5月至1995年11月，株洲市纪委副科级纪检监察员。1995年11月至1998年5月，株洲市纪委正科级纪检监察员（其间：1997年11月至12月，市委党校科局长班学习）。1998年5月至2003年8月，株洲市纪委纪检监察一室副主任（其间：2001年9月至12月，市委党校中青班学习）。2003年8月至2007年11月，株洲市纪委纪检一室主任（其间：2001年8月至2003年12月，中央党校函授学院法律专业本科学习）。2007年11月至2010年12月，株洲市纪委常委。2010年12月至2011年6月，株洲市纪委常委，芦淞区委常委、纪委书记。2011年6月至2016年9月，中共荷塘区委副书记（其间：2012年9月，省委党校县市区委副书记任职培训班学习）。2016年9月，政协株洲市荷塘区委员会党组书记、主席候选人；2016年11月，政协株洲市荷塘区委员会主席。

王顺安　男，汉族，湖北孝感人，1967年11月出生，1989年6月参加工作，1987年1月加入中国共产党，大学毕业，工学学士。现任荷塘区委常委、统战部部长、政协党组副书记。

1985年9月至1989年6月，中南林学院林机系森林采运工程专业学习、工学学士。1989年6月至1991年4月，株洲汽车制造总厂技干。1991年4月至1992年6月，株洲汽车制造厂团委书记。1992年6月至1996年10月，株洲市科委干部。1996年10月至1997年6月，株洲市科委政工科副科长。1997年6月至2000年3月，株洲市委组织部建整扶贫办助勤。2000年3月至2001年2月，株洲市委组织部组织一科工作。2001年2月至2003年9月，株洲市委组织部组织一科副科长；2001年3月，正科级组织员。2003年9月至2008年12月，株洲市委组织部干部一科副科长、公务员办主任。2008年12月至2013年11月，株洲县委常委、办公室主任。2013年11月至2015年6月，株洲县委常委、办公室主任、组织部部长。2015年6月至2016年9月，株洲县委常委、组织部部长、统战部部长。2016年9月，荷塘区委常委、统战部部长、政协党组副书记。

刘国梁 男，汉族，湖南衡阳县人，1967年6月出生，1983年12月参加工作，1990年11月加入中国共产党，函授本科毕业。现任荷塘区委常委、区人民政府党组副书记、常务副区长。

1983年12月至1985年5月，株洲市湘运公司工作。1985年5月至1987年12月，株洲市郊区水利水电局工作。1987年12月至1996年5月，郊区区委办工作。1996年5月至1996年10月，郊区区委组织部科员。1996年10月至1997年1月，郊区荷塘铺乡人武部副部长。1997年1月至2001年11月，郊区荷塘铺乡党委委员、人武部部长（其间：1997年3月至4月，郊区党校中青班学习；1996年9月至1999年6月，株洲市委党校经济管理专业专科学习）。2001年11月至2004年1月，荷塘区明照乡党委副书记（其间：2000年8月至2002年12月，中央党校函授学院经济管理专业本科学习）。2004年1月至2007年4月，荷塘区明照乡党委副书记、乡长（其间：2006年2月至6月，市委党校中青班学习）。2007年4月至2010年6月，荷塘区财政局局长。2010年6月至2011年8月，荷塘区政府副区长，区财政局局长。2011年8月至2015年1月，荷塘区政府党组成员、副区长：2012年5月，任荷塘区委常委、统战部部长（其间：2012年2月至4月，市委党校县干班学习）。2015年1月至2016年9月，荷塘区委常委，区政府党组成员、副区长。2016年9月，荷塘区委常委，区人民政府党组副书记、常务副区长。

郑志富 男，汉族，湖南株洲市人，1967年2月出生，1999年12月参加工作，1988年5月加入中国共产党，省委党校在职研究生毕业。现任荷塘区委常委、纪委书记。

1990年12月至1997年10月，株洲市郊区龙泉村委会，龙泉实业公司工作。1997年10月至2001年2月，株洲市芦淞区建宁乡政府工作，1999年12月录干。2001年2月至2003年2月，芦淞区五里墩乡政府副乡长。2003年2月至2006年9月，芦淞区五里墩乡党委副书记、乡长（其间：2002年8月至2004年12月，中央党校函授学院行政管理专业本科学习）。2006年9月至2007年5月，芦淞区城乡建设局局长。2007年5月至2010年3月，芦淞区城乡建设局局长、党总支副书记（其间：2006年9月至2009年7月，湖南省委党校经济学专业在职研究生学习）。2010年3月至2011年2月，芦淞区城乡建设局党委书记、局长。2011年2月至2012年6月，芦淞区政府党组成员、副区长（其间：2011年5月至7月，市委党校县处级干部进修班学习）。2012年6月至2015年7月，株洲县政府副县长。2015年7月至2016年9月，茶陵县委常委、纪委书记。2016年9月，荷塘区委常委、纪委书记。

陈三龙 男，汉族，湖南茶陵人，1966年2月出生，1987年7月参加工作，1993年6月加入中国共产党，函授本科毕业。现任荷塘区委常委、宣传部部长。

1984年9月至1987年7月，长沙基础大学政治专业大专学习。1987年7月至1989年4月，茶陵县乡镇企业局干部。1989年4月至1996年3月，株洲市东区检察院书记员、助理检察员、检察员、办公室副主任，1996年1月任主任。1996年3月至2001年3月，株洲市东区（荷塘区）检察院办公室主任、副科级检察员。2001年3月至11月，荷塘区委办副主任。2001年11月至2004年1月，荷塘区委办副主任、政策研究室主任（其间：2002年3月至4月，市委党校科局长班学习；

2000年9月至2003年7月，株洲工学院法学专业函授本科学习）。2004年1月至2007年4月，荷塘区茨菇塘街道办事处主任、党工委副书记。2007年4月至2011年6月，荷塘区政府党组成员、办公室主任，区直机关党工委委员（其间：2008年3月至7月，市委党校中青班学习）。2011年6月至12月，荷塘区政府党组成员，株洲金山科技工业园管委会主任：2011年10月，任党工委副书记。2011年12月至2012年11月，荷塘区政府党组成员、副区长，株洲金山科技工业园党工委副书记（其间：2012年5月至7月，株洲市委党校县干班学习）。2012年11月至2016年9月，荷塘区政府党组成员、副区长。2016年9月，荷塘区委常委：2016年10月，任宣传部部长。

刘政凯 男，汉族，湖南茶陵人，1973年9月出生，1991年8月参加工作，1997年8月加入中国共产党，函授本科毕业。现任荷塘区委常委、组织部部长。

1988年9月至1991年6月，湘潭农业学校园艺专业中专学习。1991年8月至1992年1月，茶陵县委驻下东乡金星村社教队。1992年1月至2000年12月，茶陵县农业局经作站、水果公司、农技推广中心、局办公室工作任职（其间：1994年9月至1996年7月，湖南广播电视大学电大法律分校法律专业大专学习）。2000年12月至2001年8月，茶陵县委办公室干部。2001年8月至2004年4月，茶陵县招商局副局长、县外贸总公司副经理（其间：2001年9月至2003年12月，湖南省委党校法律专业本科学习）。2002年4月至2003年11月，茶陵县委办公室副主任科员。2003年11月至2004年1月，茶陵县委办公室主任科员。2004年1月至5月，茶陵县委办公室副主任、主任科员。2004年5月至2005年2月，石峰区委办公室副主任。2005年2月至2008年3月，石峰区委办公室副主任、政研室主任。2008年3月至2009年8月，石峰区云田乡党委副书记、乡长。2009年8月至2011年3月，云龙示范区云田乡党委书记；2011年3月至12月，云龙示范区云田镇党委书记（其间：2011年3月至6月，株洲市委党校中青班学习）。2011年12月至2012年1月，株洲市云龙发展投资控股集团有限公司副总经理，云田镇党委书记。2012年1月至2015年6月，株洲市云龙发展投资控股集团有限公司副总经理（其间：2014年9月至11月，市委党校县处级干部进修班学习）。2015年6月至2016年9月，云龙示范区管委会综合管理部部长。2016年9月，荷塘区委常委、组织部部长。

文韶松 男，汉族，湖南攸县人，1973年5月出生，1993年8月参加工作，1999年10月加入中国共产党，函授本科毕业。现任荷塘区委常委、区委办公室主任。

1991年9月至1993年7月，湖南省司法学校法律专业学习。1993年8月至1998年5月，攸县人民法院工作（其间：1996年12月湘潭大学自考大专法律专业毕业）。1998年5月至2001年7月，中共攸县县委办公室(其间：1998年8月至200012月，在中央党校函授学院法律专业学习）。2001年7月至11月，荷塘区政府办公室。2001年11月至2002年12月，荷塘区政府办公室副科级督察员。2002年12月至2004年7月，荷塘区政府办公室副主任。20047月至2007年4月，荷塘区政府办公室副主任、主任科员。2007年4月至2011年8月，荷塘区桂花街道党工委副书记、办事处主任。2011年8月至2013年2月，荷塘区宋家桥街道党工委书记。2013年2月至2014年1月，荷塘区宋家桥街道党工委书记，株洲金山科技工业园党工委副书记（兼，其间：2013年3月至7月，市委党校中青班学习）。2014年1月至2016年9月，荷塘区政府党组成员、政府办主任、区直机关工委委员。2016年4月，任政府办党组书记。2016年9月，荷塘区委常委、区委办主任。

成良池 男，汉族，湖南武冈人，1973年8月出生，1997年7月参加工作，1997年6月加入中国共产党，研究生毕业，公共管理硕士。现任荷塘区委常委、政法委书记，公安分局党委书记、局长。

1993年9月至1997年7月，中国人民公安大学警察管理系思想政治教育专业学习，法学学士。1997年7月至1998年7月，湖南省公安厅交通警察总队见习民警。1998年7月至2002年6月，湖南省公安厅交通警察总队科员。2002年6月至2003年4月，湖南省公安厅交通警察总队副主任科员。2003年4月至2004年7月，湖南省公安厅政治部人事处副主任科员。2004年7月至2011年7月，湖南省公安厅政治部人事处任免科科长（期间：2005年2月至2008年12月，国防科技大学公共管理系公共管理专业硕士研究生学习，获公共管理硕士学位；2008年8月至2010年8月，挂任湖南省湘潭县公安局副局长、党委委员）。2010年8月至2011年7月带队组建湖南省第一支维和警队，通过联合国维和考试。2011年7月至2014年12月，湖南省公安厅政治部人事处副调研员（2011年11月至2014年12月，挂任湖南省益阳市公安局党组成员、副局长）。2014年12月至2015年3月，湖南省公安厅政治部人事处副处长级干部。2015年3月，荷塘区人民政府党组成员、副区长，株洲市公安局荷塘分局党委书记、局长。2017年11月至今，荷塘区委常委、政法委书记，公安分局党委书记、局长。

马永章 男，汉族，湖南株洲人，1974年5月出生，博士研究生学历，上校军衔。现任荷塘区人民武装部部长。

1991年12月，第四十一集团军坦克旅二营五连战士。1994年9月，蚌埠坦克学院学员。1998年7月，第四十一集团军75135部队装甲团二营五连二排副连职排长。2000年3月，第四十一集团军75135部队装甲团司令部作训股副连职参谋。2001年12月，第四十一集团军75135部队装甲团司令部作训股正连职参谋。2004年9月，重庆大学车辆工程专业学员。2004年12月，第四十一集团军75135部队装甲团司令部作训股副营职参谋。2007年6月，第四十一集团军75135部队367团一营营长。2007年9月，军事科学院联合战役专业学员。2010年6月，第四十一集团军司令部作训处副团职参谋。2011年3月，第四十一集团军75135部队高射炮团副团长。2011年12月，第四十一集团军75135部队防空团副团长。2013年3月，湖南省株洲市荷塘区人民武装部副部长兼军事科科长。2014年1月，湖南省株洲市茶陵县人民武装部政治委员。2017年6月，湖南省株洲市荷塘区人民武装部部长。

何　波 男，汉族，湖南澧县人，1973年12月出生，大学本科学历，上校军衔。现任荷塘区人民武装部政治委员。

1992年12月至1993年3月，北京军区第五分部榆次教导队战士。1993年3月至1995年9月，北京军区后勤部原平军械仓库保管队战士、班长。1995 年 9 月至 1998 年 7 月，天津运输工程学院学员。1998 年 7 月至 2000 年 12 月，北京军区兴隆军械仓库连队排长。2000 年 12 月至 2002 年 2 月，北京军区兴隆军械仓库车队副队长、代队长。2002 年 2 月至 12 月，湖南省长沙市岳麓区人民武装部政工科副连职干事。2002 年 12 月至 2005 年 4 月，湖南省长沙市岳麓区人民武装部政工科正连职干事。2005 年 4 月至 12 月，湖南省长沙警备区政治部正连职干事。2005 年 12 月至 2009 年 2 月，湖南省长沙警备区政治部副营职干事。2009 年 2 月至 2010 年 3 月，湖南省长沙市天心区人民武装部政工科科长。2010 年 3 月至 2013 年 3 月，湖南省长沙警备区政治部正营职干事。2013 年 3 月至 2015 年 2 月，湖南省长沙市芙蓉区人民武装部副部长兼军事科科长。2015 年 2 月至 2017 年 6 月，湖南省长沙警备区政治部副团职干事。2017 年 6 月湖南省株洲市荷塘区人民武装部政治委员。

张赐华 女，汉族，湖南株洲县人，1963年5月出生，1984年7月参加工作，1987年7月加入中国共产党，函授本科毕业。现任荷塘区人大常委会党组副书记、人大常委会副主任。

1982 年 9 月至 1984 年 7 月，湖南省供销学校物价专业学习。1984 年 7 月至 1986 年 8 月，株洲市东区商业局团总支书记。1986 年 8 月至 1989 年 4 月，东区团委副书记（其间：1988 年 6 月，湘潭大学党政干部专业自考专科毕业）。1989 年 4 月至 1993 年 3 月，东区团委书记(其间：1992 年 5 至 7 月，市委党校中青女干班学习）。1993 年 3 月至 1995 年 3 月，东区统计局局长。1995 年 3 月至 1997 年 11 月，东区计划统计物价局局长。1997 年 11 月至 2001 年 4 月，荷塘区计划统计局局长（其间：1995 年 8 月至 1997 年 12 月，中央党校函授学院经济管理专业本科学习：2000 年 2 月至 4 月，市委党校科局长班学习）。2001 年 4 至 11 月，荷塘区计生委主任（其间：1997 年 9 月至 2001 年 7 月，湘潭大学经济管理专业研究生课程班学习）。2001 年 11 月至 2002 年 12 月，荷塘区计划生育局局长（期间：2001 年 9 月至 12 月，市委党校中青班学习）。2002 年 12 月至 2003 年 12 月，荷塘区劳动人事和社会保障局局长。2003 年 12 月至 2007 年 8 月，荷塘区政府副调研员，区劳动人事和社会保障局局长：2005 年 12 月，兼区委组织部副部长(其间：2005 年 9 月至 11 月市委党校县干班学习）。2007 年 8 月至 2009 年 11 月，荷塘区委常委、办公室主任。2009 年 11 月至 2012 年 6 月，荷塘区委常委、纪委书记（其间：2010 年 9 月至 11 月，市委党校县干班学习）。2012 年 6 月 2015 年 8 月，荷塘区委常委、组织部部长（其间：2013 年 3 月至 4 月，全国组织干部学院县委组织部部长任职培训班学习）。2015 年 8 月至 2016 年 9 月，荷塘区委常委、组织部部长、统战部部长、政协党组副书记。2016 年 9 月，荷塘区人大常委会党组副书记、副主任候选人；2016 年 11 月，当选荷塘区人大常委会副主任。

刘湘林 男，汉族，湖南茶陵人，1963年3月出生，1983年8月参加工作，1985年8月加入中国共产党，省委党校在职研究生学历。现任荷塘区人大常委会党组成员、人大常委会副主任。

1980 年 9 月至 1983 年 7 月，湖南农学院衡阳分院农学系农学专业学习。1983 年 8 月至 1985 年 4 月，株洲县太湖乡团委书记。1985 年 4 月至 1987 年 2 月，株洲县太湖乡副乡长（其间：1986 年 9 至

11月，市委党校中青班学习）。1987年2月至1989年7月，株洲县太湖乡党委副书记。1989年7月至1990年10月，株洲市东区纪委办公室主任。1990年10月至1995年3月，东区茨菇塘街道党委副书记、办事处主任（其间：1992年2月至4月，市委党校中青班学习）。1995年3月至1997年11月，株洲市东区经贸科委主任（其间：1993年8月至1995年12月，中央党校函授学院经济管理专业本科学习）。1997年11月至2001年4月，荷塘区月塘街道办事处主任，1997年12月，任党委副书记（其间：1999年11月至2000年1月，省委党校选调生班学习）。2001年4月至2002年11月，荷塘区月塘办事处党委书记。2002年11月至2011年6月，荷塘区政府副区长（其间：2005年9月至11月，湖南行政学院县市区长班学习；2005年9月至2008年7月，湖南省委党校工商管理专业在职研究生学习）。2011年6月至2012年5月，荷塘区委常委、统战部部长，区政府副区长。2012年5月至2015年6月，醴陵市委常委、组织部部长（其间：2013年3月至4月，全国组织干部学院县委组织部部长任职培训班学习）。2015年6月至2016年9月，石峰区委常委、株洲清水塘循环经济工业区党工委委员（兼）、提名任石峰区政府副区长。2016年9月，荷塘区人大常委会党组成员、副主任候选人；2016年11月，当选荷塘区人大常委会副主任。

彭物明 男，汉族，湖南茶陵人，1964年10月出生，1986年8月参加工作，1994年3月加入中国共产党，硕士研究生毕业，法学硕士。现任中共荷塘区人大常委会党组成员、人大常委会副主任。

1983年9月至1986年7月，湘潭师范学院外语系英语专业学习。1986年8月至1991年9月，茶陵一中教师。1991年9月至1994年6月，湖南师范大学政治系中共党史专业硕士研究生学习，法学硕士。1994年6月至1996年1月，株洲市检察院助理检察员。1996年1月至2000年7月，株洲市检察院副科级助理检察员。2000年7月至2001年4月，株洲市检察院办公室副主任（其间：2001年3月至4月，省委党校县干班学习）。2001年4月至2002年2月，株洲市检察院办公室副主任，醴陵市人民检察院检察员、检察委员会委员、党组成员、副检察长。2002年2月至10月，株洲市人民检察院研究室主任，醴陵市人民检察院党组成员、副检察长。2002年10月至2007年11月，醴陵市人民检察院党组书记；2002年12月，任检察长。2007年11月至2016年9月，株洲市荷塘区人民检察院党组书记、检察长（其间：2013年9月至11月，市委党校县处级干部进修班学习）。2016年9月，荷塘区人大常委会党组成员、副主任候选人；2016年11月，当选荷塘区人大常委会副主任。

喻秋良 男，汉族，湖南宁乡人，1966年8月出生，1988年7月参加工作，2004年11月加入致公党，硕士研究生毕业，理学学士。现任荷塘区人大常委会副主任（兼）、区计划生育协会会长。

1982年8月至1986年9月，湖南师范大学化学系化学专业学习，理学学士。1986年9月至1988年7月，浙江大学化学系物理化学专业研究生学习。1988年7月至1994年12月，株洲硬质合金厂工作。1994年12月至1996年5月，株洲市东区人民检察院干部；1995年4月，任书记员。1996年5月至1999年1月，市东区（荷塘区）政法委干部。1999年1月至2002年12月荷塘区司法局副局长（其间：1998年8月至2000年12月，中央党校函授学院政治法律专业本科学习)。2002年12月至2004年1月,荷塘区政府办副主任兼法制办主任、正科级督查员。2004年1月至2005年5月,荷塘区招商局局长。2005年5月至2007年3月,荷塘区司法局局长。2007年3月至2008年9月,荷塘区政协副主席(兼)、司法局局长。2008年9月至2009年6月,荷塘区政协副主席(兼)、商务局局长。2009年6月至2012年11月,荷塘区政协副主席(兼)、招商局局长(其间:2010年5月至7月,市委党校县处级干部进修班学习;2011年10月至11月,省社会主义学院政协副主席培训班学习)。2012年11月至2013年5月,荷塘区人大常委会副主任(兼)、招商局局长。2013年5月至2015年12月,荷塘区人大常委会副主任(兼)、区红十字会会长。2015年12月,荷塘区人大常委会副主任(兼)、区计生协会会长。

郭　莉　女,汉族,湖南道县人,1968年5月出生,1989年9月参加工作,1994年6月加入中国共产党,函授本科学历。现任荷塘区人大常委会党组成员、人大常委会副主任。

1987年9月至1989年9月,湖南省司法学校法律专业中专学习。1989年9月至1992年5月,株洲市城建局园林队办公室秘书,城建局办公室秘书。1992年5月至1996年3月,株洲市东区妇联科员(其间:1993年12月,湘潭大学法律专业自考专科毕业)。1996年3月至1997年11月,株洲市东区妇联副主席。1997年11月至1999年1月,株洲市荷塘区妇联副主席(其间:1995年8月至1997年12月,中央党校函授学院经济管理专业本科学习;1998年3月至4月,湖南省委党校妇干班学习)。1999年1月至2001年4月,荷塘区荷塘铺乡党委副书记。2001年4月至2002年12月,荷塘区宋家桥街道党工委副书记、办事处主任。2002年12月至2005年5月,荷塘区计划生育局局长(其间:2004年9月至2005年1月,市委党校中青班学习)。2005年5月至2008年3月,荷塘区人口与计划生育局局长。2008年3月至2011年2月,荷塘区医卫总支副书记、卫生局局长。2011年2月至2013年1月,荷塘区人大常委会副主任;2011年8月,任区人大常委会党组成员(其间:2011年3月至5月,市委党校县干班学习)。2013年1月至2015年12月,荷塘区人大常委会党组成员、副主任,计生协会会长。2015年12月,荷塘区人大常委会党组成员、副主任。

程轶辉　女,汉族,湖南醴陵人,1971年3月出生,1990年2月参加工作,自考专科学历。现任荷塘区人民政府副区长。

1990年2月至2002年2月,醴陵市建设局城建档案室工作(其间:1990年11月至1998年6月,湘潭大学法律专业自考专科毕业)。2002年2月至2003年1月,醴陵市建设局办公室干部。2003年1月至2005年3月,醴陵市妇联副主席(其间:2004年3月,市委党校优秀党外干部班学习)。2005年3月至2007年3月,醴陵市法制办副主任(其间:2005年9月至2006年1月,市委党校中青班学习)。2007年3月至11月,醴陵市工商业联合会会长。2007年11月至2009年2月,政协醴陵市委员会副主席(兼)、醴陵市工商业联合会会长(其间:2008年9月至10月,市委党校县干班学习)。2009年2月至2010年4月,政协醴陵市委员会副主席(兼)、醴陵市招商(旅游)局局长。2010年4月至5月,政协醴陵市委员会副主席(兼)、醴陵市旅游局局长。2010年5

月至2016年9月，芦淞区政府副区长（其间：2011年9月，省社会主义学院党外处干班学习）。2016年9月，荷塘区政府副区长候选人：2016年11月，当选荷塘区人民政府副区长。

王　冬　男，汉族，湖南株洲市人，1968年12月出生，1990年7月参加工作，1995年12月加入中国共产党，大学毕业，工学学士。现任荷塘区人民政府党组成员、副区长。

1986年9月至1990年7月，厦门水产学院机械与电子工程系机械设计及制造专业本科学习，获工学学士。1990年7月至1992年6月，株洲市轮胎厂工作。1992年6月至1995年10月，株洲市郊区畜牧水产局工作。1995年10月至1997年1月，市郊区畜禽水产鱼苗鱼种场场长（副科级）。1997年1月至6月，市郊区畜牧水产局副局长、畜禽水产鱼苗鱼种场场长。1997年6月至8月，市郊区畜牧水产局副局长。1997年8月至11月，芦淞区畜牧水产局副局长。1997年11月至2001年11月，芦淞区畜牧水产局局长兼农村工作部副部长、农办副主任。2001年11月至2005年2月，芦淞区农村工作局局长（其间：2000年4月至2002年4月，中国政法大学经济管理专业研究生课程班学习：2001年9至12月，市委党校中青班学习：2004年3月至7月，市委组织部干部英语培训班学习）。2005年2月至2006年6月，芦淞区五里墩乡党委书记。2006年6月至2011年6月，株洲市芦淞区副县级干部、五里墩乡党委书记；2006年10月，兼任乡人大主席团主席。2011年6月至11月，芦淞区政府党组成员、副区长，五里墩乡党委书记、人大主席团主席。2011年11月至2016年9月，芦淞区政府党组成员、副区长。2016年9月，荷塘区政府党组成员、副区长候选人：2016年11月，当选荷塘区人民政府副区长。

陈柏文　男，汉族，湖南茶陵人，1973年11月出生，1991年7月参加工作，1998年6月加入中国共产党，函授本科毕业。现任荷塘区人民政府党组成员、副区长。

1988年9月至1991年7月，湖南省攸县师范学习。1991年7月至1995年7月，茶陵县第六中学任教。1995年7月至2002年9月，荷塘区明照中学任教（其间：1993年9月至1996年7月，株洲师专物理专业函授大专学习；2001年6月至2002年4月，区委组织部助勤：2002年5至8月，区改制办助勤）。2002年9月至2003年12月，荷塘区纪委工作（其间：2000年6月至2003年6月，湖南师大教育管理专业函授本科学习）。2003年12月至2004年7月，荷塘区纪委办公室主任（副科）。2004年7月至2007年3月，荷塘区政府办公室副主任。2007年3月至2009年6月，荷塘区政府办公室副主任、主任科员。2009年6月至2011年9月，荷塘区宋家桥街道党工委副书记、办事处主任（其间：2011年3月至6月，市委党校中青班学习）。2011年9月至2013年11月，荷塘区财政局局长。2013年11月至12月，株洲金山科技工业园党工委副书记、管委会主任、荷塘区财政局局长。2013年12月至2014年1月，株洲金山科技工业园党工委副书记、管委会主任、荷塘区政府党组成员、区财政局局长。2014年1月至2016年9月，株洲金山科技工业园党工委副书记、管委会主任、荷塘区政府党组成员。2016年9月至11月，株洲市荷塘区政府党组成员、副区长候选人、金山科技工业园管委会主任。2016年11月，荷塘区人民政府党组成员、副区长。

刘必林　男，汉族，湖南株洲县人，1973年9月出生，1992年8月参加工作，1995年6月加入中国共产党，电大本科毕业。现任荷塘区人民政府党组成员、副区长。

1989年9月至1992年8月，株洲师范学习。1992年8月至1998年1月，株洲市荷塘小学任教。1998年1月至2002年1月，株洲市金钩山小学任教（其间：1998年9月至2001年6月，株洲师范高等专科学校教育学专科学习）。2002年1月至2003年8月，株洲市星河小学任教。2003年9月至2004年7月，株洲市戴家岭小学任教（其间：2004年7月在中央广播电视大学修完本科汉语言文学专业）。2004年7月至2005年5月，荷塘区委组织部副科级组织员、党建组长。2005年5月至2007年4月，荷塘区委组织部副部长。2007年4月至2011年9月，荷塘区茨菇塘街道党工委副书记、办事处主任。2011年9月至2014年1月，荷塘区月塘街道党工委副书记、办事处主任。2014年1月至2016年9月，荷塘区月塘街道党工委书记。2016年9月，荷塘区政府党组成员、副区长候选人；2016年11月，当选荷塘区人民政府副区长。

余　鹏　男，汉族，湖南攸县人，1974年10月出生，1995年7月参加工作，1997年1月加入中国共产党，大专毕业。现任荷塘区人民政府党组成员、副区长。

1993年9月至1995年7月，长沙工业高等专科学校公关文秘专业学习。1995年7月至1999年1月，攸县县委办公室机要员。1999年1月至3月，攸县坪阳庙乡政府。1999年3月至2004年3月，攸县坪阳庙乡副乡长。2004年3月至2006年4月，攸县皇图岭镇党委副书记。2006年4月至2007年9月，攸县皇图岭镇政法委员。2007年9月至2009年3月，攸县皇图岭镇人大主席。2009年3月至2011年12月，攸县皇图岭镇镇长。2011年12月至2015年12月，攸县皇图岭镇党委书记。2015年12月至2016年9月，攸县联星街道办事处党工委书记。2016年9月，荷塘区政府党组成员、副区长候选人。2016年11月，当选荷塘区人民政府副区长。

朱兴来　男，汉族，湖南醴陵人，1963年5月出生，1984年8月参加工作，1987年2月加入中国共产党，函授本科毕业。现任政协株洲市荷塘区委员会党组副书记、政协副主席。

1981年9月至1984年7月，湘潭农业学校农学专业学习。1984年8月至1990年10月，株洲市北区云田乡任农技员。1990年10月至1993年1月，北区云田乡党委委员。1993年1月至1994年12月，株洲市郊区委员会组织部副科级组织员。1994年12月至1995年11月，郊区五里墩乡党委副书记。1995年11月至1996年10月，郊区五里墩乡党委副书记、纪委书记。1996年10月至1997年8月，郊区供销社委员会副书记。1997年8月至11月，芦淞区供销社副主任。1997年11月至2001年11月，芦淞区供销社党委书记、主任（其间：1996年8月至1998年12月，中央党校经济管理专业本科学习）。2001年11月至2003年8月，芦淞区董家塅高科技园副主任。2003年8月至2007年4月，荷塘区政府区长助理、金山科技工业园管委会办公室主任、金山科技工业园发展有限责任公司董事长、总经理。2007年4月至2011年6月，株洲市金山工业园管委会主任。2011年6月至2012年11月，株洲市金山工业园党工委书记。2012年11月至

2016年9月，政协株洲市荷塘区委员会党组 员、副主席。2016年9月，政协株洲市荷塘区委 党组副书记、副主席。

廖 山 男，汉族，广东 人，1967年6月出生，1988 参加工作，函授本科学历 政协荷塘区委员会副主 、区档案区志局局长。

1985年9月 年 月，湖南省地质矿 沙技学校钻探专业学习。1988年8月 年5 湖南省地质矿产局水文一队 93年至2000年6月，株洲市城建 理办公 作（其间：1994年9月至 ，株洲工 学装饰设计专业函授 。2000年6月至2001年11月，荷塘 局工作。2001年11月至2003年 家桥街道办事处副主任。2003 年5月，株洲市金山科技园管理办公室副主任（其间：2002年8月至2004年12月，中央党校函授学院法律专业本科学习）。2005年5月至2007年11月，荷塘区工商业联合会（商会）会长。2007年11月至2016年4月，政协荷塘区委员会副主席（兼）、区工商联会长（其间：2011年5月至7月，市委党校县处级干部进修班学习）。2016年4月，政协株洲市荷塘区委员会副主席（兼），区红十字会会长。2017年6月，政协株洲市荷塘区委员会副主席（兼），区档案区志局局长。

肖宏琳 男，汉族，湖南祁东人，1966年4月出生，1988年7月参加工作，2000年4月加入九三学社，大学毕业，工学学士。现任政协株洲市荷塘区委员会副主席(兼)、区工商业联合会主席。

1984年9月至1988年7月， 化工学院复合材料专业学习。1988年7月至 年1月，化工部株洲乳胶研究所工作。1993年 至1994年3月，佛山兆峰陶瓷设备有限公司工 1994年3月至1996年3月，佛山亿德机电公 工作。1996年3月至1997年3月，湖南省东山 业公司工作。1997年3月至1998年8月，株洲 东区人武部工作（其间：1997年4月至1998年8 ，借调区体改办工作）。1998年8月至2001年4 ，荷塘区统计局工作。2001年4月至2002年12月，荷塘区统计局副局长(其间：2002年3月至5月，株洲市党外优秀干部培训班学习）。2002年12月至2009年6月，塘科技局副局长、科协主席（兼）(其间：2007年3月至5月，湖南省社会主义学院中青班学习）。2009年6月至2012年11月，荷塘区统计局局长（其间：2010年9月至2011年1月，株洲市委党校中青班学习）。2012年11月至2015年12月，政协荷塘区委员会副主席(兼)、统计局长(其间：2013年5月至7月，市委党校县处级干部进修班学习）。2015年12月至2016年4月，政协荷塘区委员会副主席（兼）、区安监局长。2016年4月，政协株洲市荷塘区委员会副主席（兼）、区工商联主席。

冯 晓 男，汉族，湖南宁远人，1974年9月出生，1996年12月参加工作，自考本科学历。现任政协株洲市荷塘区委员会副主席(兼)、区安监局局长。

1993年9月至1996年6月，湘潭大学法律专业大专学习。1996年6月至1996年12月，待分配。1996年12月至2001年12月，荷塘区计生委科员、办公室主任(其间：2000年12月，湘潭大学法律专业自考本科毕业)。2001年12月至2005年3月，荷塘区荷塘铺乡政府副乡长。2005年3月至

2011年8月，荷塘区金山街道办事处副主任。2011年8月至2012年11月，荷塘区金山街道办事处副主任、主任科员。2012年11月至2015年12月，政协株洲市荷塘区委员会副主席(兼)；2013年1月，任文体新局局长(其间：2013年3月至5月，市委党校县处级干部进修班学习)。2015年12月至2016年4月，政协株洲市荷塘区委员会副主席(兼)、红十字会长。2016年4月，政协株洲市荷塘区委员会副主席(兼)、区安监局局长。

方 芳 女，汉族，浙江东阳人，1969年2月出生，1989年8月参加工作，1993年10月加入中国共产党，函授本科学历。现任政协株洲市荷塘区委员会党组成员、副主席。

1986年9月至1989年6月，湖南大学岳麓书院文化研究所系历史专业大专学习。1989年8月至1995年11月，株洲市东区茨菇塘街道办事处工作。1995年11月至1997年11月，东区计划统计物价局工作。1997年11月至2001年11月，荷塘区计划统计局副局长(其间:1996年8月至1998年12月，中央党校函授学院经济管理专业本科班学习)。2001年11月至2004年7月，荷塘区委组织部正科级组织员、编办副主任(其间:2004年5月至7月，科局长进修班学习)。2004年7月至2005年3月，荷塘区委组织部副部长、正科级组织员。2005年3月至2009年6月，荷塘区宋家桥街道党工委副书记、办事处主任(其间:2008年9月至12月，中青班学习;2009年4月至5月，农村改革研讨班学习)。2009年6月至2011年8月，荷塘区宋家桥街道党工委书记。2011年8月至2013年12月，荷塘区月塘街道党工委书记。2013年12月至2014年2月，政协株洲市荷塘区委员会党组成员、月塘街道党工委书记。2014年2月，政协株洲市荷塘区委员会党组成员、副主席(其间:2014年3月至5月，市委党校县处级干部进修班学习)。

黄玉丰 男，汉族，湖南衡山人，1968年10月出生，1990年6月参加工作，1997年11月加入中国共产党，自考本科毕业，法学学士。现任荷塘区人民法院党组书记、院长。

1986年9月至1990年6月，中南林学院林产工业系林产化工专业学习，工学学士。1990年6月至1995年1月，株洲市林化厂干部。1995年1月至1999年12月，株洲市中级人民法院干部、书记员。1997年4月，助理审判员(其间:1995年9月至1998年6月，湘潭大学法学审判专业自考本科学习，法学学士)。1999年12月至2002年3月，株洲市中级人民法院副科级助理审判员。2002年3月至2004年4月，株洲市中级人民法院政治部副主任、审判员。2004年4月至2007年4月，株洲市中级人民法院政治部副主任、组织干部科科长、审判员。2007年4月至2010年3月，株洲市中级人民法院立案庭庭长。2010年3月至2012年11月，茶陵县人民法院院长、党组书记(其间:2010年9至11月，市委党校县处级干部进修班学习)。2012年11月至2016年9月，株洲县人民法院院长(其间：2013年3月至5月，市委党校县处级干部进修班学习)。2016年9月，荷塘区人民法院党组书记、代院长;2016年11月，当选荷塘区人民法院院长。

黄伟波 男，汉族，湖南长沙县人，1968年9月出生，1990年7月参加工作，1996年6月加入中国共产党，大学毕业，法学学士。现任荷塘区人民检察院党组书记、检察长。

1986年9月至1990年7月，中南政法学院法律系法律专业学习，法学学士。1990年7月至1993年12月，株洲市中级人民法院书记员。1993年12月至1996年8月，株洲市中级人民法院助理审判员。1996年8月至1998年7月，株洲市中级人民法院副科级助理审判员；1997年5月，任审判员。1998年7月至2002年3月，株洲市中级人民法院民事审判庭副庭长。2002年3月至2007年1月，株洲市中级人民法院政研室主任；2006年6月，兼审管办主任（其间：2005年9月至2006年1月，市委党校中青班学习）。2007年1月至3月，株洲市中级人民法院副处级审判员，市中级人民法院政研室主任兼审管办主任。2007年3月至2010年2月，株洲市中级人民法院副处级审判员；2007年4月，审监庭庭长。2010年2月至2016年9月，天元区人民法院党组书记；2010年3月，天元区人民法院院长；2011年6月，天元区区委委员；2016年9月，荷塘区人民检察院党组书记、代检察长；2016年11月，当选荷塘区人民检察院检察长。

历届全国劳模及全国五一劳动奖章获得者简介

易 冉 女，1982年8月出生，2000年7月参加工作，大学本科学历，中共党员，电焊高级技师、国际焊接技师，中车长江车辆有限公司株洲分公司组装车间班长。

易冉参加工作以来，扎根艰苦的生产一线，苦练电焊技能，练就一手电焊绝活，成为一名高级电焊技师。她多次代表工厂参加行业内技术大赛，取得骄人的成绩，并在工厂多项新产品试制焊接工作中发挥顶梁柱的作用。她在专业技能上不断求新求变，担任车间女子电焊技师技术公关队队长，带领女技师们解决多项国内国外车型的焊接难题。

易冉先后荣获“株洲市劳动模范”“湖南省三八红旗手”“湖南省劳动模范”“中国南车集团劳动模范”“中华全国铁路总工会火车头奖章”、全国“五一劳动奖章”、“全国最美职工”等一系列荣誉。参加工作以来，她把自己大部分时间献给了她所钟情的电焊事业，被外国媒体誉为中国的“电焊花木兰”。2015年获全国劳动模范称号。 （帅迎春）

欧清莲 女，1964年2月出生，1982年10月参加工作，高中文化，中共党员，电焊技师。中车长江车辆有限公司株洲分公司组装车间班长。

欧清莲参加工作以来，始终坚持在技术要求高、劳动强度大、工作环境艰苦的新造铁路货车关键生产第一线，她一直扎根在苦、脏、累岗位。担任班组长20多年来，一直坚守在责任不小、权利有限、待遇不高的兵头将尾岗位上。不论多么艰辛，她始终以组员为伴、以劳动为荣，以班组为家，为企业的发展，在平凡的焊接岗位做出了让大家敬服的成绩。

欧清莲是有着两千名员工的中车长江车辆有限公司株洲分公司组装车间年龄最大的电焊工，多年来她注重班组小家建设，发挥班组的“细胞”活力，在班组营造出浓郁的“团结、拼搏、进取、奉献”的和谐氛围。她总结先进实用的操作方法，不断提升自身和班组成员的技能素质，积极投身车间“女子电焊技师技术公关队”，先后参与攻克20多项焊接技术难关。欧清莲先后17次荣获单位“三八红旗手”“工会积极分子”“高产能手”“质量能手”“先进生产者”“优秀共产党员”等荣誉称号，2001年被企业选树为“先进生产者标兵”，2003年被评为“中国南车集团劳动模范”，2004年被评为“国资委劳动模范”，2006年被评为中国南车集团“巾帼十佳”。她所带的班组连续多次被评为企业“先进班组”“红旗班组”“芙蓉标兵岗”，2002年被评为株洲市“芙蓉标兵岗”，2003年以她所在班组为主体的组装车间“女子电焊技师技术公关队”被评为湖南省“芙蓉标兵岗”，2002—2004年株洲市“十佳芙蓉标兵岗”。欧清莲以骄人的工作业绩，连续当选全国第十七、十八两届党代表。2008年获“全国五一劳动奖章”，2010年获“全国劳动模范”。（帅迎春）

孙明道　男，1939年9月出生，1958年9月参加工作，大专文化，中共党员，中车长江车辆有限公司株洲分公司退休教授级高级工程师、专家。

孙明道参加工作以来，他先后成功地主持14项铁道车辆新品种的开发和研制，有7项填补了我国铁道车辆的科研空白。其中，D35型钳夹式长大货车、D17型150吨落下孔车、T90型3支点铁块车，分别获得国家优质产品银质奖及国家经委新产品奖、全国科学大会科技成果奖、国家科技进步二等奖。

孙明道1987年荣获全国“五一劳动奖章”，1989年荣获“铁道部劳动模范”光荣称号，被国家科委批准为“国家级有突出贡献的科学技术专家”。1991年获国务院政府特殊津贴，1995年获全国劳动模范称号，1996年获湖南省科技之星。（童　玲）

刘竹生　男，1949年1月出生，1968年3月参加工作，中共党员，初中文化，原铁道部株洲车辆厂运输车间起重班班长，现退休。

1991年8月，刘竹生急生产所急，带领所在班组人员，仅用11个小时完成红旗道口70米危险铁路钢轨的铺设任务，保证铁路运输的安全和工厂的生产。

1992年2月，刘竹生带领所在班用4天时间完成组装分厂5吨单梁吊车、备料分厂10吨双梁吊车的互拱任务，比要求提前2天完成。他所带领的班组连续多年被评为工厂的“先进班组”和“红旗班组”。他每年义务献工时达800多个，处处严格以共产党员的标准要求自已，在群众中具有较好的影响力。刘竹生1993年荣获“机车车辆工业总公司劳动模范”，1994年获“中华全国铁路火车头奖章”，1995年获“湖南省劳动模范”，2000年获“全国劳动模范”。

（童　玲）

彭泽全　男，1944年11月出生，汉族，初中文化，中共党员，1966年5月参加工作，原系株洲硬质合金集团有限公司钻石工程公司维修工。彭泽全参加工作30多年来，对工作认真负责，干一行爱一行钻一行。1978年开始从事管道维修工作。所在的管道维修班主要负责全厂1.6平方千米范围内5000多户职工宿舍的水管、阀门和上下水道、水沟的维修疏通工作，经常要与污水、粪便打交道。在别人看来，工作既脏又辛苦，都不愿意去干。1988年，他毅然提出个人承包原由4人干的全厂生活区管道维修工作。1991年至1997年连续7个春节都是伴随着抢修任务度过的。每年累计加班40多天。据统计，他年平均为职工服务达3553次，平均每天上门服务达近10次，最多的一天多达39次。他自费安装的家庭电话几乎成了公司的“维修寻呼热线”。为了节约费用，千方百计地修复可以利用的阀门、龙头等，每年从核定的材料费用1.5万元中节支2000元以上。

彭泽全参加工作以来多次被评为公司先进工作者标兵，1993年被评为株洲市劳动模范，1995年被评为湖南省劳动模范，1996年是中国有色金属工业总公司评选的18名文明职工之一，并参加全国有色系统文明职工先进事迹巡回演讲，1998年获全国“五一劳动奖章”，2000年被评为全国劳动模范。（陈蔚明）

宾　文　男，1950年8月出生，中共党员，先后担任株洲市奶牛场场长，亭子前村村主任、支部书记等职务。

宾文利用农网改造的优惠政策，新架设高压线路2.8千米，新增五台变压器，切实解决全村村民的用电难的问题。抓住电信投资的机遇，实现电视有线、互联网进组入户，安装电话286台。按照国家四级公路标准拓宽改造7.1千米，硬化5.1千米。全部修缮辖区农田水渠，彻底改变靠天吃饭的落后面貌。加强村级活动中心建设，新建集办公、村民活动、党员活动、农家书屋、残疾人康复中心于一体的办公楼，改变办公无固定场所的局面。大力流转闲置土地，整合各项资源，引进投资250万元的湘俚味农产品加工厂，解决60余名农村剩余劳动力就业。兴办亭子前农民工技能培训学校，免费提供村民技能培训。新建农家书屋、龙狮队及舞蹈队，丰富村民的精神文化生活。大力发展特色经济，流转耕地200亩，建成荷花示范基地，为村民致富开辟新渠道。

2006年，被推荐为省委组织部、省民政厅、省科协、湖南科技报社和红网联合主办的“百姓心中好村官”候选人之一。十几年来，宾文领导的村集体也获得市、区、乡多项奖励。2008年被评为市级“文明村镇”，多次获区、乡“社会治安综合治理先进单位”“优秀党支部”“文明建设先进单位”和“计划生育先进单位”等称号。他几十年如一日，默默耕耘在农村，带领亭子前村1600余人发家致富，谱写优美乐章。2010年，荣获全国劳动模范称号。（何珊珊）

何宗鉴（1939年1月—2015年7月）男，大学文化，中共党员，原株洲汽车齿轮厂厂长。

1983年，开始担任工厂主要领导，面对株齿产品单一、设备陈旧、技术落后的状况和国内汽车市场陷入低谷的形势，他始终坚持励精图治，锐意改革、奋力开拓，致力于工厂的技术改造，外走联营，内抓调整，外抓市场，内抓管理，以超前的胆识和气魄，带领全厂职工团结奋斗、勇攀高峰，使株洲汽车齿轮厂连年实现高速发展，双文明建设一年上一个台阶，在国有大中型企业创造固定资产、产值、销售收入、利润十年翻三番的奇迹。何宗鉴先后荣获株洲市劳动模范、株洲市优秀企业家和中国汽车行业优秀企业思想政治工作者，1995年，荣获全国劳动模范称号。（杨　萍）

唐仲骐　男，1936年3月出生，湖南株洲县人，高小文化、中共党员，株洲市浩森林场(原株洲市林产品公司)退休干部。

1954年3月至1988年12月，在株洲木材厂工作，1956年6月，加入中国共产党，1958 年提干；历任车间主任和车间党支部书记、生产科副科长、设备科科长、供销科科长、厂机关党支部书记、厂劳服公司经理和党支部书记等职务。

1990 年 1 月至 1995 年 3 月，在株洲市林产品公司工作。历任经理和党支部书记职务。1955 年至 1960 年，株洲木材厂任车间主任时，创造性开展工作，年年超额完成年生产计划的 20% ~ 30%，其中木板材生产日产量由计划的 25 车提高到 53 车的新纪录，并且保持和巩固这一高水平产量。当时车间有 120 余名工人，生产三班倒但只有他一名管理人员，白天黑夜他都守在车间，除搞好车间主任的职责外他还兼任车间统计、生产调度等工作，同时车间在大搞木材综合利用试验，芳香油、碳全棒、木粉、镁石板、草酸等新产品全部都试验成功，有些产品当时就投入生产并取得很好的经济效益。1955 年 5 月，出席株洲市共产主义青年团先代会，授予青年突击手的光荣称号；1956 年 4 月，出席市先进生产者代表大会，授予市先进生产者光荣称号；1956 年 4 月，出席湖南省先进生产者代表大会，被授予省先进生产者光荣称号；1956 年 5 月，出席全国先进生产者代表大会，被授予全国先进生产者光荣称号。（汤 瑶）

袁红君 女，1974年3月出生，1993年9月参加工作，大本学历，中共党员，电焊工高级技师，国际欧洲标准焊工。现任中车长江车辆有限公司株洲分公司组装车间专职分会副主席。

袁红君参加工作以来，一直以严谨的工作作风著称，得到同事和领导的广泛认可。2004 年，被评为工厂先进生产者标兵、“三八红旗手”、红旗班组长、国债技改突出贡献奖。2005 年，评为工厂“十佳模范共产党员”原中国南车集团优秀共产党员。2006 年，被授予“株洲市劳动模范”“湖南省技术能手”，分公司岗位技能带头人。2007 年，被授予全国“五一劳动奖章”“湖南省劳动模范”。2009 年荣获铁路总工会火车头奖章和全路“十佳”女职工标兵称号。她先后获工厂电焊技术比赛“铜星”“银星”，代表分公司参加湖南省“中联重科杯”电焊技能大赛。她注意把知识融合在生产实践，多次荣获劳动竞赛“万米焊缝无返修优胜奖”。

由袁红君一手创建的组装车间“女子电焊技师技术公关队”，秉承严谨踏实、精益求精、创新超越的中车职业工匠理念，成立 1 8 年来，先后攻克国内外铁路货车焊接技术多项难关。其中 FP 焊缝（高疲劳应力焊缝）焊接、整体铸造式心盘座与中梁连接环形槽等焊接技术的攻关成功，破解世界级的技术难题。攻关队 29 名队员全部光荣成为中共党员，并考评为国家电焊技师、高级电焊技师。现攻关队有全国劳模 2 人、省级劳模 1 人，市级劳模 1 人，长江公司标兵 2 人，分公司标兵 3 人；湖南省技师大师 1 人，湖南省技术能手 1 人；中车资深技能专家 1 人，技能专家 3 人。攻关队也先后荣获全国五一巾帼标兵岗，湖南省女职工建功立业五一巾帼奖，以及湖南省、株洲市芙蓉标兵岗等系列荣誉。（童 玲）

曾惠钦 女，汉族，42岁，中共党员，株洲人，现为公司型材事业部副总经理。1996年，中专毕业分配到株洲硬质合金集团有限公司，先后在压制、混合料、工艺等岗位工作。2001年，通过参加职工大学粉末冶金大专班的学习获得大专文凭。2005年，担任棒材产品工艺师一职，公司三级棒材产品工艺师，主要负责公司硬质合金超细棒材的生产工艺和技术。任职期间，她所负责的棒材每年各项质量指标均达到目标值，并完成多个技术攻关项目。是年，主持完成“超细返回料的处理”项目，将呆滞的28吨多料处理成26吨多正常生产用的合格料。2009年，针对公司YU06A牌号PCB棒料强度低，稳定性差，退货严重的问题，申请并主持“提高PCB微铣棒料强度合格率及材质稳定性”项目，通过研制棒料的强度合格率由原50%提高到95%以上。2011年，完成“纳米复合粉在超细硬质合金中的应用”的研制，推出XF30新材料，现该材料全年的销量达到110吨以上，成功将高技术研制的原料应用到合金产品中，实现高技术产品的产业化。2011年，开展“多孔模压成型工艺的研究与应用”项目，对PCB棒料实现多孔模具配套机械手自动捡棒料生产，实现1人次同时操作3台设备，压制产能提高3倍以上。

由于工作业绩突出，近年来获得公司“优秀工程师”“优秀工艺师”“优秀共产党员”“先进工作者标兵”，2009年，获得株洲市“劳动模范”荣誉称号，2013年，荣获全国“五一劳动奖章”。（陈蔚明）

荷塘区党政军及各部门、单位负责人

中共荷塘区委及工作部门负责人

中共荷塘区委

书　记	邬凌云
副书记	王利波
副书记	赖晓智（女）
常　委	王顺安
常　委	崔家盛（2017.07免）
常　委	刘国梁
常　委	欧阳权
常　委	郑志富
常　委	陈三龙
常　委	刘政凯
常　委	文韶松
常　委	成良池（2017.11任）

区委办公室

主　任	文韶松
常务副主任兼党史办主任	刘骞晖（2017.06免）
	刘　晔（2017.06任）
副主任兼政研室主任	刘　晔（2017.06免）
	王杨辉（2017.06任）
副主任兼保密局局长	张　敏（女，2017.06任）
改革办专职副主任	桂凌云（2017.10任）
接待办主任	龚丽君（女）

区纪委·监察局

书　记	郑志富
纪委副书记、监察局局长、区政府党组成员	王　伟（女，2017.06免）
纪委副书记、监察局局长	蒋国荣（女，2017.06任）
纪委副书记	郭运明（2017.01任）
常委、纪检监察室主任	王洪连
常委、案件审理室主任	郭运明（2017.01免）
监察局副局长、案件审理室主任	杨能华（2017.06任）
纪委办公室主任	杨能华（2017.06免）
常委、监察局副局长、信访室主任	周　璐（女）
常委、党风政风监督室主任	李　剑（女，2017.06免）
常委、党风政风监督室主任	赖　婧（女，2017.06任，2017.10免）
常委、党风政风监督室主任	刘　皓（女，2017.10任）

常委、办公室主任　　成　兰（女，2017.06任）
区纪委派驻城建局纪检组长、
区城建局党委委员　　吴志敏（2017.10免）
区纪委派驻财政局纪检组长、
区财政局党组成员　　吴志敏（2017.10任）
区纪委派驻教育局纪检组长、
区教育局党委委员　　陈　宁（女）
区纪委派驻卫计局纪检组长、
区卫计局党委委员　　李　艳（女，2017.06免）
区纪委派驻卫计局纪检组组长、
区卫计局党委委员　　王云贵（2017.06任）
区纪委派驻城管局纪检组长　　赖　婧（女，2017.06免）

区委组织部

部　长　　刘政凯
常务副部长　　周　波
副部长、两新党工委书记　　张智春（兼，2017.06任）
副部长　　陈乐红（兼，女）
两新党工委副书记　　邓　泺（女，2017.06任）
党教中心主任　　聂　炼（2017.01免）
党教中心主任　　张思思（女，2017.06任）
党联办主任　　欧阳鲲（2017.06免）

区委宣传部

部　长　　陈三龙
常务副部长　　汤文辉
副部长　　汤云峰（2017.06免）
副部长　　唐　波（女，2017.06任）
文明办主任　　唐　杜（2017.06任）
网宣办主任　　刘晶晶（女）

区委统战部

部　长　　王顺安
常务副部长　　赵怀松
副部长　　刘　卫（女）

区委政法委

书　记　　崔家盛（2017.07免）
书　记　　成良池（2017.11任）
副书记、综治办主任　　刘金耀
副书记　　王德忠（2017.06免）
副书记　　刘石平（2017.06免）
副书记　　贺志德（2017.06任）
副书记　　刘雪峰（2017.10任）

巡察办

巡察办主任、巡视联络办主任　　佘富华（2017.03任）
巡察办副主任、巡视联络办主任　　贺　全（2017.03任）
巡察组组长　　向宏武（2017.03任）
巡察组组长　　刘清毅（女，2017.03任）
巡察组组长　　谢爱武（女，2017.03任）
巡察组副组长　　谢爱萍（女，2017.03任）
巡察组副组长　　吴进文（2017.03任）
巡察组副组长　　凌　湘（女，2017.03任）

区编办

主　任　　陈跃纯（女，2017.01任）

区社管办

主　任　　张新春
副主任　　王理蓉（女）
副主任　　彭新华

区防范和处理邪教问题办公室

主　任　　刘清毅（女，2017.03免）
主　任　　王德忠（2017.06任）
副主任　　李俊伟（2017.01任）

区维护稳定办公室

主　任　　刘海荣

副主任　李俊伟（2017.01免）
副主任　龙正来（2017.01任）

区直机关工委

书　记　黄继刚
副书记、纪工委书记　易继锋

区老干局

局　长　陈乐红（女）
副局长　文铁柱（2017.06免）
副局长　丁宗喜（2017.06任）
副局长　王　娜（女）

区信访局

局　长　刘志勇（2017.01免）
局　长　赵　冰（2017.01任）
副局长　颜俊龙
副局长　刘国照

荷塘区人大常委会及各委办负责人

区人大常委会

党组书记、主任　陈友元
党组副书记、副主任　张赐华（女）
党组成员、副主任　刘湘林
党组成员、副主任　彭物明
副主任　喻秋良（兼）
党组成员、副主任　郭　莉（女）
党组成员、办公室主任　龙丽娜（女）
内务司法委员会主任　余　前
财经委主任委员　黄克忠
城环委主任委员　林玉清（女）
农业农村工委主任　陈丽平（女）
教科文卫工委主任　唐　倩（女）
选举任免联工委主任　彭　栋
选举任免预算工委主任科员　刘　利（女）
联工委副主任　陈　翊（女）
办公室副主任　刘　勇（2017.06免）
财政经济委副主任　张　超（女，2017.10任）

荷塘区政府及工作部门负责人

区人民政府

党组书记、区长　王利波
党组副书记、常务副区长　刘国梁
副区长　程轶辉（女）
党组成员、副区长　王　冬
党组成员、副区长　陈柏文
党组成员、副区长　刘必林
党组成员、副区长　余　鹏
党组成员　向前进（兼）
党组成员　易海平（兼）
党组成员　王　伟(女,兼,2017.06免)
企业服务中心主任　谭前勇

区政府办公室

党组书记、主任　向前进
党组成员、副主任　王佳佳（2017.01免）
党组成员、副主任　苏　轩（2017.06任）
党组成员、副主任　杜　杜（2017.06任）
党组成员、副主任　李正玉（2017.10免）
党组成员、副主任　旷世平（2017.10任）
法制办副主任兼金融办副主任　文　丽（女）

区政务服务中心

党组书记、主任　邓思思（女，2017.06免）
党组书记、主任　李正玉(2017.10任)
党组成员、副主任　刘　群（女）

党组成员、副主任　李挺美（2017.06免）
党组成员、副主任　韩　娟（女，2017.06任）
副主任　郭　栋（2017.12免）

区征地工作协调管理办公室
主　任　魏　星
副主任　范又明
副主任　田映平（女，2017.06免）
副主任　唐佳昕（女，2017.06任）

区土地储备中心
党组书记、主任　李　斌（2017.06免）
主　任　李　荣（2017.07任）
党组成员、副主任　王珊珊（女）
党组成员、副主任　黎　健（2017.06免）

区人防办
主　任　陈跃纯（女，2017.01免）
主　任　刘志勇（2017.01任）
副主任　顾彩霞（女）

区科技局
党组书记、局长　周伟群（女）
党组副书记、副局长　王汉林
党组成员、副局长　黄生发（2017.06任）

区发改局
党组书记、局长　唐　坚
党组成员、副局长　谭　宇（2017.06免）
党组成员、副局长　凌跃新（2017.06任）
党组成员、副局长　黎　剑（2017.06任）
重点办主任　蔡群英（女，2017.12免）

区“两型”办
党组书记、主任　王佳佳（2017.01任）
党组成员、副主任　高小平（女，2017.01任）
党组成员、副主任　曹　彧
副主任　朱　珍（女，2017.01免）

区统计局
党组书记、局长　苏　智（2017.06免）
党组书记、局长　刘石平（2017.06任）
党组成员、副局长　周　凯（2017.06免）
党组成员、副局长　彭文瑾（女，2017.06任）
党组成员、副局长　谭　琦
社会经济调查中心主任　叶里平
普查中心主任　赵　凯

区经信局
党委书记、局长　周树根（2017.06免）
党委书记、局长　谭件美（2017.06任）
党委委员、副局长　赖健鹰（女）
党委委员、副局长　陈霞霞（女）
副局长　凌水根

区教育局
党委书记、局长　韩永斌
党委副书记、副局长　刘美贞（女）
党委委员、主任督学　董海军
区纪委派驻教育局纪检组长、
党委委员　陈　宁（女）
党委委员、副局长　王晓红（女）
党委委员、副局长　王沧海（2017.06免）
党委委员、副局长　李挺美（2017.06任）

区民政局
党组书记、局长　邓吏辛（2017.06免）
局　长　龚新胜（2017.06任）
党组书记、两新党工委副书记　罗智玲（女，兼，2017.06任、2017.10任）

党组成员、副局长	熊曼生
党组成员、副局长	罗智玲(女,2017.06免)
党组成员、副局长	田映平(女,2017.06任)
党组成员、副局长	胡　嵩(2017.06任)
慈善办主任	杜　杨(女,2017.06免)
慈善办主任	易　洲(女,2017.06任)

区司法局

党组书记、局长	易　东
党组成员、副局长	王菊生
党组成员、副局长	彭丽华(女)

区财政局

党组书记、局长	易海平(2017.01免)
党组书记、局长	张苏龙(2017.01任)
党组副书记、副局长	彭治凯(2017.01免)
区纪委派驻财政局纪检组长、党组成员	吴志敏(2017.10任)
党组成员、副局长	唐朝晖(女)
党组成员、总会计师	李　莉(女)
党组成员、副局长	李　剑(女,2017.06任)
党组成员、副局长	谭　轩
非税收入管理局局长	张　珂
乡镇财政服务中心主任	凌跃新(2017.06免)
乡镇财政服务中心主任	曹箐槿(2017.06任)
财政投资评审中心主任	彭小龙
国库集中支付核算中心主任	高小平(女,2017.01免)
国库集中支付核算中心主任	漆卫星(女,2017.06任)

区人社局

党组书记、局长	丁国祥(2017.01免)
党组书记、局长	周湘雄(2017.01任)
党组成员、副局长	夏昌顺
党组成员、副局长	宾海燕(女)
党组成员、副局长	邹　琼
党组成员、副局长	漆　琳(女)
机关社保局局长	吴莉华(女,2017.01任)
劳动社保局局长	黎　剑(2017.06免)
劳动社保局局长	陈红兵(女,2017.06任)
退管办主任	吴莉华(女,2017.01免)
退管办主任	瞿逢时(女,2017.01任)
医疗保险中心主任	凌　湘(女,2017.03免)
城乡居民医保中心主任	唐国先(2017.06任)
劳动就业管理局局长	刘　涛
劳动监察大队队长	余　雷

区城建局

党委书记、局长	朱福兴
党委副书记、副局长	蔡　聃(2017.10免)
党委委员、副局长、主任科员	熊金星
区纪委派驻城建局纪检组长、党委委员	吴志敏(2017.10免)
党委委员、副局长	王　荣(2017.01免)
党委委员、副局长	罗　铭
党委委员、总工程师	宋永中
副局长	蔡群英(女,2017.12任)

区绿化处

主　任	易　旭

区城管局

党委书记、局长	赵文喜
党委副书记、副局长	谢爱武(女,2017.03免)
党委副书记、副局长	王姣智(女,2017.06任)
党委委员、副局长	傅平辉
党委委员、副局长	田　畅(2017.06免)
区纪委派驻局纪检组长、党委委员	赖　婧(女,2017.06免)
党委委员、副局长	黄　炜(2017.06任)

党委委员　刘　伟（兼，2017.06免）
党委委员　李伟斌（兼，2017.06任）
数字化城管指挥中心主任　易勇强
物管办主任　李　薇（女，2017.01任）

区城管大队
大队长　刘　伟（2017.06免）
大队长　李伟斌（2017.06任）
副大队长　易洋华
副大队长　李动奇

区环卫处
主　任　郭文明

区农村工作局
党组书记、局长　龙祖勇（2017.06免）
党组书记、局长　刘骞晖（2017.06任）
副局长袁宏伟
党组成员、总农艺师　刘潘雄
党组成员、副局长　刘硕果
党组成员、副局长　陈斯娜（女）
党组成员、副局长　刘文进（2017.06免）
农技推广中心主任　胡　敏（女）
农村经济管理服务站站长　刘丽君（女）

区文化体育和旅游局
党组书记、局长　唐　斌（2017.06任）
党组副书记、副局长　贺春庆
党组成员、副局长　贺　伟
党组成员、副局长　刘光荣

区卫生和计划生育局
党委书记、局长　蒋国荣（女，2017.06免）
党委书记、局长　黄国初（2017.06任）
党委委员、副局长　付　妙（女，2017.06免）
党委委员、副局长　李春梅（女）
区纪委派驻卫计局纪检组长、
党委委员　李　艳（女，2017.06免）
党委委员、副局长　刘剑锋（2017.10免）
党委委员、副局长　欧阳劲梅（女）
党委委员、副局长　谭爱平
区纪委派驻卫计局纪检组长、
党委委员　王云贵(2017.06任)
新农合办主任　唐国先（2017.06免）

区妇幼保健计划生育服务中心
主　任　陈红阳（女）
副主任　何　瑛（女）

区疾控中心
主　任　谭光明
支部书记　谢爱萍（女，2017.03免）
支部书记　杜　杨（女，2017.06任）
副主任　胡晓玲（女）

区卫生计生综合监督执法局
局　长　欧阳江帆

区审计局
党组书记、局长　张苏龙（2017.01免）
党组书记、局长　王　虎（2017.1任）
党组成员、副局长　栗产辉
党组成员、副局长　廖　敏（女）

区商务和粮食局
党委书记、局长　唐　斌（2017.06免）
党委书记、局长　邓吏辛（2017.06任）
党委委员、副局长　肖　伟

党委委员、副局长	刘国强
党委委员、副局长	王　毅
党委委员、副局长	张　晖（2017.06免）
副局长	潘献春（女）

区安监局

局　长	冯　晓
党组书记	佘富华（2017.03免）
党组书记	周树根（2017.06任）
党组成员、副局长	王　华
党组成员、副局长	佘高平
副局长	罗　宁

区机关事务服务中心

党组书记、主任	刘石建
党组成员、副主任	毛建源
党组成员、副主任	吴进文（2017.03免）
党组成员、副主任	余　玲（女）
副主任	朱其利（女，2017.06任）

区档案区志局

局　长	马艳花（女，2017.01免）
局　长	廖　山（2017.06任）
党组书记	刘　勇（2017.06任）
副局长	何爱辉（女）

金山科技工业园

党工委书记	丁国祥
管委会主任	易海平
党工委副书记	王　巍（兼）
原党工委副书记、纪工委书记	潘红波
副主任	曹晓晖（女）
副主任	马艳花（女，2017.01任）
招商产业科科长	宋红娆（女，2017.06免）
规划建设科科长	曹　伟
办公室主任	陈春贵（女）

区建管办

主　任	龚新胜（2017.06免）
党组书记	晏　毅
党组成员、副主任	田　勇
党组成员、副主任	刘克章

区治违大队

大队长	王海亮
教导员	宾　倪

政协荷塘区委员会及各委办负责人

区政协委员会

党组书记、主席	何恒仁
党组副书记	王顺安
党组副书记、副主席	朱兴来
副主席	廖　山（兼）
副主席	肖宏琳（兼）
副主席	冯　晓（兼）
党组成员、副主席	方　芳（女）
党组成员、秘书长	谭二勇
经科委主任	蒲葛红（女）
文教卫体委主任	柴　卉（女，2017.06免）
文教卫体委主任	周　兴（2017.06任）
学联群团委主任	袁　博（2017.06免）
学联群团委主任	龙祖勇（2017.06任）
提案法制委主任	豁　波（女，2017.06任）
提案法制委副主任	豁　波（女，2017.06免）
提案法制委副主任	张含英（女）
学联群团委副主任	唐花平（女）

荷塘区法院、检察院负责人

区人民法院

党组书记、院长　黄玉丰
党组副书记、审判委员会专职委员　蒋　弘（女，副院长、正科级审判员2017.07免；专职委员2017.07任）
党组副书记、副院长　余　胜（正科级审判员2017.07免）
副院长　黎　胜（正科级审判员2017.07免）
党组成员、副院长　陈正刚
党组成员、副院长、云龙法庭庭长　林　华（2017.07任，副院长2017.07免）
云龙法庭庭长　余　胜（2017.07免）
党组成员、工会主席　唐建林（2017.06免）
党组成员、非诉执行局局长　喻志强（非执行局局长2017.07任）
政工科长　王　艳（女，党组成员2017.07免）
审委会专职委员　唐　玲（女）
非诉执行局局长　陈晓东（2017.01任、2017.07免）

区人民检察院

党组书记、检察长　黄伟波
党组副书记、副检察长　康文辉（正科级检察员2017.07免）
党组副书记、检察委员会专职委员　方清华（副检察长、正科级检察员2017.07免，专职委员2017.07任）
党组成员、副检察长　谭　熠（正科级检察员2017.07免）
副检察长　黎　静（女，正科级检察员2017.07免）
党组成员、检察委员会专职委员　谭政频（女，专职委员2017.07任，副检察长2017.07免）
党组成员、工会主席　章　戈（2017.06免）
政工室主任　罗君峰（党组成员、纪检组长2017.07免）
反渎局局长　戴树忠（专职委员2017.07免、反渎局局长2017.07任）
反贪局局长　肖　煊（专职委员2017.07免、反贪局局长2017.07任）

荷塘区社会团体负责人

区总工会

副县级干部、主席　张　岚（女）
副主席　黄　勇

团区委

书　记　赵　虎
副书记　贺　娟（女，2017.10免）

区妇联

主　席　刘　梅（女）
副主席　周文洁（女）

区残联

理事长　宋周伟（女）
副理事长　张　勇

区工商联

主　席　肖宏琳
党组书记　张玉升
副主席　席卫国（女）

区文联

主　席　蔡灵敏（女）
副主席　胡　嵩（2017.06免）
副主席　曹姜君（2017.06任）

区科协

主　席　朱　勇
副主席　潘书巧(女，2017.06免)
副主席　游　隽(女，2017.06任)

区红十字会

会　长　廖　山（2017.06免）
常务副会长　周　兴（2017.06免）
常务副会长　丁圣民（2017.06任）
副会长　谭可勇

区计生协会

会　长　喻秋良
常务副会长　陈小伟

荷塘区镇·街道负责人

仙庾镇

党委书记　周湘雄（2017.01免）
党委书记　肖　勇（2017.01任）
党委副书记、镇长　谭件美（2017.06免）
党委副书记、镇长　钟　杨（2017.06任）
党委副书记　胡震宇（2017.06任）
党委委员、人大主席　龙　卉（女）
党委委员、政协联络工作负责人　贺志德（2017.06免）
党委委员、主任科员政协联络工作负责人　汤云峰（2017.06任）
党委委员、组织委员　唐　杜（2017.06免）
党委委员、组织委员　周平刚（2017.06任）
党委委员、副镇长、武装部部长　龚大力（2017.06免）
党委委员、副镇长、武装部部长　刘永学（2017.06任）
党委委员、纪委书记　胡震宇（2017.06免）
党委委员、纪委书记　晏　蕾（2017.06任）
副镇长　谭　昕
副镇长　刘青松

月塘街道

党工委书记　黄大平
党工委副书记、办事处主任　许太相
党工委委员、人大工作委员会主任　陈　靖（党工委副书记2017.06免）
党工委副书记、纪工委书记、主任科员、政协联络工作负责人　丁圣民（2017.06免）
党工委委员、主任科员政协联络工作负责人　宋红娆（女，2017.06任）
党工委委员、副主任　罗　政
党工委委员、副主任　黄海平（女）
党工委委员、武装部部长　杨　龙
党工委委员、纪工委书记　文　浪（2017.06任）
党工委委员、组织委员　王杨辉（2017.06免）
党工委委员、组织委员　龚　婷（女，2017.06任）
办事处副主任　文　浪（2017.06免）
办事处副主任　万　景（2017.11任）
劳保站站长　吕　艳（女）

茨菇塘街道

党工委书记　黄国初（2017.06免）

党工委书记 刘胜贤（2017.06任）
党工委副书记、办事处主任 刘胜贤（2017.06免）
党工委副书记、办事处主任 邓思思（女，2017.06任）
党工委副书记 廖结文（2017.06任）
党工委副书记、
人大工作委员会主任 唐 波（女，2017.06免）
党工委委员、
人大工作委员会主任 王沧海(2017.06任)
党工委委员、主任科员、
政协联络工作负责人 刘雪峰（纪工委书记2017.06免，党委委员、主任科员、政协联络工作负责人2017.10免）
党工委委员、主任科员
政协联络工作负责人 刘剑锋（2017.11任）
党工委委员、办事处副主任 廖结文（2017.06免）
党工委委员 朱 珍（女，2017.01任）
党工委委员、纪工委书记 龚大力（2017.06任）
党工委委员、组织委员 彭文瑾（女，2017.06免）
党工委委员、武装部部长 李海林（2017.06免）
党工委委员、办事处副主任、
兼武装部部长 欧阳鲲（2017.06任）
办事处副主任 曾国旺
办事处副主任 周 剑（2017.01任）
劳保站站长 何 立

桂花街道

党工委书记 蔡世华
党工委副书记、办事处主任 肖昊昕（2017.01免）
党工委副书记、办事处主任 彭治凯（2017.01任）
党工委副书记、纪工委书记、
人大工作委员会主任 钟 杨（2017.06免）
党工委委员、
人大工作委员会主任 张 晖（2017.06任）
党工委委员、主任科员、
政协联络工作负责人 黎 伟
党工委委员 易 锋
党工委委员、纪工委书记 吴 娟（女，2017.06任）
党工委委员、武装部部长、
办事处副主任 刘三毛（2017.01免）
党工委委员、办事处副主任、
兼武装部部长 刘文进（2017.01任）
党工委委员、办事处副主任 刘 强（2017.06免）
党工委委员、组织委员 何 毅
办事处副主任 马涛涛
办事处副主任 吴 娟(女，2017.06免)
办事处副主任 杨思维(2017.01任)
劳保站站长 黄生发（2017.06免）
劳保站站长 唐丝思（女，2017.06任）

金山街道

党工委书记 王 虎（2017.01免）
党工委书记 肖昊昕（2017.01任）
党工委副书记、办事处主任 肖 勇（2017.01免）
党工委副书记、办事处主任 王 荣（2017.01任）
党工委副书记 聂 炼（2017.01任）
党工委委员、人大工作
委员会主任 石治国（党工委副书记2017.06免）
党工委副书记、纪工委书记 赵 冰（2017.01免）
党工委委员、主任科员、
政协联络工作负责人 丁宗喜（2017.06免）
党工委委员、主任科员
政协联络工作负责人 刘 强（2017.06任）
党工委委员、纪工委书记 罗周明（2017.06任）
党工委委员、武装部部长 晏 蕾（2017.06免）
党工委委员、办事处副主任、
兼武装部部长 周 凯（2017.06任）

党工委委员、组织委员、
办事处副主任　杨艳红（女，2017.06免）
党工委委员、组织委员　黎　健(2017.06任)
党工委委员　黄　炜（2017.06免）
党工委委员　周　涛（2017.01任）
办事处副主任　裴黎明（2017.01任）
办事处副主任　黎　婷（女）
劳保站长　胡新宇

宋家桥街道

党工委书记　张　茂（2017.06免）
党工委书记　苏　智（2017.06任）
党工委副书记、办事处副主任　汤思源
党工委副书记　曾　健
党工委副书记、
人大工作委员会主任　李伟斌（2017.06免）
党工委委员、人大工作
委员会主任　王　穗（2017.06任）
党工委委员、纪工委书记、
主任科员、政协联络工作
负责人　朱航宏（纪工委书记2017.06免）
党工委委员、办事处副主任　罗飞跃（女）
党工委委员、武装部部长　王　穗（2017.06免）
党工委委员、办事处副主任、
兼武装部部长　李海林（2017.06任）
党工委委员、纪工委书记　刘　皓(女，组织委员2017.06免，纪工委书记2017.06任，党工委委员、纪工委书记2017.10免)
党工委委员、纪工委书记　郭　栋（2017.12任）
党工委委员、组织委员　曾云艺（女，2017.06任）
办事处副主任　熊　军
办事处副主任　罗周明（2017.06免）
劳保站站长　周　威（2017.06免）
劳保站站长　刘海燕（2017.06任）

明照街道

党工委书记　张　茂（2017.06任）
党工委副书记、办事处主任　刘　伟（2017.06任）
党工委副书记　杨艳红（女，2017.06任）
党工委委员、
人大工作委员会主任　谭　宇（2017.06任）
党工委委员、主任科员
政协联络工作负责人　文铁柱（2017.06任）
党工委委员　潘书巧（女，2017.06任）
党工委委员、办事处副主任、
兼武装部部长　田　畅（2017.06任）
党工委委员、纪工委书记　李　果（2017.06任）
党工委委员、组织委员　彭　程（2017.06任）
办事处副主任　周　威（2017.06任）

合泰管理办公室

党工委书记、管理办主任　谭洪勇
党工委副书记、管理办副主任　游　隽(女，2017.06免)
党工委委员、管理办副主任　周　剑（2017.01免）
党工委委员、管理办副主任　肖　锟（2017.06任）
管理办副主任　黄兴云（2017.01任）

荷塘月色示范区

党工委书记　张海湘(女)
党工委副书记、管委会主任　汤　灿
党工委委员、管委会副主任　杨思维（2017.01免）
党工委委员、管委会副主任　苏　轩（2017.06免）
党工委委员、
仙庾风景管理处主任　言莫依
管委会副主任　汤　建（2017.01任）
管委会副主任　彭鹏远（2017.06任）

荷塘区人武部、公安及消防、部队负责人

荷塘区人武部

部　长	胡志飞（2017.07转业）
部　长	马永章（2017.07任）
政　委	欧阳权（2017.07调离）
政　委	何　波（2017.07任）
副部长	章党兵
政工科长	付利勇
后勤科长	李学丰

市公安局荷塘分局

党委书记、局长	成良池
党委副书记、政委	罗　浪
党委副书记、常务副局长	张志祥
党委委员、副局长	常家胜
党委委员、副局长	刘拥军
党委委员、副局长	李壮志
党委委员、副局长	田　颖
党委委员、纪委书记	陈文兵
党委委员、政工室主任	刘　淦
工会主席	刘和平

武警荷塘消防大队

大队长	李勇军（2017.11免）
大队长	易　彦（2017.11任）

荷塘区“双管”机构及金融单位负责人

荷塘区国税局

党组书记、局长	陈建冰（2017.03免）
党组书记、局长	肖国平（2017.07任）
党组成员、副局长	曾纯武
党组成员、副局长	李龙辉
党组成员、副局长	向晨序
党组成员、纪检组长	盛立新

市工商局荷塘分局

党委书记、局长	罗炽威（2017.02任）
党委负责人、纪委书记、副局长	陈　刚（2017.02免）
党委副书记、副局长	刘晓兵
党委委员、副局长	张罗生
党委委员、副局长	李洪斌
党委委员、副局长	张志勇
党委委员、副局长	易　平

市国土局荷塘分局

支部书记、局长	蔡凤美（女，2017.03免）
支部书记、局长	熊　昕（2017.03任）
副局长	王建文
纪检员	李卫伟
副局长	言　剑
执法大队长	陈智敏
工会主席	彭　赟（女，2017.01免）
副局长	贺　嵘（2017.09任）
副局长	汪　颖（2017.10任）

荷塘区地税局

党组书记、局长	王　磊
党组成员、副局长	杨苏齐
党组成员、副局长	胡　浩
党组成员、纪检组长	刘　红（女）
党组成员、副局长	唐勇军
工会主席	杨海波

市食药监局荷塘分局

党组书记、局长	龙　潭
党组成员、副局长	晏世元
党组成员、副局长	郭　维

市公安交警支队荷塘大队

大队长	王　勇
教导员	周　岿
副大队长	李海燕（女）
副大队长	周喜爱
副大队长	殷星燎

市环保局荷塘分局

局　长	易广志
副局长	曾亚琦
副局长	郭　斌

市规划局荷塘分局

局　长	杨　智
副局长	肖榕锋
副局长	胡继红
规划所长	颜　峰

国有土地上房屋征收中心

主　任	吴红卫
副主任	袁　鲲

华融湘江银行东一支行

行　长	吴意刚（2017.09免）
行　长	苏　杨（2017.09任）
副行长	杨　平（2017.09免）
副行长	蔡　婧（女）

中国建设银行株洲市城东支行

行　长	黄伟强
副行长	罗荣武
副行长	倪巧兰（女）

中国工商银行株洲分行新华路支行

行　长	肖义华（2017.06免）
行　长	朱拥斌（2017.06任）
副行长	朱拥斌（2017.06免）

中国光大银行文化路支行

行　长	丁　晖（女）
副行长	刘　君

中国银行东区支行

行　长	唐建国
副行长	施水芳（女）
副行长	陈爱萍（女）

荣誉谱

2017年荷塘区获得先进集体荣誉一览表

表17

<table>
<tr><th>单 位</th><th>获 奖 名 称</th><th>授 予 部 门</th></tr>
<tr><td rowspan="10">荷 塘 区</td><td>湖南省管理创新奖</td><td>省委、省政府</td></tr>
<tr><td>省平安县市区</td><td>省委办公厅、省政府办公厅</td></tr>
<tr><td>市质量工作考核一类单位</td><td rowspan="3">市政府</td></tr>
<tr><td>2017年度三社联动工作先进单位</td></tr>
<tr><td>全市计划生育工作优秀单位</td></tr>
<tr><td>2017年度‘马上就办、真抓实干’活动先进单位</td><td>市委办、市政府办</td></tr>
<tr><td>全市养殖业工作畜禽水产品质量安全工作先进单位</td><td rowspan="2">市政府</td></tr>
<tr><td>第十五届中国国际农产品、中国中部(湖南)国际农博会组织工作优秀单位</td></tr>
<tr><td>全市信访工作先进单位</td><td>市委办、市政府办</td></tr>
<tr><td>2017年度财源建设先进县市区</td><td>市财源建设领导小组</td></tr>
</table>

（宾 战）

2017年荷塘区各单位获市级以上荣誉表

表18

单 位	获 奖 名 称	授 予 部 门
区教育局	第二批全国中小学校责任督学挂牌督导创新县(市、区)	国务院教育督导委员会办公室
月塘街道袁家湾社区	全国文明社区	中央精神文明建设指导委员会
区人民检察院	全国文明接待室	最高人民检察院
区政务服务中心	第二届全国优秀行政服务大厅	中国行政体制改革研究会、中央国家机关工委《紫光阁》杂志社、人民网

续表18

单　位	获奖名称	授予部门
区政务服务中心	全国职工职业道德建设先进单位	全国总工会、中央宣传部、中央文明办、工业和信息化部、商务部、国务院国资委
区司法局、金山街道	全国模范人民调解委员会	司法部
荷塘公安分局刑侦大队	全国优秀公安基层单位	公安部
区消防大队	全国执法质量达标基层单位	公安部消防局
茨菇塘街道	全国创建无邪教示范街道	国务院防范和处理邪教问题办公室
茨菇塘街道六〇一社区	综合减灾示范社区	国家减灾委员会、民政部
仙庾镇卫生院	国家级群众满意的乡镇卫生院	国家卫计委
区企业服务中心	省中小企业核心服务机构	省经信委
区疾控中心	省疾控系统健康教育和新闻宣传工作先进单位	省卫生厅
区司法局、茨菇塘街道	省“三调联动解纠纷、防控风险促发展”专项调解活动先进集体	省司法厅、公安厅、省高院、省信访局
区委统战部	全省统战工作实践创新成果奖	省委统战部
区政务服务中心	省“五一”劳动奖状	省总工会
	省巾帼文明岗	省妇联
区委办	全省党委督查工作先进单位	省委办公厅
月塘街道办事处	省级文明单位	省文明委
	省流动人口基本公共卫生计生服务均等化示范街道	省卫生和计划生育委员会
区科技局	省专利行政执法工作先进集体	省知识产权局
桂花司法所	省模范司法所	省司法厅
宋家桥街道天台村、芙蓉社区	全省无邪教创建示范村(社区)	省人民政府防范和处理邪教问题办公室
月塘、桂花社区卫生服务中心	省级群众满意社区卫生服务中心	省卫计委
金山街道晏家湾社区	全省科普示范社区	省科协
月塘街道、茨菇塘街道、荷塘月色示范区管委会	省规范司法所	省司法厅
区教育局	《信息技术在小学语文个性阅读中的应用》荣获湖南省“优课”教研专题片及在线会客室节目评选一等奖	省教育厅
区国税局	2017-2019年省国税系统法治税务示范基地	省国税局
	2016—2018年全省依法办事示范窗口单位	中共湖南省委法治湖南建设领导小组办公室

续表18

单 位	获 奖 名 称	授 予 部 门
区国税局信息中心	A类区县局信息中心	省国家税务局
工商荷塘分局	省消费维权先进单位	省消费者委员会
荷塘公安分局	全省刑事技术建设成绩突出单位	省公安厅
	全省户口登记管理清理整顿工作成绩突出集体	省公安厅
	市文明建设先进单位	市文明委
	党的十九大维稳安保工作先进单位	市公安局
荷塘公安分局月塘派出所	第二届全市最具魅力所队	市公安局
茨菇塘街道办事处	市无邪教创建活动示范乡镇	市委防范和处理邪教问题领导小组
	市抗洪抢险先进集体	市委、市政府
茨菇塘街道黄家塘社区、汽车城社区	创业带动就业示范社区	市人力资源和社会保障局、市财政局
茨菇塘街道前进社区	市第四批市级“同心社区”	中共株洲市委统战部
区委办	2017年全市党委办公室先进单位	市委办
	2017年全市督促检查工作先进单位	
	2017年全市绩效考核工作先进单位	
	2017年全市综合调研工作先进单位	
	2017年全市信息工作先进单位	
	2017年全市机要密码工作先进单位	
	2017年全市公文处理与业务指导工作先进单位	
	2017年全市领导活动和会议服务工作先进单位	
区人防办	全市人防工作先进单位	市人防办
区财政局	2017年度目标管理考核先进单位	市财政局
	市文明建设先进单位	市文明委
区卫计局	市艾滋病、梅毒、乙肝母婴阻断工作先进单位	市卫生计生委
	市孕产妇免费产前筛查项目工作先进单位	
	市出生缺陷防治工作先进单位	
	全市国家基本公共卫生服务项目工作先进单位	
区国税局	市园林式单位	市政府
区经信局	市质量考核一类单位	市质量强市工作领导小组办公室
月塘街道	全市无邪教创建活动示范社区(袁家湾)	市委防范和处理邪教问题领导小组

续表18

单 位	获 奖 名 称	授 予 部 门
月塘街道石子头社区	市文明社区	市创建文明城市工作领导小组办公室
月塘街道袁家湾社区	市十大最美社区	市民政局、市文明办、株洲日报社
区法院	全市政法工作先进单位	市政法委
	市文明建设先进单位	市文明委
云龙法庭	全市优秀法庭	市中级人民法院
荷塘区人武部	安全工作先进单位	株洲军分区
	新闻报道先进单位	
区征管办	市“百日攻坚”先进单位	市征地拆迁和房屋征收工作协调领导小组办公室
区地税局	市文明建设先进单位	市文明委
	全市地税系统基层单位绩效考核先进单位	市地税局
	全市地税系统综治先进单位	
	全市地税系统办税服务厅流动红旗	
市工商局荷塘分局	市文明建设先进单位	市文明委
	市消费维权先进单位	市消费者委员会
区教育局	区域整体推进教育信息化工作年度评估考核一等奖	市教育局
	市2017年度县级教育工作先进单位	
	市教育工作创新奖特等奖	
	市教育宣传工作先进单位	
区城管局	2017年株洲市城市管理“最佳先进城区”称号	市城管局
	市2017年度城市管理先进单位	
区城建局	市2017年度农村公路养护目标管理一等奖	市交通局
	市2017年度交通运输发展目标管理考核先进单位	
区民政局	市民政工作先进单位	市民政局
区两型办	2017年度绿心地区生态基础评估优秀单位	市两型办
国土荷塘分局	市文明建设先进单位	市文明委
区委统战部	全市统战调研工作先进单位	市委统战部
区妇联	市妇女工作先进单位	市妇联
区工商联	市工商联系统先进单位	市工商联
区文联	市文联系统先进单位	市文联

续表18

单位	获奖名称	授予部门
区委老干部局	株洲市离退休干部“喜迎十九大放歌新株洲”合唱比赛一等奖	中共株洲市委老干部局、株洲广播电视大学
区发改局	市价格认定案卷管理先进单位	市发改委
区司法局	市社区矫正工作优秀单位	市司法局
	市“基层司法所规范化建设年”先进单位	
区总工会	市工会工作先进单位	市总工会
区农村工作局	十五届中国国际农产品、中国中部(湖南)国际农博会组织工作优秀单位	市农业委
	全市农机系统行风建设工作先进单位	市农机局
	全市抗洪救灾先进集体	市委、市政府
	市农产品质量安全先进单位	市政府
	市森林防火工作先进单位	
	市重大动物疫病防控工作先进单位	
	2017年度全市养殖业工作畜禽水产品质量安全工作先进单位	市畜牧兽医水产局
	2017年度全市养殖业目标管理先进单位	
区文体旅游局	第一届“清风株洲”廉洁文化创作活动舞台表演类作品一等奖	市纪委、市委宣传部
区档案区志局	全市档案信息宣传工作先进单位	市档案局
区政务服务中心	全市政务公开政务服务工作优秀单位	市政府
	市巾帼文明岗	市妇联
	市两型十年“十大两型改革案例”	市两型办
金山科技工业园	全市园区工作考核先进单位	市经信委
仙庾镇、桂花街道、金山街道、宋家桥街道	市计划生育工作优秀乡镇街道	市委办公室
仙庾镇	市先进基层武装部	株洲军分区
	市计生系列保险服务工作先进单位	市计划生育协会
	市文明村镇	市文明委
仙庾镇樟霞村	市文明村镇	市文明委
金山街道	市园林单位	市政府
	全市无邪教创建活动示范街道	市委防范和处理邪教问题领导小组

续表18

单　位	获 奖 名 称	授 予 部 门
金山街道	市巾帼文明岗	市妇联
	市先进基层武装部	株洲军分区
	市级文明卫生单位	市爱国卫生运动委员会
	市档案工作示范街道	市档案局
	市文明街道办事处	市文明委
	市老科协工作先进单位	市老年科技工作者协会
	市消防工作先进单位	市消防安全委员会
茨菇塘街道、桂花街道	市公共就业创业服务示范街道	市人力资源和社会保障局、市财政局
桂花街道赵家冲社区、合泰管理办公室文化路社区	市公共就业创业服务示范社区	
区计生协会	2017年度全市计划生育系列保险服务工作先进单位	市计划生育协会
宋家桥街道	2017年度株洲市“三社联动”工作先进单位	市政府
宋家桥街道芙蓉社区、天台村	全市无邪教创建活动示范社区(村)	市委防范和处理邪教问题领导小组

（宾　战）

重要文件选登

中共株洲市荷塘区委员会
株洲市荷塘区人民政府
关于开展“幸福荷塘”三大行动的实施意见

株荷发〔2017〕6号

(2017年2月23日)

为加快建设实力荷塘、活力荷塘、宜居荷塘，让人民群众更多地分享改革发展成果，让老百姓的生活更加幸福，经区委、区政府研究决定，在全区开展“幸福荷塘”三大行动，即开展“三社联动”，做实做精养老服务和优化公共卫生服务(见附件)，全力提高全区基本公共服务水平，切实提升老百姓的获得感、幸福感和归属感。

推进“幸福荷塘”三大行动，既是一项民生服务，更是一次群众路线实践，也是一次改革创新。为确保“幸福荷塘”三大行动取得实效，区委、区政府决定成立“幸福荷塘”三大行动领导小组，由区委书记邬凌云任政委，区委副书记、区长王利波任组长，区委副书记赖晓智，区委常委、宣传部长陈三龙，区人大副主任刘湘林，副区长程轶辉、余鹏，政协副主席方芳任副组长，领导小组下设三个工作组：公共卫生服务工作组，由副区长程轶辉任组长；养老服务工作组和“三社联动”工作组，由副区长余鹏任组长。各工作组在领导小组的统一领导下，按照“幸福荷塘”三大行动实施意见组织推进各项工作。各单位(部门)要高度重视，牢固树立群众观念，切实增强服务理念，持之以恒，精准发力，让“幸福荷塘”三大行动取得实实在在的成效。

附 件：

1. 荷塘区关于开展“三社联动”工作的实施意见
2. 荷塘区关于加快发展养老服务业的实施意见
3. 荷塘区加强基本公共卫生服务工作的实施意见

附件1

荷塘区关于开展“三社联动”工作的实施意见

为进一步创新基层社会治理、完善基层服务体系，打造现代服务型政府，推进基层治理体系和治理能力现代化，充分发挥社区、社会组织和社会工作者的作用，促进社区、社会组织和社会工作者，在社区服务、社区建设、社区治理方面联合行动、互相促进，结合荷塘区实际，特制定本实施意见。

一、指导思想

以党的十八届五中、六中全会精神为指导，牢牢把握“基层社会治理的核心是人，重心在城乡社区，关键是体制创新”的要求，坚持问题导向、目标导向、需求导向、基层导向，建立健全“党委领导，政府负责，社会协同，公众参与，法制保障”的社会治理格局，以社区公共服务工作为纽带，充分发挥社区的平台作用、社会组织的协同作用、社会工作人才的专业作用，进一步改善民生福祉，促进社会和谐。

二、工作原则

（一）政府主导，多元共治

发挥政府主导作用，履行依法规范、政策引导、资金投入等行政职责。充分发挥社区党组织领导核心作用，以社区党组织建设带动自治组织、群众组织、各类社会服务组织建设。鼓励调动社区辖区高校、企事业单位、居民、志愿者等多方广泛参与。

（二）需求导向，项目牵引

聚焦社区需求，积极探索政府购买服务项目，开发公益创投项目。使公共服务项目化运作。集中力量开发设计和实施基础民生保障的项目，切实推动社区公共服务及居民服务主体多元化，资源多样化，服务专业化，让居民群众从中获得实惠。

（三）夯实基础，创新驱动

以社区平台建设、社会组织培育和社会工作人才队伍建设为三大着力点，通过更新工作观念、完善联动手段，创新工作机制，广泛宣传，发动居民，构建邻里守望、互帮互助、自我管理、共建和谐的社会治理体系，促成社区、社会组织和社工资源共享、优势互补、相互促进的有机结合，加快形成政府与社会互联、互动、互补的社会治理新格局。

三、总体目标

以社区公共服务为切入点，加强社区治理结构改革、培育扶持社会组织健康发展、调动鼓励社会工作人才参与社区服务，并通过部门联动优化配置全区民生服务资源。

1.2017 年，确定 2 个街道开展“三社联动”试点，确定 8 个社区试点建立社区社工站，新培育 10 人以上的志愿者队伍 6 支、自治互助组织 4 支；建立区级社会组织孵化基地，孵化、培育 15 个专业养老、健康类公共服务机构；年底前实现每个街道建立 1 个社工服务中心，每个社区建立 1 个社工站；培养 80 名本土社工，其中专职社工不小于 30 人；原则上从 2017 年开始新进的社区工作人员必须持有社工证。

2. 到 2020 年，实现全区每个社区至少有 1 名专职社工岗位；每个街道至少拥有 1 家专业社工机构；每个城市社区有 10 个社会组织，农村社区有 5 个社会组织。

四、具体措施

（一）建立“三社联动”机制（区社管办、区民政局、区财政局、团区委、区妇联、区残联）

1. 建立“荷塘区社会组织孵化基地”（以下简称“基地”）。基地要有使用面积不低于 500 平米的场所和相应的设施。每年集中孵化培育 5 个养老社会组织和数个义工志愿者组织；每年举办 10 次、合计不少于 100 学时的内容涵盖组织能力建设、项目质量管理、公共关系能力、社会创新能力、信息管理能力、资源整合能力、财务管理能力等方面的专业培训；对孵化和培育的社区公共服务组织、义工队伍每周进行一次督导（包括团体督导和个别督导）；每年指导社会组织开展 5 场大型社区活动；每年开展 10 次社区工作人员社工专业培训；每年指导社会组织开展组织能力建设和服务项目不少于 10 次；组织或承接区政府相关部门开展的以社工或公益为主题的有利于推动荷塘本土社工发展的大型活动。

2、培养本土社工人才队伍，发挥专业人才骨干作用。采取“项目＋培训”的形式，在精准扶贫、养老服务、健康服务、社区服务等民生服务领域，每年组织开展干部职工社会工作专业理论及实务能力培训不少于10次，每年发展本土社会工作机构3个，培养本土社会工作人才30名。定期组织开展社区工作人员社会工作专业理论及实务能力培训，发展本土社会工作机构，培养本土社会工作人才。通过集中培训、考证辅导、服务督导、远程教育等多种形式，提升公共服务专业社工和志愿者（义工）的专业素养，积极探索“社工＋义工”服务模式，形成以“社工引领义工、义工协助社工”提供专业化服务的工作新格局。鼓励全区干部职工考取社会工作专业资格证书。

3、创新载体推进项目化管理。采取“党委政府引导、社会组织运营、专业方法服务、三社协同联动”的运营模式，以政府采购社工服务为载体，实现民间运作。职能部门梳理各自的民生服务责任清单，建立民生服务项目库。出台专项资金管理办法和绩效评估办法，充分发挥专项资金培育孵化社会组织的积极作用。

（二）建设社区社会工作平台（区社管办、区民政局、区财政局、区人社局、区卫计局、区教育局、团区委、区妇联、区残联、各街道、各社区）

1. 成立社区社工站。街道（合泰管理办公室）设置社工服务中心（隶属街道社会工作服务站），负责街道社工服务及指导社区社工站工作。社区设立“社区社工站”，社工站主要承担培育养老、健康服务类社区组织，广泛开展社会公共服务活动，建立社区志愿者队伍，开展“1+N”（以养老服务为主，其他弱势群体服务为辅）的专业服务，建立帮困解难的社区基金会等职责。

2. 设置专业社工岗位。通过政府购买服务的形式，每个社区设置1至2个专业社工岗位，聘请持证社工或者具有社会工作教育背景的专业人才进驻社区，为社区注入新鲜力量，同时要拓宽专业社工的上升通道。

3. 探索开展公益创投。通过社会招募和资金支持的方式，发现和培育公益创新项目。引导社会组织积极向养老、健康、扶幼、助残、济困等方面提供公共服务，满足居民多层次、多样化的需求，激发社会组织参与社区服务和社会建设的积极性和创造力。

（三）完善考核评价机制

为科学评价社会组织孵化和社工工作开展情况，建立综合的考核评价机制。

1. 部门综合评价。由区社管办牵头、区民政局、团区委、区妇联等相关部门共同协作，每年征集、评选优秀的公益服务项目，为获选的公益服务项目提供资金补贴和能力建设。同时强化考核评估，建立“事前评定、事中监管、事后评估”相结合的综合绩效评价体系，对获选的项目加强过程监督，分阶段报送项目进展情况，分阶段评估考核，分阶段拨付补助资金。

2. 居民满意度调查。抽取部分社会组织、社工、义工的服务对象、居民群众，开展问卷调查，检验工作成效。

3. 社管办系统评价。由社管办牵头分阶段对上报至自治家园平台的“三社联动”工作动态的资料、图片、文字的质量和效果进行评价考核。

五、方法步骤

（一）准备阶段（2017年3月底前完成）。区级层面4月中旬部署“三社联动”工作，明确任务，开展专项培训和辅导。街道、社区层面开展调查摸底，组织规划设计，组建领导机构，建立工作机制，开展工作对接，召开动员大会，适时开展政策培训，制订建设和管理标准，部署工作任务，全面启动工作。

（二）实施阶段（2017年5月～11月）。5月底前完成社区公共服务基础平台、社会组织培育孵化平台、社会工作者服务平台搭建，“三社联动”实现实体化运作，基本建立以项目为导向的政府购买服务模式。9月底，区成立工作组对工作推进情况组织中期评估。

（三）验收阶段（2017年12月底前）。各街道（合泰管理办公室）、社区根据工作任务进行自我评估。区民政局按照工作目标任务，对工作的完成情况进行综合评估，总结经验，推广典型。

六、工作要求

（一）强化领导，精心组织。区社管办为“三社联动”试点工作责任主体，要专人专抓，精心组织。完善工作具体措施和工作制度，分解工作任务，明确工作职责。深入检查指导，严格工作要求，强化工作落实。各试点街道和社区要安排人员，提前介入、提前准备，加强工作高度，确保试点任务圆满完成。

（二）上下联动，密切配合。以政府主导、社区支持、机构运作、市场化服务的“三社联动”的工作机制，形成齐抓共管、整体推进的工作格局。

1. 各街道（合泰管理办公室）要建立倒推工期制度和节点工作完成情况通报制度，督促工作推进；开展试点的社区和所在街道办事处（合泰管理办公室）要明确工作人员负责“三社联动”工作。

2. 社管办牵头负责“三社联动”的组织实施，对分阶段上报至自治家园平台的“三社联动”工作进行动态评价考核。

3. 区民政局牵头建立“荷塘区社会组织孵化基地”、指导街道（合泰管理办公室）社工服务中心和社区社工站的建设，负责甄别提供服务机构的资质，遴选机构，负责对社工进行管理和评价，并提供政策支持和业务指导。

4. 区财政局按照政策规定足额安排“三社联动”项目资金，对项目落实情况进行评估。

5. 区人社局确定购买专业社工的形式和薪酬、规范用工。

6. 区教育局、区卫计局、团区委、区妇联、区残联等要整合资源，组织相应的志愿者服务队伍联合开展公共服务活动。

（三）加强检查，严格考核。将按照节点组织检查，对工作推进情况进行通报；要成立评估专家组，通过第三方对社会组织申报的项目内容是否符合条件、项目方案是否符合居民需求以及项目资金使用、项目中期运行、末期完成情况进行系统评估。

（四）广泛宣传，营造氛围。要注重适时总结和挖掘“三社联动”成功经验，充分利用报纸、广播、电视、网络等媒体，多形式、多渠道、多层次宣传“三社联动”推动多元参与基层社会治理，构建和谐社区中的意义和作用。系统宣传社工理念，大力宣传先进事迹，为推动“三社联动”工作营造良好社会氛围。

附件2

关于加快发展养老服务业的实施意见

为进一步提升我区社会治理能力，加快推进养老服务业供给侧结构性改革，保障老年群体的基本需求，提升服务质量，促进社会公平和谐。根据《国务院关于加快发展养老服务业的若干意见》（国发〔2013〕35号）、《湖南省人民政府关于加快推进养老服务业发展的实施意见》（湘政发〔2014〕22号）以及《株洲市人民政府关于大力发展养老服务业的实施意见》（株政发〔2015〕4号）等相关文件精神，结合我区实际情况，制定本实施意见。

一、指导思想

为积极应对人口老龄化，突出保障和改善民

生，充分发挥政府的引导作用和市场的决定性作用，调动社会各方面的力量，逐步健全“以居家为基础、社区为依托、机构为支撑、法制为保障、医养相结合”的功能完善、规模适度、布局合理、覆盖城乡的养老服务体系，促进“9073”养老格局（90%的老年人在社会化服务协助下通过家庭照料养老，7%的老年人通过购买社区照顾服务养老，3%的老年人入住养老服务机构集中养老）的形成，逐步实现居家养老和机构养老互补发展，公办民办同步推进，城市农村均衡发展的良好局面。

二、总体目标

大力发展各类养老机构。2017年底，全区至少6个社区建成有400平方米左右的居家养老服务中心；到2020年底，全区所有街道至少建成一个400平方米以上的老年人日间照料中心（或托养中心），社区居家养老服务中心覆盖所有社区，老年人活动中心（农村幸福院）覆盖60%以上的村；实现每千名老年人拥有养老床位数35张以上，全区各种形式的养老服务床位总数达到1800张，平均每年新增养老床位200张。

三、具体措施

（一）加快完善养老服务阵地建设（责任单位：区城乡建设局、区民政局、区财政局、区发改局、公安荷塘分局、国土荷塘分局、规划荷塘分局、区消防大队、区残联、各镇、街道办事处、管委会、管理办公室）

1、依托“社区服务用房提质改造三年行动计划”和“三供一业”改造工作，大力推进养老服务用房和服务设施建设。没有参与提质改造和“三供一业”改造的社区可以通过购置、置换、租赁等方式开辟养老服务用房。新建和改造的社区服务用房要按照办公用房最小化、服务用房最大化的原则将主要服务阵地用于居家养老服务中心建设。力争2020年底前达到每千户室内养老服务场所不低于150平方米的标准，室外老年人活动场地不低于300平方米的要求。

2. 落实株政发〔2015〕4号文件精神，支持建设老年人日间照料中心（或托养中心）和居家养老服务中心等养老服务设施，新建小区按照人均用地不少于0.1平方米的标准，分级规划设置养老服务设施，做到与住宅同步规划、同步建设、同步验收、同步交付使用。国土、规划部门应把好审批关口，将街道、社区意见作为审批前置条件。国有资产管理部门应将同步建设的养老服务设施无偿交付街道管理和使用。努力创造条件逐步进行老年人家庭的无障碍改造，优先安排贫困、高龄、失能等老年人家庭设施改造。

（二）同步发展机构养老和社区居家养老（责任单位：区民政局、区发改局、区财政局、区人力资源和社会保障局、区文化体育和旅游局、区卫生和计划生育局、区统计局、公安荷塘分局、区地税局、环保荷塘分局、食品药品监督管理局荷塘分局、各镇、街道办事处、管委会、管理办公室等）

1. 加快推进公立养老院改革。高标准、高起点推进区敬老院选址、搬迁、提质改造工作，于2018年底完成区敬老院建设工程。引进社会资本，以公建民营或民办公助的方式整合公立养老院的资源，将仙庾敬老院建成区级福利中心，进一步扩大明照敬老院的规模和供养能力。

2. 鼓励社会力量投资提供多形式的养老服务。支持整合改造闲置社会资源发展养老服务机构，将城镇中废弃工厂、事业单位改制后腾出的办公用房、转型中的公办培训中心等，整合改造成养老服务场地。鼓励建管分离，养老服务设施由投资商兴建、专业养老机构运营、政府职能部门严格监管。鼓励兴办农家休闲养老，鼓励发展养老地产，鼓励投资老年生活服务、医疗康复、教育娱乐、老年用品、休闲旅游等养老服务产品。

3. 统筹推进三级居家养老服务建设。按照有规范名称、有服务场所、有管理制度、有专业团队的"四有"建设标准，统筹推进区级养老服务指导中心、街道老年人日间照料中心（或托养中心）和社区居家养老服务中心建设，打造家门口的老年人之家，并纳入到区政府绩效考核和民生实事考核工作。加强养老服务设施与社区、村服务中心及卫生、文化、体育等设施的功能衔接，发挥综合效益，各类公益性养老服务设施面向社会老年人开放。

4. 大力推进政府购买养老服务。积极探索尝试政府购买养老服务工作。一是研究制定区政府向社会力量购买服务的指导性目录，明确政府购买的服务种类、性质和内容，并适时进行动态调整。二是按照公平、公正、公开原则，及时、充分向社会公布购买服务的相关信息。积极发展多元化的购买服务方式。三是明确购买服务承接主体。政府购买服务承接主体包括在登记管理部门登记或经国务院批准免予登记的社会组织、按事业单位分类改革应划入公益二类或转为企业的事业单位，依法在工商管理或行业主管部门登记成立的企业、机构等社会力量。

5. 逐步完善区级养老服务信息平台建设。完善和及时更新为老数据，升级区级自治家园信息平台，打通养老服务与自治家园的数据对接，建立区、街道、社区三级信息网络，开通服务监督平台和日常管理平台，建立街道、社区适时公开为老信息制度，实现信息共享，为老年人提供健康管理、紧急救援、精神慰藉、服务预约、物品代购等零距离服务。

（三）加快推进医养融合发展（责任单位：区卫生和计划生育局、区民政局、区发改局、区统计局、区人力资源和社会保障局、各镇、街道办事处、管委会、管理办公室）

由区卫生和计划生育部门牵头，区人社、民政部门参与制定医养融合政策，推进医疗卫生与养老服务深度融合。依托现有医疗卫生与养老服务资源，通过不同的投融资渠道，建立机构融合型、社区嵌入型、居家服务型健康养老模式。

1. 促进医疗卫生机构与养老服务融合发展。引导社区卫生服务中心建立老年护理院或小型养老机构。对闲置床位较多的社区卫生服务中心可引入社会资本或养老机构合作，建设医养结合、老年康复的社区护理院。

2. 支持养老机构开展医疗服务。床位数在200张以内的养老机构，可就近与医疗卫生机构签订合作协议，建立应急通道，提供定期上门诊疗服务，有条件的可设立医务室或护理站；床位数在200张以上的养老机构，可设置1所专科医院或其他医疗机构，如老年病医院、康复医院、临终关怀机构等。鼓励符合条件的执业医师到养老机构、社区老年日间照料机构内设的医疗卫生机构多点执业。

3. 全面推进老年人社区健康管理服务。推进养老服务机构、老年人日间照料机构与社区卫生服务中心对接，为所在辖区内的老年人建立健康档案，建立社区医院与老年人家庭医疗契约服务关系，开展上门诊视、健康查体、保健咨询等服务。探索新模式推动解决失能人员基本生活照料和相关医疗护理等所需费用问题。

4. 鼓励社会力量兴办医养结合机构。支持社会力量通过特许经营、公建民营、公民合营、民办公助等模式，举办非营利性医养结合机构。支持社会力量通过市场化运作的方式，开办具有医疗卫生与养老服务资质、能力的医养结合机构。医养结合机构同等享受医疗卫生和养老服务的优惠政策。

（四）"三社联动"助力养老服务（责任单位：区民政局、区财政局、区社管办、区人力资源和社会保障局、团区委、各镇、街道办事处、管委会、管理办公室）

以社区、社工、社会组织“三社”联动融合为目标，支持社工组织发展，强化社工人才引进和培训，加大养老服务组织的孵化和义工志愿者的培育力度，全面助力全区养老服务，按照《荷塘区关于开展“三社联动”工作的实施意见》组织实施。

（五）推进养老服务业行业标准建设和监督，实行综合性评估机制（责任单位：区民政局、区财政局、区审计局、各镇、街道办事处、管委会、管理办公室）

按照有关法规、政策和标准，健全养老服务行业准入和退出机制，制定养老服务质量标准体系，加强养老服务业行业监督，增强法律保障。

实行综合性评估机制。一是成立项目评估评审委员会。政府购买的所有养老服务项目均采取由购买主体、专业机构及服务对象组成的评估评审委员会进行综合性评估模式。二是评估包括机构建设评估、服务档案评估和服务对象评估三部分。三是坚持事前、事中和事后全程评估，将动态性评估监督贯穿于政府购买服务全过程。事前评估，即评估养老服务机构的资质和服务对象的需求，以及项目的可行性分析；事中评估，即对养老服务过程进行监督、控制与评估，保证政府购买社区居家养老服务政策得到全面落实，更好实现预期目标；事后评估，即评估政策实施的群众满意度和相关政府部门的行政效能。

四、扶持政策

（一）积极争取上级资金。（责任部门：财政局、发改局、民政局、各镇、街道办事处、管委会、管理办公室）

全面了解国家、省、市关于养老事业的政策、支持方向和具体要求，加大协调对接力度，进一步争取中央、省、市财政、福利彩票公益金等资金，支持养老服务业的发展。

（二）加大区级财政投入（责任单位：区民政局、区财政局、各镇、街道办事处、管委会、管理办公室）

1. 建立政府购买养老服务项目补助制度。支持和扶助民办公益性养老服务机构提供养老专项服务。凡本区域范围内，只要其服务对象主要是本区户籍的政府托底保障对象，均可享受本项补助。具体由实施单位申报项目，经民政等相关部门核实，经综合评估其服务数量、服务效果、社会反响程度、资料建档等考核因素后，给予相应的项目补助经费。

2. 市财政对城市五区兴办的民办养老服务机构按照每张床位新建5000元、改建3000元的标准给予建设补贴。区级财政对2017年起新增项目配套安排新增床位补助，补助标准为新建3000元/张、改建2000元/张。

3. 建立日间照料中心（或托养中心）和居家养老服务中心分级分类补贴制度。制定老年人日间照料中心（或托养中心）、居家养老服务中心一类、二类建设标准，对区内运营的老年人日间照料中心（或托养中心）、居家养老服务中心，由购买主体、服务对象、专业机构进行综合评估认定，主要从场地设置、设施配备、队伍管理、制度建设、服务成效等方面进行综合评定。日间照料中心（或托养中心）按一类3万元/年、二类2万元/年的标准给予运营补贴。社区居家养老服务中心按一类2万元/年、二类1万元/年的标准给予运营补贴。

4. 建立财政补贴保费和政府购买社会组织参与养老服务补助制度。

（1）将三无、五保、低保、重点优抚对象、失独老人意外险纳入财政补贴范围，列入每年老龄事业资金预算。

（2）支持和鼓励养老机构购买养老机构责任险，在符合纳入市级补助的基础上，区级对各机构按照30元/床/年予以补助。

（3）继续实施90岁以上老年人普惠型高龄津贴制度，逐步提高津贴补助标准，实现本区户籍100岁及以上老年人高龄津贴每人每月500元，90～99岁老年人高龄津贴每人每月100元。

（三）推行政府购买养老服务，提高服务补贴标准（责任单位：区民政局、区财政局、区卫生和计划生育局、区总工会、各镇、街道办事处、管委会、管理办公室）

1. 政府购买服务的方式。通过招投标的方式确定居家养老服务机构和社会组织，为托底保障对象提供上门助餐、助浴、助洁、助急、助医、法律援助等定制服务，政府定期向从事居家养老服务的协议机构支付服务费。对入住养老机构的补贴对象，服务补贴可抵扣入住费用，由养老机构为补贴对象提供服务。

2. 托底保障对象基本养老服务补贴标准。对本区户籍的困难老年人，服务补贴以购买服务的方式，按A、B、C三类实施。

A类老人每月享受400元的服务补贴：年满70周岁的散居“三无”老人、五保老人、失独低收入老人和获市级以上劳模称号的低收入老人。

B类老人每月享受300元的服务补贴：年满60周岁且日常生活需要半护理或全护理的散居“三无”老人和五保老人、失独低收入老人。

C类老人每月享受200元的服务补贴：低收入的高龄、独居、失能等困难老年人。

3. 政府购买服务的评估措施。引入第三方评估机构，对基本养老服务质量进行综合评估，评估工作与服务经费支付同期进行，评估达标后方可支付相关服务费。

五、工作要求

（一）成立领导机构

成立区发展养老服务业工作领导小组，负责全区养老服务业发展的总体设计，统筹协调、整体推进和督促落实，由副区长余鹏任组长。领导小组办公室设在区民政局，承担对全区养老服务业发展的指导工作，负责促进我区养老服务业健康快速发展。

各街道、社区要切实加强组织领导，把满足人民群众日益增长的养老服务需求作为养老服务体制改革的重点，落实政府养老服务责任。区相关部门要按照确定的基本方向和框架体系，抓紧制定相关配套文件，进一步深化政策措施，并做好各项制度、政策之间的配套和衔接，逐步使政府购买养老服务工作制度化、规范化和科学化。

各单位（部门）具体职责如下：

1. 区民政局：主管社会养老服务工作。协同有关部门提出社会养老服务发展目标、工作任务及综合性政策建议，共同推进养老服务业发展；建立和完善社会养老服务需求评估、养老服务补贴、政府购买服务等制度，鼓励、引导社会力量参与养老服务业发展；负责养老机构设立许可和监督管理；协调、督促各成员单位制定、完善、落实机构养老、居家养老、信息管理系统、服务标准化、养老服务组织机构建设和人员队伍建设等相关政策。

2. 区统计局：会同有关部门，建立完善养老服务业统计制度。研究建立养老服务体系建设监测指标体系，定期发布全区养老服务体系建设量化监测情况，引导各地加快推进养老服务业发展。

3. 区发展和改革局：统筹安排社会养老服务基本建设项目和资金计划等；会同区民政局等相关部门制定相应的产业扶持政策和措施，积极培育养老服务业。会同有关部门，建立科学合理的养老服务定价机制，依法确定适用政府定价和政府指导价的范围，完善养老机构的收费定价机制。

4. 区财政局：负责安排发展社会养老服务所需经费列入财政预算，推进政府购买养老服务，加强养老服务有关资金管理。

5. 区人力资源和社会保障局：会同有关部门，综合管理养老护理人员职业技能培训、鉴定工作；将符合条件的养老机构内设立的医疗机构纳入基本医疗保险定点范围。

6. 区城乡建设局：将社会养老服务建设纳入全区住房和城乡建设发展规划、计划和政策措施的制定和实施。

7. 区文化体育和旅游局：配合相关部门开展老年文化、体育、旅游工作。发挥资源整合优势，增强文化发展活力，提高老年人文化生活。

8. 区卫生和计划生育局：会同有关部门，推进医养融合发展。建立健全医疗卫生服务和社会养老服务衔接制度，促进医疗卫生服务与社会养老服务资源相融合；建立医疗机构、社区卫生服务机构与养老机构、社区居家养老服务照料中心协作机制，为养老机构收住的老年人和居家的老年人提供基本医疗服务；负责养老机构内设医疗机构的执业验收，核发《医疗机构执业许可证》；依法加强对养老机构内设医疗机构的监督管理；引导鼓励社会力量开办老年康复医院和临终关怀医院等。

9. 区审计局：按照国家有关规定，对政府投资设立或者接受政府补助、补贴的养老机构的财务状况以及资金使用情况进行审计监督，依法向社会公布审计结果。

10. 区社管办：推动三社联动发展，创新社会治理，全面助力全区养老服务，鼓励发展养老社会组织，鼓励养老机构进驻社区。

11. 区残疾人联合会：配合政府有关部门做好残疾老年人需求评估和养老服务补贴、家庭无障碍改造等政策衔接；协助政府投资设立的养老机构收住重度残疾人；参与社区居家养老服务照料中心为残疾老年人提供居安养服务。

12. 公安荷塘分局：依法对养老机构进行备案，并定期开展安全教育和法制宣传。

13. 工商荷塘分局：负责营利性养老机构登记管理工作。

14. 区地税局：落实国家、省、市对养老机构、社区居家养老服务照料中心和其他养老服务组织的税收优惠政策。

15. 区消防大队：依法对养老机构进行消防许可或备案，并依法开展消防监督检查；督促、指导、协助有关部门对养老机构举办者和服务人员进行消防安全教育。

16. 国土荷塘分局：指导将养老服务设施建设用地纳入土地利用总体规划和年度用地计划，落实养老机构土地供应政策，依法办理土地使用权抵押登记。支持建设老年人日间照料中心和居家养老服务中心等养老服务设施，新建小区按照人均用地不少于0.1平方米的标准，分级规划设置养老服务设施。要求与住宅同步规划、同步建设、同步验收、同步交付使用。

17. 规划荷塘分局：负责将社会养老服务设施建设用地纳入城乡规划。配合有关部门制订、落实社会养老服务设施专项规划，并做好养老机构利用产权明晰的房产等固定资产办理抵押贷款登记手续。支持建设老年人日间照料中心和居家养老服务中心等养老服务设施，新建小区按照人均用地不少于0.1平方米的标准，分级规划设置养老服务设施。要求与住宅同步规划、同步建设、同步验收、同步交付使用。

18. 环保荷塘分局：负责开展对养老机构的环境保护评审工作等。

19. 食品药品监督管理局荷塘分局：依法对养老机构举办者和服务人员进行食品药品安全教育，依法对养老服务场所进行食品药品安全监管。配合有关部门依法做好养老服务企业的政策扶持和发展服务工作。

20. 工会、共青团等人民团体和养老服务行业协会、老年人组织、公益慈善组织、志愿者服务组织等社会组织，根据职责或者章程，参与相关社会养老服务工作。

21. 各镇、办、管委会、管理办：负责制定本辖区养老服务业发展规划、年度实施计划，组织实施本辖区内养老服务项目建设，做好相关协调和服务工作，并对本辖区的居家养老服务中心、日间照料中心（托养中心）等养老机构加强日常监管。及时报送养老服务业发展指标完成情况及发展工作动态至区发展养老服务业工作领导小组。

（二）广泛宣传发动

积极发挥各类新闻媒体作用，加强养老服务的宣传。定期组织开展优秀机构评选，调动社会力量参与养老服务的积极性，增强社会各界对养老服务的认同与支持。建立健全养老服务信息管理平台，依托信息网络技术，开展需求调查、计划发布、项目管理、政策宣传、信息公开等工作，提升养老服务管理水平。定期举办宣传周、项目推介会、展示会、公益创投等活动，为民办社会工作服务机构交流经验、推广项目、争取资源创造条件。

（三）加大经费投入

财政部门要将政府购买养老服务经费列入财政预算，逐步加大财政投入力度，扩大政府购买养老服务范围和规模，带动建立多元化服务投入机制。从民政部门留用的彩票公益金中安排资金，用于购买养老服务。鼓励社会资金支持购买养老服务。严格资金管理，确保资金使用安全规范、科学有效。

（四）提升服务绩效

健全养老服务监督管理制度，形成完善的服务项目购买文件档案，制定具体、详实、严格的专业服务、资金管理及效果评价等方面指导标准。切实加强过程监管，对专业服务过程、任务完成和资金使用情况等进行督促检查。

附件3

荷塘区加强基本公共卫生服务工作的实施意见

为进一步强化基本公共卫生服务能力，提升居民生活健康水平，根据国家卫生计生委、财政部、国家中医药管理局《关于做好2016年国家基本公共卫生服务项目工作的通知》（国卫基层发〔2016〕27号）以及株洲市关于印发《提升基层医疗卫生服务能力实施方案的通知》（株卫发〔2016〕75号）文件精神，结合我区实际，特制定本实施意见。

一、指导思想

以深化医药卫生体制改革为重点，坚持服务数量与质量并重，服务效果优先为导向原则，紧扣群众需求，切实转变服务理念，完善我区公共卫生服务体系，提升社区卫生服务中心（卫生院）的服务能力，不断增强全区居民对基本公共卫生服务的获得感和幸福感。

二、总体目标

到2017年底，实现居民健康档案建档率达到75%以上，动态管理率达到60%以上；居民健康相关知识知晓率达到80%；疫苗接种率达到90%以上；0～6岁儿童系统管理率达到85%以上；孕产妇系统管理率达到85%以上；老年人健康管理率达到65%以上，年度体检率达到50%；高血压、糖尿病管理率分别达到40%、35%以上。到2020年底，实现基本建立覆盖城乡居民的基本医疗卫生制度，公共卫生服务均等化的机制基本完善。

三、主要任务

（一）建立巡诊工作机制（责任单位：区卫生和

计划生育局、区城管局、区妇幼、区疾控、各社区卫生服务中心、卫生院，各镇、街道、管委会，村、社区）

转变基层医疗服务理念，推动单纯的临床医疗服务向健康管理转型，让广大民众与全科医生团队之间建立长期、连续、可及的服务关系，增强群众对基层医疗服务的获得感，逐步实现“基层首诊、分级诊疗、双向转诊、有序就医”格局，提高居民的健康保障水平。

1. 确定流动巡诊点。在居民小区、人口集聚地、单位、物业管理处、养老机构（居家养老点）、日间照料中心建立若干流动巡诊点。

2. 组建巡诊服务团队。（1）城区组建一定数量的全科医生服务团队，配备便携式的体检设备和常用药品、健康教育资料等，负责开展流动巡诊工作，通过巡诊将服务送到小区、送到楼栋、送到居民家中。（2）农村由“全科医生＋乡村医生”组成的巡诊队，走村串户开展巡回医疗和卫生巡查。（3）充分发挥区内医联体作用，利用其技术和资源优势，建立“义诊专家库”，开设“义诊集市”，为群众提供各类专科免费诊疗服务。

3. 明确巡诊内容。按照“定期＋按需”的原则，开展连续的巡诊上门服务，内容包括建立健康档案、老年人健康体检、慢性病普查、常见病、多发病诊疗、发放健康教育处方、健康教育、重点人群访视、签约服务等。

（二）开展健康教育活动（责任单位：区卫生和计划生育局、区城管局、区民政局、区文体新局、区残联、区计生协会、区疾控中心、社区卫生服务中心、卫生院，镇、街道、管委会，村、社区）

紧紧围绕群众所好、所乐、所需，积极开展各种形式的健康教育与宣传活动，普及健康的行为和生活方式，预防疾病，促进健康。

1. 开展健康主题日咨询。结合世界卫生日、全国高血压日、世界糖尿病日、出生缺陷防控日等各种健康主题日和辖区重点健康问题，开展健康咨询活动，倡导健康生活方式。

2. 开展健康文体活动。联合镇（街道、管委会）、村（社区）居委会、物业公司或结合老年协会、计生协会、文化站等单位和群团组织共同举行丰富有益的健康文体活动，寓教于乐，引导市民关注自身健康，提升全民健康素养水平。

3. 开展健康巡讲活动。邀请上级医院的专家，抽调基层医疗机构的医护人员，组成“健康巡讲团”，根据不同人群的需求，以及季节多发病情况，走进学校、企业、机关、小区（村民小组）、居家养老点、日间照料中心、市民休闲广场等举行健康讲座。

（三）强化重点人群管理（责任单位：镇、街道、管委会、村、社区、区教育局、区卫生和计划生育局、区妇幼保健计划生育中心、区疾控中心、各社区卫生服务中心、卫生院）

以0～6岁儿童，孕产妇、老年人、慢性病人等为服务重点，按照《国家基本公共卫生服务规范》要求，分人群类别做好精准服务。

1. 建立“慢病患者俱乐部”。组织高血压、糖尿病患者加入“慢病患者俱乐部”，为患者提供免费体检、用药指导等基本公共卫生服务，并开展郊游徒步、厨艺比赛、案例讨论等特色活动，以此促进居民养成科学的健康生活方式、逐步形成群防群控、自我管理的良好氛围。

2. 建立“孕妈服务中心”。整合孕产妇、0～6岁儿童、计划免疫等工作，在社区卫生服务中心（卫生院）建立“孕妈服务中心”，为孕产妇、婴幼儿提供全过程、优质服务，并定期邀请妇保、儿保方面的专家，开展出生缺陷防控、计划生育指导、儿童保健等知识讲座和技能指导。

3. 开展儿童健康体检。每年4–6月，由社区卫生服务中心（卫生院）负责到辖区内幼儿园集中开展3～6岁儿童免费体检，及时发现问题早期矫治，提高儿童健康水平。

（四）探索医养结合模式（责任单位：区民政局、区卫生和计划生育局、各社区卫生服务中心、卫生院）

根据《关于推进医疗卫生与养老服务相结合的实施意见》（湘政办发[2016]年86号）文件精神，围绕老年人预防保健、医疗卫生、康复护理、生活照料等需求，探索医养结合政策，提升健康养老服务水平。

1. 推进基层医疗机构与养老机构合作。按照“就近便捷、互利互惠”的原则，明确双方责任，完善协助机制，推进医疗卫生机构和养老机构开展多种形式的协议合作，为入住老年人提供医疗巡诊、健康管理、保健咨询、预约就诊、中医养生保健等服务。在有条件的基层医疗机构建立医疗养老联合体，整合医疗、康复、养老和护理资源，为老年人提供治疗期住院、康复期护理、稳定期生活照料一体化的健康和养老服务。

2. 推进老年人健康管理服务。建立健全老年人健康管理服务制度，加强老年人健康管理档案信息动态管理。对高龄、失能以及计划生育家庭家庭等行动不便或确有困难的老年人，提供上门巡诊，家庭病床、社区护理、健康管理等基础服务。推行家庭医生签约服务和医疗服务，为辖区内自愿签约的居家老年人提供连续的健康管理服务。

3. 大力发展中医药健康养老服务。支持养老机构开展融合中医健康管理的老年人养生保健、医疗、康复、护理服务，鼓励有条件的养老机构设置以老年病、慢性病防治为主的中医诊疗室，鼓励各级医疗卫生机构，养老服务机构大力推广应用中医药适宜技术。

四、保障措施

（一）加强基层医疗机构能力建设。夯实基础，加大对基层医疗机构的投入，把基层医疗机构建设好，优化好。

1. 全面提升医务人员综合素质。强化基层医务人员培训，鼓励基层卫生技术人员提高医学学历层次，支持其参加学历教育。加强乡村医生继续教育，对于按规定参加学历教育并取得医学相应的在岗乡村医生，政府对其学费可予以适当补助。转变服务理念，强化服务意识，要把传统的坐等服务转变为巡诊上门服务，认真落实首诊负责制、首问负责制，打造优质服务、亲情服务、感动式服务，提高服务水平。

2. 加强硬件设施建设。合理配置与业务发展和当地群众医疗卫生服务需求相适宜的医疗设备，不断提升基层医疗卫生机构的辅助诊断、健康管理水平和急诊急救处置能力。卫生院配备临床所需的医疗设备和急诊急救设备，社区卫生服务中心重点配备医疗康复设备和基本公共卫生服务设备。推进社区公共卫生服务平台与“自治家园”系统融合，实现数据互联共享和高效使用。建立健康服务地图，实现健康精准服务。

3. 逐步建立分级诊疗体系。探索建立纵向医疗联合体，在医疗联合体内建立二三级医院和基层医疗机构分工协作机制，推动医疗卫生资源优化整合，合理流动，下沉到基层。开展二三级医院对基层医疗机构的对口支援，承担对基层医疗机构的业务指导、技术支持、人才培养等任务，帮助提高基本医疗服务水平。建立基层医疗卫生机构与上级医院间固定协作关系，开通转诊绿色通道，方便患者合理转诊。

4. 改革绩效工资制度。结合医务人员工作特点，深化绩效工资改革，单位绩效工资总额与提供的医疗卫生服务数量和质量挂钩，合理拉开收入差距，体现多劳多得、优质优酬，提高医护人员的积极性；采取设立首席医师、服务标兵等方式，给予优秀业务骨干奖励。

（二）建立联动工作机制。建立“政府主导、社会参与；卫计牵头、部门联动；上下一体、资源共享”的公共卫生服务工作机制，形成齐抓共管、整体推进的工作格局，共同推进基本公共卫生服务项目深入开展。

1. 建立部门信息互通机制。由区卫生计生局牵头，建立“相关区直部门—街道办事处—村、社区—社区卫生服务中心”四方信息通道，加强各单位之间的沟通联系，资源共享，共同参与，为居民提供更加优质、多样的基本公共卫生服务。

2. 充分发挥社会组织和志愿者队伍作用。吸纳小区物业管理人员、门栋楼栋长、辖区单位管理人员、社区有一定医护知识的热心人士，建立志愿者队伍，了解、汇总居民的各类健康需求并定期与全科医生沟通，协助开展流动巡诊、上门服务、健康巡讲等工作。充分发挥社会组织和社工的积极作用，探索巡诊、上门服务新模式。

（三）加大政策支持与资金投入。

1. 争取上级政策支持。各职能部门和项目单位要结合自身职能深入研究专项领域的支持政策，要加强对上联络，强化信息沟通，争取更多政策、项目和资金支持。

2. 加大资金投入力度。（1）以考定补。制定巡诊工作考核细则，根据全科医生团队提供的服务数量和质量，结合群众满意度，给予全科医生团队一定的绩效考核补助。建立促进责任落实的奖惩措施，对责任主体单位各社区卫生服务中心（卫生院）按季度进行综合考核，对先进单位给予适当奖励。（2）据事奖补。对各单位开展政策宣传、健康教育等活动，根据宣传效果与活动规模，结合居民满意度，给予适当补助。

五、工作要求

（一）加强组织领导。成立区基本公共卫生服务工作组，由分管副区长程轶辉担任组长，成员单位包括各镇（街道、管委会）与村（社区）居委会、区委宣传部、区社管办、区编办、区残联、计生协会、区教育局、区民政局、区财政局、区人社局、区城管局、区文化体育和旅游局、区卫计局、区妇幼保健计划生育中心、区疾病预防控中心、区卫生计生执法局、社区卫生服务中心（卫生院），领导小组办公室设在区卫生和计划生育局，具体负责全区基本公共卫生服务工作统筹协调、整体推进和督促落实。

（二）营造发展环境。广泛开展政策宣传活动，通过组织基层医护人员和志愿者队伍深入各居民小区、村民小组上门宣传；通过报刊、广播、电视、网络、微博、微信、短信等开展多种途径宣传；利用基层卫生计生“三栏”和婚育学校，积极拓展公交系统广告、户外广告、楼宇电视广告等宣传阵地，为项目开展营造良好氛围。

（三）强化督导评估。由区财政局、区卫计局牵头，引入第三方组织，建立项目考核评估组，制定项目评价标准体系，对以社区卫生服务中心为责任主体的单位开展服务行为监督、服务质量评价，加强对公卫服务资金的监管，确保财政资金使用效益。

荷塘区基本公共卫生服务工作组成员单位职责

1. 镇（街道、管委会）与村（社区）居委会要了解和掌握居民的健康需求，组织发动居民广泛参与健康活动，引导居民主动接受全科医生巡诊、义诊、健康管理等服务；对特殊人群建档立卡，上传数据到“自治家园”系统，便于全科医生开展精准服务；组建医卫志愿者队伍，利用群团和社会组织，协助开展公共卫生服务。城区确定社区卫生服务中心全科医生团队流动巡诊点，农村建设好村卫生室，新建村卫生室原则上在人口集中、交通方便的地点，或与村部共建，由村委会无偿提供建设用地，纳入新农村建设范畴。

2. 区委宣传部负责公共服务项目的宣传推广，将中央、省、市关于公共卫生一系列新的决定、政策、法规和新的形势任务纳入各级党委学习的内容。

3. 区社管办负责“自治家园”与基本公共卫生服务系统的互联互通建设。

4. 区编办要科学合理配置基层医疗单位机构编制资源。

5. 区残联、计生协会等群团组织要整合资源，配合开展各类健康服务和活动。

6. 区教育局要配合开展传染病防控、儿童健康体检及疫苗查漏补种工作。

7. 区民政局要加强辖区内养老机构、居家养老点的健康服务工作衔接和政策支持。

8. 区财政局要按照政策规定足额安排基层医疗卫生机构各项补助资金，对项目落实情况进行评估。

9. 区人社局要对卫生专业技术人才引进、薪酬制度、规范用工给予政策倾斜和业务指导。

10. 区城管局要对开展公共卫生户外宣传与巡诊义诊活动场地给予支持。

11、区文化体育和旅游局要协助开展健康文体活动。

12、区卫计局要加强基层医疗机构管理，提高医疗卫生服务能力和质量，制定项目实施方案，具体牵头流动巡诊、义诊集市等活动的开展，加强绩效评估，并及时总结推广经验。

13、区妇幼保健计划生育中心负责儿保、妇保、出生缺陷防控、叶酸增补项目的业务督导和培训，确保儿保、妇保管理率达标，牵头负责“孕妈服务中心”活动开展。

14、区疾病预防控中心负责健康档案、健康教育、计划免疫、慢性病和重性精神病等项目的业务指导和培训，确保各项指标达标，牵头负责“健康巡讲”、“慢病患者俱乐部”活动开展。

15、区卫生计生执法局负责卫生监督协管工作的指导与培训，负责落实卫生监督管理工作。

16、社区卫生服务中心(卫生院)负责全科医生团队(乡村医生)巡诊和活动开展，全面落实基本公共卫生服务。

中共株洲市荷塘区委员会印发《关于株洲市荷塘区委常委会落实“两学一做”学习教育常态化制度化的十条措施》的通知

株荷发〔2017〕10号

仙庾镇党委、各街道党工委，合泰管理办公室党工委，荷塘月色示范区党工委，区直机关各部门(单位)、各人民团体、企事业单位党(工)委(党组、总支、支部)：

《中共株洲市荷塘区委常委会落实“两学一做”学习教育常态化制度化的十条措施》已经区委同意，现印发给你们，请参照执行。

中共株洲市荷塘区委员会

2017年5月12日

中共株洲市荷塘区委常委会落实“两学一做”学习教育常态化制度化的十条措施

根据中央、省委、市委和区委关于推进“两学一做”学习教育常态化制度化的意见要求，落实学习教育常态化制度化，要突出抓住“关键少数”，坚持领导带头、以上率下，从区委常委会和常委同志做起，推动领导机关和领导干部学在先、做在前，树标杆、作示范。党员领导干部要坚持把“两学一做”作为锤炼党性的基本功、必修课，加强政治能力训练和政治历练，为党员群众作出榜样。为认真落实好这一要求，发挥好区委常委会引领示范作用，现就区委常委会落实“两学一做”学习教育常态化制度化，提出“十个带头”的工作措施。

一、带头旗帜鲜明讲政治、守规矩。常委同志要牢固树立“四个意识”，自觉在政治方向、政治路线、政治立场、政治主张上同以习近平同志为核心的党中央保持高度一致，坚决维护党中央权威和集中统一领导，不断提高把握方向、把握大势、把握全局的能力。要严守政治纪律和政治规矩，提高政治警觉性和政治鉴别力，不管风吹雨打，始终保持定力、站稳立场。

二、带头搞好中心组学习和个人学习。区委常委会要把学党章党规、学习习近平总书记系列重要讲话作为中心组学习的主要内容，开展专题式、互动式、调研式学习，全年专题学习不少于4次。常委同志要根据自身实际制定个人自学计划，坚持读原著、学原文、悟原理，在全面系统学习的基础上，列出重点篇目精读深悟，每年至少撰写1篇学习心得、调研报告或理论文章，区委主要负责同志每年至少作1次专题辅导报告。

三、带头严肃党内政治生活。常委同志要坚决贯彻执行《关于新形势下党内政治生活的若干准则》，严格自我要求和自我约束，增强党内政治生活的政治性、时代性、原则性、战斗性。高质量开好区委常委会领导班子民主生活会，拿起并用好批评和自我批评这一有力武器。时刻牢记自己第一身份是党员，自觉以普通党员的身份参加所在党支部或党小组的“三会一课”、组织生活会、民主评议党员以及支部主题党日等活动，自觉按月足额交纳党费，自觉每年到所在党支部、到本人分管或联系的工作领域、到农村、社区、企业等基层单位党支部讲1次党课，与基层同志一起查摆解决问题、共同接受教育。自觉每年至少参加1个下级党组织或者分管联系单位领导班子民主生活会，发现问题并及时纠正。

四、带头深查细照改问题。常委同志要认真对照党章党规、对照系列讲话、对照先进典型，把自己摆进去，经常自省修身，进行“党性体检”；要查找分析理想信念是否坚定、对党是否忠诚老实、在大是大非面前是否旗帜鲜明、是否做到在思想上政治上行动上同以习近平同志为核心的党中央保持高度一致；着力解决党的意识不强、组织观念不强、发挥作用不够等问题。对待问题要不回避、不遮掩、不拖沓，坚持开门纳谏，认真听取群众意见诉求，对标问题，制定整改措施，逐条逐项整改落实到位。

五、带头经常性地开展谈心谈话。区委书记与每位区委常委同志、常委同志相互之间、常委同志与分管部门主要负责同志、常委同志与本人所在党支部党员代表，要以交流思想、征求意见、提醒帮助为重点，经常性开展谈心谈话。常委同志每年至少与干部群众开展2次谈心活动，其中区委书记每年与镇（街道、管委会）党（工）委书记普遍谈心谈话至少1次。

六、带头落实联系基层、服务群众制度。常委同志要带头落实好《关于荷塘区党员干部密切联系服务群众制度的实施意见》（株荷发〔2014〕16号）等联系基层、服务群众的制度文件精神，结合每月8日、9日的“群众工作日”“党员活动日”等活动，定期到基层接待群众来访、与干部群众谈心、到党代表工作室接待党员和群众，密切与人民群众的联系。每年到基层调研时间不少于60天，至少进行1次蹲点调研；每年到“两学一做”联系点（党建帮扶联系点）不少于4次，其中指导、调研联系点的“两学一做”学习教育常态化制度化工作和党建工作不少于2次，到联系点的党代表工作室接待党员和群众不少于2次，每次至少半天；入户走访基层党员群众每年不少于10户，至少联系帮扶1户贫困户。

七、带头严格执行中央八项规定、省委九项规定和市委、区委关于改进干部作风的若干规定。常委同志要坚持以身作则，带头改进作风、坚决反对“四风”，自觉同特权思想和特权现象作斗争，从严要求自己，从严管好亲属和身边工作人员，如实向市委报告个人重要事项，模范遵守社会公德、职业道德、家庭美德，心存敬畏、手握戒尺，自觉保持好清正廉洁的政治本色，维护好全区风清气正的政治生态。

八、要带头当好“五个先锋”。结合正在开展的“项目攻坚年”“企业帮扶年”“幸福荷塘”三大行动等工作，常委同志要带头忠于职守、履职尽责，继续开展好“争当五个先锋，作好五个表率”主题实践活动，带头当好项目攻坚、企业帮扶、扶贫帮困、改革创新、服务群众“五个先锋”，作攻坚克难、优质服务、推动发展、精准帮扶、践行宗旨的表率，推动学习教育与全区中心工作、重点任务深度融合，示范引领广大党员铭记党员身份，积极为党工作，奋发有为、建功立业。

九、带头健全区委常委会工作机制。要认真抓好《株洲市荷塘区关于贯彻落实〈中共湖南省委办公厅关于党委（党组）领导班子贯彻落实“三重一大”事项集体决策制度的若干意见〉的实施办法》（株荷办发〔2014〕39号）和《关于进一步完善区委常委会议事规则的意见》（株荷发〔2014〕15号）等文件精神的落实，加强区委常委会思想政治建设，切实强化干事创业的责任担当；严格执行民主集中制，坚持集体领导和个人分工负责相结合，执行区委常委会议事规则和决策程序，做到议而有决、决而有行、形而有效，不断提高区委常委会议事决策水平和领导发展能力。

十、带头推进“两学一做”学习教育常态化制度化。区委常委会要把推进“两学一做”学习教育常态化制度化工作纳入全区各级党组织党建工作考核的重要内容，每年定期或不定期召开常委会，进行专题研究和评估。常委同志要加强对分管领域、分管单位和基层联系点“两学一做”学习教育常态化制度化工作的督促指导，有关情况每年要在区委常委班子民主生活会上报告。

中共株洲市荷塘区委员会
关于认真学习宣传贯彻党的十九大精神的通知

株荷发〔2017〕16号

仙庾镇党委，各街道党工委，合泰管理办公室党工委，荷塘月色示范区党工委，区直机关各部门（单位）、各人民团体、企事业单位党（工）委（党组、总支、支部）：

根据《中共株洲市委关于认真学习宣传贯彻党的十九大精神的通知》文件精神，为深入学习宣传贯彻党的十九大精神，把全区广大党员干部群众的思想统一到党的十九大精神上来，把力量凝聚到实现党的十九大确定的各项任务上来，现就我区学习宣传贯彻党的十九大精神有关事项通知如下：

一、充分认识学习宣传贯彻党的十九大精神的重大意义

中国共产党第十九次全国代表大会于10月18日至24日在北京举行。这是在全面建成小康社会决胜阶段、中国特色社会主义进入新时代的关键时期召开的一次十分重要的大会。大会高举中国特色社会主义伟大旗帜，以马克思列宁主义、毛泽东思想、邓小平理论、“三个代表”重要思想、科学发展观、习近平新时代中国特色社会主义思想为指导，分析了国际国内形势发展变化，回顾和总结了过去5年的工作和历史性变革，作出了中国特色社会主义进入了新时代、我国社会主要矛盾已经转化为人民日益增长的美好生活需要和不平衡不充分的发展之间的矛盾等重大政治论断，深刻阐述了新时代中国共产党的历史使命，确立了习近平新时代中国特色社会主义思想的历史地位，提出了新时代坚持和发展中国特色社会主义的基本方略，确定了决胜全面建成小康社会、开启全面建设社会主义现代化国家新征程的目标，对新时代推进中国特色社会主义伟大事业和党的建设新的伟大工程作出了全面部署。大会批准了习近平同志代表十八届中央委员会所作的《决胜全面建成小康社会夺取新时代中国特色社会主义伟大胜利》的报告，批准了中央纪律检查委员会的工作报告，审议通过了《中国共产党章程(修正案)》，选举产生了新一届中央委员会和中央纪律检查委员会。

习近平同志的报告，深刻回答了新时代坚持和发展中国特色社会主义的一系列重大理论和实践问题，描绘了决胜全面建成小康社会、夺取新时代中国特色社会主义伟大胜利的宏伟蓝图，进一步指明了党和国家事业的前进方向，是全党全国各族人民智慧的结晶，是我们党团结带领全国各族人民在新时代坚持和发展中国特色社会主义的政治宣言和行动纲领，是马克思主义的纲领性文献。《中国共产党章程(修正案)》将习近平新时代中国特色社会主义思想写入党章，确立为我们党必须长期坚持的指导思想。修改后的党章充分体现了党的十八大以来党的理论创新、实践创新、制度创新成果，充分体现了党的十九大报告确立的重大理论观点和重大战略思想，对推进党的事业和党的建设必将更好发挥规范和指导作用。

中央纪律检查委员会工作报告，从十个方面总结回顾了过去五年全国纪检监察工作的成绩，用“七个必须”归纳了过去五年的工作体会，就今后五年工作提出了六个方面的建议。学习中要深刻认识到，全面从严治党是十八届中央管党治党、治国理政的重大政治成就和最突出亮点，成绩来之不易，经验弥足珍贵，充分彰显了以习近平同志为核心的党中央巨大政治勇气、顽强意志品质和强烈责任担当。全面从严治党永远在路上，必须扛牢抓实管党治党“两个责任”，坚定正风肃纪、惩治腐败的信心决心和战略定力，推动管党治党从宽松软走向严紧硬，实现党内政治生态根本性好转。

党的十九届一中全会选举产生了以习近平同志为核心的新一届中央领导集体，一批经验丰富、德才兼备、奋发有为的同志进入中央领导机构，充分显示出中国特色社会主义事业蓬勃兴旺、充满活力。

认真学习宣传贯彻党的十九大精神，事关党和国家工作全局，事关中国特色社会主义事业长远发展，事关最广大人民根本利益，对于动员全党全国各族人民更加紧密地团结在以习近平同志为核心的党中央周围，高举中国特色社会主义伟大旗帜，坚定道路自信、理论自信、制度自信、文化自信，为实现推进现代化建设、完成祖国统一、维护世界和平与促进共同发展三大历史任务，为决胜全面建成小康社会、夺取新时代中国特色社会主义伟大胜利、实现中华民族伟大复兴的中国梦、实现人民对美好生活的向往继续奋斗，具有重大现实意义和深远历史意义。

学习宣传贯彻党的十九大精神，是当前和今后一段时期的首要政治任务。全区各级党组织要充分认识学习宣传贯彻党的十九大精神的重大意义，切实增强学习宣传贯彻大会精神的主动性、自觉性和坚定性，把全区广大党员干部群众的思想行动统一到大会精神和决策部署上来，把各方面的智慧力量凝聚到实现大会确定的目标任务上来，始终与以习近平同志为核心的党中央保持高度一致，切实提高贯彻落实党的十九大精神的自觉性和坚定性，在学懂弄通做实上下功夫。

二、全面准确学习领会党的十九大精神

学习领会党的十九大精神，必须坚持全面准确，坚持读原著、学原文、悟原理，做到学深悟透。要认真研读党的十九大报告和党章，学习习近平总书记在党的十九届一中全会上的重要讲话精神，着重把握以下几个方面。

1. 深刻领会党的十九大的主题。不忘初心，牢记使命，高举中国特色社会主义伟大旗帜，决胜全面建成小康社会，夺取新时代中国特色社会主义伟大胜利，为实现中华民族伟大复兴的中国梦不懈奋斗。这是党的十九大的主题，明确回答了我们党在新时代举什么旗、走什么路、以什么样的精神状态、担负什么样的历史使命、实现什么样的奋斗目标的重大问题。中国共产党人的初心和使命，就是为中国人民谋幸福，为中华民族谋复兴。这个初心和使命是激励中国共产党人不断前进的根本动力。中国特色社会主义是改革开放以来党的全部理论和实践的主题，在未来的征程上，要高举中国特色社会主义伟大旗帜，更加自觉地增强道路自信、理论自信、制度自信、文化自信，确保党和国家事业始终沿着正确方向胜利前进。决胜全面建成小康社会是到2020年必须完成的奋斗目标，要举全党全国之力，为实现第一个百年奋斗目标而奋斗。全面建成小康社会是党和国家事业发展的一个阶段性目标，这个目标实现后，我们要在新的历史起点上夺取新时代中国特色社会主义伟大胜利，为实现中华民族伟大复兴中国梦不懈奋斗。

2. 深刻领会习近平新时代中国特色社会主义思想这一理论新成果。党的十八大以来，以习近平同志为核心的党中央，坚持解放思想、实事求是、与时俱进、求真务实，坚持辩证唯物主义和历史唯物主义，紧密结合新的时代条件和实践要求，以全新的视野深化对共产党执政规律、社会主义建设规律、人类社会发展规律的认识，进行艰辛理论探索，取得重大理论创新成果，创立了习近平新时代中国特色社会主义思想。习近平新时代中国特色社会主义思想，是对马克思列宁主义、毛泽东思想、邓小平理论、“三个代表”重要思想、科学发展观的继承和发展，是马克思主义中国化最新成果，是党和人民实践经验和集体智慧的结晶，是中国特色社会主义理论体系的重要组成部分，是全党全国人民为实现中华民族伟大复兴而奋斗的行动指南，必须长期坚持并不断发展。习近平新时代中国特色社会主义思想，从理论和实践结合上系统回答了新时代坚持和发展什么样的中国特色社会主义、怎样坚持和发展中国特色社会主义这个重大时代课题，回答了新时代坚持和发展中国特色社会主义的总目标、总任务、总体布局、战略布局和发展方向、发展方式、发展动力、战略步骤、外部条件、政治保证等基本问题，并且根据新的实践对经济、政治、法治、科技、文化、教育、民生、民族、宗教、社会、生态文明、国家安全、国防和军队、“一国两制”和祖国统一、统一战线、外交、党的建设等各方面作出理论分析和政策指导。党的十九大报告用“8个明确”概括了这一思想的主要内容。为贯彻落实习近平新时代中国特色社会主义思想，党的十九大报告提出新时代坚持和发展中国特色社会主义的基本方略，并概括为“14个坚持”。习近平新时代中国特色社会主义思想，是指导思想层面的表述，在行动纲领层面称之

为中国特色社会主义基本方略。要全面贯彻党的基本理论、基本路线、基本方略，更好引领党和人民事业发展。

3. 深刻领会党的十八大以来党和国家事业发生的历史性新变革。党的十八大以来的5年，是党和国家发展进程中极不平凡的5年。5年来，以习近平同志为核心的党中央科学把握当今世界和当代中国发展大势，顺应实践要求和人民愿望，举旗定向、运筹帷幄，统揽伟大斗争、伟大工程、伟大事业、伟大梦想，统筹推进“五位一体”总体布局、协调推进“四个全面”战略布局，以巨大的政治勇气和强烈的责任担当，提出一系列新理念新思想新战略，出台一系列重大方针政策，推出一系列重大举措，推进一系列重大工作，解决了许多长期想解决而没有解决的难题，办成了许多过去想办而没有办成的大事，推动党和国家事业发生历史性变革。5年来的成就是全方位的、开创性的，5年来的变革是深层次的、根本性的。这些历史性变革，对党和国家事业发展具有重大而深远的影响。

4. 深刻领会中国特色社会主义进入了新时代的新论断。经过长期努力，中国特色社会主义进入了新时代，这是我国发展新的历史方位。这个新时代，是承前启后、继往开来、在新的历史条件下继续夺取中国特色社会主义伟大胜利的时代，是决胜全面建成小康社会、进而全面建设社会主义现代化强国的时代，是全国各族人民团结奋斗、不断创造美好生活、逐步实现全体人民共同富裕的时代，是全体中华儿女勠力同心、奋力实现中华民族伟大复兴中国梦的时代，是我国日益走近世界舞台中央、不断为人类作出更大贡献的时代。中国特色社会主义进入新时代，在中华人民共和国发展史上、中华民族发展史上具有重大意义，在世界社会主义发展史上、人类社会发展史上也具有重大意义。这意味着近代以来久经磨难的中华民族迎来了从站起来、富起来到强起来的伟大飞跃，迎来了实现中华民族伟大复兴的光明前景；意味着科学社会主义在21世纪的中国焕发出强大生机活力，在世界上高高举起了中国特色社会主义伟大旗帜；意味着中国特色社会主义道路、理论、制度、文化不断发展，拓展了发展中国家走向现代化的途径，给世界上那些既希望加快发展又希望保持自身独立性的国家和民族提供了全新选择，为解决人类问题贡献了中国智慧和中国方案。

5. 深刻领会我国社会主要矛盾发生变化的新特点。中国特色社会主义进入新时代，我国社会主要矛盾已经转化为人民日益增长的美好生活需要和不平衡不充分的发展之间的矛盾。我国稳定解决了十几亿人的温饱问题，总体上实现小康，不久将全面建成小康社会，人民美好生活需要日益广泛，不仅对物质文化生活提出了更高要求，而且在民主、法治、公平、正义、安全、环境等方面的要求日益增长。同时，我国社会生产力水平总体上显著提高，社会生产能力在很多方面进入世界前列，更加突出的问题是发展不平衡不充分，这已经成为满足人民日益增长的美好生活需要的主要制约因素。我国社会主要矛盾的变化是关系全局的历史性变化，对党和国家工作提出了许多新要求。要在继续推动发展的基础上，着力解决好发展不平衡不充分问题，大力提升发展质量和效益，更好满足人民在经济、政治、文化、社会、生态等方面日益增长的需要，更好推动人的全面发展、社会全面进步。我国社会主要矛盾的变化，没有改变我们对我国社会主义所处历史阶段的判断，我国仍处于并将长期处于社会主义初级阶段的基本国情没有变，我国是世界最大发展中国家的国际地位没有变。我们要牢牢把握社会主义初级阶段这个基本国情，牢牢立足社会主义初级阶段这个最大实际，牢牢坚持党的基本路线这个党和国家的生命线、人民的幸福线。

6. 深刻领会新时代中国共产党的历史新使命。实现中华民族伟大复兴是近代以来中华民族最伟大的梦想。中国共产党一经成立，就把实现共产主义作为党的最高理想和最终目标，义无反顾肩负起实现中华民族伟大复兴的历史使命，团结带领人民进行了艰苦卓绝的斗争，谱写了气吞山河的壮丽史诗。今天，我们比历史上任何时期都更接近、更有信心和能力实现中华民族伟大复兴的目标。行百里者半九十。中华民族伟大复兴，绝不是轻轻松松、敲锣打鼓就能实现的，必须准备付出更为艰巨、更为艰苦的努力。实现伟大梦想，必须进行伟大斗争。这个伟大斗争就是具有许多新的历史特点的伟大斗争。要充分认识这场伟大斗争的长期性、复杂性、艰巨性，发扬斗争精神，提高斗争本领，不断夺取伟大斗争新胜利。实现伟大梦想，必须建设伟大工程。这个伟大工程就是我们党正在深入推进的党的建设新的伟大工程。要不断增强党的政治领导力、思想引领力、群众组织力、社会号召力，确保我们党永葆旺盛生命力和强大战斗力。实现伟大梦想，必须推进伟大事业。这个伟大事业就是中国特色社会主义伟大事业。要更加自觉地增强“四个自信”，既不走封闭僵化的老路，也不走改旗易帜的邪路，始终坚持和发展中国特色社会主义。伟大斗争，伟大工程，伟大事业，伟大梦想，紧密联系、相互贯通、相互作用，其中起决定性作用的是党的建设新的伟大工程。建设伟大工程，要结合伟大斗争、伟大事业、伟大梦想的实践来进行，确保党始终走在时代前列、始终成为全国人民的主心骨、始终成为坚强领导核心。

7. 深刻领会分两步走建设社会主义现代化国家的新目标。改革开放之后，我们党对我国社会主义现代化建设作出战略安排，提出“三步走”战略目标和“两个一百年”奋斗目标。从现在到2020年，是全面建成小康社会决胜期。要按照全面建成小康社会各项要求，紧扣我国社会主要矛盾变化，突出抓重点、补短板、强弱项，特别是要坚决打好防范化解重大风险、精准脱贫、污染防治的攻坚战，使全面建成小康社会得到人民认可、经得起历史检验。党的十九大对第二个百年奋斗目标进行了战略规划，将全面建设社会主义现代化国家的新征程分为两个阶段来安排。第一个阶段，从2020年到2035年，在全面建成小康社会的基础上，再奋斗15年，基本实现社会主义现代化。第二个阶段，从2035年到本世纪中叶，在基本实现现代化的基础上，再奋斗15年，把我国建成富强民主文明和谐美丽的社会主义现代化强国。从全面建成小康社会到基本实现现代化，再到全面建成社会主义现代化强国，是新时代中国特色社会主义发展的战略安排。

8. 深刻领会社会主义经济建设、政治建设、文化建设、社会建设、生态文明建设等方面的新部署。在经济建设上，要贯彻新发展理念，建设现代化经济体系，以供给侧结构性改革为主线，推动经济发展质量变革、效率变革、动力变革，不断增强我国经济创新力和竞争力。在政治建设上，要坚持党的领导、人民当家作主、依法治国有机统一，健全人民当家作主制度体系，发展社会主义民主政治，推进社会主义民主政治制度化、规范化、程序化。在文化建设上，要坚定文化自信，推动社会主义文化繁荣兴盛，牢牢掌握意识形态工作领导权，培育和践行社会主义核心价值观，加强思想道德建设，繁荣发展社会主义文艺，推动文化事业和文化产业发展。在社会建设上，要提高保障和改善民生水平，加强和创新社会治理，不断满足人民日益增长的美好生活需要，让改革发展成果更多更公平惠及全体人民。在生态文明建设上，要践行绿水青山就是金山银山的理念，加快生态文明体制改革，形成节约资源和保护环境的空间格局、产业结构、生产方式、生活方式，建设美丽中国。

9. 深刻领会国防和军队建设、港澳台工作、外交工作的新部署。面对国家安全环境的深刻变化，面对强国强军的时代要求，必须坚持走中国特色强军之路，全面贯彻习近平强军思想，贯彻新形势下军事战略方针，建设强大的现代化陆军、海军、空军、火箭军和战略支援部队，打造坚强高效的战区联合作战指挥机构，构建中国特色现代作战体系，全面推进国防和军队现代化，把人民军队建设成为世界一流军队。保持香港、澳门长期繁荣稳定，必须全面准确贯彻“一国两制”、“港人治港”、“澳人治澳”、高度自治的方针，严格依照宪法和基本法办事，让香港、澳门同胞同祖国人民共担民族复兴的历史责任、共享祖国繁荣富强的伟大荣光。必须继续坚持“和平统一、一国两制”方针，扩大两岸经济文化交流合作，推动两岸同胞共同弘扬中华文化，推动两岸关系和平发展，推进祖国和平统一进程，绝不允许任何人、任何组织、任何政党、在任何时候、以任何形式、把任何一块中国领土从中国分裂出去。中国将坚持和平发展道路，高举和平、发展、合作、共赢的旗帜，恪守维护世界和平、促进共同发展的外交政策宗旨，坚定不移在和平共处五项原则基础上发展同各国的友好合作，积极促进“一带一路”国际合作，继续积极参与全球治理体系改革和建设，推动建设相互尊重、公平正义、合作共赢的新型国际关系，推动构建人类命运共同体，同世界各国人民一道建设持久和平、普遍安全、共同繁荣、开放包容、清洁美丽的世界。

10. 深刻领会坚定不移全面从严治党的新部署。党要团结带领人民进行伟大斗争、推进伟大事业、实现伟大梦想，必须毫不动摇坚持和完善党的领导，毫不动摇把党建设得更加坚强有力。要坚持和加强党的全面领导，坚持党要管党、全面从严治党，以加强党的长期执政能力建设、先进性和纯洁性建设为主线，以党的政治建设为统领，以坚定理想信念宗旨为根基，以调动全党积极性、主动性、创造性为着力点，全面推进党的政治建设、思想建设、组织建设、作风建设、纪律建设，把制度建设贯穿其中，深入推进反腐败斗争，不断提高党的建设质量，把党建设成为始终走在时代前列、人民衷心拥护、勇于自我革命、经得起各种风浪考验、朝气蓬勃的马克思主义执政党。

三、在全区上下迅速兴起学习宣传贯彻党的十九大精神的热潮

全区各级党组织要切实加强组织领导，按照中央和省委、市委的要求和部署，牢牢把握正确导向，结合本地本部门实际，作出专题部署，提出具体要求，创新方式方法，着力增强吸引力感染力和针对性实效性，迅速兴起学习宣传贯彻党的十九大精神的热潮。学习宣传党的十九大精神，既要整体把握、全面系统，又要突出重点、抓住关键，把着力点聚焦到习近平新时代中国特色社会主义思想是党必须长期坚持的指导思想上，聚焦到5年来党和国家事业取得历史性成就和发生历史性变革上，聚焦到作出中国特色社会主义进入了新时代、我国社会主要矛盾已经转化为人民日益增长的美好生活需要和不平衡不充分的发展之间的矛盾等重大政治论断的深远影响上，聚焦到贯彻落实党的十九大的重大决策部署上，聚焦到以习近平同志为核心的新一届中央领导集体是深受全党全国各族人民拥护和信赖的领导集体上，聚焦到习近平总书记是全党拥护、人民爱戴、当之无愧的党的领袖上。

1. 切实抓好学习培训。要把学习党的十九大精神作为党的理论武装的重要任务，面向全体党员开展多形式、多层次、全覆盖的学习培训。全体县

级领导特别是区委常委会成员要发挥示范表率作用，先学一步、深学一层，在加强自身学习的同时，切实抓好所在党组织及分管部门（战线）和联点街道、社区的学习。全区各级党组织要做到“五个一”，即开展一次“主题党日”活动、书记上一次专题党课、进行一次专题研讨、撰写一篇心得体会、开展一次特色组织生活。要把党的十九大精神列入各级党委（党组）中心组学习的重要内容，安排专门时间、列出专题，进行集中学习研讨，认认真真、原原本本研读大会文件，结合实际深学深悟、入脑入心、融会贯通。区委组织部要根据要求制定方案，抓好科级干部的分批集中轮训，举办领导干部专题研讨班，有计划地进行培训和轮训。区工会、共青团、妇联等群团组织要充分发挥自身优势，开展各具特色的学习教育活动。在学习培训中要以即将出版的《习近平谈治国理政》第二卷、《习近平新时代中国特色社会主义思想学习纲要》为权威读本，运用好《党的十九大报告辅导读本》等辅导材料和《将改革进行到底》等电视专题片。

2. 集中开展宣讲活动。从现在起到明年初，在全区范围内集中开展党的十九大精神宣讲活动。区委将抽调骨干力量组成宣讲团开展集中宣讲。各级领导干部要带头宣讲，以实际行动带动广大干部群众的学习。要发挥好党代表的“播种机”作用，组织党代表带头深入基层一线、企业和干部群众中，全面、准确、鲜活地宣传宣讲党的十九大精神。开展面向党外人士的宣讲工作，增进党外人士对党的十九大精神的认知认同。要充分用好网络手段，通过网络直播、网络视频、网上交流等形式，做到全网跟进，积极回应广大网民的关切。要着力增强宣讲的针对性、生动性、思想性，联系马克思主义中国化历史进程，联系党的十八大以来党和国家事业的历史性成就和历史性变革，联系广大干部群众思想和工作实际，重点聚焦社会热点，回应群众关注关切，有针对性地解疑释惑，切实把党的十九大精神讲清楚、讲明白，让老百姓听得懂、能领会、可落实。

3. 精心组织新闻宣传。由区委宣传部牵头，各级各部门要充分利用门户网、微信公众号、宣传窗（栏）等宣传阵地，精心策划、集中报道，大力宣传党的十九大的重大意义，宣传把习近平新时代中国特色社会主义思想确立为党必须长期坚持的指导思想的重大意义，宣传5年来党和国家事业发生的历史性变革，宣传党的十九大提出的一系列新的重要思想、重要观点、重大论断、重大举措，宣传全党全社会对党的十九大的热烈反响和积极评价，宣传本地区学习贯彻的具体举措和实际行动，反映基层干部群众学习贯彻的典型事迹和良好风貌。要充分运用各种宣传形式和手段，用好“两微一端”等新技术新应用，深入开展“党的十九大精神进基层”百姓微宣讲活动和“互联网+”宣讲活动，推动党的十九大精神进企业、进农村、进机关、进校园、进社区、进网站，让党的十九大精神家喻户晓、深入人心，激发干部群众锐意进取、埋头苦干的精神，进一步鼓足干劲、奋勇前进。

4. 认真组织研究阐释。要围绕党的十九精神，紧密结合“贯彻发展新理念转型升级补短板”讨论活动，确定一批重大研究选题，组织广大专家学者深入研究，推出一批有分量、有深度的报道、综述、社论、评论和理论文章，切实增强学习宣传的理论深度、实践力度、情感温度，增进人们的政治认同、思想认同、情感认同。对党的十九大精神的宣传阐释要深入解读内涵、精准把握外延，防止片面性、简单化。对错误观点和歪曲解读，要积极引导、及时辨析，解疑释惑、明辨是非。

四、紧密联系实际，推动党的十九大精神在荷塘落地生根

学习宣传贯彻党的十九大精神，要紧密联系荷

塘实际，联系广大干部群众思想实际和工作实际，坚持学以致用、用以促学，把党的十九大精神落实到经济社会发展各方面。

1. 牢固树立“四个意识”。学习宣传贯彻党的十九大精神，要推动全区各级党组织和广大党员牢固树立政治意识、大局意识、核心意识、看齐意识，全面贯彻落实党的基本理论、基本路线、基本方略，严格遵守政治纪律和政治规矩，在政治立场、政治方向、政治原则、政治道路上同以习近平同志为核心的党中央保持高度一致，自觉维护以习近平同志为核心的党中央权威和集中统一领导，坚定自觉地把以习近平同志为核心的党中央决策部署落到实处。要自觉用习近平新时代中国特色社会主义思想武装头脑、指导实践、推动工作，着力在用心用脑、深学笃用上下功夫，切实转变一切不合时宜的思想观念，坚决纠正一切不符合党的创新理论的行为惯性、路径依赖和体制机制，把党的创新理论贯彻到改革开放和现代化建设全过程、体现到党的建设的各方面。要充分发挥党总揽全局、协调各方的作用，加强党对一切工作的领导，推动各项事业不断发展。

2. 创造性地抓好党的十九大精神的贯彻落实。各级各部门要聚集大会确立的新方略、新目标、新任务，对照大会作出的新部署、新要求、新举措，紧密联系荷塘实际和本部门本系统实际，研究提出贯彻落实的具体思路和举措。要深入贯彻新发展理念，建设现代化经济体系，坚持质量第一、效益优先，以供给侧结构性改革为主线，推动经济发展质量变革、效率变革、动力变革，提高全要素生产率，着力加快建设实体经济、科技创新、现代金融、人力资源协同发展的产业体系。要健全人民当家作主制度体系，发展社会主义民主政治，坚持党的领导、人民当家作主、依法治国有机统一，推进社会主义民主政治制度化、规范化、程序化，巩固和发展生动活泼、安定团结的政治局面。要坚定文化自信，推动社会主义文化繁荣兴盛，牢牢掌握意识形态工作领导权，坚持为人民服务、为社会主义服务，坚持百花齐放、百家争鸣，坚持创造性转化、创新性发展，推动精神文明和物质文明、文化事业和文化产业协调发展。要坚持以人民为中心，始终把人民利益摆在至高无上的地位，把人民群众的小事当作自己的大事，以最广大人民根本利益作为党的一切工作的最高标准，抓住人民最关心最直接最现实的利益问题，认真落实报告对精准扶贫、教育、就业、社保、健康、社会治理等各领域民生工作的部署要求，提高保障和改善民生水平，使人民获得感、幸福感、安全感更加充实、更有保障、更可持续。要加快生态文明体制改革，坚持节约优先、保护优先、自然恢复为主的方针，着力解决突出环境问题。要以党的十九大精神为指引，深入实施创新驱动、转型升级总战略，加快培育新动能、拓展新空间、增创发展新优势，实现“四个新高地”，为建设富强民主文明和谐美丽的社会主义现代化强国作出荷塘的贡献。

3. 坚定不移全面从严治党。牢牢把握新时代党的建设总要求，始终紧绷从严从紧这根弦，把党的政治建设放在首位，扛牢抓实管党治党责任，坚持思想建党和制度治党同向发力，坚定不移推进全面从严治党向纵深发展、向基层延伸，切实提高各级党组组的创造力、战斗力和凝聚力。要按照中央的统一部署，全面开展“不忘初心、牢记使命”主题教育，推动广大党员干部深入理解和把握习近平新时代中国特色社会主义思想的科学体系、精神实质、实践要求，更加自觉地为实现党的历史使命而不懈奋斗。要坚持德才兼备、以德为先，坚持五湖四海、任人唯贤，坚持事业为上、公道正派，坚持“六重六用”用人导向，把好干部标准落到实处，着力建设高素质专业化干部队伍。要加强干部教育培训和实践锻炼，全面增强学习、政治领导、改革创新、科学发展、依法执政、群众工作、狠抓落实、驾驭风险等执政本领。要保持惩治腐败的高压态势，坚定反腐败斗争必胜的信心决心，奋力夺取反腐败斗争压倒性胜利。

4. 扎实抓好当前工作。今年只剩下不到2个月的时间，全区改革发展稳定各项任务十分繁重。全区各级各单位要以学习宣传贯彻党的十九大精神为动力，着力抓好当前各项工作。要对照年初目标、对标上级要求，全面梳理、认真自查，已经完成的工作，要继续巩固、扩大成绩；预期较好的工作，要持续发力、加快进度、确保顺利；落后或预期不理想的工作，要认真查找差距、分析原因、找准对策、采取措施，把落下的工作补上来，把滞后的进度追上来，把落后的指标抓上来，把平淡变成亮点，把短板变成长板，确保今年各项既定目标任务圆满完成。着力打造中央商务区、水竹湖科教新区、太阳商贸集聚区、金山新城产城示范区、荷塘月色康养休闲区等“五大片区”，推动各片区协调联动发展。深入实施改造提升传统产业与培育战略性新兴产业“双轮驱动”，加快推进医学健康、新材料、轨道交通装备配套产业发展，全力助推装配式建筑产业发展。加大项目推进力度，推动项目提质提效，持续扩大有效投入，充分发挥投资拉动经济增长的关键作用。进一步完善金山新城城市配套功能，大力夯实园区发展平台。要更加突出抓好“幸福荷塘”系列民生行动，持续用劲抓好公共卫生服务、社区养老、“三社联动”、平安荷塘、“一门式”政务服务再提升、复转军人之家建设、无人管理小区等工作，促进民生持续改善，维护社会和谐稳定。要抓紧谋划明年工作，以永不懈怠的精神状态和一往无前的奋斗姿态，拥抱新时代，践行新思想，实现新作为。

区委号召，全区各级党组织和广大党员干部要紧密团结在以习近平同志为核心的党中央周围，高举中国特色社会主义伟大旗帜，深入贯彻党的十九大精神，不忘初心、牢记使命，锐意创新、砥砺奋进，为加快推进荷塘发展而努力奋斗！

中共株洲市荷塘区委办公室印发《关于推进“两学一做”学习教育常态化制度化的实施方案》的通知

株荷办发〔2017〕22号

仙庾镇党委、各街道党工委，合泰管理办公室党工委，荷塘月色示范区党工委，区直机关各部门(单位)、各人民团体、企事业单位党(工)委(党组、总支、支部)：

《关于推进“两学一做”学习教育常态化制度化的实施方案》已经区委同意，现印发给你们，请结合实际认真抓好贯彻落实。

中共株洲市荷塘区委办公室

2017年5月12日

关于推进“两学一做”学习教育常态化制度化的实施方案为推进党内教育从“关键少数”向广大党员拓展，从集中性教育向经常性教育延伸，持续推动全面从严治党，按照中央、省委和市委关于推进“两学一做”学习教育常态化制度化的要求，结合我区实际，现就推进全区“两学一做”学习教育常态化制度化制定实施方案如下。

一、总体要求

开展“两学一做”学习教育，是坚持思想建党、组织建党、制度治党紧密结合的有力抓手，是不断加强党的思想政治建设的有效途径，为新形势下落实全面从严治党要求积累了成功经验。推进“两学一做”学习教育常态化制度化，对于进一步用习近平总书记系列重要讲话精神武装全区党员头脑，加强和规范党内政治生活，保持党的先进性和纯洁性，增强党的生机活力，建设“实力荷塘、活力荷塘、宜居荷塘”，具有重大而深远的意义，全区各级党组织和广大党员要从讲政治的高度来深刻领会和准确把握。

推进“两学一做”学习教育常态化制度化，要把思想政治建设作为首要任务，坚持用党章党规规范党组织和党员行为，用习近平总书记系列重要讲话精神武装头脑、指导实践、推动工作。一要在增强“四个意识”、践行“四个合格”上下功夫。要深入学习贯彻习近平总书记系列重要讲话精神和治国理政新思想新理念新战略，确保学在深处、真学真懂，切实增强党组织和党员政治意识、大局意识、核心意识、看齐意识，不断提升全区党员干部的理想信念，引导广大党员干部自觉践行“四讲四有”标准，做到政治合格、执行纪律合格、品德合格、发挥作用合格。二要在增强党内政治生活的“四性”、提高“四自”能力上下功夫。要弘扬批评和自我批评这一优良传统，大力加强党内政治文化建设，聚焦解决党内政治生活和党内监督的突出问题，切实增强党内政治生活的政治性、时代性、原则性、战斗性，不断提升党自我净化、自我完善、自我革新、自我提高的能力。三要在落实“三个基本”、实现“三个确保”上下功夫。基层党组织要以“三会一课”为基本制度，以党支部为基本单位，把“两学一做”作为党员教育的基本内容，长期坚持、形成常态。要全面深化学习教育的制度理论成果，通过着力构建“两学一做”学习教育的常态长效机制，确保党的组织充分履行职能、发挥核心作用，确保党员领导干部忠诚干净担当、发挥表率作用，确保广大党员党性坚强、发挥先锋模范作用。要以常态化长效化机制促使广大党员做在实处、担当奉献，让他们始终保持干事创业的激情，为统筹推进“五位一体”总体布局和协调推进“四个全面”战略布局在荷塘落地生根提供坚强组织保证。

二、学习内容

各级党组织要切实执行《关于在全区党员中开展“学党章党规、学系列讲话，做合格党员”学习教育实施方案》(株荷办〔2016〕29号)等文件规定要求，进一步规划学习安排，按时完成规定的学习任务。

坚持读原著、学原文、悟原理，联系实际学、带着问题学、不断跟进学，领会掌握基本精神、基本内容、基本要求，做到学而信、学而思、学而行。一是学党章党规。认真学习党章这个管党治党的总规矩总遵循，模范遵守党章、贯彻党章、维护党章；认真学习党内政治生活准则、廉洁自律准则和党内监督条例、纪律处分条例等党内法规，牢固树立“高线”意识和“底线”思维，养成纪律自觉。二是学系列讲话。认真学习习近平总书记系列重要讲话，及时跟进学习近平总书记最新讲话精神，深刻理解讲话的时代背景、鲜明主题、科学体系，准确把握蕴含其中的治国理政新理念新思想新战略，掌握贯穿其中的马克思主义立场观点方法。坚持把学习习近平总书记系列重要讲话同学习马克思列宁主义、毛泽东思想、邓小平理论、“三个代表”重要思想、科学发展观紧密结合起来。同时，结合学党章党规、学系列讲话，认真学习中国共产党历史，传承发扬党的优良传统和作风；认真学习革命先辈和先进典型事迹，引导党员干部见贤思齐；把近年来中央查处的重大违纪违法案件和省、市、区党员干部违纪违法案例作为反面教材，组织党员开展专题讨论，以案说纪、以案说法，扎实开展警示教育。要通过“三会一课”组织全区党员对照市委编制的“每月必学”教材和区委下发的“学习内容提示”开展集中学习。各级党组织要采取学习效果测试、痕迹检查等必要形式，强化对党员开展学习情况的督促检查。

三、主要措施

各级党组织要切实贯彻执行中央、省委、市委、区委关于“两学一做”学习教育的有关要求，坚持全覆盖、常态化、重创新、求实效，在真“学”实“做”上深化拓展，在问题整改和制度建设上精准发力，推动“两学一做”融入日常、抓在经常、形成长效，重点抓好以下几个方面工作：

（一）提高党委（党组）理论学习中心组学习质量。各党委（党组）要认真落实《中国共产党党委（党组）理论学习中心组学习规则》，把深入学党章党规、学习近平总书记系列重要讲话作为理论学习中心组学习的主要内容，根据区委学习目录清单，按年度作出学习安排，加强研讨式、互动式、调研式学习，保证学习时间和质量，全年集体学习不少于4次。要丰富中心组学习的方法和途径。采取集体研讨、个人自学、专题调研、专家辅导等方式，每次学习都要明确一定数量的领导干部作重点发言或主题发言，每个班子成员都要参与学习研讨。要根据自身实际制定个人学习计划，每年完成规定的学习任务，带头撰写至少1篇学习心得、调研报告或理论文章，带头至少讲1次党课，带头以普通党员身份参加所在党支部的学习讨论，积极参加学习讲坛、读书会、报告会等活动，充分利用“株洲市干部教育培训网络学院”等网络平台开展学习，党委（党组）主要负责同志每年至少作1次专题辅导报告。

（二）落实“三会一课”制度。党支部要充分发挥教育管理党员的主体作用，坚持每月组织1次党支部或党小组集中学习，每月召开1次支部委员会议，每季度召开1次全体党员会议，每季度组织1次党课，经常性开展“两学一做”学习教育。“三会一课”要以学党章党规、学习近平总书记系列重要讲话为主要内容，突出政治教育，突出党性锻炼，针对党员思想工作实际确定主题和具体方式，防止表面化、形式化、娱乐化、庸俗化。要依托微信、QQ、短信平台等新媒体资源，结合“红色讲堂”、党性锻炼基地等，探索开展开放式组织生活，丰富学习内容，提高学习实效。采取“请进来”“走出去”的方式开展讲党课活动，推动支部书记、先进典型、专家学者、普通党员讲党课，党员领导干部每年至少为基层党员讲1次党课，党支部书记至少要在本支部讲1次党课。要全面推行党性教育报告员制度，区委组织部将分层级、分领域在全区选聘20名报告员，开展主题党课进基层系列活动，分专题、分对象推出一批精品党课。党课内容要贴近党员思想工作生活实际，增强吸引力和感染力，防止照本宣科，党性教育报告员每年讲授专题党课不少于3次。要建立健全“三会一课”工作台账，实行痕迹化管理。各党组织要规范用好市委编印的《党务工作纪实本》，组织党员用好区委编印的《党员学习笔记本》，实行台账式管理，做到事前有详细计划可循、事中有规范记录可看、事后有档案资料可查。党支部要每年初制定“三会一课”计划，报上一级党组织备案并向支部党员公布，每年6月、12月向上一级党组织报告执行情况；要把党员参加“三会一课”情况与党员积分制管理相结合，作为民主评议党员的重要依据；要对无正当理由不参加“三会一课”的党员进行批评教育、促其改正，对其中长期不参加“三会一课”的党员进行严肃处理、直至除名。上级党组织要对党支部执行“三会一课”情况每季度进行指导检查，对不经常、不认真、不严肃的，要批评纠正；情况严重的，要采取整顿等措施，进行组织处理。

（三）全面推行党支部主题党日。要把主题党日作为推进“两学一做”学习教育常态化制度化的重要途径，每个党支部都要建立主题党日制度，使之成为与“三会一课”相并行、相衔接、相协调的制度安排。结合“群众工作日”“党员活动日”活动，固定每月7日、8日作为支部主题党日，组织党员集中开展活动，每逢“七一”、国庆等重大节日应开展主题党日活动。党支部主题党日要紧扣“两学一做”主题，与“三会一课”紧密结合，重点围绕组织学习讨论、开展党性分析、民主评议党员、民主议事、志愿服务、帮扶慰问、集中交纳党费等方面的主要内容开展活动。基层党组织要充分运用红色资源、警示教育基地和网络平台，通过诵读党章、重温入党誓词、参观革命纪念地等，不断丰富主题党日内容，做到形式多样、氛围庄重。服务行业、窗口单位等不便于集中开展党员活动的党支部，可采取分期分批等方式开展。国有企业、非公有制经济组织和社会组织党组织要因岗制宜，按照小型、分散、灵活原则开展。流动党员可以通过QQ、微信或视频等方式参加。区委组织部要加强督查考核，建立健全督查、通报、考核制度，及时研究解决问题。区直属各党(工)委要统筹部署，每年初制定年度计划，明确每月活动主题，建立专门台账，加强日常管理。基层党委(党总支、党支部)要切实抓好组织实施和纪实管理，主题党日开展情况每年6月、12月向上一级党组织报备一次。

(四)以“争当五个先锋，作好五个表率”为重点持续开展主题实践活动。各级党组织要推动“两学一做”学习教育与我区的经济建设、“幸福荷塘”三大行动、加强基层党组织能力建设、支持配合中央环保督察、脱贫攻坚、安全维稳等中心工作、重点任务深度融合，针对不同领域不同行业实际，联系不同群体党员特点，以“争当项目攻坚先锋，作攻坚克难的表率；争当企业帮扶先锋，作优质服务的表率；争当改革创新先锋，作推动发展的表率；争当扶贫帮困先锋，作精准帮扶的表率；争当服务群众先锋，作践行宗旨的表率”等“争当五个先锋，作好五个表率”为重点，持续开展主题实践活动，引导党员践行“四讲四有”标准，做到“四个合格”，在本职岗位上建功立业，在为民服务中展示先锋形象。农村要重点围绕建设美丽乡村、发展现代农业和村集体经济等方面，街道社区要重点围绕服务社区群众、完善基层治理体系、维护和谐稳定等方面，国有企业要重点围绕提高管理水平、促进改革发展、做大做强做优等方面，“两新”组织要重点围绕诚信守法经营、履行社会责任等方面，机关要重点围绕履职尽责、简政放权、公正执法、改进作风等方面，学校要重点围绕坚持正确办学方向、落实立德树人任务等方面，科研、文化、卫生等单位要重点围绕爱岗敬业、锐意创新、刻苦钻研等方面，窗口单位和服务行业要重点围绕提升业务技能、提供优质服务等方面，流动党员要重点围绕带头创新创业、带动群众致富、反哺家乡等方面开展实践活动。要积极开展设岗定责、承诺践诺、农村党员中心户、社区网格化管理、项目先锋模范推选、在职党员进社区、党建帮扶、志愿服务等活动，推行佩戴党徽、摆放工作牌、悬挂党员户标牌、发放党员服务卡、成立党员突击队、一站式服务、全程代办等有效做法，为党员发挥先锋模范作用搭建实践平台。

(五)经常查找解决突出问题。要把查找解决问题作为“两学一做”学习教育的规定要求，各级党组织和党员个人要紧密结合各自实际，对照党章党规，对照系列讲话，对照先进典型，对照《意见》指出的重点问题，定期进行“党性体检”，6月底前，各党委(党组)、党支部和党员个人要容户属党(工)委要统筹部署，每年初制定参加全国、全省性费证》，建立问题清单、制定整改措施，抓好整改落实。重点从以下4个层面查找解决问题。1.党员层面：经常查找分析理想信念是否坚定、对党是否忠诚、大是大非面前是否旗帜鲜明、是否做到在思想上政治上行动上同以习近平同志为核心的党中央保持高度一致，着力解决党的意识不强、组织观念不强、发挥作用不够等问题。2.党组织书记层面：经常查找分析对党建工作的摆位是否正确，重点任务是否全面落实，薄弱环节是否得到有效解决，党建制度规范是否执行到位，着力解决抓基层党建重视不够、措施不力、传导压力不到位、效果不好等问题。3.党支部层面：经常查找分析组织生活是否经常、认真、严肃，党员教育管理监督是否严格、规范，团结教育服务群众是否有力、到位，着力解决政治功能不强、组织软弱涣散、从严治党缺位等问题。4.党委（党组）层面：经常查找分析是否落实全面从严治党主体责任，是否坚决执行党的理论和路线方针政策，是否认真坚持民主集中制，是否认真抓好上级巡视巡查反馈问题的整改落实，着力解决党的领导弱化、党的建设缺失、管党治党宽松软等问题。要把党的组织生活作为查找和解决问题重要途径，严格落实民主生活会、组织生活会、谈心谈话、民主评议党员等基本制度，广泛听取群众的意见和反映，严肃认真开展批评和自我批评，稳慎处置不合格党员。党委（党组）主要负责同志要在民主生活会上通报班子成员受到谈话函询情况；被谈话函询的党员领导干部，存在错误的应当作出深刻检查，受到提醒的应当作出整改表态，没有问题的说明谈话函询情况即可。

（六）以“五好”支部创建推进基层党组织“五化”建设。要把党支部建设作为最重要的基本建设，牢固树立党的一切工作到支部的鲜明导向，把思想政治工作落到支部、把从严教育管理党员落到支部、把群众工作落到支部。要通过开展“支部班子好、党员队伍好、活动开展好、制度建设好、作用发挥好”的“五好”支部创建工作，探索推行以“支部建设标准化、组织生活正常化、管理服务精细化、工作制度体系化、阵地建设规范化”为主要内容的基层党组织“五化”建设。农村、社区、国有企业、党政机关、非公有制经济组织和社会组织等不同类型党组织，要结合行业特点分类明确“五好”“五化”建设重点内容和具体办法。要以楼宇、园区、商圈及互联网企业、新兴精神生产群体为重点，合理设置党组织，不断扩大党的组织覆盖和工作覆盖，为全面推进基层党组织“五好”“五化”建设创造条件。要推进基层党建传统优势与信息技术高度融合，大力推广“互联网＋党建”“智慧党建”等做法，通过“自治家园”“智慧荷塘APP”建立数字化党建管理平台，设立党员微信群、建立网上党支部等方式，力争每个基层党支部都有一个党员群众乐于参与、充满正能量的网络互动平台。要积极探索基层党支部在信访维稳、社会治理、安全生产等领域发挥主体作用的有效途径，提升基层党组织及时发现、就地化解矛盾和问题的能力。要建立经常性督导机制，进一步规范党支部书记“双述双评”制度，全面推行党员积分管理，持续整顿软弱涣散基层党组织。要切实加强党支部书记培训，对近三年未参加过县级以上学习培训的基层党组织书记分级全部轮训一遍。要不折不扣落实活动场所、运转经费、报酬待遇、服务群众专项经费等保障措施，为党支部开展工作和活动提供必要保证，力争经过2～3年时间，实现基层党组织“五好”“五化”建设全面达标。

（七）切实提升基层党建整体水平。全面加强基层党组织能力建设，以“能力建设”为抓手，抓基层、打基础、夯基石，着力提升基层党组织凝聚力、战斗力和执行力，提高广大党员的向心力，增强基层党组织的政治功能与服务功能，确保全面落实基层党建各项重点任务。各级党组织要对照市委“1+6”“1+7”系列文件和“基层党建提升年”活动实施方案和区委《关于全面加强基层党组织能力建设的实施意见》等基层党建规范性制度性文件，定期梳理分析工作短板，研究确定若干重点任务，逐项明确具体措施和完成时限，采取专项整治等办法，集中力量攻坚克难，争取每年解决几个突出问题。要继续抓好中央去年部署开展的基层党建7项重点任务的深化落实，建立健全基层党建“清单式管理、标准化实施”等长效机制，着力解决机关党建"灯下黑"和"两张皮"的问题，继续推进非公有制经济组织和社会组织党建工作"两个覆盖"。持续推动乡镇"五小"设施及周转房和村级组织活动场所提质改造、社区服务场所提质改造、村级集体经济发展等三个"三年行动计划"落实落地。要把完善村干部管理制度、开展党员档案全面清查、推广支部主题党日、规范农村"三资"管理、公办中小学党建、基层医疗卫生服务机构党建等列为今年基层党建的重点任务，逐项明确具体措施和完成时限。要把推进基层党建传统优势与信息技术高度融合作为今后一段时期的重点任务，逐步建立完善"自治家园""智慧荷塘 APP"等集管理党员和服务群众于一体、固定平台与移动终端相结合的党建工作信息平台。

（八）充分发挥领导机关和领导干部示范引领作用。落实"两学一做"学习教育常态化制度化，要突出抓住"关键少数"，坚持领导带头、以上率下，从区委常委会和区委常委同志做起，推动领导机关和领导干部学在先、做在前，树标杆、作示范。党员领导干部要坚持把"两学一做"作为锤炼党性的基本功、必修课，加强政治能力训练和政治历练，为党员群众作出榜样。要带头强化政治学习。要把政治学习摆在首位，坚持理论联系实际，弘扬优良学风，深入学习党章党规和习近平总书记系列重要讲话，切实增强"四个意识"、坚定"四个自信"，真正做到思想认同、政治看齐、行动紧跟。区委将"两学"内容纳入党员干部年度培训计划，推动党员领导干部学深一层。各部门各单位要区别普通党员和党员领导干部，进一步细化重点学习内容，确保党员领导干部在学习上有更高的标准和要求。要带头严格组织生活。严格执行双重组织生活制度。带头弘扬批评和自我批评优良传统，坚持以普通党员身份参加支部的"三会一课"、组织生活会和党支部主题党日活动，认真严肃地过好组织生活，与基层党员一起查摆解决问题、共同接受教育。要带头改进作风。严格执行中央八项规定、省委九项和市委若干项规定，认真贯彻落实区委《关于荷塘区党员干部密切联系服务群众制度的实施意见》（株荷发〔2014〕16 号），自觉同特权思想和特权现象作斗争，严格要求自己和身边工作人员，注重家庭、家教、家风，保持清正廉洁的政治本色。要带头担当作为。对照合格党员、合格领导干部标准和"三严三实"要求，时刻检视差距和不足，履职尽责、奋发有为，敢于担当、建功立业，重实干、务实功、办实事、求实效，努力创造经得起实践、人民、历史检验的实绩。要带头推进"两学一做"学习教育常态化制度化。区委制定区委常委会落实"两学一做"学习教育常态化制度化的十条措施，为广大党员干部树立标杆。区四大家党员领导班子成员要在抓好自身学习教育、管好身边人的基础上，对联系的区直属党（工）委至少进行 2 次实地指导督导，并与主要负责同志谈心谈话不少于 2 次，及时发现和解决苗头性、倾向性问题。重点督促分管领域或部门单位打牢"学"这个基础、抓实"做"这个关键，着力整治"在岗不作为、履职不担当"等现象，引导党员及时将"两学一做"学习教育焕发出的热情，转化为推动事业发展的强大动力。其他党员领导干部要到所联系的村（社区）等基层单位进行实地指导督导。

（九）深化"马上就办"全面实行"五问工作法"。持续在理顺工作机制、提升干部素质能力、强化服务意识上找差距，着力解决"不作为、慢作为、乱作为"等突出问题，进一步引导广大党员干部转作风、重执行、树形象、求实效。每个单位每个月要围绕"马上就办、真抓实干"活动的要求，实施"五问工作法"，从本月做了什么、采取了什么措施、有什么工作成效、有哪些不足之处、下一步怎么改进等五个方面着手开展自查自纠，并在此基础上进行集中整治、整章建制，推动“马上就办、真抓实干”工作有效落实。同时，抓好市委《关于建立容错纠错机制鼓励干部改革创新、干事创业的暂行办法》的贯彻落实，探索建立容错纠错机制，宽容干部在工作特别是改革创新中的失误，旗帜鲜明地为敢于担当的干部担当、为敢于负责的干部负责。

四、组织保障

（一）强化组织领导。全区“两学一做”学习教育常态化制度化工作在区委常委会领导下进行，由区委组织部牵头组织实施，区纪委、区委办、区委宣传部配合做好相关工作。各镇（街道、管委会）党（工）委、区直机关工委、区教育局党委、区卫计局党委、区城建局党委、区城管局党委、区经信局党委、区商粮局党委、金山工业园党工委、公安荷塘分局党委、区社会组织党工委、区非公有制经济党工委要切实履行好督促指导职责。

（二）强化责任落实。各级党组织要把推进“两学一做”学习教育常态化制度化作为全面从严治党的战略性、基础性工程，列为重要政治任务，精心组织推动，抓常抓细抓长。各级党委（党组）要切实履行主体责任，每年初专门研究部署，年底结合总结、述职进行专项检查和评估，一级抓一级，层层抓落实。主要负责同志要亲自抓谋划、抓推动、抓落实，班子成员要落实一岗双责，结合分管工作加强指导。区委组织部要根据区委部署，每年要作出具体工作安排，加强工作指导和组织推进。基层党（工）委要对所辖党支部进行全覆盖、全过程指导，党（工）委成员至少联系指导1个党支部。党支部要制定年度计划，可与年度党建工作计划相结合，并报上级党组织备案。

（三）强化分类指导。各领域各行业党组织要针对不同领域不同行业的实际情况，分类研究制定推进“两学一做”学习教育常态化制度化工作方案，体现具体化、精准化、差异化。要注意总结好经验好做法，及时上升为制度规范在面上推开，充分调动基层单位的主动性创造性，鼓励探索、鼓励创造。同时，注重发挥“两学一做”学习教育常态化制度化的带动效应，加强各领域基层党建工作薄弱环节，全面提升基层党建工作整体水平。

（四）强化督导考核。要把推进学习教育常态化制度化纳入党建工作考核的重要内容，作为评判党组织和党组织书记履行管党治党责任情况的重要依据，注重从党支部工作成效和党员作用发挥看效果、让党员群众作评价。要强化督促检查，坚持每月一调度、每季一抽查、每半年一次明察暗访、全年实现全覆盖督查，通过听取汇报、实地督查、痕迹查验、现场提问、随机抽查等方式，层层传导压力，督促各级党组织始终上紧发条、拧紧螺丝。继续发挥各级“两学一做”学习教育领导小组作用，组织专门力量沉到支部了解情况，及时发现和解决问题，通过当面反馈、书面反馈和印发通报等形式，持续用力推进中央、省委、市委和区委部署要求落地落实。要严格责任追究，对工作落实不力、虚以应付、搞形式走过场的，要及时通报批评、限期整改，对情节严重的，依照《中国共产党问责条例》，要从严追责问责。

（五）强化舆论引导。要选树先进典型，结合迎接宣传贯彻党的十九大，充分利用党建网站、区政府门户网、微信易信、短信平台、远程教育等平台，大力宣传践行“两学一做”优秀党员先进事迹，树立时代楷模，用身边人、身边事引导党员干部见贤思齐。要综合运用典型宣传、经验总结、言论评论、专题专访以及案例分析、典型曝光等方式，充分发挥舆论的正向引导和监督警示作用，在全区营造推进“两学一做”学习教育常态化制度化的良好氛围。

中共株洲市荷塘区委办公室 株洲市荷塘区人民政府办公室 关于印发《荷塘区促进区域经济发展奖励办法(试行)》的通知

株荷办发〔2017〕25号

仙庾镇、各街道办事处,合泰管理办公室、荷塘月色示范区管委会,区直机关各部门(单位)、各人民团体,市直驻区各分支机构、辖区各企事业单位:

《荷塘区促进区域经济发展奖励办法(试行)》已经区委、区政府同意,现印发给你们,请认真贯彻执行。

中共株洲市荷塘区委办公室
株洲市荷塘区人民政府办公室
2017年5月18日

荷塘区促进区域经济发展奖励办法(试行)

为进一步增强区域经济发展活力,加快"五大片区"开发,引导产业发展、优化产业结构、提升财税质量,促进区域经济全面协调可持续发展,着力打造"实力荷塘、活力荷塘、宜居荷塘",根据省、市相关经济和财税政策精神,结合我区实际,制定本办法。

一、适用范围

奖励对象为荷塘区辖区内的企业、单位或个人,企业要求税收关系必须在我区。

二、奖项设置

(一) 税收贡献奖

1. 对辖区内企业(房地产业除外)税收区级分享增幅未达到区级财政总收入的增幅或因受国内经济形势、政策等因素影响出现负增长,但区级分享最低达到70万元以上的企业,按以下档次给予相应的固定奖励:

(1)税收区级分享达到800万元以上的(含800万元),给予7万元固定奖励;

(2)税收区级分享大于500万元(含500万元),小于800万元的,给予5万元固定奖励;

(3)税收区级分享大于200万元(含200万元),小于500万元的,给予3万元固定奖励;

(4)税收区级分享大于70万元(含70万元),小于200万元的,给予2万元固定奖励;税收区级分享的增幅达到区级财政总收入的增幅,除上述固定奖励外,再给予区级分享增加额10%的奖励。

因特殊原因,税收区级分享首年度出现断崖式下跌,下年度又出现急剧增幅的,除给予固定奖励外,以当年和前一年的平均数为基数,再给予区级分享增加部分10%的奖励。

2. 房地产企业税收区级分享达到300万元以上的,按照排名,给予前五名3万—5万元奖励。

3. 完成全年财税工作目标任务,参照以往惯例,对财税部门及相关负责人给予适当的固定奖励。

4. 企业如享受退税和先征后返以及市、区政府其他优惠政策和奖励的,不再纳入奖励范围。

(二) 企业入驻奖

1. 对按照基准地价新引进购地的工业企业,年税收达到15万元/亩以上的,交地后可按照以下标准享受7年税收奖励政策:

(1)税收达到15万元/亩、不足20万元/亩的,当年企业所上缴税收的区级留成50%奖励给企业;

（2）税收达到20万元/亩、不足25万元/亩的，当年企业所上缴税收的区级留成60%奖励给企业；

（3）税收达到25万元/亩、不足30万元/亩的，当年企业所上缴税收的区级留成70%奖励给企业；

（4）税收达到30万元/亩、不足35万元/亩的，当年企业所上缴税收的区级留成80%奖励给企业；

（5）税收达到35万元/亩、不足40万元/亩的，当年企业所上缴税收的区级留成90%奖励给企业；

（6）税收超过40万元/亩（含40万元/亩）的，当年企业所上缴税收的区级留成100%奖励给企业；

每年年初，由区财政和税务部门核定对上年入园企业奖励政策中所涉及到的税种及金额，交地7年期间，若企业其中一年或几年税收未达到15万/亩，则当年区级税收留成不予奖励，奖励金额上限为企业所交的项目土地款总额。

2. 对新引进的税收在300万元以上的商贸物流及总部经济企业，自税务登记之日起前三年所缴纳税收区级留成部分分别按70%、60%、50%奖励给企业，奖励每两年兑现一次，六年内兑现完毕。

3. 对新建单体建筑面积达20000平方米以上的纯商务楼宇（指大型卖场、写字楼或酒店），或商务面积达到20000平方米以上的城市综合体，项目竣工验收并投入使用当年，按其商务面积10元/平方米一次性给予投资主体奖励。

4. 对购买、租赁我区标准厂房的企业按照以下标准予以奖励：

（1）购买标准厂房的企业，自项目投产之日起，前三年企业上缴税收区级留成部分分别按50%、40%、30%奖励给企业；实缴税金达到每年1000元/平方米的，按实际成交价格返还5%的奖励（三年内有效）。

（2）租赁标准厂房的企业，租赁期为一年、二年、三年、四年的，可分别免除3个月、6个月、9个月、12个月的租金；对符合产业发展方向，且科技含量高的小微企业，经区招商领导小组认可，可以给予2年的免租孵化期。对急需投产入园购地的企业，未供地前可考虑提供过渡厂房免费租赁。对于高创税租赁企业，其税收区级留成部分如超过企业租金，则超出部分奖励给企业（三年内有效）。

（三）招商引资中介人奖

1. 凡引进区外资金参与荷塘区范围内工业（包括旅游文化）、商贸物流、商住地产项目建设的自然人、社会法人或团体（包括专业从事招商引资的中介机构）为项目引资人。区委、区政府主要负责人除外。

2. 项目引资人在为荷塘区介绍项目信息并安排我区与项目方洽谈时自动备案，引资人备案名录由荷塘区招商办每月发布一次。

3. 按照如下标准给予招商中介人奖励：

（1）对引进区外工业及旅游文化产业的购地项目，按照项目投资总额分档次给予奖励。

投资达到0.5亿元不足1亿元的项目，奖励10万元；投资达到1亿元不足5亿元的项目，奖励20万元；投资达到5亿元不足10亿元的项目，奖励30万元；投资达到10亿元不足15亿元的项目，奖励40万元；投资达到15亿元以上的项目，奖励50万元；对引进世界500强和中国500强的企业实行翻倍奖励。

（2）购买标准厂房的，按购房总价的1.5‰奖励；租赁标准厂房的，按1个月租金的30%奖励。

（3）商贸物流（含总部经济）项目签订入园协议，在荷塘区完成注册登记并开工建设后，按照项目建成达产后12个月内产生的税收额度分档次给予奖励。

税收达到50万元不足100万元的奖励1万元；税收达到100万元不足200万元的奖励2万元；税收达到200万元不足500万元的奖励4万元；税收500万元以上（含500万元）的奖励10万元。

（4）商住地产企业引资人须在发布摘牌公告一个月前安排与投资商见面或座谈，企业在签订土地出让合同并足额缴纳土地出让金后，按照土地摘牌面积分档次给予奖励。

达到50亩不足100亩的，奖励3万元；达到100亩不足200亩的，奖励5万元；达到200亩不足300亩的，奖励8万元；达到300亩不足400亩的，奖励10万元；达到400亩以上（含400亩）的，奖励15万元。

（四）产业发展奖

1.“四上”企业认定奖

在我区纳税的各类企业，第一次由统计局正式认定的“四上”企业，第一年给予1万元奖励，第二年如果没有退出“四上”企业名录，再给予5000元奖励，同一家企业只奖励一次。对企业所属镇、办、管委会给予配套工作经费5000元/家。

对新创办（含新引进）的上规模实体经济企业、当年能实现税收的，自税务登记之日起前三年所缴纳税收区级留成部分分别按40%、30%、20%奖励给企业。2017年后“个转企”和新认定的“四上”企业，视同新创办实体经济企业给予企业资金奖励。

2.企业创新奖

（1）支持企业开展首台（套）重大技术装备认定。对省级认定的企业首次研发、生产并销售的首台（套）产品及关键部件给予5万元的奖励。

（2）鼓励企业建设智能制造示范企业和示范车间。对首次认定为省智能制造示范企业和示范车间的工业企业给予5万元的奖励。

3.企业融资上市奖

新上市的区内纳税企业，给予30万元奖励。

4.发展现代商贸业奖

（1）对于新建或改扩建的大型酒店、宾馆，授牌后予以奖励。评定为三星级的，给予5万元奖励，评定为四星级（含）以上的，给予10万元奖励；引入酒店品牌是世界500强的，在原奖励基础上提高50%予以奖励。

（2）对于新建面积在2000平方米以上（含）的大型餐饮企业和大型休闲娱乐企业，年纳税额在50万元以上（含）的，给予2万元奖励。原有企业更名或更换法人代表改造的项目不纳入奖励范围。

（3）鼓励发展电子商务、信息、咨询业。对于新办咨询业、信息服务业、资产评估、科技服务业、人才培训的各类中介机构或企业，对新开办的年纳税额在50万元以上的，竣工验收后给予2万元奖励。

5.农业产业化项目奖

对农业产业化新建、扩建项目给予扶持奖励。对新建、扩建项目投资300万元以上，解决当地剩余劳动力就业50人以上的企业给予2万元奖励；对投资1000万元以上，解决当地剩余劳动力就业100人以上的企业给予3万元奖励。

（五）科技创新奖

1.创新平台奖

凡工业企业的技术研发机构被初次认定为国家级技术研发机构和企业技术中心，给予20万元奖励；被初次认定为省级技术研发机构和企业技术中心给予10万元奖励。对被初次认定为国家高新技术企业，给予5万元奖励；通过复审或重新认定为国家高新技术企业，给予1万元奖励。

2.科技成果奖

（1）企业获得国家科技进步奖的一、二、三等奖的，分别给予5万元、3万元、2万元奖励；获得湖南省科技进步奖的一、二、三等奖的，分别给予3万元、2万元、1万元奖励；

（2）对区域产业发展、科技创新有突出贡献的科技领头人给予5万～10万元奖励。科技领头人奖励每两年评选一次，每次表彰2人。

（3）凡企业自主研发或技术引进发明专利、实用新型专利，在荷塘区进行科技成果转移转化，投产并在年度首次实现销售收入300万元以上，按照排名给予前3名奖励，每个企业奖励5万元。

3. 知识产权奖

（1）对获得专利授权的企业或个人，按以下情况分别给予奖励：企业专利授权量，高于前三年的最高值部分，每一件发明专利奖励5000元，实用新型奖励3000元；其中属于职务发明创造的，奖给发明人或设计人的部分应不少于50%。个人专利授权按上述额度的50%给予奖励。

（2）鼓励企业或个人专利申报，凡企业申报了专利，并且在前三年的基础上有增加的，每增加一件，发明专利奖励3000元，实用新型奖励2000元，外观专利奖励600元，最高奖励不超过5万元。个人专利申报按上述额度的50%给予奖励，最高不超过3万元。

（3）对年代理荷塘区知识产权申请50件以上，并在上一年度代理本区知识产权申请50～100件基础上增长30%，100～150件基础上增长20%，150件以上的基础上增长10%的中介服务机构，授予年度"知识产权优秀服务机构"称号，给予2万元基数的奖励，且每增加30件，奖励增加1万元，每个机构奖励最高不超过5万元。

（4）同一专利不重复奖励。

（六）品牌创建奖

1. 凡初次获得国家驰名商标的企业，一次性奖励10万元。

2. 凡初次获得省著名商标的企业，一次性奖励3万元。

三、有关说明

（一）成立荷塘区促进区域经济发展奖励工作领导小组，由区委书记任顾问，区委副书记、区长任组长，区委常委、常务副区长任常务副组长，分管工业、城建、招商、科技、农业的副区长任副组长，成员单位为区委办、区政府办、区财政局、区统计局、区发改局、区经信局、区城建局、区商粮局、区科技局、金山科技工业园、区招商办、工商荷塘分局。领导小组下设办公室（设在区政府办），负责组织评奖工作。

（二）符合本办法规定的奖励对象，可自行申请奖励，也可由镇办、园区或业务主管部门推荐。税收类奖励由区财政局牵头初审，企业入驻奖和招商中介人奖由区招商办牵头初审，产业发展奖由区经信局、区商粮局、区城建局、区农村工作局牵头初审，科技创新奖由区科技局牵头初审，品牌创建奖由工商荷塘分局牵头初审。初审结果经区促进区域经济发展奖励工作领导小组复审后，报区委、区政府批准，最后进行公示表彰。奖励方式为按年度考核计奖，次年四月份前完成表彰兑现。

（三）对重大项目入驻实行"一事一议"，另行商议扶植奖励政策。对已享受特殊政策的企业，如本办法的奖励额度高于"一事一议"的奖励额度，可以补齐差额部分。

（四）同一项目、同一品牌、同一产品多项获奖的，取最高奖项，不重复计奖。

（五）当年有偷税、逃税、抗税等违反税法行为，或社会治安综合治理、计划生育、安全生产被"一票否决"，或存在违法违纪行为的单位和个人，当年不予奖励；有高能耗、高污染或污染物排放不达标的企业，不予奖励。

本办法自2017年5月1日起实施。如遇上级部门政策性变化，本办法将相应予以调整。未尽事宜或特殊情况，由区政府办负责具体解释。

奖励申报、审核程序

一、申报

所有符合奖励条件的单位（个人）可自行申报或由所在街（镇）、园区、主管部门推荐进入评审范围，申报（推荐）材料报相应奖项牵头审核部门。

二、初审

各类奖项初审部门如下：

奖励名称		牵头审核部门
一、税收贡献奖		区财政局
二、招商引资中介人奖	工业企业奖 商贸物流及总部经济企业奖 商业地产企业奖 标准厂房企业奖	区招商办
三、招商引资中介人奖	工业项目(含旅游文化项目)引资人奖 商贸物流(含总部经济)项目引资人奖 商住地产企业引资人奖	区经信局 区城建局 区商粮局
四、产业发展奖	“四上”企业认定奖	区经信局 区城建局 区商粮局
	企业技术创新奖 企业融资上市奖	区经信局
	发展现代商贸业奖	区商粮局
	农业产业化项目奖	区农村工作局
	创新平台奖 科技成果奖 知识产权奖	区科技局
五、品牌创建奖		工商荷塘分局

三、复审

初审工作完成后，所有获奖审核资料由区发展和改革局收集汇总，报区经济奖励工作领导小组复审。

四、区委、区政府批准

区经济奖励工作领导小组审议后，报区政府常务会议、区委常委会议批准。

五、公示

审议通过后的名单通过区政府公众信息网公示5天。

六、表彰

公示无异议后，召开奖励表彰大会，兑现奖金。

统计资料

2017年荷塘区主要综合经济指标完成情况表

表19

指标名称	计量单位	完成经济指标	同比增减(±%)
一、地区生产总值(GDP)	万元	2136100	8.1
第一产业	万元	44115	3.8
第二产业	万元	922730	6.9
其中:高新技术产品增加值	万元	423734	9.0
第三产业	万元	1176433	9.7
二、规模工业增加值	万元	498076	7.7
其中:园区规模工业占全部规模工业比重	(%)	—	91.1
三、公共财政预算收入	万元	113607	1.4
其中:税收收入	万元	69155	8.1
地方收入	万元	78474	-4.3
四、财政支出	万元	169516	18.14
五、财政八项支出	万元	160950	28.01
六、固定资产投资	万元	2119329	14.8
七、社会消费品零售总额	万元	713575	10.9
其中:批发业商品销售额	万元	383982	7.2
零售业商品销售额	万元	719306	13.8
餐饮业营业额	万元	121961	12.7
住宿业营业额	万元	21192	5.5
八、规模以上服务业	万元	107236	30
九、规模工业综合能源消费量同比	%	—	-2.0
十、城镇居民人均可支配收入	元	42013	8.0
十一、农村居民人均可支配收入	元	27663	8.3

2017年荷塘区重点规模工业企业生产情况表

表20 单位：万元

企业名称	完成生产指标	增幅
1.湖南省电力公司株洲电业局	618326	1.07%
2.株洲硬质合金集团有限公司	199360	3.75%
3.株洲千金药业股份有限公司	127455	1.40%
4.株洲齿轮有限责任公司	92321	-2.79%
5.湖南千金湘江药业股份有限公司	67170	0.19%
6.株洲科盟车辆配件有限责任公司	64741	1.12%
7.中材株洲水泥有限责任公司	60651	0.98%
8.株洲湘江电焊条有限公司	51013	0.84%
9.株洲市九洲四维实业有限公司	49146	0.61%
10.株洲科能新材料有限责任公司	46631	-0.59%
11.株洲星联铁道车辆机电装备有限责任公司	45858	1.22%
12.株洲春华实业有限责任公司	41215	1.43%
13.湖南铁达能源科技有限公司	38997	1.48%
14.株洲飞鹿高新材料技术股份有限公司	26376	0.85%
15.株洲市九洲传动机械设备有限公司	21521	0.80%
16.株洲建兴混凝土有限公司	18960	1.23%
17.株洲长江硬质合金工具有限公司	14958	1.04%
18.株洲市荷塘区瑞美包装有限公司	11413	4.94%
19.株洲市硬质合金加工有限公司	10613	-0.01%

（潘丰霓）

2017年荷塘区房地产项目投资情况表

表21 单位:万元

项目名称	计划总投资	累计完成投资	本年完成投资
水木阳光里一期	155991	6013	6013
喜盈门(株洲)国际建材家具生活广场	127331	35100	18100
格林水岸	86070	2100	2100
金科伴山溪谷(一期)	81855	42260	18081
郦城项目A块地一期	75009	53638	19633
恒大林溪郡	72000	3610	3610
东部美的城二三四期	68965	12893	12893
中房金色荷塘	60886	58888	19817
东部美的城一期	60200	59646	21221
恒大御景湾	60000	32285	32285
株洲中商·乐活城	54837	9283	3810
西园商业广场	50000	44683	19683
尚格名城·岭秀天下	50000	55038	1668
株洲汽车城	49745	49807	3769
芙蓉花园一期	46827	34500	15000
外海玫瑰名城	46500	79795	1210
缤纷世家	42000	41938	13121
三一歌雅郡三期	40623	40623	12831
逸都花园三期	40000	8890	8890
银泰财富广场	35000	54467	1700
荷塘观邸一期	34661	32210	18581
爱丁堡住宅小区	32000	31656	3088
逸都花园逸景一期	30000	16300	16300
公交基地综合建设项目	28000	26796	9469
亿都铂金时代	28000	32400	950

续表21

项目名称	计划总投资	累计完成投资	本年完成投资
世贸广场二期	26000	40489	1030
香槟小镇住宅项目	25553	27416	15515
逸都花园一期	25000	25169	2600
逸都花园二期	25000	25000	17599
东方时代广场5栋	22928	25001	15000
东方时代广场6栋7栋	21972	30119	27769
新桂广场·新桂国际	21800	18919	18919
绿韵荷塘	20000	20079	16072
新桂广场新桂未来	19700	11073	11073
云海世纪城	16676	16676	4209
亿都铂金中心	14802	22630	13630
东湖阳光	12000	11255	450
顺天金山家园	12000	10048	4422
株浏公交基地服务大楼	10883	15002	1922
金山家园二期依山郡	10400	10048	4422
蓝海卧龙湾项目一期	9500	10720	3181
东方时代广场4栋	9500	9810	4061
东景钻石花园	9456	9856	4313
缤纷苑	8800	10210	10210
蓝海卧龙湾项目二期	7500	8691	8691
建华天润大厦	7000	10614	373
金色湖畔	7000	7000	1500
430经济适用房朝阳村3栋	6528	6552	5532
天天向上住宅小区	5400	5265	3388
东方明园10栋续建	1800	2195	1605
湘润阳光雅苑	1275	1275	245

（潘丰霓）

2017年荷塘区重点限上商贸企业销售情况表

表22　　单位：万元

企业名称	销 售	增 幅
1. 批发零售业		
株洲赛洋服饰有限公司	231600	-24.3%
株洲华润万家生活超市有限公司	7675400	26.1%
株洲华湘汽车销售服务有限公司	560100	-52.9%
株洲兰天凯天汽车销售服务有限公司	1431600	31.2%
株洲市兰天河东汽车销售有限公司	1730800	4.4%
株洲海联荣爵销售服务有限公司	696500	51.5%
株洲市兰天启明汽车销售有限公司	466400	33.8%
株洲蓝马五菱汽车销售服务有限公司	2692500	-9.0%
株洲硬质合金进出口有限责任公司	7146000	6.9%
株洲汽车城海联亚飞连锁有限公司	2273900	-9.4%
株洲志凯贸易有限公司	209100	31.0%
株洲市医药有限公司	1341400	-0.0%
湖南宁康医药有限责任公司	568300	-11.7%
株洲蓝马汽车销售服务有限公司	1761500	-1.4%
株洲海联汽车销售服务有限公司	3153400	-11.4%
株洲蓝代汽车销售服务有限公司	1859000	-35.7%
株洲宏福汽车销售服务有限公司	2317200	-18.6%
株洲日丰汽车贸易有限公司	1028400	27.6%
株洲润华商业有限公司	979100	53.4%
株洲佳旺汽车有限公司	2550100	7.6%
株洲东都步步高商业连锁有限责任公司	19708900	24.4%
2. 住宿餐饮业		
株洲习家兄弟厨房餐饮管理有限公司	114500	55.9%

（潘丰霓）

株洲市县（市）区主要经济指标表（一）

表23　　　　单位：万元

县(市)区名称	生产总值(GDP)		其中：第一产业		第二产业	
	2017年	同比增减(%)	2017年	同比增减(%)	2017年	同比增减(%)
荷塘区	2143278	8.1	44115	3.8	922730	6.9
芦淞区	3649568	8.1	65699	3.3	1183788	6.1
石峰区	2860269	7.4	21233	3.4	2155402	7.1
天元区	3121742	8.5	114114	4.0	1157266	6.6
云龙区	259753	8.4	36177	3.2	115647	7.0
城区合计	12034610	8.0	281338	3.7	5534833	6.8
株洲县	1409431	8.0	223296	3.6	713225	7.4
攸 县	3850175	7.5	552363	4.1	1757995	6.2
茶陵县	1781182	8.2	358995	3.8	575154	5.9
炎陵县	656893	8.3	91947	3.9	267694	6.4
醴陵市	6071750	8.2	557858	4.0	3525655	6.9
县域合计	13769431	8.0	1784459	4.0	6839723	6.6

（潘丰霓）

株洲市县（市）区主要经济指标表（二）

表24　　　　单位：万元

县(市)区名称	第三产业		高新技术产业增加值	
	2017年	同比增减(%)	2017年	同比增减(%)
荷塘区	1176433	9.7	423734	9.0
芦淞区	2400081	9.5	897850	—
石峰区	683634	8.9	1295327	6.5
天元区	1850362	10.5	968380	15.1
云龙区	107929	11.9	67034	4.9
城区合计	6218439	9.8	3652326	11.5

续表24

县（市）区名称	第三产业		高新技术产业增加值	
	2017 年	同比增减(%)	2017 年	同比增减(%)
株洲县	472910	11.3	132084	7.2
攸 县	1539817	10.8	640074	20.6
茶陵县	847033	12.3	81513	26.1
炎陵县	297252	12.4	21360	13.7
醴陵市	1988237	12.3	2141602	29.7
县域合计	5145249	11.8	3016633	26.3

（潘丰霓）

株洲市县（市）区主要经济指标表（三）

表25　　单位：万元

县（市）区名称	一般公共预算收入		税收收入		地方收入	
	2017 年	同比增减(%)	2017 年	同比增减(%)	2017 年	同比增减(%)
荷塘区	113607	1.4	69155	8.1	78474	-4.3
芦淞区	140040	5.4	90901	13.5	84178	-1.5
石峰区	202708	1.2	146617	4.8	118661	0.8
天元区	786637	12.0	617114	17.6	509019	10.9
云龙区	102906	11.8	80644	18.4	69218	4.9
城区合计	1345898	8.6	1004431	14.6	859550	6.1
株洲县	143679	9.8	94829	14.3	98532	4.1
攸 县	256935	7.0	126549	26.7	198578	3.2
茶陵县	144947	8.8	94868	20.5	95781	0.6
炎陵县	107211	8.3	65404	21.1	77868	6.4
醴陵市	540870	8.1	287603	18.7	396939	-0.8
县域合计	1193642	8.2	669253	20.0	867698	1.4

（潘丰霓）

株洲市县（市）区主要经济指标表（四）

表26　　　　单位：万元

县（市）区名称	一般公共预算支出		固定资产投资		社会消费品零售总额	
	2017年	同比增减(%)	2017年	同比增减(%)	2017年	同比增减(%)
荷塘区	168731	24.6	2119329	14.8	713575	10.9
芦淞区	189767	33.1	3611394	14.5	2711941	10.7
石峰区	193011	18.9	2156027	14.0	569801	10.3
天元区	504667	16.0	4645541	10.1	1463203	10.4
云龙区	90788	8.0	1978600	14.2	79292	10.6
城区合计	1146964	19.6	—	—	5537812	10.2
株洲县	262090	14.7	1203341	14.6	461027	11.3
攸　县	470269	0.1	3379068	13.3	1385889	11.1
茶陵县	408020	15.3	1572564	14.4	728695	11.2
炎陵县	195080	2.6	1142097	10.1	225276	11.1
醴陵市	741992	9.7	4418700	14.6	2045923	11.4
县域合计	2077451	8.3	—	—	4846811	11.2

（潘丰霓）

株洲市县（市）区主要经济指标表（五）

表27　　　　单位：万元

县（市）区名称	规模工业增加值	其中：园区规模工业占全部规模工业比重(%)	规模工业综合能源消费量同比(%)
	同比增减(%)	2017年	2017年
荷塘区	7.7	91.1	-2.0
芦淞区	8.0	80.7	9.1
石峰区	7.4	91.9	-5.7
天元区	8.3	94.9	-8.8
云龙区	7.7	78.4	1.6

续表27

县（市）区名称	规模工业增加值	其中：园区规模工业占全部规模工业比重(%)	规模工业综合能源消费量同比(%)
	同比增减(%)	2017年	2017年
城区合计	7.8	86.4	-4.3
株洲县	7.0	76.0	7.2
攸　县	6.5	58.8	83.7
茶陵县	6.4	56.8	-5.7
炎陵县	6.8	65.4	1.6
醴陵市	7.5	72.8	-0.4
县域合计	7.1	67.9	24.1

（潘丰霓）

株洲市县（市）区主要经济指标表（六）

表28

县（市）区名称	实际利用外资（万美元）		实际利用内资（万元）		城镇居民人均可支配收入（元）	
	2017年	同比增减(%)	2017年	同比增减(%)	2017年	同比增减(%)
荷塘区	13069	12.3	506842	14.6	42013	8.0
芦淞区	13370	12.2	555390	12.6	43882	8.2
石峰区	12242	12.0	426355	16.3	42359	8.1
天元区	33666	12.1	610258	13.3	48538	8.1
云龙区	758	—	198084	16.7	—	—
城区合计	—	—	—	—	—	—
株洲县	4888	12.1	241100	23.1	31545	8.4
攸　县	8916	12.0	471970	20.2	35755	8.2
茶陵县	1989	12.0	226430	24.0	30824	7.9
炎陵县	2520	12.1	198175	19.9	26535	7.8
醴陵市	19300	12.2	462339	17.2	36558	8.3
县域合计	—	—	—	—	—	—

（潘丰霓）

株洲市县（市）区主要经济指标表（七）

表29

县（市）区名称	农村居民人均可支配收入（元）		金融机构存款余额（月末数）（亿元）		金融机构贷款余额（月末数）（亿元）	
	2017年	同比增减(%)	2017年	同比增减(%)	2017年	同比增减(%)
荷塘区	27663	8.3	—	—	—	—
芦淞区	25244	8.2	—	—	—	—
石峰区	20764	8.1	—	—	—	—
天元区	24927	8.2	—	—	—	—
云龙区	—	—	—	—	—	—
城区合计	—	—	1958.0	7.2	1035.5	16.6
株洲县	17362	8.6	174.3	15.7	77.7	25.8
攸　县	24050	8.4	290.6	17.1	125.9	15.8
茶陵县	8740	10.4	218.0	9.0	107.1	16.6
炎陵县	8116	10.2	83.2	3.1	55.4	17.0
醴陵市	24335	8.5	344.8	6.9	177.2	28.6
县域合计	—	—	—	—	—	—

（潘丰霓）

索 引

说明：

1. 本索引采用分析索引方法，按索引词首字汉语拼音顺序排列(阿拉伯数字开头的索引词转成对应的汉语再按拼音顺序排列)，首字母音序相同者，按第二音序排列，依次类推。

2. 类目、分目、人名作索引词的用加粗黑体字标明。

3. 索引词后的阿拉伯数字表示内容所在页码，拉丁字母 a、b、c 表示左、中、右栏，索引词后括注“表”字样的为表。

4. 特载、大事记、文件选登、统计资料未作索引。

C

D

E

F

G

H

K

L

M

N

O

P

Q

T

W

Y